Zum Buch:

»Versprich mir, dass du ihm nicht das Herz brichst!« Bree ist einerseits geschmeichelt, da ihre Freundin annimmt, dass ihr Bruder sie attraktiv finden könnte. Andererseits sieht sie sich nicht als männerverschleißende Frau – im Gegenteil! Nur, wenn sie mal jemanden kennenlernt, stellt sie eben von Anfang an klar, wo die Grenzen der Beziehung liegen … Als dann Ashleys Bruder zur Signierstunde in ihrer Buchhandlung erscheint, weiß Bree, dass sie Ashleys Warnung ernst nehmen muss. Denn Harding ist zu anziehend, als dass sie dem Knistern widerstehen könnte. Zum Glück ist sie am Ende nicht allein mit Liebeswirren befasst, auch ihre Freundinnen Ashley und Mikki erleben ein wahres Auf und Ab der Gefühle mit ihren Ehe- bzw. Exmännern.

»Ein Buch, das dazu einlädt, es am Strand zu lesen, wenn die Sonne den Sand wärmt und Salz in der Luft liegt: Eskapismus pur.«

Kirkus Reviews

Zur Autorin:

Die SPIEGEL-Bestsellerautorin Susan Mallery unterhält ein Millionenpublikum mit ihren herzerwärmenden Frauenromanen, die in 28 Sprachen übersetzt sind. Sie ist dafür bekannt, dass sie ihre Figuren in emotional herausfordernde, lebensnahe Situationen geraten lässt und ihre Leser mit überraschenden Wendungen zum Lachen bringt. Mit ihrem Ehemann, zwei Katzen und einem kleinen Pudel lebt sie in Washington.

Lieferbare Titel

Ozeanträume
Herbstfreundinnen
Die Brombeerschwestern
Glücksfreundinnen
Das Jahr der Rosenschwestern
Die Liebe der Sonnenschwestern
Wo sich die Sterne spiegeln

Blackberry-Island-Reihe:
Der Sommer der Inselschwestern
Meeresrauschen und Inselträume
Inselpfade zum Glück

SUSAN MALLERY

CALIFORNIA BEACH

Am Strand der Träume

ROMAN

Aus dem amerikanischen Englisch
von Gisela Schmitt

HarperCollins

Die Originalausgabe erschien 2022 unter dem Titel
The Boardwalk Bookshop bei Mira Books, Toronto

1. Auflage 2023

Deutsche Erstausgabe

Umschlaggestaltung von FAVORITBÜRO, München
unter Verwendung von Shutterstock
Gesetzt aus der Stempel Garamond
von GGP Media GmbH, Pößneck
Druck und Bindung von GGP Media GmbH, Pößneck
Printed in Germany
ISBN 978-3-365-00418-0
www.harpercollins.de

Klimaneutral
Druckprodukt
ClimatePartner.com/15109-2009-1001

MIX
Papier
FSC FSC® C014496

Für Dr. Angela I.,
die einen deutlich beeindruckenderen Lebenslauf
vorweisen kann als ich!
Ich hoffe, du findest Gefallen an Mikki, Ashley und Bree
und daran, wie sie mit dem Unerwarteten umgehen
und dabei erkennen, wie stark sie tatsächlich sind.
Manchmal ist Liebe wirklich die Antwort –
in all ihren Ausprägungen.

1. Kapitel

»Ich dachte, da käme mehr Sex vor.«

Bree Larton starrte die Mittsiebzigerin an, die vor ihr stand, und wusste nicht recht, was sie darauf antworten sollte. Laut loszulachen wäre unangemessen, und das würde Ruth ihr auch übelnehmen. »Sie müssen mir sagen, was Sie möchten. Dann kann ich Ihnen das passende Buch empfehlen«, antwortete Bree daher lächelnd. »Sie hatten von einem Politthriller gesprochen. Die kommen in der Regel ohne Sex aus.«

Ruth – nur knapp eins fünfzig groß, aber streitlustig wie ein Dachs – schürzte die Lippen. »Falsch. James Bond hat dauernd Sex und rettet gleichzeitig die Welt. So ein Buch möchte ich. Tickende Bomben, Finanzkollaps, Entführungen – und am Ende landen alle im Bett.« Sie zwinkerte. »Das wäre mal ein gutes Buch.«

»Wie wär's mit einem sexy Thriller? International?« Bree machte sich auf den Weg zur entsprechenden Regalreihe. »Da fallen mir gleich mehrere Optionen ein. Was das Thema Sex betrifft, soll es eher monogam sein oder sind wechselnde Partner erlaubt?«

Ruths Augen begannen zu leuchten. »Wechselnde Partner sind gut, aber nichts zu Ausgefallenes. Und kein Gruppensex. Da blicke ich sonst nicht durch.«

Bree unterdrückte ein Kichern. »Alles klar. Dann also weniger Körperteile und mehr europäisches Flair.« Sie hielt der älteren Dame ein Buch hin, auf dessen Cover ein gut gebauter Mann prangte. »Wenn Ihnen das gefällt, hätte ich noch fünf weitere Bücher von dieser Autorin für Sie.«

Ruth trug unnatürlich gelb-blond gefärbtes Haar und kirschroten Lippenstift. Sie drückte sich das Buch an die schmale Brust. »Nehm ich.«

Bree schlug ihr einige andere Autoren vor. Ruth stöberte daraufhin noch eine Weile im Laden und tauchte schließlich mit einem Stapel Bücher an der Kasse auf.

»Ich glaube, ich hätte mich als Sidekick für James Bond gut gemacht.« Ruth schob Bree ihre Kreditkarte rüber. »Früher sah ich echt scharf aus.«

»Tun Sie doch immer noch«, behauptete Bree.

Ruth wischte ihren Kommentar weg. »Fürs Agentenleben bin ich mittlerweile zu alt, aber ein schönes Abendessen mit einem charmanten Mann würde ich durchaus nicht ausschlagen.« Sie grinste verschmitzt. »Ich müsste einfach heimlich Ihr Leben leben.«

»Leider hab ich auch gerade keinen Mann.«

Die ältere Dame beugte sich zu ihr. »Was ich an Ihnen bewundere, Bree, ist die Tatsache, dass Sie nicht krampfhaft nach der Liebe suchen. Sie machen, was Sie wollen. Als ich in Ihrem Alter war, hatten wir keine Wahl, zumindest nicht in der besseren Gesellschaft. Ich wurde einfach zur falschen Zeit geboren.«

Bree wusste beim besten Willen nicht, was sie darauf antworten sollte. »Wir müssen wohl beide mit dem auskommen, was wir haben.« Sie steckte einen Flyer mit in die Tüte. »Demnächst haben wir Harding Burton für eine Signierstunde hier.«

Ruth betrachtete das Poster, das neben dem Kassenbereich hing, und grinste. »Ein gut aussehender Mann.«

Bree zuckte im Geist die Achseln. »Scheint so.«

»Finden Sie ihn nicht auch außergewöhnlich attraktiv? Diese Augen, dieses Lächeln … Wie war das noch mal? Hatte er nicht als Teenager einen Unfall, bei dem er angefahren und dann einfach auf der Straße liegen gelassen wurde?« Ruth schnalzte mit der Zunge. »Sehr tragisch. Aber er hat es überstanden und sich wieder hochgekämpft, und jetzt sieh sich einer diesen Mann an.«

Sie warf Bree einen Blick zu. »Sie sollten ihn sich schnappen und mir hinterher erzählen, wie's war.«

»Erstens würde ich Ihnen das nie erzählen und zweitens date ich keine Autoren.«

Dank ihres verstorbenen Mannes und ihrer Eltern wusste Bree sehr genau, dass man von dieser Spezies dringend die Finger lassen sollte. Zumindest, was den persönlichen Kontakt anging. Beruflich waren Autoren für sie natürlich unausweichlich – immerhin führte sie eine Buchhandlung.

»Bei diesem Harding könnten Sie ja vielleicht eine Ausnahme machen«, meinte Ruth. »Vielleicht hat er ein paar interessante Narben, die Sie mit dem Finger …«

Bree machte ihr ein Zeichen, damit aufzuhören. »Schluss jetzt. Wenn Sie Interesse an Hardings Narben haben, schlage ich vor, Sie erforschen sie selbst. Ihnen kann er bestimmt nicht widerstehen.«

»Ich könnte seine Mutter sein.«

Großmutter, korrigierte Bree stumm. Irgendwie hatte sie die alte Frau mit ihrer unverblümten Art gern. »Vielleicht steht er ja auf reifere Frauen«, erwiderte sie.

»Das wär ja was.«

Ruth lachte noch, als Bree sie zur Tür begleitete. Anson, Ruths Fahrer, stand mit dem Wagen in der Halteverbotszone. Er half Ruth beim Einsteigen, und kurz darauf fuhr der Mercedes davon.

Am Strand von Los Angeles war es am frühen Abend eigentlich immer magisch schön. Im Juni jedoch, wenn der Himmel ganz klar war, war es einfach nur traumhaft. Das Licht, die warme Luft, die Palmen, der Sand und das Meer … Bree fand, in ihrem Leben gab es nichts, was man ernsthaft als Problem bezeichnen konnte. Selbst Ruths unmögliche Buchwünsche gerieten in Vergessenheit, wenn sie vor ihrem Laden stand und aufs Wasser blickte.

Bis vor sechs Monaten hatte sich ihre Buchhandlung *Driftaway Books* noch drei Kilometer weiter nördlich und drei Blocks vom Strand entfernt befunden, doch als im letzten Herbst dieses Ladengeschäft frei geworden war, hatte sie kurzerhand einen Blick hineingeworfen und sich erlaubt zu träumen. Aber natürlich war diese Lage teuer, und die Verkaufsfläche war zweimal so groß wie die, die sie benötigte.

Dann hatte sich einer dieser seltenen Momente eingestellt, in denen das Schicksal seine Hand im Spiel hat. Denn just am selben Tag sahen sich auch zwei andere Geschäftsfrauen die Räumlichkeiten an. Alle waren sich einig, dass die Location unschlagbar war, so nah am Strand. Aber keine von ihnen konnte sich die Miete leisten.

Aus einem Impuls heraus hatte Bree vorgeschlagen, einen Kaffee trinken zu gehen, und dann überlegten sie eine Stunde lang, ob sie die Kosten nicht gemeinsam aufbringen könnten und das Geschäft zusammen mieten sollten. Normalerweise war Bree niemand, die Fremden leichtfertig vertraute, aber bei Mikki und Ashley hatte sie instinktiv ein gutes Gefühl gehabt.

Noch in derselben Woche unterzeichneten die Inhaberinnen von *Driftaway Books*, *The Gift Shop* und *Muffins to the Max* einen Zehnjahresmietvertrag und engagierten ein Unternehmen für die Renovierung und Umgestaltung der Räumlichkeiten. Bree benannte *Driftaway Books* in *The Boardwalk Bookshop* um. Die Namensänderung war längst fällig gewesen, weil sie inzwischen die alleinige Inhaberin der Buchhandlung war. Am ersten Montag nach den Ferien zogen sie alle drei mit ihren Geschäften ein.

Bree betrachtete das lang gezogene, niedrige Gebäude. Die großen Schaufenster wurden von blau-weiß gestreiften Markisen vor der Sonne geschützt, und die Glasschiebetüren ließen sich komplett öffnen, sodass die Grenze zwischen Strand und Geschäft fließend war. Der Buchladen und der Geschenkeshop beanspruchten eine Seite des Verkaufsraums, während Ashleys Muffinladen die gegenüberliegende Seite einnahm.

In den großen Schaufensterauslagen präsentierten sie gemeinsam Bücher, Geschenke und Muffins. Urlaubslektüre lag neben einer Auswahl von Sonnenmilch, Flip-Flops und breitkrempigen Sonnenhüten, die Touristen zum Kauf verführen sollten.

Bald würde die Sonne untergehen. Bree ging wieder hinein, holte Decken und Champagnergläser und hängte rasch noch ein Plakat gerade, auf dem die Signierstunde von Jairus Sternberg angekündigt war, dem Autor der beliebten Kinderbuchreihe »Der kleine Drache Brad«. Jairus lebte nebenan in Mischief Bay. Seine Signierstunden waren immer eine Freude. Er war einer der wenigen Autoren, die Bree tatsächlich mochte. Er kam pünktlich, meist mit etwas Vorlauf, blieb lange und brauchte für seine Lesungen nichts außer einem Schreibtisch und einer Flasche Wasser. Er brachte sogar seine eigenen Stifte mit.

Am anderen Ende des Spektrums gab es den – nicht namentlich zu erwähnenden – berühmten Mystery-Autor, der ein absoluter Albtraum war. Immer fordernd, immer leicht angetrunken und übergriffig. Bei seiner letzten Lesung hatte er sie plump an den Hintern gefasst, seitdem hatte er Hausverbot. Trotz allen Flehens seines Verlags und einer schriftlichen Entschuldigung des Autors blieb Bree hart. Sie war jetzt die Besitzerin des *Boardwalk Bookshop*, und sie machte die Regeln.

Keine literarischen Werke, kein Existenzialistengeschwafel und keine Typen, die Frauen ohne deren Einverständnis anfassten. Das waren sie, ihre Regeln für die kleine Welt ihres Buchladens. Nicht weltbewegend, aber immerhin.

Mikki sah zu ihr rüber und lächelte.

»Wir müssen mal wieder auf Ashley warten. Ist dir das auch schon aufgefallen?«

»Diese jungen Leute von heute«, stichelte Bree.

Mikki war jemand, die immer gute Laune hatte. Sie hatte dichtes blondes Haar und üppigere Kurven als Bree und Ashley zusammen. Nun lachte sie. »Das gefällt mir. Ich bin nur zehn Jahre älter als Ashley. Wenn sie also zu den jungen Leuten gehört, bin ich gar nicht so alt, wie ich dachte. Dann macht es mir fast gar nichts aus, dass ich im Herbst vierzig werde.«

»Das macht es doch wohl hoffentlich sowieso nicht, oder?«

Mikki rümpfte die Nase. »Ich weiß nicht. Manchmal schon. Vierzig klingt halt längst nicht so cool wie Mitte dreißig.«

»Vierzig ist das neue fünfundzwanzig.«

Mikki musste lachen. »Wenn ich fünfundzwanzig bin, ist Ashley gerade mal fünfzehn. Das dürfte problematisch für unseren Mietvertrag sein.« Sie winkte mit einer Champagnerflasche. »Komm, das Ding hier begehrt unsere volle Aufmerksamkeit. Wenn Ashley irgendwann damit fertig ist, Seth Liebesnachrichten zu schicken, weiß sie ja, wo sie uns findet.«

Sie verließen das Geschäft und stapften durch den Sand. Kurz vor Sonnenuntergang war es nicht mehr ganz so warm, und die Freitagsmassen hatten den Strand verlassen. Es wurde langsam dunkel, nur in der Ferne am Horizont glühte noch ein Streifen Blau mit einem Hauch von Gelb.

Links von ihnen befanden sich eine Palmengruppe, ein paar Strandbuden und die Uferpromenade, die bis nach Redondo Beach führte. Zur Rechten gab es weitere Geschäfte und Restaurants, Sitzbänke, Parkplätze und Hotels. Und davor erstreckte sich der Pazifik. Endlos, blau und heute Abend unerwartet still.

Etwa zehn Meter vom Ufer entfernt setzten sie sich auf die Decke. Mikki hielt die Champagnerflasche hoch.

»Perrier-Jouët Blason Rosé«, sagte sie stolz. »Von ›Ladies Know Wine‹ mit 93 Punkten bewertet. Ich zitiere: köstliche Noten von erdiger Süße, die die Fruchtaromen von Erdbeere und Pfirsich mit einem Hauch von Gewürzen in diesem rundum ausgewogenen Rosé-Champagner ergänzen.«

Bree grinste. »Ich weiß gar nicht, was mich mehr beeindruckt – dass du keinen traditionellen Champagner ausgesucht hast oder dass du die Bewertung so perfekt zitieren kannst.«

»Ich liebe ›Ladies Know Wine‹. Ich hebe alle Hefte auf. Wenn das ein Mann wäre, würde ich dafür sorgen, dass er sich in mich verliebt und wir wilden, hemmungslosen Sex haben.«

»Earl wäre am Boden zerstört.«

Mikki entfernte die violette Folie und steckte sie in ihre Hosentasche. »Er würde drüber wegkommen.« Wieder hob sie die Flasche. »Sieh dir diese Form an. Superschön, oder? Und erst das Etikett. Vor den Grafikern kann man sich nur verbeugen.«

Sie legte die linke Hand auf den Korken und hielt mit der rechten den Flaschenboden. Statt den Korken herauszuziehen, wie man es oft in Filmen sah, drehte sie geschickt ein paarmal die Flasche, und schon hatte sie den Korken in der Hand. Es machte kaum ein Geräusch.

An einem Freitagabend im letzten Herbst hatten sie zu dritt ihren gemeinsamen Mietvertrag unterschrieben. Aufgeregt waren sie danach zur neuen Location gefahren. Es war ein sonniger warmer Tag gewesen, und es versprach, ein traumhaft schöner Sonnenuntergang zu werden. Bree hatte zufällig eine Flasche Champagner im Auto und schlug vor, auf ihr neues, gemeinsames Projekt anzustoßen. Am Freitag darauf wiederholten sie das, und inzwischen war eine Tradition daraus geworden.

Als Bree zum ersten Mal eine Flasche Schampus mit ihren neuen Geschäftspartnerinnen geköpft hatte, war die sprudelnde Flüssigkeit ihr entgegengeschossen. Das völlig entgeisterte Gesicht, das Mikki gemacht hatte, war zum Schießen gewesen.

»Hey! Wenn die ganze Kohlensäure flöten geht, ändert sich das Wesen des Champagners und ruiniert das Geschmackserlebnis«, protestierte sie damals.

»Ruinieren finde ich ein bisschen zu heftig«, widersprach Ashley. »Es bleibt ja ein hochwertiger Champagner. Und um Längen besser als der, den ich sonst trinke. Wobei man sagen muss, dass ich Champagner überwiegend auf Hochzeiten zu mir nehme, wo er gleich in Mengen für zweihundert Personen gekauft wird. Der Preis spielt eben doch eine Rolle.«

»Deswegen muss man das Getränk ja auch mit Ehrfurcht behandeln«, hatte Mikki gesagt. »Schlechten Champagner sollte man nicht trinken.«

Und von da an brachten sie reihum an jedem Freitag für ihr Sonnenuntergangstreffen eine neue Champagnermarke mit. Ashley sprach sich meistens mit Mikki ab, aber Bree nutzte die Gelegenheit, selbst auf die Suche zu gehen.

Mikki schenkte ihnen je ein Glas ein und stellte die Flasche dann so geschickt in den Sand, dass sie sicheren Halt hatte.

»Auf uns«, sagte sie und berührte Brees Glas mit ihrem. »Und auf perfekte Sonnenuntergänge.«

Bree lächelte und nahm einen Schluck. Sie schloss die Augen und ließ die prickelnde Flüssigkeit einen Moment auf der Zunge wirken, bevor sie schluckte. Gleich würde Mikki sie fragen, wie sie den Champagner fand, und mit einem schlichten »gut« gab sie sich nie zufrieden.

»Ausgezeichnet«, sagte Bree deshalb. »Sehr beerig mit einem Hauch von Zitrus. Überraschend sanft am Gaumen.«

Mikki warf ihr einen anerkennenden Blick zu. »Das schmecke ich auch. Äußerst trinkbar. Ich mag ihn.«

»Neeeeeein! Ihr habt ohne mich angefangen!«, ertönte ein Schrei hinter ihnen.

Sie drehten sich nicht um. Bree hielt nur stumm das dritte Glas hoch, das Mikki sofort füllte. Ashley, eine große schlanke Rothaarige mit großen blauen Augen und vollen Lippen, ließ sich neben Mikki fallen. Sie zog eine Schnute.

»Ihr habt nicht auf mich gewartet.« Sie schmollte. »Das war anders ausgemacht.«

»Es war auch ausgemacht, dass du pünktlich kommst«, erinnerte Mikki sie. »Jeden Freitag dasselbe – du chattest mit Seth, und dann kommst du zu spät. Du warst einverstanden damit, dass wir ohne dich anfangen, wenn du nicht rechtzeitig hier bist.«

Ashley zog den Kopf ein. »Ich hatte gehofft, diese Regelung würde mich bekehren. Aber jetzt hab ich einfach wieder nur ein schlechtes Gewissen.«

Mikki schlürfte ihren Champagner. »Ich wette, dein chronisches Zuspätkommen hat deine Mutter zu verantworten.«

Ashley lachte. »Meine Mutter kann es jedenfalls jederzeit mit deiner aufnehmen.«

Mikki grinste. »Ich weiß nicht. Rita ist der Typ, der sein geringes Selbstwertgefühl mit auf jede Party schleppt und dann jedem auf die Nase bindet, wie sehr es sie deprimiert, dass alle anderen Spaß haben.«

»Ja, das kann ich mir gut vorstellen«, pflichtete Ashley ihr bei. »Dann trinke ich auf unsere Mütter. Und auf Seth, der wirklich wunderbar ist. Ich bereue nicht, dass ich noch ein bisschen länger mit ihm gechattet habe. Er liebt mich, und ich liebe ihn.«

Bree verkniff sich ein Stöhnen. »Ja, wir wissen's. Alles ist ganz, ganz wunderbar mit Seth.«

Mikki rempelte Ashley an. »Merkst du was? Sie ist eifersüchtig.«

»Nein, überhaupt nicht.« Bree erhob ihr Glas. »Ich gönne dir deine gluckenhafte Beziehung wirklich.«

»Wir glucken nicht. Was soll das eigentlich heißen?«

»Keine Ahnung«, meinte Mikki. »Bree?«

»Das sagt man doch so.«

»Seit wann?«

Bree lachte und wandte den Blick der untergehenden Sonne zu. Das Licht wurde vom Wasser reflektiert. Eine Familie spazierte am Strand entlang, nahe den Wellen. Der ältere Junge rannte vorneweg, das kleinere Kind hatten die Eltern an der Hand.

Sie sehen glücklich aus, dachte Bree und beobachtete die Familie, als wären sie eine bisher unbekannte Art. Man sah, dass die Eltern ihre Kinder liebten und sich gut um sie kümmerten – so wie Mikki sich gut um ihre beiden Kinder kümmerte. Auch Ashleys Eltern waren super. Das war etwas, was man leider nicht von allen Eltern sagen konnte.

Mikki füllte die Gläser noch einmal. »Ashley, so viele Kunden reden von der Signierstunde deines Bruders. Wann werden wir ihn denn endlich kennenlernen?«

»Am Montag«, antwortete Ashley. »Er zieht gerade in seine neue Wohnung.«

Harding war Ashleys Bruder. Nach einer mehrmonatigen Lesetour und einer Rechercherereise für sein neues Buch war er inzwischen nach Los Angeles zurückgekehrt. Er hatte ein Haus gemietet und mutmaßlich schon mit seinem dritten Roman begonnen. Aber er fand noch Zeit, um im *Boardwalk Bookshop* sein aktuelles Werk zu signieren. Zweifellos würden die Leute ihnen die Bude einrennen.

Autoren, dachte Bree und seufzte stumm. Eine lästige, jedoch notwendige Spezies. Nur weil die Kunden Autogrammstunden liebten, lud sie immer wieder Schriftstellerinnen und Schriftsteller ein.

»Ich kann es kaum erwarten, ihn kennenzulernen«, sagte Mikki. »Er hat wirklich eine superinteressante Geschichte. Bree, bist du nicht auch schon aufgeregt?«

»Ich finde keine Worte dafür, wie sehr.«

Mikki sah sie an. »Das war jetzt sarkastisch gemeint, oder?«

Bree lachte. »Gut erkannt.«

»Wie kann man einen Buchladen führen, Bücher lieben und Schriftsteller hassen?«

»Ich hasse sie nicht. Ich will sie nur nicht um mich haben.«

»Du bist so schräg.« Mikki wandte sich an Ashley. »Hilf mir doch mal. Sag ihr, wie schräg sie ist.«

Anstatt in den Chor mit einzustimmen, wandte Ashley den Blick ab. »Lasst uns lieber mal über Harding reden. Oder besser gesagt, über ihn und dich.«

Bree setzte sich so hin, dass sie Ashley ansehen konnte. »Ich kenne ihn ja gar nicht.« Es sollte also kein Problem geben. Es sei denn … »Er braucht doch hoffentlich keine Spezialbehandlung, oder?«, fragte sie seufzend. »Nur gelbe M&Ms oder französische Ziegenmilch in Kristallgläsern von Waterford?«

»Quatsch«, sagte Ashley. Sie klang besorgt. »Harding ist super, und ich weiß, dass du ihn mögen wirst.« Sie umklammerte ihr Glas. »Aber ich hab ein bisschen Angst vor dem, was passieren wird.«

Bree sah Mikki an, die die Achseln zuckte.

»Ich hab keine Ahnung, wovon sie redet«, gestand Mikki.

»Ich auch nicht.« Was Ashley da sagte, ergab keinen Sinn.

Ashley atmete vernehmlich aus. »Ich habe Angst, dass du ihm wehtun wirst.«

»Mit meinen legendären Kampfsportkünsten?«

Mikki hob erstaunt die Augenbrauen. »Kannst du Taekwondo, oder was?«

Plötzlich sprang Ashley auf. »Ich meine es ernst. Harding ist mein Bruder, und ich liebe ihn. Er hat schon genug durchgemacht. Wenn ihr ihn nach dem Unfall gesehen hättet, würdet ihr euch auch Sorgen um ihn machen.«

Bree erhob sich ebenfalls. »Ashley, es tut mir leid. Wir wollten uns nicht über ihn lustig machen. Ich habe den Eindruck, dass du sehr aufgewühlt bist, aber ganz ehrlich – ich weiß überhaupt nicht, wieso.«

»Weil du ihm das Herz brechen wirst.« Ashley blinzelte, als müsste sie Tränen zurückhalten. »Weil du wunderschön und lustig und sexy bist und jeder Mann auf diesem Planeten dich will.«

»Bis auf Seth natürlich«, warf Mikki ein. »Der hat nur Augen für dich.«

»Ja, schon klar. Aber jeder andere Kerl will sie, und für Harding wird es ein böses Erwachen geben. Du wirst mit ihm ins Bett gehen und ihn danach fallen lassen. Das wird er nicht verkraften. Nach außen wirkt er immer so stark, doch in Wirklichkeit ist er sehr verletzlich.« Sie schluckte. »Du bist meine Freundin, und ich mag dich wirklich, aber er ist mein Bruder. Also bitte tu ihm nicht weh.«

Bree starrte sie fassungslos an. Sie wusste nicht, was sie sagen sollte. Oder denken oder fühlen. Das mit dem sexy und wunderschön hatte ihr geschmeichelt, aber wie kam Ashley auf die Idee, dass sie mit Harding im Bett landen würde? Nur um ihn danach fallen zu lassen? Als wäre sie ein männerkonsumierendes Monster, das eine Schneise der Zerstörung hinterließ.

Sie wollte protestieren, Ashley sagen, dass ihre Beziehungen ihre Angelegenheit seien, dass sie von Anfang an ihre Erwartungen klar machte, wenn sie sich mit einem Mann einließ. Wenn die Männer ihr nicht glaubten, war das doch nicht ihre Schuld. Sie versprach ihnen nie mehr, als sie zu geben bereit war. Beziehungen hatten ein eindeutiges Ablaufdatum, und wenn ein Mann damit nicht umgehen konnte, fing sie gar nicht erst was mit ihm an.

Das war jedoch nicht der Punkt. Ashley ging es explizit um ihren Bruder. Nur komisch, dass sich nie jemand Gedanken um ihre Gefühle zu machen schien. Aber das kannte sie im Prinzip nicht anders. Sie war von klein auf auf sich gestellt gewesen und musste sich selbst schützen, denn es gab niemanden sonst, der das tat.

»Wenn du mich ein bisschen besser kennen würdest, wüsstest du, dass ich niemandem absichtlich wehtue«, sagte sie leise.

Ashley wich einen Schritt zurück. »Ich wollte dich nicht kränken. Es ist halt wegen Harding. Er ist so normal. Und du … bist du.«

»Nicht jeder Mann, mit dem ich ins Bett gehe, verliebt sich in mich«, erklärte Bree.

»Aber die meisten.« Ashley deutete mit dem Kopf in Richtung des Surfshops am Ende des Blocks. »Du hast im Januar zweimal mit Sad Guy geschlafen, und er jammert dir immer noch hinterher. Das ist erbärmlich.«

»Und sehr traurig«, fügte Mikki leise hinzu. »Armer Sad Guy.«

Bree warf ihr einen mahnenden Blick zu, aber Mikki zwinkerte nur. Also wandte sie sich wieder an Ashley.

»Es tut mir leid, dass du dir meinetwegen Sorgen um deinen Bruder machst«, sagte sie. »Ich will dir nicht das Leben schwer machen, und ganz sicher will ich deinem Bruder nicht wehtun. Ich verspreche dir, dass ich mich von ihm fernhalten werde. In Ordnung?«

Ashley schüttelte den Kopf. »Ich will gar nicht, dass du mir etwas versprichst. Es ist sowieso nicht realistisch, dass du das Versprechen hältst. Er wird dir vermutlich öfter über den Weg laufen – jetzt, wo er wieder in Los Angeles wohnt. Wir beide sind Geschäftspartnerinnen, und wenn er …« Sie seufzte. »Brich ihm einfach nicht das Herz.«

»Mach ich nicht. Wie käme ich auch dazu?«

Mikki stand auf. »Wäre es zur Abwechslung nicht mal lustig, wenn er ihres bräche?« Sie lachte. »Ich weiß, das wird nie passieren, aber ulkig wäre es schon.«

»Weniger ulkig, als du denkst«, sagte Bree.

»Für dich vermutlich nicht, stimmt. Okay, war's das jetzt? Wie wär's dann mit einer Gruppenumarmung?«

Mikki streckte die Arme aus. Ashley machte sofort mit, aber Bree zögerte. Sie umarmte von Natur aus nicht gerne. Mikki war eine große Umarmerin, und damit musste Bree erst mal klarkommen. Sie holte tief Luft, bevor sie sich überwand.

So standen sie für ein paar Sekunden in ihrer Umarmung, dann ließen sie sich auf die Decke fallen. Ashley erhob das Glas.

»Das ist echt ein gutes Tröpfchen. Seth und ich sind morgen wieder auf einer Hochzeit. Sein Cousin heiratet.« Ohne dass das Glas überschwappte, ließ sie sich auf den Rücken gleiten. »Bis zum ersten Mai sind wir in jedem Monat auf mindestens drei Hochzeiten.«

»Das ist so in eurem Alter«, meinte Mikki. »Dann werden Jahre vergehen, ohne dass ihr zu irgendeiner Hochzeit eingeladen werdet. Und dann geht es irgendwann in die nächste Runde, wenn die eigenen Kinder und deren Freunde heiraten.«

»So habe ich das noch gar nicht gesehen«, gestand Bree. »Aber es stimmt, Hochzeiten haben vor allem in einer bestimmten Lebensphase Hochsaison.«

Bree war schon seit langer Zeit auf keiner Hochzeit mehr gewesen. Nicht, dass sie das vermissen würde. Sie glaubte ohnehin nicht an die Schwüre von ewiger Liebe und Treue. Nicht mehr.

Obwohl ihre Eltern immer noch so verliebt zu sein schienen wie am ersten Tag – damals, als sie zusammen ausgerissen waren. Aber ihre eigene Ehe hatte sämtliche Illusionen zerstört, die sie sich von der Liebe gemacht hatte.

»Ich bin morgen nur vormittags im Geschäft«, verkündete Mikki und überprüfte, wie viel noch in der Flasche war. »Danach bin ich den ganzen Tag unterwegs, um Besorgungen zu machen. Am Donnerstagnachmittag geben Perry und ich ein Barbecue, zu dem ihr ja bekanntlich eingeladen seid. Ein Grillfest für die Kinder und ihre Freunde zum Schulabschluss und zum Start der Sommerferien.«

Ashley setzte sich auf. »Du und Perry? Ich dachte, ihr seid geschieden?«

»Ja, aber wir haben gemeinsame Kinder, und deswegen gibt es kein Entkommen. Außerdem hassen wir uns ja nicht, nur weil wir geschieden sind. Wir hatten einfach nur unterschiedliche Vorstellungen vom Leben.«

Bree hielt Mikki ihr Glas hin, damit sie ihr noch mal einschenkte. »Weiß Perry eigentlich von Earl?«

Mikki lachte. »Nein. Darüber würde ich nie mit einem Mann reden. So was geht maximal die besten Freundinnen was an. Bei denen man sicher ist, dass sie einen nicht verurteilen.«

Ashley lächelte. »Mittlerweile habe ich mich an die Geschichten von Earl gewöhnt, aber als ich erfahren habe, dass es sich bei ihm um einen Vibrator handelt, war ich schon ganz schön schockiert.«

»Ich fand es vollkommen okay«, sagte Bree. Jedem das Seine. Sie zog einen echten Mann vor, aber Mikki war eben nicht der Typ für eine schnelle Nummer. Bree hatte durchaus Verständnis dafür, dass man als Frau einen Earl brauchte.

»Probier doch selbst erst mal einen Earl aus, bevor du dir eine Meinung bildest«, sagte Mikki leicht von oben herab. »Mit ihm führe ich meine bisher sexuell befriedigendste Beziehung. Verlässlich, selbstlos. Und er kriegt nie genug.«

»Ich hab lieber einen Seth«, murmelte Ashley.

Bree nickte. »Ich ziehe auch einen echten Penis einem mechanischen vor, aber das sage ich ganz ohne Wertung.«

»Vielen Dank«, erwiderte Mikki. »Earl und ich sind glücklich zusammen, und das ist es, was zählt.«

Ashley lachte verkrampft. »Okay, ich gebe mich geschlagen.« Auch sie hielt jetzt ihr Glas hin. »Auf Earl. Mögen seine Batterien niemals leer werden.«

2. Kapitel

»Oh, oh. Du verziehst das Gesicht. So schlecht?«

Ashley Burton bemühte sich, nicht zu lachen. »Ich will ja nicht überkritisch sein«, flüsterte sie Seth zu. »Ich weiß, dass sie nicht viel Kohle haben, aber vermutlich hat Mikki einen ungeahnten Einfluss auf meinen Geschmack.« Sie probierte ein weiteres Schlückchen vom Schaumwein und versuchte, angesichts der süßen Plörre nicht das Gesicht zu verziehen. »Ja. Sehr schlecht.«

»Wir müssen ja nur damit anstoßen.«

»Zum Glück.«

Noch vor ein paar Monaten hätte Ashley einen guten Sekt nicht von einem minderwertigen unterscheiden können, aber seit sie sich mit Bree und Mikki zusammengetan hatte, hatte sie sozusagen einen Crashkurs in Sachen Sekt- und Champagner-Bewertungskriterien durchlaufen.

Den anderen Gästen waren ihre geschmacklichen Befindlichkeiten ziemlich egal, wie sie lächelnd feststellte. Sie freuten sich einfach, dass ihre Freunde heirateten, und genossen das gute Essen und die nette Gesellschaft. In ihrem Fall war das natürlich Seth. Es gab Männer, die sich weigerten, auf Hochzeiten mitzukommen, Seth dagegen feierte immer gerne mit.

Das heutige Fest fand in Redondo Beach statt, in einem großen Anwesen gleich am Pacific Coast Highway. Keine Aussicht aufs Meer, aber das Grundstück war wunderschön und sehr weitläufig. Der DJ war auch gut, das Buffet sah vielversprechend aus, und Ashley wollte mit Seth unbedingt die Nacht durchtanzen.

Ihre Freunde Krissy und Karl gesellten sich zu ihnen. Karl warf einen Blick auf die Feiernden und zog eine Grimasse.

»Ich hab die Nase voll von Hochzeiten«, brummte er. »Das ist jetzt schon die dritte Hochzeit, zu der wir eingeladen sind, und es ist erst Juni. Und so geht das den ganzen Sommer über weiter – jedes zweite Wochenende heiratet jemand.«

»Ich liebe Hochzeiten«, sagte Krissy. »Und du liebst mich.«

»Und nur deshalb bin ich hier«, ergänzte Karl augenrollend. »Es wäre doch zur Abwechslung mal ganz schön, wenn ihr Frauen auf Baseball genauso abfahren würdet wie auf Hochzeitsfeiern.«

Seth legte einen Arm um Ashley. »Hochzeiten sind einfach eine sichtbare Demonstration der Liebe, die Braut und Bräutigam füreinander empfinden.«

Karl lachte. »Und die nächste Demonstration erfolgt dann heute Nacht.«

Krissy versetzte ihm einen Stoß. »Karl, benimm dich. Wir sind hier nicht unter uns.«

»Sonst gefällt es dir, wenn ich so was sage.«

Seth schüttelte den Kopf. »Okay. Ich gehe jetzt mit meiner wunderschönen Freundin zu unserem Tisch, um dort mit ihr anzugeben.«

»Karl hat schlechte Laune«, stellte Ashley fest, als sie außer Hörweite waren. »Er kann Hochzeiten anscheinend wirklich nicht ausstehen. Und was ist mit dir? Reicht's dir auch schon?«

Seth schüttelte den Kopf. »Nicht, wenn ich bei dir sein kann.«

Sie grinste. »Das war die politisch korrekte Antwort.«

Er küsste sie rasch. »Hey, du bist meine Freundin. Ich möchte dich glücklich machen.«

»Das gelingt dir.«

Sie sahen einander an, und in seinen Augen las sie, dass er es ernst meinte. Doch da rempelte jemand sie an, und der Moment war vorüber. Trotzdem strahlte Ashley vor Glück, als sie sich auf den Weg zu ihrem Tisch machten.

Seth war ein toller Mann, und vor allem fiel es ihm nicht schwer, ihr zu sagen, wie viel sie ihm bedeutete. Sie wohnten jetzt seit drei Monaten zusammen, und ihre Beziehung wurde immer intensiver. Bald, dachte sie, wird er mir auch einen Antrag machen, und dann würden sie in die nächste Phase ihres Lebens eintreten.

Sie fanden ihre Plätze und stellten sich ihren Tischnachbarn vor. Nach ein bisschen Small Talk wandte sich Seth ihr zu.

»Du hast auf dem Schirm, dass ich Montag und Dienstag nicht in der Stadt bin, oder?«, fragte er, griff nach ihrer Hand und verschränkte seine Finger mit ihren.

»Ja, du hast mir doch deine Flug- und Hotelinfos geschickt. Sogar zweimal.«

»Ich möchte halt, dass du weißt, wo ich bin.«

Sie tätschelte beruhigend seinen Arm. »Schätzchen, ich hab schon vor Monaten einen GPS-Tracker in deinen Arm implantiert. Ich weiß immer, wo du bist.«

Er lachte. »Ach so. Hab ich gar nichts von mitbekommen.«

»Du hast geschlafen.«

»Dann viel Spaß. Ich habe nichts zu verbergen.«

Vermutlich stimmt das sogar, dachte sie. Seth arbeitete für eine große Filmproduktionsfirma, *Too Many Names Productions*. Er war Produktionsleiter und somit für die Budgetierung der verschiedenen Filmprojekte verantwortlich. Er erklärte seinen Job immer damit, dass er derjenige war, der den Regisseuren erklären musste, dass sie keine drei Löwen und einen Gorilla für eine Dreißig-Sekunden-Szene haben konnten, selbst wenn es »cool aussehen würde«. Das bedeutete mitunter auch, dass er vor Ort am Set sein musste, um die Arbeitsabläufe zu organisieren und die Produktion finanziell zu überwachen. Normalerweise machten das die Leute aus seinem Team, aber bei Filmen mit großem Budget übernahm er diese Aufgabe lieber selbst.

»Und das ist auch wirklich okay für dich?«, hakte er nach.

»Ja. Harding zieht am Montag in sein neues Haus, und ich

werde ihm beim Einzug zur Seite stehen. Und am Dienstag hab ich meinen Ehrenamtsjob bei OAR. Alles gut also.«

»Wirst du mich vermissen?«

Sie lächelte ihn an. »Mit jedem Atemzug.« Sie beugte sich zu ihm. »Sollen wir später zu Hause auch ein bisschen üben, was es mit dieser sichtbaren Demonstration der Liebe auf sich hat?«

Er lachte und zog sie an sich. »Das hoffe ich doch.«

Mikki Bartholomew war bereit zuzugeben, dass der neue Haarschnitt vielleicht ein Fehler gewesen war. Ihr Termin am Tag zuvor, bei dem sie sich wie üblich eigentlich nur Strähnchen machen und die Haare schneiden lassen wollte, war ein bisschen aus dem Ruder gelaufen – weil sie den berühmten Satz, wir können ja mal was Neues ausprobieren, ausgesprochen hatte. Ein Satz, den die meisten Menschen hinterher bereuen.

Neunzig Minuten später war sie immer noch blond, doch ihre Haare waren nicht mal mehr schulterlang. Sie redete sich ein, dass der Kurzhaarschnitt sie jünger und verwegener aussehen ließ, aber wirklich überzeugt war sie nicht.

»Eigentlich hätte ich wissen müssen, dass eine Veränderung in meinem derzeitigen Gemütszustand keine gute Idee ist«, murmelte sie und pikste in die Kartoffeln, die vor ihr auf dem Herd blubberten. Ihren Kindern propagierte sie stets, von kopflosen Aktionen abzusehen. Vor allem, wenn es um Dinge ging, die nicht leicht rückgängig gemacht werden konnten. Okay – natürlich würden ihre Haare wieder wachsen, aber bis es so weit war, wurde sie von ihrem Spiegelbild permanent daran erinnert, dass sie ihre eigene Regel gebrochen hatte.

Sie warf einen Blick auf die Uhr der Mikrowelle. Eine Minute durften die Kartoffeln noch garen. Den Speck hatte sie schon ausgelassen. Ihr herzhafter Kartoffelsalat war zwar nicht besonders gesund, aber er schmeckte und war ein Lieblingsessen der ganzen Familie. Nun bereitete sie die Burger vor. Die Veggie-Variante konnte man direkt auf den Grill legen, das war praktisch.

Sobald die Kartoffeln im Kühlschrank standen, wollte sie sich an den Maissalat machen und kurz vor Eintreffen der ersten Gäste den grünen Salat anrichten. Das Hühnchen musste auch noch mariniert werden, aber das war ruckzuck erledigt. Perry brachte Bier und Limonade mit, Eiswürfel hatte sie vorrätig, und Ashley brachte Cupcakes als Dessert mit. Außerdem war in der Tiefkühltruhe in der Garage Eiscreme.

»Das sollte alles sein«, murmelte sie, schnappte sich zwei Topflappen und goss das Kochwasser ab.

Für die Grillparty am Nachmittag rechnete sie mit ungefähr dreißig Gästen. Ihre Schwiegereltern, ihre Mutter, ihre beiden Kinder plus Freunde, Perry natürlich sowie Bree, Ashley und Seth. Eine kleine Party zum Sommeranfang.

Die abgegossenen Kartoffeln füllte sie in eine Schüssel und verteilte das ausgelassene Fett darüber, rührte um, bis alle Kartoffeln bedeckt waren, und stellte die Schüssel in den Kühlschrank in der Garage. Als sie zurückkam, saß Sydney, ihre Älteste, mit einer Tasse in der Hand in der Küche.

Mikki lächelte sie an. »Hey. Es ist noch nicht mal neun. Wieso bist du denn schon so früh auf?«

Ihre Tochter lachte. »Sehr lustig. Ich wollte eigentlich noch früher aufstehen, um dir zu helfen.« Sie unterdrückte ein Gähnen. »Lass mich nur erst meinen Kaffee trinken, dann bin ich bereit für sämtliche Aufgaben, die du mir zuteilst.«

Sydney war achtzehn und die klügste Person, die Mikki kannte. Sie hatte gerade ihre ersten zwei Semester an der Stanford University hinter sich. Sie hatte die Highschool ein Jahr früher abgeschlossen als üblich – obwohl Mikki sie angefleht hatte, das Jahr noch abzuwarten, damit sie sich nicht um Homecoming und den Abschlussball brachte. Aber Sydney legte nicht viel Wert auf diese Art von Traditionen. Sie hatte einen Plan für ihr Leben, und den wollte sie so schnell wie möglich in die Tat umsetzen.

Sydney hielt einen Platzkartenhalter aus Keramik hoch. »Echt jetzt, Mom?«, fragte sie und drehte das Ding so, dass Mikki die Aufschrift lesen konnte.

Enthält Speck. Nicht vegetarisch.

»Ich will nur für Klarheit sorgen«, sagte Mikki. »Mindestens zwei deiner Freundinnen sind Vegetarierinnen.«

»Die können Salat essen. Außerdem hast du extra für sie Veggie-Burger besorgt.«

»Ja, die beiden sollen nicht nur Salat bekommen. Unterstütz sie doch lieber.«

»Dafür hab ich ja dich. Die Welt ist voller Fleischfresser.«

»Wenn schon, dann sind wir Allesfresser. Ich hätte gedacht, an einer Uni wie Stanford lernt man so was. Ich will mein Geld zurück.«

»Zu spät.« Sydney lachte. »Ist alles für Bücher und Kaffee draufgegangen.«

Mikki deutete zur Treppe. »Und jetzt ab unter die Dusche und fertig machen. Nach dem Frühstücken kannst du mir dann helfen, aber es eilt nicht. Ich hab alles unter Kontrolle.«

»Wie immer.« Sydney stand auf und streckte sich. »Bin gleich wieder da.«

Mikki sah ihr hinterher und war einen Moment lang neidisch auf die schmalen Hüften und die Wespentaille ihrer Tochter. Sie war dem Fluch der Familie offensichtlich entgangen und hatte weder mit großen Brüsten noch mit Gewichtsproblemen zu kämpfen. Auch ihr Sohn Will hatte den schlanken Wuchs und die breiten Schultern seines Vaters geerbt. Bei ihr dagegen fühlten die Pfunde sich wohl. Ich werde mir heute nur eine winzige Portion Kartoffelsalat gönnen, dachte sie, als sie rüber in ihr Arbeitszimmer ging.

Sie musste warten, bis ihr Laptop hochgefahren war. Dann checkte sie ihre Mails – und wünschte sich im selben Moment, sie hätte es gelassen. Gleich die dritte Nachricht erinnerte sie daran, dass die Zahlung für ihre Paris-Reise Ende September anstand.

Mikki verzog das Gesicht, klickte auf die Mail und las, welche großartigen Erlebnisse und Sehenswürdigkeiten sie dort erwarteten.

»Oh Mann. Wie kam ich nur darauf, dass diese Reise eine gute Idee wäre?«

Diese Frage hätte sie sich besser mal gestellt, bevor sie die Reise gebucht und die erste Anzahlung geleistet hatte. Nicht, dass sie nicht nach Paris wollte. Sie wollte sogar sehr gerne nach Paris. Nur eben nicht alleine.

Zwei Jahre zuvor war sie in London gewesen und hatte dabei festgestellt, dass ihr das Alleinreisen keinen Spaß machte. Natürlich wäre sie gern eine dieser mutigen, selbstverwirklichten Frauen, die selbstbewusst in jedem x-beliebigen fremden Land in ein Restaurant marschierten und ohne Probleme um einen Platz für nur eine Person baten. Aber das lag ihr nicht. Sie hatte sich einsam gefühlt und die Tage bis zur Abreise gezählt. Dazu kam großes Selbstmitleid, weil sie es allein anscheinend nicht hinkriegte.

Diesmal hatte sie zumindest bei einem Reiseveranstalter gebucht, der sich auf allein reisende Frauen spezialisiert hatte. Sie und weitere neunzehn einsame Herzen würden gemeinsam die Schönheiten von Paris entdecken.

Nie hätte sie gedacht, dass sie eine dieser Frauen werden würde, als sie sich vor drei Jahren von Perry scheiden ließ. Sie wollte mehr. Vor allem aber wollte sie nicht länger nebeneinanderher leben, und Perry ertrug es nicht, dass sie ihn nervte, endlich etwas mit ihr zu unternehmen. Sie wollte reisen und neue Hobbys ausprobieren und sich persönlich weiterentwickeln, wohingegen er lieber mit seinen Kumpels an alten Autos rumschrauben und Sport gucken wollte.

Sein Desinteresse und seine Eigenbrötlerei waren jedoch nicht der einzige Scheidungsgrund gewesen. Sie selbst hatte sich zu sehr auf die Kinder und auf ihr neues Geschäft konzentriert, war zu ungeduldig mit ihm gewesen und hatte nicht zugehört. Die Schuld traf sie beide. Nur war Mikki davon ausgegangen –

offensichtlich zu Unrecht –, dass sie sich drei Jahre später mit ihrem neuen Leben arrangiert haben würde.

»Ich will nicht allein nach Paris«, flüsterte sie. »Und auch nicht mit diesen Frauen.« Bestimmt würde sie sich mit einigen von ihnen anfreunden, trotzdem fühlte sich diese ganze Reise irgendwie falsch an. Es war einfach nicht das, was sie wollte.

Genau dieselbe Unentschlossenheit hatte zu ihrer verunglückten Frisur geführt.

Mikki klickte auf den Link mit den Stornierungsbedingungen und las sich das Kleingedruckte durch. Wenn sie innerhalb der kommenden zwei Tage die Reise absagte, erhielt sie neunzig Prozent der Anzahlung zurück. Das hieß, sie würde nur fünfzig Dollar verlieren.

Sie markierte alle Mails als ungelesen, klappte den Laptop zu und ging wieder in die Küche. Keine impulsiven Entscheidungen mehr, sagte sie sich. Sie sollte noch mal darüber nachdenken, ob sie tatsächlich nach Paris fahren wollte und ob es genügend Gründe gab, um die Reise anzutreten. Wenn nicht, würde sie stornieren. Es ging ihr nicht um die fünfzig Dollar. Das eigentliche Problem bestand darin, dass sie herausfinden musste, was mit ihr los war. Sonst beging sie am Ende eine größere Dummheit als einen Haarschnitt.

Gegen elf fand Mikki, die Gäste könnten langsam eintrudeln. Ihr Sohn Will war kurz vor zehn in der Küche aufgetaucht und hatte dann fleißig Teller, Gläser und Besteck verteilt und die beiden Sonnenschirme neben den Klapptischen aufgebaut.

»Gibt's sonst noch was zu tun, Mom?«, fragte er im Türrahmen lehnend, als wäre er nicht in der Lage, sein Gewicht eigenständig zu halten.

Er war jetzt sechzehn und groß und schlaksig, im Grunde bestand er nur aus Armen und Beinen. Und er verdrückte Essensmengen, von denen eine vierköpfige Familie satt geworden wäre. Seine Vorstellung von »Zimmer aufräumen« war, alles unter dem

Bett verschwinden zu lassen. Trotzdem war er ein guter Junge. Er gab sich Mühe in der Schule, war freundlich und rücksichtsvoll – was seine Freunde nicht wissen durften – und immer bereit, mit anzupacken.

Mikki lächelte ihn an und sah seinen hoffnungsvollen Blick. »Was steht denn an?«

»Dad hat gesagt, wir könnten uns nach neuen Reifen für mein Auto umsehen. Du weißt schon, zum Geburtstag. Und bevor er gleich kommt, würde ich mich gern ein bisschen im Internet schlaumachen.«

»Dein Auto hat doch bereits vier Räder. Wieso brauchst du noch mehr?« Es war lustig gemeint, Wills Miene verriet ihr jedoch, dass ihr Gag nicht ankam.

»Och Mom, du weißt genau, was ich meine.«

Natürlich wusste sie das. Reifen waren nicht dasselbe wie Räder. Es machte trotzdem Spaß, Will mit ihrer vermeintlichen Trotteligkeit zu nerven. »Bitte. Wenn du meinst. Aber als ich das letzte Mal mit deinem Vater gesprochen habe, meinte er, er wollte dir zum Geburtstag einen Pulli schenken.«

»Mir schenkt garantiert niemand einen Pulli.« Will kam zu ihr rüber und nahm sie in den Arm.

Obwohl er noch mitten in der Wachstumsphase war, überragte ihr Sohn sie schon um Längen. Sein Dad war nur eins fünfundsiebzig groß. Will musste die Gene eines früheren Ahnen mitbekommen haben.

»Dann guck dir mal Räder an«, sagte sie, als er die Umarmung löste. »Aber komm runter, wenn die anderen ankommen.« Sie lächelte. »Oder ich schicke deine Großmütter nach oben, damit sie dir helfen, dein Zimmer aufzuräumen.«

»Das würdest du niemals tun.«

»Vielleicht kann ich dich noch überraschen.«

»Mütter sind immer auf der Seite ihrer Kinder. Ist so.«

Und damit verschwand er. Mikki lächelte und widmete sich wieder ihrer Küche.

Zwanzig Minuten später hörte sie die Haustür.

»Ich bin's«, verkündete ihr Ex-Mann, der mit Tüten bepackt in die Küche kam. »Ich hab noch eine zweite Ladung im Wagen«, kündigte er an, stellte alles auf der Arbeitsplatte ab und verschwand wieder.

»Dir auch einen guten Tag«, rief Mikki ihm kopfschüttelnd hinterher. Dann füllte sie Eis in die große Isolierschüssel, die immer bei ihren Partys zum Einsatz kam. Sie hatten sie vor ein paar Jahren angeschafft, und Perry hatte extra einen fahrbaren Untersatz gebaut, damit man das Teil leichter bewegen konnte.

Sie schichtete das Eis und die Getränke darin auf, als Perry mit weiteren Tüten zurückkam.

»Du rechnest ja mit dreißig Leuten, hast du gesagt«, erkundigte er sich.

»Vermutlich.«

»Gut. Dann sollte das reichen. Falls Bier übrig bleibt, nehme ich das wieder mit, und die Kids können die Limo behalten.«

Er wusste, dass Mikki sich nichts aus Limonade machte. Wenn sie zunehmen wollte, dann lieber mit einem schönen Glas Chardonnay und einem köstlichen Stück Brie.

Perry reichte ihr die Getränke an, bis die Schüssel voll war, den Rest packte er in den Kühlschrank. Er hatte lange genug hier gewohnt, um mit allem vertraut zu sein.

Sie hatten das Haus damals gekauft, als sie mit Sydney schwanger gewesen war. Nach der Scheidung hatte Mikki das Haus behalten und Perry ausbezahlt. Kurz darauf hatten seine Eltern beschlossen, sich zu verkleinern, und so war er in deren Haus gezogen, das nur drei Blocks entfernt war. Jetzt teilten sie und Perry sich die Kinder im Wochenrhythmus, daher war diese Lösung perfekt. Will hatte dort das alte Kinderzimmer seines Vaters übernommen, und Mikki hatte geholfen, das ehemalige Nähzimmer ihrer Schwiegermutter für Sydney herzurichten.

Darauf, dass ihre Ehe nicht funktioniert hatte, war Mikki weniger stolz. Aber sie fand, sie konnte stolz darauf sein, wie Perry und sie die Scheidung gehändelt hatten. Sie waren nach wie vor Freunde, kümmerten sich gemeinsam um die Kinder, und es war ihnen auch gelungen, dass die Familien sich nicht verkracht hatten. Perrys Vater sprach von ihr immer noch als von seiner Tochter. Feiertage und Geburtstage feierte man nach wie vor zusammen. Am Weihnachtsmorgen trafen sich traditionell alle bei ihr zur Bescherung. Sie waren das, was man eine moderne Familie nannte, und glücklich dabei.

»Brauchst du noch Hilfe?«, fragte Perry.

Mikki lachte. »Nein, alles gut. Du kannst dich später um den Grill kümmern.«

»Ich kann mehr als nur das.«

Das stimmte. Perry kochte seit drei Jahren selbst. Anfangs hatte Lorraine, seine Mutter, ihm wohl noch unter die Arme gegriffen, doch nach ein paar Monaten kam er dann alleine klar.

Mikki betrachtete ihren Ex-Mann. Er war ein eher schlaksiger Typ, mit dichtem blonden Haar und braunen Augen. Sicher war er nicht der hübscheste Vertreter seiner Art, aber er war solide und verlässlich. Und sein Lächeln war umwerfend, früher war ihr davon schwindelig geworden.

Sie hörte einen Wagen in der Einfahrt. Perry ging zur Haustür und kam mit Lorraine und seinem Vater Chet zurück und mit Rita, ihrer Mutter.

Mikki setzte ein breites Lächeln auf und rief: »Hallo zusammen! Ist das nicht ein schöner Tag für ein Barbecue?«

Ihr Schwiegervater nahm sie fest in den Arm und küsste sie auf die Wange, aber ihre Mutter starrte sie nur mit offenem Mund an.

»Was ist denn mit deinen Haaren passiert, um Gottes willen?«

Mikki unterdrückte ein Seufzen. »Ich war beim Friseur. Die perfekte Sommerfrisur.«

»Sieht ja scheußlich aus. Was hast du dir nur dabei gedacht?«

Lorraine tätschelte Ritas Arm. »Sag das nicht. Veränderung ist immer gut.« Sie lächelte warmherzig. »Wenn es dir gefällt, gefällt es mir auch.«

Etwas diplomatischer als ihre eigene Mutter, aber trotzdem nicht die Reaktion, die Mikki sich erhofft hatte.

»Ich finde es gut«, sagte Perry und zwinkerte ihr zu. »Dieselbe Frisur hattest du, als wir uns kennengelernt haben.«

»Bis gerade ist dir meine neue Frisur doch gar nicht aufgefallen.«

»Na klar!«

Und wieso hatte er dann nichts gesagt? Na, egal. Im selben Moment kamen Sydney und Will die Treppe heruntergestürmt.

»Grammy, Grandma, Grandpa!«, rief Sydney.

Alle fielen sich in die Arme und küssten sich, als hätte man sich monatelang nicht gesehen. Dass man sich in der vergangenen Woche gleich mehrfach getroffen hatte, war egal. Mikki fand es schön, dass alle sich so gernhatten.

Jetzt war die Familie vollzählig, und sie begannen damit, Essen und Getränke zu verteilen. Will lenkte mit seinem Vater den Getränkekarren nach draußen, während Lorraine und Rita sich um die Salate kümmerten. Chet feuerte die beiden Grills an und rief, dass er den großen Spatel bräuchte. Mikki war in Habachtstellung, aber eigentlich wusste jeder, was er zu tun hatte, und sie war nun überflüssig. Die Burgerpatties waren gerade aus dem Kühlschrank geholt worden, da trafen die ersten Gäste ein.

Schon bald herrschte ein wildes Durcheinander an Begrüßungen und Sich-auf-den-neuesten-Stand-Bringen. Wills und Sydneys Freundinnen und Freunde trudelten nach und nach ein, die meisten waren Pärchen. Viele von ihnen schafften es kaum, die Finger voneinander zu lassen, um die anderen zu begrüßen, und dann verschwanden sie alle in den Garten.

Sydney hatte sich immer mehr für die Schule und für ihre Freundinnen interessiert als für Jungs, und Will hatte bisher ebenfalls keine feste Beziehung. Aber sicher dauerte es nicht mehr lange, bis er seiner ersten großen Liebe begegnen würde – das war ja klar.

Perry war nicht ihre erste große Liebe gewesen, doch er war der Erste, mit dem sie sich eine gemeinsame Zukunft hatte vorstellen können. Was wäre es schön, so etwas noch mal zu erleben, dachte sie wehmütig. Der Nervenkitzel des ersten Dates, der erste Kuss, der erste Orgasmus, das erste Mal »ich liebe dich«. Das mit dem Orgasmus bekam Earl spielend hin. Aber an sonstigen Fähigkeiten mangelte es. Liebeserklärungen und Kuscheln nach dem Sex waren von ihm eher nicht zu erwarten.

Ashley und Seth trafen ein. Beide trugen Konditoreikartons, die mit sommerlich bunten Cupcakes gefüllt waren.

»Du warst beim Friseur«, sagte Ashley zur Begrüßung. »Ganz schön kurz.« Ihre Freundin begutachtete sie. »Gefällt mir.«

»Danke für die charmante Lüge, aber ich weiß selbst, dass die Frisur eine Katastrophe ist. Sag nur bitte meiner Mutter nicht, dass ich das gesagt habe. Sie würde sich an meinem Bedauern laben.«

»Ich finde es toll«, sagte Seth und küsste sie auf die Wange. »Sieht flott aus.«

»Das wollte ich hören.« Mikki grinste.

Sie führte die beiden in den Garten. Die Musik war laut genug, um die Nachbarn zu erzürnen, aber Mikki wusste, dass niemand sich beschweren würde. Sie hatten in ihrem Viertel eine ungeschriebene Party-Regel: vorher Bescheid sagen und nicht länger machen als einundzwanzig Uhr. Deswegen hatte sie vor zwei Tagen eine Mail an alle Nachbarn geschickt und versprochen, dass um neunzehn Uhr Schluss sein würde. Während sich Ashley und Seth unter die Leute mischten, richtete Mikki die Cupcakes auf einer Kuchenplatte an.

»Ich schätze, es wird jede Menge übrig bleiben«, meinte Perry, der ihr dabei half, die Küchlein aus den Kartons zu nehmen.

»Von Ashleys Cupcakes? Sehr unwahrscheinlich. Will und seine Kumpel wissen, dass sie jeder erst mal nur einen nehmen dürfen. Erst wenn Schluss ist, dürfen sie sich auf die Reste stürzen. Ich wette mit dir, dass nachher kein Krümelchen mehr übrig ist. Wenn du dir ein paar mitnehmen willst, schlage ich vor, du packst dir jetzt besser schon mal welche weg und bringst sie in der Küche in Sicherheit.«

»Gute Idee.« Er schnappte sich die leeren Kartons. »Heute keine Weinprobe?«

Mikki veranstaltete oft Blindverkostungen, wenn sie eine Party gab. Die verschiedenen Weine wurden in braunen Papiertüten auf den Tisch gestellt, und alle mussten raten, aus welchem Land der jeweilige Wein kam und wie teuer er war. Noch nie hatte jemand richtig geraten, auch sie selbst nicht, aber es war eine lustige Methode, um mehr über Wein zu erfahren und neue Lieblingssorten kennenzulernen.

»Zu viele Teenager«, antwortete sie. »Ich will sie nicht auf den Geschmack bringen.«

»Ist auch besser so«, sagte ihre Mutter, die gerade zu ihnen rübergekommen war. »Du trinkst sowieso zu viel. Dauernd diese Weinproben und Champagnerabende am Strand.« Ritas Mundwinkel zuckten. »Du nimmst ja sogar Unterricht zum Thema Wein!«

Mikki lachte. »In der Tat, Mom. Ich habe letztens außerdem ein Seminar über Champagner besucht. Da lernt man nicht nur was, sondern trifft nette Menschen. Vielleicht solltest du mich mal begleiten.«

Zur Sicherheit kreuzte sie bei dieser Ansage zwei Finger, denn eins wollte sie auf keinen Fall, nämlich dass ihre Mutter mitkam und ihr eins ihrer liebsten Hobbys vermieste.

»Ich werde mich garantiert nicht mit einer Horde Fremder volllaufen lassen«, sagte ihre Mutter sauertöpfisch.

Perry legte einen Arm um seine Ex-Schwiegermutter. »Ist wahrscheinlich besser so. Du bist eine gut aussehende Frau, Rita. Alle Männer würden nach ein paar Gläsern Wein über dich herfallen wollen, und das könnte ziemlich peinlich enden.«

Rita schnalzte mit der Zunge, wagte aber nicht, zu protestieren. Perry hatte recht – ihre Mutter sah immer noch gut aus.

Sie war vollschlank wie ihre Tochter, und sie hatte strahlend blaue Augen und eine tolle Haut. Sie war eigentlich sehr attraktiv – wäre da nicht ihr permanentes Gemecker.

Mikki entschuldigte sich und ging einmal quer durch den Garten. Dabei trällerte sie »Surfin' USA« von den Beach Boys mit. Sie begrüßte ein paar von Wills Freunden, erkundigte sich bei Bethany, wie es mit ihrer Ausbildung zur Krankenpflegerin lief, und setzte sich dann zu Sydney und Bree, die an einem Tisch im Schatten hockten.

Bree sah sie amüsiert an. »Wusstest du, dass deine Tochter demnächst an die Ostküste umsiedeln wird?«

»Ich habe so was läuten hören.«

Sydney trank einen Schluck Limonade. »Komm schon, Bree. Kalifornien ist cool, und ich liebe Stanford, aber jetzt mal im Ernst – die Action ist an der Ostküste. Georgetown macht mehr Sinn für mich, dort haben sie die besten Kurse.«

Sie setzte die Dose ab und zählte ihre Pläne auf. »Erst werde ich meinen Abschluss machen – natürlich mit Auszeichnung –, dann gehe ich nach Georgetown. Dort mache ich meine erste juristische Prüfung, meinen JD, und dann einen MA in Eurasischen, Russischen und Osteuropäischen Studien.«

Bree riss die Augen auf. »Klingt nach einem strammen Programm.«

»Ich bin eine ernsthafte Frau.«

»Wir waren damals Mädchen«, sagte Mikki. »Jetzt sind wir Frauen.«

Bree grinste. »Du kannst immer noch ein Mädchen sein, wenn du willst.«

»Danke.«

Bree wandte sich wieder Sydney zu. »Und dann was? Ein Job bei einem Think Tank? Oder bei der Regierung?«

»Das habe ich noch nicht entschieden. Ich kann bisher nur die nächsten sieben Jahre planen, mehr nicht.« Sie stand auf. »Und jetzt gehe ich Dad und Grandpa mit den Burgern helfen.«

Bree sah ihr hinterher. »Mein lieber Mann. Sie will einen Jura-Abschluss machen und gleichzeitig einen MA in Osteuropa-Studien? Stimmt das?«

»Anscheinend ja. Ich war dabei, als sie geboren wurde, daher weiß ich, dass es sich um meine Tochter handelt. Aber wann ist sie so schlau geworden? Perry und ich sind ja nicht ganz doof und ihr Bruder auch nicht, aber Sydney ist der totale Überflieger. Zum Glück benutzt sie ihre Intelligenz für die gute Sache.«

»Zumindest in naher Zukunft. In zwanzig Jahren übernimmt sie vielleicht die Weltherrschaft.« Bree hielt inne. »Bei dir alles okay?«

»Wieso fragst du?«

»Du runzelst die Stirn so. Das machst du sonst nie.«

Mikki rieb sich sofort die Stirn. »Oh nein! Ich weigere mich, mich in meine Mutter zu verwandeln.«

»Tust du doch gar nicht.«

»Meine Mutter runzelt auch immer die Stirn.«

»Tut mir leid, dass ich was gesagt habe.«

Mikki griff nach ihrer Diät-Limo und stellte sie gleich wieder ab. »Meinst du, ich soll wirklich nach Paris fahren?«

»Du wolltest doch so gern.«

»Aber inzwischen hab ich meine Meinung geändert. Es klingt alles irgendwie so doof. Zwanzig Single-Frauen in einem …« Sie machte in der Luft Anführungszeichen. »… ›bestimmten Alter‹ reisen gemeinsam. Das ist erbärmlich.«

»Wegen ihres Alters oder weil sie Singles sind?«

Mikki warf einen Blick auf die Teenies, die auf dem Rasen saßen. Sie sind glücklich, dachte sie. Noch voller Hoffnung. Jared küsste gerade Mattie, dann lächelten sich die beiden an, und als Mikki das sah, empfand sie ein Gefühl von … Sie wusste es selbst nicht. Verlust? Neid? Verwirrung?

»Ich dachte, ich hätte mein Leben inzwischen im Griff«, erklärte sie. »Meine Scheidung von Perry ist immerhin schon drei Jahre her. Ich dachte, ich wäre irgendwie mehr …«

»Mehr was?«

»Mehr irgendwas. Ich weiß nicht. Ich liebe unseren Laden. Ich bin glücklich mit meiner Arbeit, und den Kindern geht es auch gut. Ich will nur einfach nicht mit einem Haufen fremder Frauen nach Paris fahren.«

Bree trank einen Schluck Bier. Sie war nur ein paar Jahre jünger als Mikki, aber manchmal kam ihre Freundin ihr unendlich viel älter vor. Vielleicht lag es daran, dass Bree ein ganz anderes Leben führte als sie. Sie, Mikki, hatte Kinder und machte sich dauernd Sorgen, während Bree einfach ihr Leben lebte. Sie fühlte sich wohl in ihrer Haut. Nichts konnte ihr etwas anhaben, nichts brachte sie aus der Ruhe.

Wahrscheinlich hilft es, wenn man gut aussieht, dachte Mikki und versuchte, nicht verbittert zu sein. Bree hatte große braune Augen und langes, lockiges Haar. Sie war schlank und athletisch und strahlte ein Selbstbewusstsein aus, von dem Mikki nur träumen konnte. Wenn Bree in eine Bar ging, brauchte sie sich nur umzusehen und konnte sich einen Mann aussuchen. Zehn Minuten später war sie dann in ein inniges Gespräch mit dem Kerl vertieft, und nach einer Stunde landeten die beiden im Bett.

Mikki kapierte einfach nicht, wie das so funktionierte. Sie würde niemals einen fremden Mann ansprechen. Was sollte sie denn sagen? Außerdem wäre es ihr peinlich. Allein beim Gedanken daran verkrampfte sie sich.

»Du bist eben eine Traditionalistin«, sagte Bree. »Das meine ich ganz wertfrei, nur als Beobachtung. Du willst nicht mit diesen Frauen nach Paris fahren, weil du dir diese Reise von Anfang an anders vorgestellt hast. Du möchtest mit einem Mann nach Paris, mit einem Mann, mit dem du eine romantische Beziehung hast, als Paar. Du bist einsam, das ist es. Und darüber kann dir Earl leider nicht hinweghelfen.« Bree grinste. »Trotz seiner sonstigen Vorzüge.«

Mikki starrte ihre Freundin an. »Ist das das Bild, das du von mir hast?«

»Nein. Das ist das Bild, das du von dir hast. Du kannst noch so sehr versuchen, die Wahrheit zu ignorieren, aber es bleibt die Wahrheit. Die meisten Menschen sind Traditionalisten. Sieh dir doch Ashley und Seth an. Wie lange wird es dauern, bis sie sich verloben? Die meisten Menschen wünschen sich eine feste Beziehung. Du hast eine Weile gebraucht, um herauszufinden, wie es sich anfühlt, geschieden zu sein. Jetzt weißt du es, und jetzt bist du bereit für Neues. Und deswegen willst du nicht mit einem Haufen Weiber nach Paris fahren.«

Mikki fühlte sich durchschaut. Hatte Bree etwa recht? Wünschte sie sich eine Beziehung?

»Ich weiß nicht«, murmelte sie. »Ein neuer Mann? Glaubst du wirklich?«

Bree beugte sich zu ihr und flüsterte: »Keine Sorge. Wenn du den Richtigen findest, wird er dir Earl trotzdem gönnen. Freu dich auf einen flotten Dreier.«

3. Kapitel

Bree spannte den Rumpf an und ging in den Stütz, während ihre Pilates-Trainerin Nicole ohne Eile von acht rückwärts zählte. Bei drei fing ihr Bauch an zu zittern. Bei eins bekam sie fast keine Luft mehr. Sie schaffte es jedoch, durchzuhalten, bis Nicole sagte: »Und jetzt lass dich langsam wieder runter.«

Das Training auf dem Pilates-Chair war immer eine Herausforderung, aber genau das gefiel Bree. Körperliche Aktivität musste anstrengend sein. Sie erfreute sich am Fortschritt, den sie nach jeder Stunde feststellen konnte, ganz egal, in welchem Kurs.

»Danke für deine Hilfe«, sagte die ältere Frau neben ihr und wischte sich den Schweiß aus dem Gesicht. »Den umgekehrten Klimmzug habe ich vorher noch nie geschafft.« Sie lachte. »Mein Hintern trotzt nicht gern der Schwerkraft.«

»Meiner auch nicht«, sagte Mikki, die auf der anderen Seite neben Bree trainierte, und warf ihr einen neidischen Blick zu. »Bei dir sieht alles immer so leicht aus. Ich hasse das.«

»Dann komm doch öfter zum Training«, mischte Nicole sich ein. »Zweimal in der Woche trainieren macht was aus.«

»Mir macht das einfach keinen Spaß«, sagte Mikki fröhlich. »Ich dachte, das hätte ich schon gesagt.«

Auf dem Weg zur Umkleide wandte Nicole sich an sie: »Danke für deine Hilfe mit der neuen Kundin, Bree. Du bist eine von unseren Stammkundinnen, auf die man sich verlassen kann, wenn Neue Unterstützung brauchen.«

Dass Nicole sie als Stammkundin bezeichnete, überraschte

Bree. Sie wurde nicht gern für berechenbar gehalten. »Kein Problem.«

»Jairus hat erzählt, dass die Signierstunde am Samstag gut lief.«

»Es war super.« Bree schlüpfte in ihre Flipflops. »Dein Mann kommt beim jungen Publikum gut an.«

Über zweihundert Kinder waren bei der Buchvorstellung gewesen. Jairus hatte aus *Brad der Drache* gelesen, und die anschließende Autogrammstunde hatte ziemlich lange gedauert. Bree hatte das Durcheinander genossen – und sich über die vielen Buchverkäufe an diesem Tag gefreut.

Mikki stieß zu ihnen. Sie stöhnte, als sie in ihre Sandalen schlüpfte. »Mir tut jetzt schon alles weh. Das verheißt nichts Gutes für den Rest des Tages.« Sie rieb sich den Hintern. »Ich glaub, ich hab mir was gebrochen.«

»Dir geht's gut«, beruhigte Nicole sie. »Steig nachher einfach in die Badewanne.«

»Ich bade nicht.«

»Weder trainieren noch baden«, neckte Bree sie. »Du magst anscheinend vieles nicht.«

»Es liegt daran, dass der Kurs so früh ist. Wieso mache ich bei einem Kurs mit, der um sechs Uhr morgens stattfindet? Ich bin eigentlich ein Nachmittagsmensch.«

Sie winkten Nicole zum Abschied und gingen zu ihren Autos.

Mikki gähnte in den stillen Morgen hinein. »Die Sonne ist ja kaum aufgegangen«, meckerte sie.

»Komisch. Dabei war es doch heute Morgen schon hell.«

Mikki schloss ihren SUV auf. »Echt? Vermutlich war ich zu verpennt, um davon was mitzukriegen. Bis nachher im Laden!«

»Bis dann!«

Bree stieg in ihren Mini Cooper und ließ den Motor an. Anders als Mikki war sie ein Fan von frühen Trainingseinheiten. Sie ging zweimal in der Woche zum Pilates und jeden Donnerstag zum Surfen. Und zum Spinning konnte sie gehen, wann sie wollte, dank ihrer flexiblen Mitgliedschaft.

Sie fuhr nach Santa Monica, wo sie wohnte. Um diese Uhrzeit waren alle auf dem Freeway und auf dem Weg zur Arbeit. Noch dazu hatte sie grüne Welle, so war sie binnen einer Viertelstunde zu Hause.

Ihr Haus war ein älterer Bungalow, dem man nachträglich ein Obergeschoss aufgesetzt hatte. Der Vorgarten war klein, und in die Garage passte nur ein Auto, aber der große Garten nach hinten raus machte das wieder wett.

Sie hatte das Haus vor zwei Jahren gekauft, von dem Geld, das Lewis ihr nach seinem Tod hinterlassen hatte. Die Küche hatte sie renovieren lassen, aber das Gästebad unten und ihr Schlafzimmer im Obergeschoss brauchten dringend eine Verschönerungskur. Mit dem Schlafzimmer hatte sie vor einigen Monaten angefangen, fürs Bad fehlte ihr jedoch die rechte Inspiration. Trotzdem hatte sie Spaß an ihrem Projekt.

Sie parkte den Wagen und ging ums Haus herum zum Hintereingang. Sie trat durch die Waschküche ein und ging weiter in die Küche, wo sie eine Espressokapsel in die Maschine warf. Nur wenige Sekunden später erwachte das Gerät blubbernd zum Leben.

Wie viele ältere Häuser in Los Angeles verfügte ihres über einige kunsthandwerkliche Elemente, darunter die Einbauschränke im Esszimmer und fest eingebaute Regale im Wohnzimmer. Der Kamin im vorderen Zimmer war mehr Dekoration als alles andere, aber das störte sie nicht. Es war ihr Haus, ihres ganz allein. Und es spukte nicht darin. Fremde durften ihr Haus nicht betreten, vor allem nicht die Typen, mit denen sie ins Bett ging. Immer schön auf Distanz bleiben, das war ihr Motto.

Eine Stunde später war sie geduscht und für die Arbeit umgezogen. Sie hatte gefrühstückt und ihre Lunchbox gepackt und machte sich auf den Weg zum Strand. Es war ein wunderschöner, klarer Morgen, und schon jetzt zeigte das Thermometer über zwanzig Grad. Je wärmer, desto besser fürs Geschäft, denn dann strömten die Menschen in Scharen an den Strand.

Bevor sie den Laden öffnete, machte Bree die Bestellungen fertig und räumte die Kasse ein. Mikkis Mutter Rita, eine ihrer Angestellten, erschien pünktlich um neun Uhr dreißig zur Arbeit. Seit sie bei ihr angefangen hatte, war Rita noch nicht einmal auch nur eine Minute zu spät gekommen, und sie beendete ihre Schicht nie früher als verabredet. Bree schätzte diese Arbeitsmoral, ansonsten fand sie Ritas Blick auf die Welt eher amüsant.

»Hast du meine Tochter schon gesehen?«, fragte Rita sie zur Begrüßung, als sie ihre Handtasche in ihrem Spind verstaute und eine Schürze umband. »Ihre neue Frisur sieht furchtbar aus. Was hat sie sich nur dabei gedacht?«

»Ja, klar. Wir haben uns doch gestern beim Barbecue getroffen, und heute Morgen waren wir zusammen beim Pilates. Ich finde, sie sieht toll aus.«

Welche Frisur Mikki hatte, spielte überhaupt keine Rolle, fand Bree. Ihre Attraktivität rührte von ihrer Lebensfreude und ihren üppigen Formen. Sie war beliebt bei den Menschen, und ihre Haare kümmerten niemanden.

»Nein, es sieht furchtbar aus. Hoffentlich ist es bald rausgewachsen. Sie muss das Haar länger tragen, damit ihre kräftigen Hüften nicht so auffallen.« Rita schüttelte den Kopf. »Ich habe sie immer gewarnt. Sie hat meine Figur geerbt und hat die Tendenz, fett zu werden.«

»Mikki ist nicht fett.«

»Was nicht ist, kann ja noch werden.«

Bree musste lachen. »Rita, du bist echt ein Sonnenschein.«

Rita warf ihr einen erbosten Blick zu. »Du machst dich wieder über mich lustig.«

»Nur ein bisschen. Gibt's sonst noch was zu meckern?«

»Ich mag diese Blaubeer-Muffins rot-weiß nicht.«

»Das ist der Muffin des Monats. Der Vierte Juli steht vor der Tür, unser Nationalfeiertag. So was nennt man Patriotismus.«

Ashley hatte die Idee für den »Muffin des Monats« gehabt. Passend zur Saison gab es im Februar Cupcakes mit Karnevalsthema und rund um den St. Patrick's Day eine Variante mit Zucchini.

»Mein Favorit sind die Dinger trotzdem nicht«, stellte Rita noch einmal klar.

»Ashley wird am Boden zerstört sein, wenn sie das erfährt, aber wir werden sie wieder aufbauen.«

»Jetzt hörst du dich an wie Mikki.«

Danke für das Kompliment, dachte Bree.

»Ich kann nicht glauben, dass ihr diese Woche noch eine Autorenlesung habt. Zwei hintereinander, das bedeutet viel Arbeit für mich.«

Bree nickte feierlich. »Da hast du recht. Du bist aber meine optimale Kraft für solche Anlässe, weil niemand die Warteschlange so gut im Griff hat. Trotzdem will ich dich natürlich nicht über die Maße beanspruchen. Deswegen gebe ich dir für diesen Samstag frei.«

»Was?« Rita riss die Augen auf. »Frei? Ich bin der Klebstoff, der jede Lesung zusammenhält. Ihr kommt doch gar nicht ohne mich aus, ich bin unverzichtbar. Schreib mich sofort wieder in den Dienstplan. Wie kommst du darauf, eine Lesung ohne mich durchführen zu wollen?«

Weiter vor sich hin nörgelnd, marschierte Rita aus dem Raum. Mikki erschien in der Tür.

»Ich habe einen Teil eurer Unterhaltung mitbekommen«, sagte sie mitleidsvoll. »Meine Mutter hat mal wieder miese Laune.«

»Sie hat immer miese Laune«, entgegnete Bree fröhlich. »Keine Sorge, ich hab meinen Spaß daran.«

»Ich versteh's nicht. Wieso hast du sie bloß eingestellt?«

»Weil sie unglaublich zuverlässig ist, den Bücherbestand kennt wie keine andere und tatsächlich die perfekte Hilfe bei unseren Autorenlesungen ist.«

»Aber ihre Art und Weise …«

Vermutlich fanden die meisten Menschen Rita schwierig. Bree nicht. »Deine Mutter ist nichts gegen meine«, sagte sie. »Glaub mir, mit ihr hast du's leicht.«

»Das hast du schon mal gesagt. Ich weiß nicht, ob ich dir das glauben soll. Aber vielleicht lerne ich deine Mutter ja eines Tages mal kennen.«

Eher friert die Hölle zu, dachte Bree, nickte jedoch. »Ja, kann sein.«

Sie gingen zusammen in den Laden. Rita und Lorraine, die für Mikki arbeitete, öffneten gerade die Glastüren, vor denen sich schon ein Dutzend Kundinnen drängte.

Mikki legte ihr einen Arm um die Schulter und drückte sie. »Ich liebe es, wenn sie so vor unserem Laden stehen.«

Bevor Bree antworten konnte, kam ein kleiner Junge im Alter von etwa sieben ins Geschäft gerannt, direkt auf sie zu. Er hatte einen hochroten Kopf und Tränen in den Augen.

»Ich war nicht da«, sagte er mit tränenerstickter Stimme. »Ich war nicht bei der Lesung und hab kein Buch bekommen. Dabei hat Mom es versprochen.«

Bree kniete sich vor ihn. »Mir ist auch aufgefallen, dass du nicht hier warst, Griffin. Ich hab dich vermisst.«

Griffin warf sich in ihre Arme und hielt sie fest umklammert. »Sie ist schuld.«

Bree warf Griffins Mutter einen Blick zu. Die Frau sagte entschuldigend: »Das Tanztraining seiner Schwester hat länger gedauert, und dann sind wir im Verkehr steckengeblieben.« Sie setzte eine flehende Miene auf. »Ich schätze mal, es gibt keine signierten Exemplare mehr, oder?«

»Und wenn, wäre es ja keine persönliche Widmung für mich«, sagte Griffin und wischte sich das Gesicht ab. »Du hast es versprochen, Mom. Du hast gesagt, ich bekomme ein Buch mit meinem Namen drin zum Geburtstag. Du hast es versprochen.«

Die Mutter sah resigniert aus. »Wie oft soll ich mich denn noch entschuldigen?«

Bree stand auf. »Ich denke, ich kann da was machen«, sagte sie und lächelte Griffin aufmunternd an. »Eine Sekunde.«

Sie verschwand im hinteren Bereich des Ladens. Wohlweislich hatte sie Jairus einige Exemplare für ihre Stammkunden signieren lassen. Eins dieser Bücher nahm sie nun, zusammen mit einer kleinen Überraschungstüte, und ging damit zurück zu dem Jungen.

»Würde ich dich jemals hängenlassen?«, fragte sie und reichte ihm die Sachen.

Griffin starrte das Buch an. »Es war noch eins übrig?«

»Guck mal rein.«

Er öffnete das Buch und sah seinen Namen, von Jairus geschrieben. Er fing wieder an zu weinen. »Er hat das Buch für mich unterschrieben! Guck mal, Mom! Er weiß, wie ich heiße.«

Griffins Mutter schüttelte den Kopf. »Ich weiß gar nicht, wie ich Ihnen danken soll. Der Tag ist gerettet.« Sie senkte die Stimme. »Und mein Ansehen in der Familie.«

»Kein Thema. Wir machen das übrigens immer so, dass Sie auch ein Buch vorbestellen können, falls Sie am Tag der Autorenlesung nicht dabei sein können. Dann wartet das unterschriebene Exemplar hier auf Sie.«

Die Frau seufzte. »Super Idee, vielen Dank!« Sie streckte die Hand aus. »Komm, Griffin, dann gehen wir mal zur Kasse, und dann bringen wir dich zum Baseball-Camp. Dein Buch kannst du heute Abend lesen.«

Griffin strahlte bis über beide Ohren. »Ich freu mich schon total. Danke, Bree. Du bist die Beste.«

»Gern geschehen.« Sie begleitete die zwei zur Kasse, vorbei an Rita.

Die schenkte ihr ein wissendes Lächeln. »Du solltest selbst irgendwann Kinder haben. Auch wenn man sich später nicht auf sie verlassen kann«, sagte sie und warf ihrer Tochter einen enttäuschten Blick zu.

Mikki lachte nur und ging in ihren Teil des Ladens. Als Bree kassierte, dachte sie, dass Kinder nie ein Thema für sie gewesen waren. Während ihrer Ehe mit Lewis nicht und jetzt erst recht nicht mehr. Sie kannte ihre Grenzen gut, und sie wusste um ihre Ängste, die sie vor allen verborgen hielt. Niemals würde sie einem Kind eine so verkorkste Mutter zumuten.

Ashley packte die letzten verbliebenen Cupcakes und Muffins in die Bäckereikartons. Evan und Oscar, ihre beiden Konditormeister, waren fünf Tage die Woche von zwei Uhr morgens bis neun Uhr dreißig fleißig am Werk. Dann machte sich Evan auf den Weg zu seinem Beraterjob bei OAR, der Non-Profit-Organisation, die ihr Bruder leitete, während Oscar, ein bulliger Typ Mitte vierzig und mit unzähligen Tattoos, zehn Dutzend Muffins und Cupcakes zum kleinen Verkaufsstand der OAR in der Universität lieferte, bevor er nach Hause fuhr.

An den Wochenenden übernahm eine Kochschule das Backen. Für die Kursteilnehmerinnen und Kursteilnehmer bedeutete das Praxiserfahrung, und für Ashley hieß es, dass sie auch am Wochenende, wenn ihre beiden Bäcker frei hatten, mit frischer Ware versorgt wurde.

Unter der Woche richtete sie es so ein, dass sie ihr Team noch begrüßen konnte, bevor sie überprüfte, was für den nächsten Tag fehlte und besorgt werden musste. Es gab nichts Schlimmeres, als morgens um drei ohne Zutaten dazustehen.

Oscar rollte gerade die Karre zurück in die Industrieküche. »Ich wäre bereit zum Abflug, Boss. Soll ich die Muffins für dich ins Auto laden?«

Ashley lächelte. »Das krieg ich schon hin, danke dir. Ich hab übrigens Nachrichten von unserem Obstlieferanten. Die ersten Kirschen sind da. Ich hab gleich zwei Kisten bestellt. Dann können wir wieder Kirsch-Muffins und diese Kirsch-Mandel-Muffins anbieten, auf die die Leute so abfahren. Habt ihr ansonsten alles, was ihr braucht?«

Oscars üblicherweise stoische Miene verwandelte sich in ein Lächeln. »Kirschen, super. Wir sollten noch alles dahaben, nur vermutlich keine Mandeln mehr. Ich schicke dir eine Textnachricht.«

Das Licht über seinem Kopf ließ seinen rasierten Schädel und das tropfenförmige Tattoo unter seinem linken Auge erstrahlen. Ashley wusste, dass es sich dabei um mehr als nur Hautschmuck handelte – Oscar hatte jemanden umgebracht und dafür fast zwanzig Jahre gesessen.

Das Bäckerhandwerk hatte er im Gefängnis erlernt und nach seiner Entlassung darauf gehofft, eine gute Stelle zu finden. Doch er hatte feststellen müssen, dass nur wenige Bäckereien einen ehemaligen Straftäter einstellen wollten. Sein Bewährungshelfer stellte dann den Kontakt zu OAR her. Als Ashley sich mit *Muffins to the Max* vergrößern wollte, gab sie Oscar eine Chance. Das war vor drei Jahren gewesen. Ein Jahr später war Evan zum Team gestoßen, ebenfalls ein Ex-Knacki.

Erstaunlich, wie sich alles gefügt hatte. Eigentlich hatte sie Physiotherapeutin werden wollen. Doch nun war sie eine selbstständige Unternehmerin, hatte Geschäftsräume in der Non-Profit-Organisation ihres Bruders angemietet und beschäftigte zwei ehemalige Straftäter, die vermutlich einige Methoden kannten, wie sie sie um die Ecke bringen könnten. Schon seltsam, wie das Leben so spielte.

Oscar war äußerst loyal und ihr sehr verbunden. Er würde jeden fertigmachen, der ihr auch nur ein Haar krümmen wollte. Als sie sich mal über ihren Ex-Freund beschwert hatte, hatte Oscar ihr angeboten, sich »um ihn zu kümmern«. Ashley war davon ausgegangen, dass dieses Angebot durchaus ernst gemeint war, und hatte ihren Ex nie wieder erwähnt.

»Dave hat gesagt, Harding kommt zurück«, sagte Oscar. »Er zieht wieder her?«

»Er hat in der Tat ganz in der Nähe ein Haus gemietet, um dort an seinem neuen Buch zu arbeiten. Es geht dabei ums

Thema Trauer, du kannst also damit rechnen, dass er alle und jeden fragen wird, ob sie ihm dazu eine Geschichte erzählen können. Niemand ist sicher vor ihm. Außer mir natürlich. Von Hardings Unfall mal abgesehen, hatte ich bisher zum Glück noch nie Grund zu trauern.«

Zu ihrer Überraschung berührte Oscar ihren Arm und sagte: »Wie schön. Das stimmt mich hoffnungsvoll. Möge es noch lange so bleiben.«

Ashley wusste nicht, wie sie darauf reagieren sollte. »Danke« kam ihr fehl am Platz vor, »das hoffe ich auch« zu flapsig.

Stattdessen sagte sie: »Heute Morgen ist übrigens Carrie im Verkaufsstand. Vielleicht macht sie dir einen leckeren Milchkaffee.«

Oscar verzog grimmig das Gesicht. »Garantiert nicht.«

»Aber du trinkst doch Kaffee. Oder ist dir Milchkaffee zu mainstream?«

»Willst du mich ärgern?«

»Ach komm, du würdest mir eh nie was tun. Also – was ist denn jetzt mit Carrie? Sie ist immer so lieb zu dir.«

»Sie ist zu jung.«

»Ihr seid im selben Alter.«

Er sah sie an. »Ich rede nicht von Lebensjahren.«

Ashley bekam eine Gänsehaut. Hin und wieder vergaß sie, dass Oscars Leben deutlich anders verlaufen war als ihres.

»Aber du brauchst mal jemanden an deiner Seite«, meinte sie.

»Ich kann gut selbst auf mich aufpassen.«

»Keine Lust auf Sex? Flirte doch mal ein bisschen mit ihr. Das wird ihr gefallen, das weiß ich.«

»Komisch, ich höre gar nichts. Ich sehe zwar, wie sich dein Mund bewegt, aber ich höre nichts von dem, was du sagst. Echt krass.« Damit verschwand er aus der Küche.

»Denk dran, mir wegen der Mandeln zu schreiben«, rief sie ihm hinterher.

Seine Antwort verstand sie nicht, doch sie war sich ziemlich sicher, dass es etwas Unflätiges war. Immer noch lachend schob sie die Karre mit dem Gebäck zu ihrem Wagen.

Das OAR-Gebäude verfügte über eine Großküche, die für die Arbeit von Harding und Dave, seinen besten Freund und Geschäftspartner, uninteressant war. Sie hatte das Potenzial jedoch sofort erkannt. Sie hatte auch die Idee für die Kaffeebude an der Uni gehabt. Nun verkaufte sie ihre Backwaren zum Selbstkostenpreis an die OAR-Stiftung, und der Verkaufserlös floss direkt in die Projekte der Organisation. Ashley hatte außerdem den Vorschlag gemacht, Essen zum Mitnehmen anzubieten.

Sie lud die Ware in ihren SUV und fuhr zu *Muffins to the Max*. Sie hatte gerade die Auslage bestückt, als die ersten Kunden eintrafen.

Gegen elf Uhr verzogen sich die Leute nach der morgendlichen »Muffin-zum-Kaffee«-Aktion in aller Regel. Und um zwölf übernahm heute ihre Angestellte Elsie ihre Schicht, sodass Ashley sich gegen Viertel nach zwölf auf den Weg zu ihrem Bruder machen konnte.

Unter normalen Umständen hätte sie sich darüber gefreut, dass Harding zurück nach Los Angeles zog. Sie fand es schön, wenn sie beide in derselben Stadt lebten. Wegen Bree hatte sie jedoch große Bedenken. Natürlich war ihr klar, dass ihr Bruder erwachsen und sehr wohl in der Lage war, auf sich selbst aufzupassen. Aber sie hatte nun mal so ein Bauchgefühl, und sie machte sich unentwegt Sorgen um ihn. Vermutlich lag es auch daran, dass sie Bree im Grunde für die perfekte Frau für ihren Bruder hielt.

Ashley bog in eine ruhige Wohnstraße ab und parkte vor einem altmodischen Bungalow mit großzügiger Veranda, großen Fenstern gleich neben dem Eingang und einem kleinen Vorgarten. In der Einfahrt stand ein alter Ford Pick-up.

Solche Bungalows waren typisch für dieses Viertel. Die meisten waren in den 1950er-Jahren entstanden, doch nur wenige waren noch im Originalzustand erhalten. Man hatte inzwischen viele abgerissen und durch neue Häuser ersetzt, andere hatte man um eine Etage aufgestockt. In die Breite konnte man nicht bauen, dafür aber in die Höhe.

Die Haustür ging auf, und Harding kam heraus.

Er grinste sie an. »Na, Schwesterherz?«

Sie stellte Handtasche und Picknickkorb ab und segelte ihm in die Arme.

»Da bist du also wieder«, sagte sie in seiner festen Umarmung. »Bleib nächstes Mal nicht so lange weg. Das waren echt endlose Monate.«

»Ich weiß, viel zu lange. Nächstes Mal muss ich meine Tour zwischendurch mal unterbrechen.«

Sie blieben noch ein paar Sekunden so stehen, um sicherzugehen, dass es dem anderen gut ging. Als er sie schließlich losließ, fiel ihr auf, dass er gesund aussah und sich mit Leichtigkeit bewegte.

Sein Unfall – die Fahrerfluchtsache – war nun beinahe dreizehn Jahre her. Ashley erinnerte sich noch gut daran, wie er ausgesehen hatte, als sie ihn endlich im Krankenhaus sehen durfte. Voller blauer Flecken und im Gipsverband und kaum wiederzuerkennen. Doch das Schlimmste war, wie furchtbar still er gewesen war. Drei Tage hatte er im Koma gelegen, nur von Maschinen am Leben gehalten.

Die Ärzte hatten ihre Eltern und sie damals gewarnt, dass er wohl nicht überleben würde, und wenn doch, dass er vermutlich nie mehr würde laufen können. Drei Monate danach war Harding vom Krankenhaus in die Reha verlegt worden. Weitere sechs Monate später konnte er wieder laufen. Und drei Jahre danach absolvierte er seinen ersten Triathlon und hatte seine Erfahrungen zu einem Roman verarbeitet. Der Roman wurde sofort ein Bestseller und machte Harding zu einem begehrten Vortragsredner. Damit war OAR geboren.

Mit dreißig hatte Harding bereits mehr erreicht als andere

Menschen mit sechzig, und Ashley war sehr stolz auf ihn. Dennoch würde sie niemals vergessen, wie hilflos er damals gewesen war und dass sie seitdem das Gefühl hatte, ihn beschützen zu müssen – auch vor sich selbst.

Er hob den Korb auf. »Du hast meine Muffins fallen lassen.«

»Und deine Cupcakes. Tut mir leid. Ich hab mich einfach so gefreut, dich wiederzusehen.«

»Soll das heißen, damit ist es schon wieder vorbei?«

»Was will man machen.« Sie folgte ihm ins Haus.

Wie Ashley bereits vermutet hatte, waren die Zimmer relativ klein, aber schön hell, und die Möbel waren geschmackvoll. Auf dem Weg zur Küche kamen sie durchs Esszimmer, wo er seinen Laptop platziert hatte. Am anderen Ende des schmalen Flurs befanden sich das Badezimmer und zwei Schlafzimmer.

Die Küche war mit einem Anbau versehen worden, sodass vor dem Erkerfenster ein Tisch und Stühle Platz hatten. Harding holte Platzsets aus dem Schrank und stellte die Lunchboxen darauf, die sie mitgebracht hatte, und einen Krug mit Eistee. Ashley setzte sich.

»Hey, du hast Eistee gemacht«, murmelte sie. »Mom wäre stolz auf dich.«

»Theoretisch kann ich sogar kochen, meistens habe ich allerdings keine Lust dazu. Gib's zu, der Krug ist beeindruckend. Hab ich in einem der Schränke gefunden. Ein silbernes Teeservice gibt es auch, aber das spare ich für wichtige Gäste auf.«

»Du nervst so dermaßen, Alter«, sagte Ashley und nahm ein Sandwich aus der Lunchbox. »Hast du Mom und Dad Bescheid gesagt, dass du gut angekommen bist?«

»In dem Moment, in dem ich auf die Einfahrt gerollt bin. Mom macht sich doch sonst wieder Sorgen.«

Sie machten sich alle Sorgen, und Harding wusste das. In mancher Hinsicht hatte er sich besser erholt als sie und ihre Eltern. Er hatte die Reha hinter sich, aber sie hatten seine Schmerzen und sein Leiden mitansehen müssen.

Sie war damals fünfzehn gewesen. Ihre Welt hatte sich von einem Tag auf den anderen verändert. Sie war fast irre geworden bei dem Gedanken, dass ihr Bruder vielleicht sterben könnte, und sie musste damit klarkommen, dass ihre Eltern nahezu drei Monate bei ihm im Krankenhaus verbrachten. Die beiden hatten versucht, sich die Zeit dort aufzuteilen, damit sie möglichst selten allein zu Hause war, aber Ashley hatte darauf bestanden, dass sie ihn oft besuchten.

Sein Unfall hatte dafür gesorgt, dass sie schnell selbstständig wurde. Immer wenn sie vor etwas Angst hatte, musste sie nur daran denken, was Harding durchgemacht hatte, dann kam es ihr leicht vor.

»Wie läuft's mit dem neuen Buch?«, erkundigte sie sich.

»Schleppend. Ich hab gerade erst angefangen. Außerdem war ich ja auf Lesetour.« Er nahm sich ein Sandwich. »Ich freue mich schon auf die Lesung bei euch. Dann lerne ich endlich die beiden Frauen kennen, mit denen du dir dein Geschäft teilst.«

»Sie werden dich vergöttern.«

Er grinste. »Wie alle Frauen.«

Leider wahr. Harding war der gut aussehende Junge von nebenan. Er hatte braunes Haar mit einem leicht rötlichen Stich und große, ausdrucksvolle haselnussbraune Augen. Außerdem war er gut in Form, charmant und wusste sich gut auszudrücken. Dazu kam der Umstand, dass er fast gestorben wäre. Solche Geschichten liebten die Frauen.

»Wegen der Lesung«, sagte sie zögerlich, weil sie nicht wusste, wie sie ihrer Sorge genau Ausdruck verleihen sollte. »Wir müssen über Bree reden.«

Harding legte sein Sandwich hin. »Wieso? Was ist denn mit ihr? Meine Verlegerin sagt, ihr Buchladen ist einer der besten.« Er lächelte. »Anscheinend ist sie sehr wählerisch, wen sie zu Lesungen einlädt, also danke noch mal, dass du dich für mich eingesetzt hast.«

Wenn es nur so einfach wäre, dachte Ashley. »Du musst auf dich aufpassen, was Bree angeht.«

Er runzelte die Stirn. »Wovon redest du?«

Sie beugte sich zu ihm. »Ich vergöttere Bree. Sie ist eine wunderbare Freundin und ich würde ihr alles anvertrauen, aber deinetwegen mache ich mir Sorgen. Sie ist nämlich genau dein Typ. Sie sieht toll aus, ist belesen und sportlich. Du wirst ganz bestimmt mit ihr ausgehen wollen, und ich befürchte, du wirst dich in sie verlieben. Und Bree hasst Beziehungen. Sie schläft immer nur ein-, zweimal mit ihren Typen und lässt sie dann fallen. Ich möchte nicht, dass du verletzt wirst.«

»Machst du Witze?«

»Ich mein's ernst.«

Er lehnte sich entspannt zurück. »Ashley, Schwesterherz. Ich liebe dich, das weißt du. Aber du bist eine Idiotin. Bitte mach dir keine Gedanken um mich. Ich kann sehr gut selbst auf mich aufpassen.«

»Ich wünschte, so wäre es. Bree ist nicht wie andere Frauen. Sie ist eine von der Sorte, die ihre eigenen Nachkommen frisst.«

»Ich dachte, du magst sie.«

»Tu ich auch, aber ich habe großen Respekt vor ihrem Selbsterhaltungstrieb. Sie lässt sich niemals emotional auf einen Menschen ein – und du bist die fleischgewordene Emotion. Du heulst ja sogar bei Werbung.«

Er sah eher amüsiert als verärgert aus. »Unsinn.«

»Zumindest innerlich. Harding, ich bitte dich einfach nur, vorsichtig zu sein.«

Er sah sie an. »Du hast ihr vermutlich auch nahegelegt, die Finger von mir zu lassen – stimmt's?«

Ashley versuchte, nicht allzu ertappt zu wirken. »Könnte sein.«

»Dann muss ich natürlich mit ihr ausgehen.«

»Was? Sei nicht so bescheuert. Ich kenne Bree. Du kannst mir ruhig glauben.«

»Du kannst mich nicht vor der Welt beschützen, Kleine.«

»Aber ich kann es zumindest versuchen. Bitte geh nicht mit ihr aus, nur weil du's mir zeigen willst.«

»Na gut. Ich werde nur mit ihr ausgehen, wenn ich mit ihr ausgehen möchte. Ist das besser?«

Ashley unterdrückte ein Stöhnen. »Du machst mich wahnsinnig.« Sie starrte ihr Sandwich an. »Jetzt fühle ich mich mies, weil ich meine Freundin gedisst habe. Mir ist der Appetit vergangen.«

Er zwinkerte ihr zu. »Schön. Bleibt mehr für mich übrig.«

4. Kapitel

Mikki legte eine weitere Halskette in die Auslage. Die Meerestiere-Kollektion verkaufte sich gut. Schmale Gold- und Silberkettchen, die mit einem Anhänger kombiniert wurden, entweder in Hai-, Delfin-, Fisch- oder Oktopus-Form. Eine ortsansässige Künstlerin fertigte diese Ketten an, und der Preis stimmte. Sie führte auch Armreifen mit Wellendekor, die man einzeln oder zu mehreren tragen konnte.

Mikki liebte ihren Geschenkeladen. Es gab immer wieder saisonale Sonderangebote, zum Beispiel bunte Strandhandtücher und Tassen mit lustigen Sprüchen. Bei ihr konnte man sowohl kitschige Souvenirs als auch hochwertige Ölgemälde erwerben.

Sie hatte festgestellt, dass häufiges Wechseln der Schaufensterauslage den Verkauf ankurbelte und dass Flipflops ein Dauerbrenner waren.

Sie genoss die leicht salzige Luft, die ruhigen Morgenstunden und die geschäftigen Nachmittage. Obwohl sie in der Schule Kunst-Leistungskurse belegt hatte, fehlte ihr selbst das Talent zur Künstlerin. Ihr Laden bot ihr jedoch die Gelegenheit, ihre kreative Seite auszuleben, mit Farben und Mustern zu spielen und damit auch noch Geld zu verdienen.

Mittlerweile war *Giftshop* ein echtes Familienunternehmen. Lorraine arbeitete durchgehend für sie, und Will half in den Sommerferien aus. Sydney jobbte lieber bei ihrem Vater. Im nächsten Jahr konnten die beiden tauschen – falls Sydney in den Ferien dann überhaupt noch nach Hause kam. Sie sah sich bereits nach Praktikumsstellen um. Dieses Kind machte niemals Pause.

Zeit für die Sonderangebote, dachte Mikki, als sie die Sonnenmilchflaschen ins Regal stellte. Der Umzug im Januar hatte ihre Verkaufszahlen ordentlich angekurbelt. Der vorherige Standort war nicht besonders gut gewesen, und ihre Einzelhandelserfahrung auch nicht, und so waren die ersten Jahre der Selbstständigkeit ein ziemlicher Kampf gewesen. Aber sie hatte viel Arbeit in ihr Geschäft gesteckt, und das hatte sich gelohnt.

Trotzdem hatte sie im ersten halben Jahr immer wieder gedacht, sie würde es nicht schaffen. Perry war dagegen gewesen, dass sie den Laden kaufte. Vier Wochen lang hatte sie deshalb mit ihm gestritten, bis sie ihn endlich so zermürbt hatte, dass er widerwillig sein Okay gab. Dann sagte er ihr voraus, dass sie das Geld, das sie investiert hatten, garantiert in den Sand setzen würde. Diese Unkenrufe hatten sie nachts nicht mehr schlafen lassen.

Während sie jetzt Aloe-Vera-Lotion neben den Sonnenmilchflaschen einsortierte, fragte sie sich, ob das vielleicht der erste Riss in ihrer Ehe gewesen war. Ihren Streitereien folgten unzählige Stunden, die Mikki im Geschäft verbrachte. Sie und Perry hatten von Anfang an unterschiedliche Interessen, aber sobald sie ihren eigenen Laden hatte, lebten sie zwei unterschiedliche Leben. Schon vor ihrer Scheidung hatte sie sich oft als Single gefühlt. Und nun, drei Jahre später, war sie immer noch allein.

Sie musste an ihre Unterhaltung mit Bree denken. War sie wirklich so traditionell in ihren Ansichten, dass eine feste Beziehung für sie das Wichtigste war? Jedenfalls hatte sie nicht damit gerechnet, dass sie so lange allein bleiben würde. Nach der Scheidung hatte sie anfangs versucht, sich mit anderen Männern zu treffen, aber irgendwie fühlte sie sich unwohl dabei. Sie wusste einfach nicht mehr, wie man so was machte.

»Guck mal!« Lorraine kam zu ihr und zeigte ihr eine Glasschildkröte. »Die neue Lieferung ist da. Sind die nicht süß? Es sind auch kleine Seehunde dabei und entzückende Otterfiguren. Willst du die nicht ganz vorne in der Auslage platzieren?«

Mikki grinste. »Die werden weggehen wie warme Semmeln. Setzen wir den Preis am besten gleich um fünfzehn Prozent höher an.«

Lorraine lachte. »Du bist eine knallharte Geschäftsfrau.«

»Schön wär's.«

Mikki ging mit der Schildkröte rüber in die Buchabteilung, wo Bree zusammen mit Rita Regale bestückte.

»Die sind gerade frisch eingetroffen«, sagte Mikki und zeigte den beiden die feine Glasskulptur. »Plus Seehunde und Otter. Ich glaube, dass wir die erste Lieferung sofort verkaufen werden, aber mit der zweiten könnten wir ein bisschen Cross-Promotion machen – was meint ihr?«

»Ja, lass sie uns bei den Kinderbüchern platzieren«, schlug Bree vor. »Die bunten Buchumschläge bringen das Glas toll zur Geltung.«

Rita presste die Lippen aufeinander. »So was Zerbrechliches kannst du nicht zu den Kinderbüchern stellen. Die Kinder machen die doch sofort kaputt, und die Kunden treten in die Scherben. Dann wirst du verklagt, und das war's mit dem Laden.«

Bree tätschelte ihr die Schulter. »Ich denke, Mikki meinte, sie würden zusammen mit den Büchern in einer Vitrine gut aussehen. Dein Hinweis zu den Scherben ist gut.«

Rita sah erfreut aus, weil sie endlich mal jemand ernst genommen hatte. Mikki staunte, wie gut Bree mit ihrer Mutter umzugehen wusste. Für sie war es schlimm genug, sich mit ihrer Mutter im selben Gebäude aufzuhalten – mit ihr zu arbeiten, war ein unerträglicher Gedanke. Zum Glück war Lorraine ganz anders. Ihre Schwiegermutter entdeckte sogar in der dunkelsten Wolke immer noch einen Silberstreif.

»Ich sag dir Bescheid, sobald der Nachschub da ist«, sagte Mikki und ging zurück in ihren Teil des Ladens. Ihre Mutter folgte ihr.

»In der Zeitung steht, dass in der Stadt der Chemikalienanteil im Trinkwasser zu hoch ist«, sagte Rita. »Wir werden alle vergiftet.«

Mikki unterdrückte ein Seufzen. »Wieso sollte jemand absichtlich die eigene Bevölkerung vergiften wollen?«

»Ich sagte nicht, dass sie es wollen. Ich sagte, dass sie es tun.«

Mikki betrachtete ihre Mutter, diese Frau, die ständig mit dem Schlimmsten rechnete. Rita hatte dafür gesorgt, dass sie, Mikki, immer mit einem Schirm zur Schule gehen musste, obwohl es in Südkalifornien maximal ein Dutzend Regentage im Jahr gab. Und hinter jeder Ecke lauerte die nächste Katastrophe. Mit so vielen Ängsten zu leben, musste wahnsinnig anstrengend sein.

Zwölf Jahre war die Scheidung ihrer Eltern jetzt her. Ihr Vater, stets still und unglücklich, solange er verheiratet gewesen war, war danach aufgeblüht, hatte mit Squaredance angefangen und sich mit vielen Frauen verabredet. Leider war er völlig unerwartet vor acht Jahren gestorben. Anders als ihr Ex-Mann hatte Rita sich nach der Scheidung überhaupt nicht verändert.

»Mom, warum triffst du dich eigentlich nicht mal mit jemandem?«

Ihre Mutter sah sie verwirrt an. »Einem Mann?«

»Ja. Ich gehe nicht davon aus, dass du heimlich lesbisch bist. Die Scheidung ist Jahre her, aber ich kann mich nicht erinnern, dass du mal mit irgendjemandem ausgegangen wärst.«

»Warum sollte ich mir einen Mann angeln, der ohnehin nur auf mein Geld aus ist und mich ausnutzen will? Nein danke. Einmal verheiratet gewesen zu sein, reicht mir. Kein Bedarf in diese Richtung.«

Lorraine gesellte sich zu ihnen. »Also, Rita, ich kann deine Auffassung nicht verstehen. Du bist eine junge, vitale Frau. Du sehnst dich doch bestimmt nach ein bisschen Gesellschaft.«

Ihre Mutter schüttelte den Kopf. »Du bist mir Gesellschaft genug.«

»Wir sind Freundinnen. Mikki sprach von einem Mann.«

»Das ist den Ärger nicht wert.«

Mikki fiel auf, dass sie selbst vor Kurzem erst dasselbe gesagt hatte, als Sydney sie gefragt hatte, warum sie eigentlich nie ausging. War sie etwa im Begriff, doch wie ihre Mutter zu werden?

»Du bist kaum sechzig«, sagte Lorraine. »Willst du die nächsten dreißig Jahre allein bleiben?«

»Wollt ihr zwei mich etwa verkuppeln?«, schoss Rita zurück. Und damit verschwand sie, ganz offensichtlich verstimmt.

Lorraine seufzte. »Diese Frau ist schwierig. Es tut mir in der Seele weh, dass sie sich so abkapselt.«

Mikki wurde sich in diesem Moment schlagartig einer Sache bewusst: Wenn ihrer Mutter noch dreißig Jahre blieben, blieben ihr selbst noch fünfzig Jahre.

Fünfzig! Ach du Schande. Sollte sie die tatsächlich allein in ihrem großen Haus verbringen, lediglich mit Earl an ihrer Seite? Dieser Gedanke war deprimierend, deshalb verdrängte sie ihn sofort.

Sie wollte auf gar keinen Fall so werden wie ihre Mutter. Sie erwartete mehr von ihrem Leben. Echte Kameradschaft, gute Gespräche, Reisen, Lachen und – ja – Sex mit einem echten Mann. Sorry, Earl. Sie wollte keine verbitterte alte Frau werden. Sie wollte glücklich sein. Sie wollte mehr, als sie bisher gehabt hatte. Deswegen musste sie dringend den Hintern hochkriegen und etwas dafür tun.

Bree zählte die Stuhlreihen, die sie vor dem Podest aufgebaut hatte. Die mobilen Regale waren weggeräumt, so war Platz für zweihundert Personen. Sie hatte extra einhundertfünfzig Stühle gemietet. Und wenn sie die Schiebetüren öffnete, konnte sie die Bestuhlung sogar bis auf den Strand hinaus erweitern, falls nötig. Sie hatte allerdings keine Ahnung, wie viele Leute kommen würden. Harding Burton war keiner ihrer Stamm-Autoren und noch nie da gewesen.

Rita kam zu ihr. »Brauchen wir wirklich so viele Stühle? In dem Buch geht es doch nur ums Rudern.«

Bree unterdrückte ein Grinsen. »Es geht nicht ums Rudern.«

»Aber es heißt doch Oar, wie *Ruderblatt* auf Englisch.«

»Das ist eine Abkürzung für Objective – Achievement – Repeat, also Zielsetzung – Erreichung – Wiederholung. Eine Lebensphilosophie.«

Rita sah sie zweifelnd an. »Dann sind es erst recht zu viele Stühle.«

»Da bin ich mir nicht so sicher. Der Mann ist ein echter Publikumsmagnet.« Vor allem für weibliches Publikum, ergänzte Bree stumm.

Das Buch war gut. Nett geschrieben, mit interessanten Anekdoten. Keine weltbewegend neuen Erkenntnisse, denn das Konzept des Nicht-Aufgebens angesichts einer misslichen Lage war ein alter Hut. Trotzdem war Hardings Version davon spannend zu lesen, und sein Foto auf dem Einband war schön anzusehen.

Drei Frauen Mitte zwanzig kamen auf sie zu. Sie hatten den fokussierten Blick von Hardcore-Fans.

»Hier ist doch gleich die Lesung von Harding Burton, oder?«, fragte eine groß gewachsene Brünette.

»Richtig.« Bree sah auf die Uhr. »Allerdings erst in ein paar Stunden.«

Die drei jungen Frauen kicherten. Rita gab einen gequälten Laut von sich und stolzierte davon.

»Ist freie Platzwahl?«, fragte eine der Frauen.

Bree zeigte auf die Stuhlreihen. »Absolut.«

Die drei rannten in die erste Reihe und setzten sich direkt vors Podium. Weitere weibliche Fans strömten herein, sodass dreißig Plätze schnell besetzt waren. Alle hatten ein Exemplar des Buches erstanden mit dem unübersehbaren Aufkleber BEZAHLT. Das war Brees eiserne Regel – wer zur Lesung kam, musste ein Buch bei ihr kaufen. Sie akzeptierte keine online gekauften Bücher, denn sie verdiente mit Büchern ihr Geld, und wer zur Party im Buchladen kam, musste die Buchhändlerin unterstützen.

Weitere zwanzig Damen warteten bereits geduldig an der Kasse, um ihr Exemplar von Hardings Buch zu erstehen. Bree fragte sich gerade, ob sie überhaupt genügend Bücher auf Lager hatte, als Mikki auftauchte.

»Könntest du bitte eine Ansage machen wegen der Lesung? In meiner Seite des Ladens stehen jede Menge Frauen rum, die die Gänge zustellen, aber ganz klar zur Lesung wollen. Das nervt.«

Ashley kam ebenfalls an. »Sie kaufen auch Muffins. Anscheinend müssen sie sich noch stärken, haha.«

»Weil Hardings Anwesenheit so anstrengend ist, oder was?« Bree wusste nicht, was sie vom stetigen Zustrom an Kundinnen halten sollte. Mittlerweile hatte sich die Länge der Kassenschlange verdoppelt. Die »Brad-der-Drache«-Lesung war schon erfolgreich gelaufen, aber das war ein neuer Rekord.

Sie deutete auf Rita. »Bitte hilf du an der Kasse aus. Mikki, kannst du eine Durchsage machen, dass die Plätze jetzt eingenommen werden können? Ich besorge mehr Stühle und versuche, über meine Lieferantin noch schnell an mehr Bücher zu kommen.«

»Wie viele hattest du denn bestellt?«

»Sechshundert.«

Mikki grinste. »Schätzchen, du brauchst ein größeres Boot.«

Die Lesung war von fünfzehn bis siebzehn Uhr angesetzt. Um halb drei gab es nicht mal mehr Notstühle, und sie hatte nur noch zwei Kisten mit Nachschubexemplaren. Dutzende Kundinnen hatten sich draußen im Sand niedergelassen, wo Bree mobile Lautsprecher aufstellte. Wenn die Fans Harding schon nicht sehen konnten, sollten sie ihn wenigstens hören.

Als sie keine Bücher mehr hatte, ließ sie sich die Leute in einer Liste eintragen, um ihnen ein signiertes Exemplar zukommen zu lassen. Mit Glück würde sie Harding überzeugen können, noch einmal vorbeizuschauen und weitere Bücher zu signieren. Sie wollte auf keinen Fall dieses Geschäft verpassen.

Sie hatte gerade die Lautsprecher angeschlossen, als Ashley plötzlich vor ihr stand.

»Sag nicht, er kommt zu spät.«

»Er wird jede Sekunde hier sein«, sagte Ashley mit einem unbehaglichen Gesichtsausdruck. »Tut mir leid.«

Bree starrte sie an. »Hier sitzen fast sechshundert Frauen, die auf deinen Bruder warten. Ich weiß nicht mal, ob er ein guter Vorleser ist – Punkt eins. Und Punkt zwei, ich habe keine Bücher mehr. Also was tut dir leid und wieso müssen wir jetzt darüber reden?«

Ashley gab nicht klein bei. »Dass ich gesagt habe, dass du nichts mit ihm anfangen sollst, meine ich. Das war falsch von mir, und ich habe deine Gefühle verletzt. Es tut mir leid. Es ist wirklich nicht meine Angelegenheit, was du mit meinem Bruder machst.«

Bree brauchte einen kurzen Moment, um das zu verarbeiten. »Sag jetzt nicht, dass du dir deswegen die ganze Zeit Gedanken gemacht hast. Ashley, Liebes. Ich habe keinerlei Interesse an deinem Bruder. Er sorgt einfach nur für Kundschaft. Und wenn es dir darum geht, dass ich ihn daten könnte – sei unbesorgt. Es gibt genug Männer da draußen. Ich brauche deinen Bruder nicht.«

»Aber ich …«

Bree unterbrach sie mit einem entschiedenen Kopfschütteln. »Schluss jetzt damit. Find lieber raus, wo er ist, und schlepp seinen erbärmlichen Hintern in meinen Laden, damit wir anfangen können. Autoren. Was hat sich Gott nur dabei gedacht?«

Noch bevor Ashley aktiv werden konnte, ging ein erfreutes Raunen durch den Laden, das vorn am Eingang begann und sich bis zu ihnen fortsetzte. Bree drehte sich um und sah einen Mann auf sie zukommen.

Sie erkannte ihn vom Bild auf dem Buchcover und war gespannt, ob der echte Harding dem Hype gerecht werden würde.

Er war über eins achtzig groß, schlank und muskulös. Sein Gang war leicht zögerlich, vermutlich eine Spätfolge der Unfallverletzung. Sein kastanienbraunes Haar war welliger als das seiner Schwester, aber die beiden sahen sich ähnlich. Die großen Augen – anders als Ashleys nicht blau, sondern braun, die vollen Lippen. Sein Kinn war markanter, seine Schultern breiter.

Und dann lächelte er.

Hinter sich vernahm Bree lautes Aufkeuchen. Sie musste zugeben, es war ein Killer-Lächeln – eins von der Art, für das man alles tun würde, um es noch einmal zu sehen. Zum Glück hatte sie dieses schwülstige Schwärmen für Männer hinter sich gelassen.

Sie ging ihm entgegen und streckte ihm die Hand zur Begrüßung hin. »Sie müssen Harding sein. Sehr erfreut, ich bin Bree. Willkommen in meiner Buchhandlung. Gehen wir rasch in mein Büro, sonst kommt es hier vermutlich zu einem Tumult, und Ihre Fans lassen bis auf ein paar Knochen und Zähne nichts von Ihnen übrig.«

»Nettes Bild«, gab er zurück und erwiderte ihren Händedruck. »Schön, Sie endlich kennenzulernen. Ashley hat mir schon viel von Ihnen erzählt.«

»Das kann ich mir vorstellen. Und alles ist wahr.«

Sie ignorierte das angenehme Prickeln, das seine Berührung auf ihrer Haut hinterließ – und auch alle anderen Signale, die ihr Körper ihr sendete. Als sie sich mit Harding in den hinteren Bereich des Geschäfts zurückzog, wurden sie von enttäuschtem Gemurmel begleitet.

»In fünf Minuten gehört er ganz Ihnen«, rief sie.

»Ein Traum wird wahr!«, war eine Stimme zu vernehmen.

Sie betraten ihr Büro. Harding schloss die Tür hinter sich und schenkte ihr ein weiteres Lächeln.

»Sie sind also die berühmte Bree.«

»So sieht's aus.«

»Tolle Haare.«

Sie sah ihn irritiert an. Was sollte das denn? »Entschuldigung?«

»Die Locken. Ich fand Locken schon immer toll.«

»Na, da hab ich ja Glück gehabt. Wollen wir uns jetzt auf Ihre Signierstunde konzentrieren?«

»Natürlich.«

»Wie wünschen Sie den Ablauf? Ihre Verlegerin sagte, zu Anfang sollte es einen kleinen Talk geben. Möchten Sie auch aus Ihrem Buch vorlesen?« Das war etwas, das sie nie verstanden hatte – ein Autor, der aus seinem eigenen Werk vorlas. Etwas Langweiligeres gab es nicht. Nur bei Autoren von Kinderbüchern traf das nicht zu. Schriftsteller waren von Natur aus seltsam, aber sie hatte mit der Zeit gelernt, mit ihren Macken umzugehen. Vor allem, wenn sie trotz der Macken ein paar Hundert Bücher verkaufen konnte.

»Ich spreche etwa zwanzig Minuten, dann beginne ich mit dem Signieren«, erklärte er.

»Super. Ich habe nur sechshundert Exemplare geordert, weil ich nicht davon ausgegangen bin, dass so viele Leute kommen und gleich mehrere Bücher auf einmal kaufen würden.«

»Ist halt ein gutes Geschenk.«

»Ich habe die Namen der Personen notiert, die heute kein Buch mehr bekommen haben. Könnten Sie mir diese Exemplare zu einem späteren Zeitpunkt noch signieren?«

»Selbstverständlich. Sagen Sie einfach, wann ich hier sein soll.« Er legte eine Hand auf ihren Arm. »Was auch immer am einfachsten für Sie ist. Da richte ich mich ganz nach Ihnen, Bree.«

Flirtete er mit ihr, sollte das lustig sein, oder war er nur nett? Unter anderen Umständen hätte es sie gereizt, das herauszufinden, aber nicht jetzt. Wenn er einfach nur nett war, konnte er es bleiben lassen – das nahm sie ihm sowieso nicht ab.

»Ich habe Stifte da«, erläuterte sie, »und die Lesezeichen, die Ihre Verlegerin geschickt hat. Ich habe mich gewundert, wieso sie gleich tausend geliefert hat, doch nun ist es mir klar. Was möchten Sie trinken? Wasser? Milchkaffee? Tequila?«

Er sah sie amüsiert an. »Sie haben Tequila da?«

»Wir sind in L. A. – natürlich. Tequila vom Feinsten.«

»Vielleicht hinterher. Fürs Erste gern Wasser.«

Aus dem anderen Raum drangen gedämpfte »Harding-Harding«-Rufe.

»Ist das immer so?« Bree überlegte, dass sie für diese Signierstunde nicht hätte zusagen sollen, als Ashley ihr den Vorschlag machte. Nur leider war sie scharf auf die Kohle.

»Meistens.« Er ging zur Tür. »Wollen wir anfangen?«

Sie folgte ihm, suchte sich aber einen Platz an der Seite, wo sie nicht im Weg war. Als die Menge Harding sah, sprangen alle auf und fingen an zu jubeln, zu pfeifen und ihn zu feiern, bis das Gebäude wackelte.

Mikki stellte sich zu ihr. »Du hasst es.«

»Wieso sagst du das?«

»Weil du keine Promis magst.«

Bree hatte das zwar nie so explizit erwähnt, aber Mikki hatte nicht ganz unrecht. Brees Eltern waren Berühmtheiten, zumindest in Literatenkreisen. Sie hatte es erlebt, dass erwachsene Männer in Tränen ausbrachen, nur weil sie mit ihren Eltern im selben Raum sein durften.

Mikki legte einen Arm um sie. »Sei stark. In drei Stunden ist der Spuk vorbei. Aber gut aussehen tut er.«

»Höre ich da ein gewisses Interesse heraus?«, fragte Bree scherzhaft.

»Zu jung. Plus, du weißt schon, Earl.«

»Vielleicht ist er besser als Earl.«

Anstatt zu lachen, schüttelte Mikki den Kopf. »Fang nicht damit an. Ich hab auch so genug Baustellen. Aber schnapp du ihn dir doch, ihr zwei wärt ein schönes Paar.«

»Ich hab's nicht so mit Paarbeziehungen.«

»Ja, darüber müssen wir eines Tages auch mal sprechen.«

Mikki verschwand wieder in ihren Teil des Ladens. Die Zuschauermenge war verstummt und lauschte nun gebannt Hardings Worten.

»Dave habe ich in der Reha kennengelernt«, erzählte er gerade. »Er hat sich bei einem Tauchunfall den Hals gebrochen. Ein kleiner Zentimeter macht oft den Unterschied zwischen gehen können und im Rollstuhl sitzen, zwischen ›ich kann meine Hände noch benutzen‹ oder eben nicht.« Er lächelte.

»Am Ende geht es immer um die eigene Unabhängigkeit. Ich werde nie den Augenblick vergessen, als mir zum ersten Mal bewusst wurde, dass ich mich nicht mehr bewegen konnte und auf Hilfe angewiesen war, um auf die Toilette zu gehen. Mir wurde ein Katheter gelegt, ohne dass ich daran etwas ändern konnte. Ich konnte mich nicht bewegen, ich bekam kaum Luft, und so gut wie alle meine Knochen waren gebrochen. Und trotzdem konnte ich an nichts anderes denken als an die hübsche Krankenschwester, die mir gleich einen Schlauch in die Harnröhre einführen würde – was höllisch wehtat. Tausendmal war ich kurz davor aufzugeben.«

Er zuckte die Achseln. »Meine Familie sagt, ich war tapfer – aber das war ich nicht. Ich hatte Angst und unerträgliche Schmerzen. Und noch dazu das Gefühl, dass mein Leben vorbei war. Dann lernte ich Dave kennen. Wir waren Zimmergenossen in der Reha-Klinik. Er war schon ein paar Wochen länger dort als ich und hatte bereits einen Plan. Irgendwoher kannte er eine Methode, wie man sich still und leise aus dem Staub machen konnte, und genau das hatte er vor. Er fragte, ob ich dabei wäre.«

Ein Raunen ging durch die Menge. Auch Bree war überrascht – das hatte sie in keinem seiner Bücher gelesen.

Harding wartete einen Moment, bis seine Worte bei allen angekommen waren, dann beugte er sich vor.

»Als er das sagte, wurde mir schlagartig bewusst, dass ich leben wollte. Ganz egal, was dafür nötig sein würde, ich wollte wieder gesund werden. Ich war stärker als das Arschloch, das mich halb tot im Straßengraben liegen gelassen hat. Also sagte ich zu Dave: Wenn du das tun willst, bitte – ich werde dich nicht aufhalten. Aber für mich ist das nichts.«

Harding lächelte. »Daraufhin sagte Dave mir, ich hätte den Test bestanden. Ich dürfe in seinem Zimmer bleiben. Denn er wollte mit niemandem zusammen sein, der sich als Opfer verstand. Er wollte einen Freund, der wie er hart an seiner Genesung arbeitete. In dieser Nacht schliefen wir nicht, sondern redeten – und OAR war geboren. Objective, Achievement, Repeat.«

Die Zuschauer applaudierten. Harding wartete einen Moment, bis sie sich beruhigt hatten, dann sprach er weiter.

»Sechs Monate später verließ ich humpelnd die Reha. Ich hatte es geschafft. Ich fing mit Spaziergängen an und dann mit dem Laufen. Ich kämpfte mich zurück in einen neuen Normalzustand. Natürlich habe ich viele Rückschläge erlebt, doch Dave war immer für mich da. Ich nahm an meinem ersten Marathon teil, dann an einem Triathlon, den ich als Vorletzter beendete – aber immerhin beendete ich ihn. Und dann gründeten Dave und ich unsere Stiftung.«

Als Bree bemerkte, dass er am Ende seines Talks angekommen war, bewegte sie sich zum Signiertisch, den sie neben der Kasse platziert hatte. Zusammen mit Rita hatte sie Absperrungen aufgestellt, damit sich die Fans nicht vor dem Tisch drängelten. Nun hoffte sie, dass er schnell unterschrieb und dabei keine Romane erzählte. Denn dann würden sie in ein paar Stunden immer noch hier sitzen.

Schließlich nahm er am Signiertisch Platz. Ritas Aufgabe bestand darin, die Bücher zu öffnen und eine Haftnotiz mit dem Namen des jeweiligen Fans hineinzukleben. Und sollte jemand zu lange bei ihm verweilen, würde sie dafür sorgen, dass es weiterging.

Harding war freundlich, jedoch nicht anbiedernd und auch nicht distanzlos. Kein anzügliches Grinsen, nicht mal bei knappen T-Shirts, und wenn ihm eine Frau ihre Telefonnummer hinschob, schob er sie nett, aber bestimmt zurück.

So ging es ein, zwei Stunden lang. Als Stunde drei anbrach, war Brees Schmerzgrenze erreicht. Zum Glück waren nicht mehr allzu viele Leute übrig. Hinter der letzten Frau begann sie rasch damit, die Absperrungen abzubauen.

»Ich dachte, vielleicht könnte ich Sie zu einem gemeinsamen Dinner überreden«, sagte die Frau, die als Drittletzte in der Schlange stand. Sie war Mitte zwanzig, äußerst hübsch, mit großen Brüsten und langen blonden Haaren.

Mikki vor achtzehn Jahren, dachte Bree grinsend und fragte sich, wie viele Einladungen Harding heute wohl schon abgeschmettert hatte.

»Danke«, sagte er leichthin. »Ich bin bereits verplant.«

»Dann vielleicht morgen?«

Er lächelte bedauernd. »Vielen Dank, aber nein.«

Mit einer pikierten Miene schnappte sich die Frau ihr signiertes Exemplar und sagte zum Abschied: »Wie auch immer.«

Noch zwei Personen, dann war es geschafft. Harding stand auf und streckte sich. »War ganz schön voll.«

»Zu voll, wenn Sie mich fragen«, sagte Rita. »Es reicht doch, sich das Buch zu kaufen. Wozu braucht man bitte eine Unterschrift?«

Harding lachte. »Ich finde Sie köstlich, Rita. Sie sagen immer, was Sie denken. Das machen nicht viele Leute.«

Rita sah ihn wütend an. Sie konnte nicht einschätzen, ob er es ernst meinte.

»Danke, dass Sie das bis zum Ende durchgezogen haben«, sagte Bree zu ihm. »Veranstaltungen mit ein paar Hundert Fans hatte ich schon, aber das hier hat alle Rekorde gesprengt. Sie sind ein echter Star.«

»Oder bloß eine Kuriosität. Sagen Sie mir noch Bescheid, wann ich zum Signieren der restlichen Bücher vorbeikommen soll?«

»Ich melde mich bei Ihrer Presseagentin, sobald die Lieferung da ist.«

»Oder Sie schicken mir einfach eine Textnachricht.« Schon zückte er sein Handy. »Geben Sie mir doch mal Ihre Nummer.«

Ein Nein wäre ihr peinlich gewesen, auch wenn es ihr erster Impuls war. Widerwillig nannte sie ihm ihre Nummer und erhielt gleich darauf eine Nachricht von ihm.

»Dann wünsche ich Ihnen noch einen schönen Abend«, sagte sie und griff sich die Absperrpfosten.

Er nahm auch zwei und folgte ihr in den rückwärtigen Teil des Ladens. »*Sie* könnten mit mir essen gehen.«

Bree öffnete die Schranktür. »Ich dachte, Sie wären schon verplant?«

»Ja. Mit Ihnen.«

Sie verstaute die Pfosten im Schrank, er stellte seine daneben, und dann sah er sie an.

Hübsch anzusehen ist er ja, überlegte sie. Er war ein paar Jahre jünger als sie, aber in Sachen Erfahrung spielten sie beide vermutlich in derselben Liga. Er gefiel ihr, doch das war keine Kunst bei seinem Aussehen.

»Nein«, sagte sie schlicht.

»Wieso nicht?«

»Ich gehe nicht mit Schriftstellern aus, und ich habe Ihrer Schwester versprochen, Ihnen nicht das Herz zu brechen.«

Er grinste. »Ja, Sie sind der Typ Herzensbrecher. Das glaube ich auch. Bin sofort zurück.«

Er verschwand im Laden. Bree verstaute alles und begann dann damit, die Stühle zu stapeln. Harding kam mit Ashley im Schlepptau wieder.

»Ich mach das«, sagte er und nahm ihr die Stühle ab. »Ashley möchte kurz mit Ihnen reden.«

»Geh doch bitte mit Harding aus«, bat Ashley mit schuldbewusster Miene. »Ich hätte nichts sagen sollen.«

»Es ist okay. Ich möchte gar nicht.«

»Lügnerin«, sagte Harding, als er an ihnen vorbeikam. »Natürlich möchten Sie. Ich bin nämlich sehr charmant.«

Das war er, aber Bree machte sich nun eher Gedanken wegen Ashley. Sie waren Geschäftspartnerinnen, und sie wollte nicht, dass es zu irgendwelchen Missstimmungen zwischen ihnen kam. Das war ja auch ein Grund, warum sie Beziehungen überhaupt vermied. Sie machten das Leben kompliziert.

»Ich würde mich besser fühlen, wenn du mit meinem Bruder essen gehst«, versuchte es Ashley noch einmal.

»Du hast sie ja nicht mehr alle.«

»Kann sein.«

»Du flehst mich an, mit ihm auszugehen?«

»Ja.«

»Wie dem auch sei.« Bree wartete, bis Harding mit einem weiteren Stapel Stühlen an ihnen vorbeikam, und sagte zu ihm: »Alles klar. Dinner. Morgen. Und damit wir uns verstehen – es bleibt bei dem Abendessen. Sie sind nicht mein Typ.«

Er zwinkerte ihr zu. »So ein Pech. Denn Sie sind genau meiner.«

5. Kapitel

Mikki widerstand dem Drang, Bree noch mehr Kaffee anzubieten oder Waffeln zu backen. Sie schaltete immer in den »Mama-Modus«, wenn sie nervös war – was für sie selbst okay war. Nur mochte Bree es nicht, umsorgt zu werden. Trotzdem fiel es Mikki schwer, ihr nicht dauernd über die Schulter zu schauen.

Bree hatte Mikkis Laptop vor sich und sah jetzt auf. »Du weißt schon, dass ich keine Erfahrung mit Online-Datingportalen habe.«

»Ja, aber du bist ein Männermagnet. Ich weigere mich, wie meine Mutter zu werden, daher muss ich unbedingt aktiv werden. Meine Klientel im Laden sind überwiegend Frauen, und mein Leben kreist nur noch um meine Arbeit und meine Kinder, die mich allerdings nicht länger brauchen. Ich habe keinerlei Berührungspunkte mit Single-Männern. Deswegen ist Online-Dating die einzige Möglichkeit für mich.«

Diese kurze Rede hatte sie drei Tage lang vorbereitet. Seit dem Moment, als ihr aufgegangen war, dass sie nicht selbst am Steuer ihres Lebens saß, sondern nur auf dem Beifahrersitz. Und deswegen musste sie etwas tun. Und zwar umgehend.

Sie zwang sich, sich gegenüber von Bree an den Küchentisch zu setzen. Ihre Freundin war heute Morgen extra auf ihren Wunsch hin zu ihr gekommen, um ihr bei der Auswahl des geeignetsten Online-Portals zu helfen. Es durfte nicht zu prollig, nicht zu jugendlich und nicht zu kompliziert sein.

»Ganz sicher, dass du das wirklich willst?«, fragte Bree. »Single-Männer findet man überall.«

»Du vielleicht. Aber ich kann das nicht.«

»Was meinst du?«

»Ich weiß nicht. Einfach so mit ihnen reden, eine Unterhaltung beginnen. Dieses Talent habe ich nicht.«

»Aber wir reden doch gerade.«

»Ja, aber du bist auch kein Mann, mit dem ich gern ausgehen würde. Ich habe Perry kennengelernt, da war ich noch in der Highschool. Er ist der Mann meines Lebens.«

Brees Miene nahm einen bedauernden Zug an. »Bitte sag jetzt nicht, dass er der Einzige ist, mit dem du jemals Sex hattest.«

»Es gab mal jemanden vor ihm. Kurz.«

Ihr erster Freund. Schneller, uninspirierter Sex, aber immerhin – sie hatten es getan. Und dann war da noch dieser Typ, mit dem sie gleich nach ihrer Scheidung geschlafen hatte. An diese gruselige Erfahrung dachte sie allerdings nur ungern zurück.

»Stell dir mal vor, ich werde vielleicht über neunzig«, sagte Mikki. »Ich will doch nicht die nächsten fünfzig Jahre allein sein. Ich möchte jemanden an meiner Seite haben, den ich liebe und der mich liebt. Du hast recht, diesbezüglich bin ich wirklich traditionell.« Sie deutete auf den Laptop. »Also lass uns einen Mann für mich suchen.«

Bree grinste schief. »Du bist sehr mutig – hier, in deiner Küche, wo du sicher bist.«

»Das sollten wir ausnutzen.«

Bree drehte den Rechner zu ihr. »Ich glaube, dieses Portal passt zu dir. Die Männer sind ein bisschen älter, und es ist nicht zu kompliziert aufgebaut. Der erste Monat ist kostenfrei, du hast also nichts zu verlieren. Nur musst du natürlich zuerst ein Profil anlegen.«

Mikki fühlte, wie aller Elan sie verließ. Ihr Magen rebellierte, und sie hatte den Drang, sofort einen Schmorbraten zu machen.

»Jetzt?«

»Nicht gleich wieder feige werden. Natürlich jetzt.« Bree begann schon zu tippen. »Ist es okay, wenn ich deinen echten Vornamen benutze?«

»Welchen Namen denn sonst?«

»Keine Ahnung. Dann also Mikki.« Sie tippte. »Du bist Geschäftsfrau.«

»Was? Ich arbeite in einem Geschenkeladen.«

»Du *führst* einen Geschenkeladen. Steh zu deinem Erfolg. Soll ich Unternehmerin schreiben?«

»Das klingt aber erfolgreicher, als ich bin.«

Bree sah sie an. »Was meinst du damit?«

»Nur so halt. Irgendwie.«

»Jetzt klingst du wirklich wie deine Mutter.«

Mikki bedachte Bree mit einem wütenden Blick. »Sei nicht so fies. Aber von mir aus. Unternehmerin.«

»Willst du ein falsches Alter angeben?«

»Bin ich bescheuert? Irgendwann treffe ich vielleicht einen von den Typen. Nein, bitte schreib neununddreißig.« Sie versuchte, nicht daran zu denken, dass sie bald vierzig wurde. Ihre Kinder waren quasi erwachsen. Wieso ging das alles so schnell?

Sie gingen ihre Vorlieben und Abneigungen durch.

»Wag ja nicht, zu sagen, dass du Strandspaziergänge magst«, warnte Bree sie.

»Tu ich aber.«

»Das ist ein doofes Klischee. Du musst kreativer sein. Du magst Weinproben und intelligente Unterhaltungen. Du bist auf der Suche nach einem Mann, der witzig ist, aber nicht auf deine Kosten. Du weißt selbst, wie man einen Reifen wechselt, lässt es aber lieber den Mann machen. Du möchtest reisen und Neues kennenlernen, stehst aber nicht auf Mountainbike-Touren oder Rucksackabenteuer.«

Mikki starrte sie an. »Woher weißt du das alles?«

Bree lächelte selbstzufrieden. »Ich beobachte.«

Mikki machte eine wegwischende Handbewegung. »Alles das. Ja, sag das. Das ist echt gut.«

Eine Viertelstunde lang suchten sie die passenden Fotos für ihr Profil aus.

»Du bewirbst dich ja nicht als Pfarrsekretärin«, murmelte Bree, als sie ihre Bildergalerie durchscrollte. »Hast du nicht ein paar Bilder, auf denen du sexy aussiehst? Vielleicht im Badeanzug oder so?«

»Ich mache keine Fotos von mir im Badeanzug. Was soll so was?« Mikki deutete auf ein Foto von sich auf dem Santa Monica Pier. »Das wäre gut. Da bin ich wenigstens draußen.«

Schließlich entschieden sie sich für insgesamt drei Bilder, darunter eins von einer Weinprobe, und Bree lud sie hoch. Mikki fragte sich, ob die ganze Aktion nicht doch ein Fehler war. Würde sie tatsächlich auf diese Weise jemanden kennenlernen? Das kam ihr alles so zufällig vor.

»Vielleicht sollte ich es mir lieber noch mal überlegen«, murmelte sie. »Ich weiß nicht, ob das wirklich was für mich ist.«

Bree tippte ein paar Tasten an, dann lächelte sie. »Zu spät. Dein Profil ist hochgeladen. Mach dich bereit für den Ansturm.«

Ihr wurde ein bisschen übel. »Ansturm, dass ich nicht lache. Ich werde bestimmt gar nichts hören. Das wird die Vollblamage.«

Bree erhob sich. »Du unterschätzt dich. Viele Männer werden dich treffen wollen.«

»Ich weiß gar nicht mehr, wie das geht.«

»Dann lernst du's eben wieder. So schwer ist es nicht. Wenn einer antwortet, den du interessant findest, triff dich auf einen Kaffee mit ihm. Ein Abendessen dauert zu lange. Man muss schnell abhauen können.«

»Jetzt machst du mir Angst. Wieso sollte ich denn abhauen wollen?«

»Weil manche Typen strunzlangweilig sind. Oder einfach, weil die Chemie zwischen euch nicht stimmt.«

»Oder weil der Typ ein Serienmörder sein könnte.«

»Unwahrscheinlich, aber klar – das auch.« Bree schnappte sich ihre Tasche. »Wir sehen uns dann morgen im Geschäft.«

Mikki brachte sie zur Haustür. »Danke für deine Hilfe. Das weiß ich zu schätzen. Irgendwie.«

Bree lachte. »Bald wirst du wieder ein Teil eines Paares sein. Freu dich drauf.«

»Kann sein. Nur der Weg dahin fällt mir schwer.«

Sie schloss die Tür hinter ihrer Freundin. Das Haus war leer. Die Kinder waren diese Woche bei ihrem Vater. Auch wenn Sydney vor dem Gesetz inzwischen volljährig war, machte sie diese Routine mit, wenn sie in den Semesterferien zu Hause war.

Mikki hatte die üblichen sonntäglichen Aufgaben vor sich: die Betten abziehen, Wäsche machen, den Essensplan für die nächste Woche aufstellen. Wenigstens musste sie in den kommenden Tagen nur sich selbst versorgen, da brauchte sie eigentlich nichts großartig zu planen.

Sie arbeitete ihre Liste ab und warf jedes Mal, wenn sie in die Küche kam, einen Blick auf ihren Computer. Nach dem Einkaufen unternahm sie einen kleinen Spaziergang durch die Nachbarschaft, dann war sie für eine Stunde im Garten. Gegen sechzehn Uhr ging sie wieder in die Küche und setzte sich an den Laptop.

»Es ist sicher zu früh«, sagte sie sich, als sie sich einloggte. »Bestimmt hat noch niemand …«

Ihr Posteingang blinkte. Sie klickte darauf und konnte es nicht fassen – einhundertsiebenundzwanzig Nachrichten.

»Da stimmt doch was nicht«, murmelte sie.

Aber es stimmte. Über einhundert Nachrichten von Männern, die offensichtlich an einem Treffen mit ihr interessiert waren.

»Oder auch nicht«, sagte sie, als sie sich die ersten Nachrichten genauer ansah.

Drei waren sehr eindeutige Angebote, und eine Nachricht stammte von einer Frau, die jemanden für ihren Bruder suchte, der im Gefängnis saß. *Löschen.*

Mikki las weiter. Einige Männer waren erst Mitte zwanzig und auf der Suche nach einer reiferen Frau. *Löschen. Löschen.*

Ein professioneller Hundeausführer bot an, mit ihrem Welpen spazieren zu gehen. Sie wusste nicht recht, ob der Mann wirklich seine Hilfe anbot oder ob es sich dabei um einen Code für irgendwelche Sex-Spielchen handelte. Zur Sicherheit löschte sie die Nachricht, genauso wie die drei Nachrichten, in denen Männer mit der Größe ihres Penis prahlten. Igitt. Nachdem sie alle dubiosen Antworten gelöscht hatte, waren noch etwa vierzig ernsthafte Schreiben übrig.

Die meisten wiederholten sich mehr oder weniger im Wortlaut: »Du scheinst nett zu sein. Lass uns doch mal auf einen Drink treffen.«

»Tolles Foto. Ich bin alleinerziehender Vater von drei Mädchen. Wie wär's mal mit einem Kaffee?«

Und so weiter.

Mikki las und las, obwohl sie sich nicht sicher war, wonach sie eigentlich suchte. Woher sollte sie wissen, wer von den Typen nett war und wer ein Freak? Und nach einer einzigen Kontaktaufnahme gleich einen Kaffee trinken zu gehen, kam ihr doch ein bisschen überstürzt vor.

»Hi Mikki«, las sie. »Ich glaube, wir kennen uns. Ich heiße Duane Merrell, und unsere Töchter waren in der Grundschule befreundet.«

Er berichtete, dass er seit drei Jahren geschieden war. Und wenn sie die sei, für die er sie hielt, könnten sie ja mal telefonieren oder zusammen was trinken gehen. Er hatte seine Telefonnummer dazugeschrieben.

Mikki erinnerte sich null an den Mann, aber sie glaubte zu wissen, dass Sydney tatsächlich mal eine Freundin mit dem Namen seiner Tochter gehabt hatte. Das ließ sich ja leicht überprüfen.

Sie las noch ein paar weitere Nachrichten, bevor sie sich wieder ausloggte. Die vielen Antworten sollten sie eigentlich positiv stimmen, aber stattdessen lösten sie eher eine gewisse Ratlosigkeit und Verwirrung bei ihr aus. Es gab zu viele Optionen, und sie war sich nicht sicher, ob sie überhaupt bereit war, zu einem oder auch zu zwanzig von ihnen Kontakt aufzunehmen.

Im Internet taggte sie das Schlagwort »erfolgreiches Online-Dating« und las ein paar Artikel dazu. Die Informationen waren nicht gerade aufmunternd. Ein Tipp lautete, man solle die Männer nicht an einem Ort gleich um die Ecke vom eigenen Zuhause treffen und am besten nach der Verabschiedung einen Umweg nach Hause gehen, vorzugsweise an einer Polizeistation vorbei. Für den Fall, dass man von dem Mann verfolgt würde.

»Das lassen wir mal schön«, sagte sie laut und klappte den Laptop zu. »Keine Männer, keine Polizeistation, kein Umweg nach Hause.«

Aber wenn ihr dieses Online-Dating nicht zusagte, brauchte sie einen anderen Plan. Falls ihr nichts einfiel, drohte ihr möglicherweise ein einsames Dasein und damit verbunden unweigerlich die Verwandlung in ihre Mutter.

Bree fuhr zu dem Restaurant, das Harding vorgeschlagen hatte. Es befand sich am Pier in Redondo Beach. Dorthin ging sie üblicherweise nicht zum Essen aus, aber sie kannte die Gegend. Er hatte ihr angeboten, sie abzuholen, doch das war eins ihrer No-Gos. Niemand durfte zu ihr nach Hause kommen, ihre Freundinnen nicht und erst recht kein Mann. Sie würden heute zusammen essen, und das war's dann. Natürlich fand sie Harding attraktiv, und sein Talk gestern hatte ihr auch gefallen – aber ihn daten? Nein, das war zu kompliziert.

Sie überließ ihre Autoschlüssel dem Parkservice und betrat das Restaurant. Harding war bereits da und sprach mit der Restaurantleiterin. Bree nahm sich einen Augenblick Zeit, um ihn zu mustern. Ja, er sah tatsächlich so gut aus, wie sie ihn in Erinnerung hatte. Attraktiv, jedoch ohne bedrohlich zu wirken. Lässige Ausstrahlung, entsprechende Kleidung. Als er sie entdeckte, lächelte er. Schon angesichts dieses Lächelns tat es ihr leid, dass Sex nicht vorgesehen war.

»Heute ist unser erstes Date«, erklärte er der Restaurantleiterin. »Ich bin superaufgeregt.«

»Superaufgeregt?«, wiederholte Bree. »Haben Sie das gerade wirklich gesagt?«

»So ist es.«

Sie wurden zu einem Tisch mit Blick aufs Meer geführt. Durch die großen, geöffneten Fenster waren die Wellen und die Menschen am Strand zu hören. Aus geschickt versteckten Lautsprechern hörte man leise Musik.

»Hübsch hier«, sagte Bree. »Wie haben Sie dieses Restaurant entdeckt?«

»Dave hat mir davon vorgeschwärmt.«

Bree lachte. »Das kann ich verstehen.«

Harding sah sie an und beugte sich zu ihr. »Wieso haben Sie zugestimmt, mit mir essen zu gehen?«

»Weil Ihre Schwester mich darum gebeten hat.«

Seine Mundwinkel zuckten. »Das hat sie nicht.«

»Es tut mir leid, Ihnen sagen zu müssen, dass es genau so war. Ich war selbst schockiert. Ich meine – wie traurig ist es, dass Sie eine Verwandte brauchen, die Ihnen ein Date verschafft? Jemand, der so berühmt ist wie Sie, sollte sich doch eigentlich die Frauen aussuchen können. Was aber anscheinend nicht der Fall ist.«

»Sie meinen, Sie machen das hier aus Mitleid?«

Sie hielt ein Lächeln zurück. »Ja. Ich bin ein Gutmensch.«

»Sie sind schön.«

Das unerwartete Kompliment brachte sie kurz aus der Fassung – was ihr noch nie passiert war. »Bleiben Sie beim Thema«, sagte sie und dachte daran, dass es ihr egal war, wie er ihr Aussehen beurteilte. »Wir sprachen davon, wie erbärmlich Sie sind.«

»Das ist nicht gerade mein Lieblingsthema.«

Die Kellnerin kam, wies auf die Tagesspezialitäten hin und nahm ihre Getränkebestellung auf. Als sie gegangen war, sah Bree aus dem Fenster.

»Wirklich ein toller Blick. Ashley sagte, Sie hätten vor Ihrem Wegzug aus L. A. schon mal hier gelebt?«

Er nickte. »Los Angeles ist meine Homebase. Ich war eine Zeit lang unterwegs, zum Schreiben und auf Lesereise. Ehrlich gesagt war ich länger weg als geplant.«

»Weil es irgendwo noch eine zweite Homebase gibt?«

»Ich habe mich einige Monate in Aspen aufgehalten, um die richtige Stimmung für mein Buch zu bekommen.«

»Da war ich schon mal zum Skifahren. Sehr schön dort.«

Er strahlte. »Fahren Sie gern Ski?«

»Ich mag körperliche Betätigung.« Sie hob die Hand. »Verkneifen Sie sich die Sex-Witze bitte.«

»Dabei sind das die lustigsten.«

»Kann sein. Trotzdem.« Sie sahen einander an. »Ich meine es ernst, Harding. Wir beide werden nicht im Bett landen.«

»Sie sagen das mit einer solchen Eindringlichkeit. Soll ich lieber gehen?«

»Keine Ahnung. Ich möchte nur, dass das klar ist.«

»Aber Sie finden mich doch attraktiv. Das sehe ich. So wie es mir auch mit Ihnen geht.«

»Das mag interessant sein, ist allerdings irrelevant.«

»Sie haben Ihre festen Regeln.« Er lächelte wieder. »Das gefällt mir.«

Ist ganz schön unkompliziert mit ihm, dachte sie, es fällt schwer, ihn nicht zu mögen. In diesem Moment brachte die Kellnerin die Cocktails. Bree ermahnte sich, vorsichtig zu sein. Es war gefährlich, jemanden zu mögen. Das machte verwundbar.

»Erzählen Sie doch mal von Ihrem nächsten Buch«, schlug sie vor, denn sie wusste, dass Schriftsteller nichts mehr liebten, als stundenlang über ihre eigene Arbeit zu reden. »Geht es da auch um Lebenserinnerungen?«

Er schüttelte den Kopf. »Nein. Es wird wieder ein non-fiktionales Buch. Ich bin nicht kreativ genug, um etwas anderes zu schreiben. Diesmal beschäftige ich mich mit dem Phänomen der Trauer. Wie es sich anfühlt, Trauer zu erleben, welche Formen Trauer annehmen kann und vor allem, wie Menschen, die durch tiefe Trauer gegangen sind, die Kraft gefunden haben, weiterzumachen und sich sogar selbst zu übertreffen.«

»Die OAR-Philosophie trifft diesmal also eher auf emotionale als auf physische Herausforderungen?«, fragte sie.

»So in der Art. Falls Sie jemanden kennen, der eine Zeit der Trauer durchgemacht hat, kann er oder sie sich gerne bei mir melden.«

Sie überlegte kurz, ob sie selbst infrage kam, wegen ihrer Eltern und der Sache mit Lewis. Aber zählte das als Trauer? Das war wohl eher Wut. Jedenfalls kam sie zu dem Schluss, dass sie dieses Thema weder mit Harding noch mit sonst jemandem diskutieren wollte.

»Wie sieht Ihr Schreibprozess aus?«, erkundigte sie sich.

Er betrachtete sie. »Das kann Sie nicht wirklich interessieren, oder? Wieso fragen Sie das?«

»Sie sind Schriftsteller.«

Er sah sie wissend an. »Und deswegen will ich nur über mich selbst sprechen? Nicht alle Autoren sind so.«

»Aber die meisten.« Sie nahm einen Schluck. »Ich war mal mit einem Schriftsteller verheiratet. Er hat zwar nie was veröffentlicht, doch ansonsten trafen alle Eigenschaften auf ihn zu.«

Harding lachte. »Eine Buchhändlerin, die Bücher liebt, aber Autoren hasst?«

»Hassen wäre zu viel gesagt. Sagen wir so – ich kenne ihre Beschränktheit. Ich liebe das Endprodukt. Fiktion, Sachliteratur, Reiseliteratur, Inspiration, Poesie – egal, ich liebe alles. Wenn es nicht allzu literarisch ist, mag ich es.«

»Also hat er Literarisches geschrieben?«

»Er hat es versucht.« Er wollte immer berühmt sein, so wie ihre Eltern. Aber daraus war nie etwas geworden.

»Ihr zweites Buch läuft gut«, wechselte sie das Thema, weil sie nicht länger über Lewis reden mochte. »Sie und der Verlag sind bestimmt sehr zufrieden. Immerhin ist es ja ganz anders als Ihr erstes Buch.«

»Haben Sie es gelesen?«

»Alle beide. Ihr Stil ist einnehmend. Klar und mit einem guten Auge fürs Detail. Apropos … die Geschichte von Dave, der Sie angeblich auf die Probe gestellt hat, um herauszufinden, ob Sie suizidgefährdet sind oder nicht. Ist das wirklich so passiert?«

»Jedes einzelne Wort ist wahr.« Harding sah sie an. »Ich bin vielleicht das Gesicht von OAR, aber Dave ist der, der die eigentliche Arbeit macht. Er ist derjenige, der Mut und Motivation mitbringt.«

Er nahm sein Glas und stellte es wieder ab. »Meine eigene Geschichte ist tragisch, okay. Als Teenager von einem Auto angefahren und zum Sterben liegen gelassen worden. Taugt gut für eine reißerische Überschrift. Aber ich habe so viel Unterstützung erfahren damals, nicht nur durch meine Familie und Freunde und viele Menschen aus der Gemeinde. Die Medien wurden auf meinen Fall aufmerksam, und plötzlich war ich ein nationales Phänomen. Fremde Menschen schickten mir Briefe und beteten für mich. Spezialisten reisten an. Über Dave dagegen hat niemand geschrieben. Er war ein Top-Athlet, der sich bei einem Sprung ins Schwimmbecken den Halswirbel gebrochen hat. Niemand hat ihm je angeboten, sein Haus kostenlos barrierefrei umzubauen oder in der Lokalzeitung über seine Fortschritte zu berichten. Er hat sein Schicksal einfach akzeptiert und gelernt, damit zu leben. Mit ihm verglichen hatte ich es leicht, ich musste das alles nicht allein durchstehen. Aber das ist nicht bei jedem so. Das habe ich mittlerweile verstanden.«

Bree dachte an all die Arbeit, die Harding verschwieg. Die Schmerzen, die Ängste, die endlosen Tage und Wochen voller quälender Anstrengung, ohne zu wissen, ob er überhaupt Fortschritte machen würde. Und doch sah er sich selbst nicht als Helden an. Dave war für ihn der wahre Held. Und nicht nur er, sondern alle, die es in einer ähnlichen Situation ganz allein schafften.

Bree wusste, was es hieß, auf sich allein gestellt zu sein – wenn auch in einem völlig anderen Zusammenhang. Das Leben mit ihren Eltern, ihre Ehe mit Lewis. Warum hatte der sie überhaupt geheiratet? Diese Frage stellte sie sich oft. Sie hatte eine Zeit lang gedacht, er wäre vielleicht in sie verliebt gewesen, inzwischen bezweifelte sie das jedoch. Vermutlich war sie für ihn immer nur eine Möglichkeit gewesen, ihren berühmten Eltern nahe zu sein.

»Sie sind gerade ganz woanders«, bemerkte Harding. »Aber wo?«

Nein, über dieses Thema würde sie garantiert nicht mit ihm reden. »Ich habe mir nur noch mal vor Augen geführt, was Sie alles durchgemacht haben.«

»Nicht nur ich, sondern meine ganze Familie. Mein Unfall hat uns alle verändert.«

»Ashley hat er stark gemacht«, stellte Bree fest. »Ihr Geschäft läuft übrigens gut, und es brauchte Mut, die Entscheidung dafür zu treffen.«

Ashley hatte zunächst eine Ausbildung zur Physiotherapeutin gemacht, wie Bree wusste. Aber nach der vierjährigen Ausbildungszeit hatte sie festgestellt, dass sie den Beruf nicht aus Leidenschaft gewählt hatte, sondern nur als Reaktion auf Hardings Unfall. Also hatte sie etwas Neues angefangen, war zur Kochschule gegangen und hatte dann *Muffins to the Max* gegründet.

»Ich freue mich, dass Sie sie mögen.«

»Wenn dem nicht so wäre, hätten wir wohl kaum zusammen einen Laden.«

»Das heißt, Sie würden nicht mit jemandem arbeiten, den Sie nicht mögen?«

»Auf keinen Fall. Ich habe nur ein kleines Geschäft und arbeite zu viel, um blöde Spielchen mit Angestellten und Geschäftspartnern zu spielen.«

»Klingt ganz so, als taugten Sie als gutes Vorbild.«

Sie wischte sein Kompliment beiseite. »Sie kennen mich nicht gut genug, um so etwas zu behaupten. Abgesehen davon hält mich Ihre Schwester für hartherzig und grausam gegenüber Männern.«

»Und? Sind Sie das?«

»Nein.« Sie lächelte. »Ich weiß nur sehr genau, was ich will und was nicht. Keine Verpflichtungen und definitiv keine Langzeit-Beziehung. Eine Nacht oder eine Woche sind okay. Mehr ist von mir nicht zu erwarten.«

»Und warum nicht? Möchten Sie mir das verraten?«

»Nein.«

»Aber Sie wissen, warum das so ist?«

Sie war sechs Jahre alt gewesen, als sie einmal zu ihrer Mutter sagte, sie hätte Hunger. Aus irgendeinem Grund war ihre Nanny gerade nicht da. Und was tat ihre Mutter? Sie fuhr sie an: »Dein Vater und ich arbeiten. Wir schreiben! Kapierst du das? Du kannst uns nicht alle paar Stunden stören, nur weil dir der Magen knurrt. Sobald deine Nanny zurück ist, wird sie sich um dich kümmern. Warum kannst du nicht so lange warten und uns in Ruhe lassen?«

Bree erinnerte sich noch daran, wie sie sich damals gefühlt hatte. Zurückgewiesen, klein und unwichtig. »Aber ich habe seit gestern nichts mehr gegessen«, hatte sie geflüstert.

Ihre Mutter hatte sie nur mit einem wütenden Blick bedacht und war wortlos in die Küche gerauscht, um ihr ein paar Brote zu schmieren und ein Glas Milch einzugießen. Dann sagte sie zu ihrer Tochter: »Sie kommt nachher ja wieder. Bis dahin musst du dich selbst versorgen. Ist das klar?«

Bree sah Harding an. »Ja, ich weiß ganz genau, warum ich mich auf niemanden einlassen möchte.«

»Aber Sie waren trotzdem verheiratet.«

»Ja.«

»Dann schätze ich mal, dass das, was in Ihrer Ehe passiert ist, Ihre Glaubenssätze bestätigt hat.«

»So ist es.«

Er lächelte. »Möchten Sie darüber sprechen?«

»Nein.«

»Geben Sie denn wenigstens zu, dass Sie mich attraktiv finden und Ihre eigene ›Kein-Sex‹-Regel bedauern?«

Sein Selbstbewusstsein gefiel ihr und seine humorvolle Art, die Dinge auf den Punkt zu bringen. »Ich glaube nicht ans Konzept des Bedauerns.«

»Wollen wir bestellen?«

»Guter Plan.«

6. Kapitel

»Das ist das Dorf.« Seth deutete auf die Karte in seinem Tablet. »Da gibt es ein Dutzend Hotels und Restaurants und jede Menge Einkaufsmöglichkeiten.«

Hübsche Bilder, dachte Ashley und kuschelte sich auf dem Sofa an ihn. »Whistler ist doch nördlich von Vancouver, oder?«

»Ja, etwa einhundertzwanzig Kilometer, man fährt überwiegend auf dem gut ausgebauten Highway, alles easy. Ich finde, wir sollten vor dem großen Schnee hinfahren.«

Sie lachte. »Ich bin nicht mal Fan vom *kleinen* Schnee.«

»Wie wär's denn mit Mitte Oktober?«, fragte Seth. »Es gibt da auch jede Menge Biketrails, und der Indian Summer dort soll toll sein.«

Das hörte sich gut an. »Du hast neulich was von einer Kanu-Tour gesagt. Das würde ich gern mal machen.«

Er wischte über den Bildschirm und zeigte ihr ein anderes Bild. »Dann machen wir das.«

Sie deutete darauf. »Du würdest gern mal so ein Allradfahrzeug mieten, oder?«

»So was in der Art.«

»Ich verstehe ja nicht, was so toll daran sein soll, hin und her geschüttelt zu werden. Aber bitte. Das kannst du ja machen, wenn ich im Spa bin.«

Er küsste sie. »Abgemacht.« Er legte das Tablet auf den Couchtisch und zog sie an sich. »Wenn du mir die Termine nennst, an denen du Zeit hast, frage ich nach und prüfe die Verfügbarkeit. Wir fliegen nach Vancouver, mieten einen Wagen und fahren nach Whistler ins Four Seasons.«

»Das klingt natürlich super. Aber sollen wir wirklich so viel Geld ausgeben?«

»Es ist ja vielleicht nur dieses eine Mal. Sodass es was Besonderes ist.«

Plötzlich war Ashley ganz atemlos. Etwas Besonderes? Meinte er etwa … Ihr Herzschlag verdoppelte sich. »Was meinst du damit?«, fragte sie so beiläufig wie möglich.

»Unser erstes Date war im August, und zum ersten Mal ›ich liebe dich‹ gesagt haben wir im Oktober.« Er streichelte ihre Wange. »Das sollten wir feiern. Wir verbringen ein paar Tage in Whistler in einem schicken Hotel. Wir erkunden die Gegend, machen das, worüber wir gerade gesprochen haben, gehen schön essen. Es soll eine unvergessliche Reise werden.«

»Das hört sich toll an«, flüsterte sie. Und wenn er ihr da einen Antrag machte, würde sie diese Reise garantiert niemals vergessen.

»Finde ich auch.«

Bewusstes Atmen half ihr, ihren Herzschlag zu normalisieren. Eine große Hochzeit musste nicht sein – das war nie ihr Ding gewesen. Sie träumte nicht von sechs Brautjungfern und Tischaufsätzen, alles farblich aufeinander abgestimmt. Sie wollte einfach nur heiraten und damit eine neue Phase in ihrem Leben einläuten.

Sie hoffte, dass Seth mit einer schlichten Hochzeit zufrieden sein würde. Sie wollte ihr Geld lieber in ein Haus oder in einen Collegefund für ihre zukünftigen Kinder investieren.

Am besten wäre es allerdings, gar nichts zu erwarten. Vielleicht war die Reise einfach nur eine Reise – auch wenn die bloße Vorstellung, dass etwas anderes dahinterstecken könnte, sie fast schwindelig werden ließ vor Glück. Denn Seth war der Richtige – da war sie sich sicher.

Mikki mochte es nicht, wenn sie sich nicht entscheiden konnte. Sie brüstete sich immer gern damit, dass sie, wenn sie eine Entscheidung getroffen hatte, mit den Konsequenzen lebte. Wie bei ihrem Haarschnitt zum Beispiel. Sie hatte nicht lange gezaudert, sondern es getan – und es hinterher bereut, aber das war eine andere Geschichte.

Zwei Tage nachdem sie sich beim Online-Datingportal angemeldet hatte, hatte sie noch niemandem geantwortet. Und sie hatte auch keine weiteren Nachrichten gelesen. Sie hatte irgendwie Angst davor, es war ihr unangenehm, und sie wünschte sich, sie könnte einfach ein Date haben ohne das ganze Trara vorher.

Wenn sie doch nur ein bisschen versierter in diesen Dingen wäre. Sie dachte mit Schrecken an die drei katastrophalen Dates, die sie wenige Monate nach ihrer Scheidung gehabt hatte. Die Typen hatten sie alle nicht wirklich interessiert, und sie versuchte den Gedanken zu verdrängen, dass sie sogar mit einem von ihnen geschlafen hatte. Es war alles so abstoßend gewesen.

Sie warf einen Blick auf ihren Ex-Mann, der neben ihr am Strand entlangging. Alle zwei Wochen trafen sie sich mit anderen Freiwilligen zum Müllsammeln am Strand. Damit hatten sie vor zwei Jahren angefangen. Man meldete sich online für den zweistündigen Strandspaziergang an, dessen einziger Zweck es war, Müll zu sammeln. Eine gute Gelegenheit, sich mit Perry über die Kinder auszutauschen und gleichzeitig etwas Gutes zu tun.

Perry hatte schon wenige Monate nach ihrer Trennung wieder Frauen getroffen. Laut Sydney waren es im ersten Jahr sehr viele gewesen, dann hatte sich die Sache beruhigt. Er hatte wohl auch ein paar längere Beziehungen gehabt, aber wie es jetzt bei ihm aussah, wusste sie nicht, und sie wollte ihn nicht danach fragen. Außerdem erschien es ihr merkwürdig, ausgerechnet ihren Ex-Mann um Tipps für die Partnersuche zu bitten, selbst wenn sie sich gut mit ihm verstand.

Mikki ließ mehrere leere Bierdosen in die Mülltüte fallen, die Perry aufhielt. Es war neun Uhr und am Strand war noch nicht viel los. In zwei Stunden würde der Sand von Strandtüchern und Sonnenliegen bedeckt sein – wie immer im Sommer.

»Meine Eltern möchten Will zum Geburtstag ein paar Fahrstunden schenken«, sagte Perry und griff damit ein Thema auf, über das sie schon beim letzten Mal gesprochen hatten.

Sie war dagegen gewesen, hatte dann aber eingelenkt, weil von einer Spezial-Fahrschule die Rede war. Sie fand es nicht sinnvoll, dass ein Siebzehnjähriger Rennfahrunterricht nahm.

»Er möchte so gerne NASCAR-Rennen fahren«, fuhr Perry fort. »Sobald er achtzehn ist, wird er sowieso in den Rennsport einsteigen. Da ist es doch besser, wenn er von Anfang an lernt, wie man sicher unterwegs ist und was man sonst noch alles wissen muss.«

»Trotzdem finde ich es nicht gut«, gestand Mikki. »Warum kann er nicht Arzt oder Zoologe werden?«

»Zoologe? Hä? Wieso das denn?«

»Keine Ahnung. Wirkt weniger gefährlich.«

»Autos sind seine Leidenschaft. Du kannst es höchstens hinauszögern, verhindern kannst du es nicht.«

Das stimmte, das wusste sie. Und Will war ein guter Junge, der überwiegend vernünftig und verantwortungsbewusst agierte.

»Na gut«, sagte sie und blieb vor einem Haufen Pappteller und Servietten stehen, den Leute am Strand hinterlassen hatten. »Dann sag ihnen von mir aus, sie können ihn anmelden. Ich finde es zwar nicht gut, dass *sie* ihm das coole Geburtstagsgeschenk machen, aber damit muss ich leben.«

Sie kamen von Will auf Sydney und deren ehrgeizige Pläne.

»Die Intelligenz hat sie von dir«, meinte Perry.

»Schön wär's.« Mikki seufzte und lachte. »Sie ist entweder ein Wiedergänger von irgendjemandem oder ein neuer evolutiver Entwicklungsschritt. Von mir aus auch beides. Wenn sie dann irgendwann als Botschafterin in einem europäischen Land sitzt, haben wir einen guten Grund, sie zu besuchen.«

»Genau, das machen wir.«

Apropos Reisen, dachte Mikki. »Ich habe übrigens meinen Paris-Trip storniert, du musst Will also doch nicht nehmen.«

Ihr Ex-Mann runzelte die Stirn. »Ich hab angenommen, du freust dich auf Paris.«

»Ja, war auch so. Aber jetzt habe ich keine Lust mehr, mit Fremden hinzufahren. Ich weiß auch nicht.« Sie stöhnte. »Ich klinge inzwischen wie meine Mutter.«

Sie näherten sich einem Abfallberg an der Wasserlinie.

»Auf keinen Fall. Ich hätte mit dir nach Paris fahren sollen. Du hast es dir immer gewünscht, und es war falsch von mir, damals nicht mitzuziehen.«

Ja klar, dachte sie. Das wäre doch sowieso nie passiert.

»Es war jedes Jahr ein Kampf, dich überhaupt zu einem Familienurlaub zu überreden«, sagte sie. »Du wärst nie und nimmer mit mir nach Paris geflogen.«

Sein Argument war immer gewesen, dass sie ein so schönes Zuhause hätten. Da müsste man doch gar nicht verreisen.

»Heute bereue ich das«, erklärte er. »Und ich entschuldige mich dafür. Ich war jung und unreif. Ich hätte einfach besser zuhören sollen und mehr auf das eingehen sollen, was du dir gewünscht hast. Es tut mir wirklich von Herzen leid.«

Sie blieb stehen und sah ihn an. Perry sah aus wie immer – der sympathische Typ, auf den man sich verlassen konnte. Diesen Mann hatte sie einmal geliebt. Sie hatten gemeinsame Kinder und eine gemeinsame Vergangenheit.

»Ich weiß, dass meine Sturheit einer der Gründe war, wieso wir uns haben scheiden lassen.«

»Es lag nicht nur an dir«, lenkte sie ein. »Mich trifft genauso viel Schuld. Ich habe die Kinder als Ablenkung benutzt. Und nachdem ich das Geschäft hatte, bin ich in der Arbeit aufgegangen.«

»Du wolltest damals, dass wir zusammen Sprachunterricht nehmen und reisen. Warum habe ich da bloß nicht mitgezogen?«

Sie zuckte die Achseln. »Ist lange her. Inzwischen sind wir beide weiter.«

In seinen Augen blitzte etwas auf. »Ja, da hast du recht. Und in diesem Zusammenhang fällt mir ein – ich habe ein Haus gekauft.«

Sie starrte ihn überrascht an. »Was?«

Er lächelte. »Ich habe ein Haus gekauft, einen Bungalow direkt am Strand.«

Ihr Hirn konnte die Information nicht so schnell verarbeiten. »Und was ist mit dem Haus deiner Eltern?«

»Sie wollen es verkaufen«, antwortete Perry und ging weiter. »Sie möchten das Geld für ihren Ruhestand.«

Mikki holte ihn ein. »Davon hat Lorraine mir ja noch gar nichts erzählt. Und was ist mit den Kindern? Ist im neuen Haus genug Platz?«

»Ja. Es hat genügend Zimmer, auch wenn sie nicht sehr groß sind. Aber das Grundstück ist weitläufig, deswegen denke ich über ein zusätzliches Schlafzimmer nach, als Anbau im Erdgeschoss.«

»Ist der Verkauf schon unter Dach und Fach?«

»In ein paar Wochen ist alles durch.«

»Herzlichen Glückwunsch«, murmelte sie und hoffte, dass es aufrichtig klang. Sie missgönnte Perry das eigene Haus nicht, sie war nur etwas überrumpelt.

»Ich hätte dich gern dabei, wenn ich den Kaufvertrag unterzeichne«, sagte er. »Und ich brauche deinen Rat bezüglich der Renovierung. Du hast ein gutes Auge für Einrichtung und Farben.«

»Na klar, ich helfe dir gern. Freut mich für dich«, fügte sie hinzu. »Die Kinder sind ohnehin bald ausgeflogen, da wäre das Haus deiner Eltern viel zu groß für dich allein. Eine gute Entscheidung.«

»Danke, das finde ich auch.«

Sie gingen weiter am Strand entlang. Es war ein warmer und sonniger Morgen, die Luft frisch und salzig. Mikki ermahnte sich, den Augenblick zu genießen und dankbar für ihr tolles Leben zu sein. Irgendwie entwickelten sich alle weiter. Alle, nur sie nicht.

Bree scannte die Bücher aus der Kiste ein und stellte sie dann auf den Wagen, damit sie einsortiert werden konnten. Noch vor ein paar Jahren waren die Neuerscheinungen immer am letzten Dienstag im Monat herausgekommen. Mittlerweile erschienen jede Woche neue Bücher – das gefiel ihr. Nicht zuletzt, weil so die Leute häufiger in den Laden kamen.

Es machte ihr Spaß, die neuen Lieferungen zu sortieren, die Kisten zu öffnen und die Neuerscheinungen zum ersten Mal plastisch vor sich zu haben und nicht nur als Online-Verlagsankündigung. Es war schön, ein Buch in die Hand zu nehmen und den frischen Druckgeruch einzuatmen.

Sie fand es selbst ein bisschen seltsam, wie sehr sie ihren Buchladen mochte. Aber das war einfach der Ort, an den sie gehörte. Dabei hatte sie sich noch als Teenager geschworen, niemals eine Buchhandlung zu betreten, geschweige denn, eine zu führen. Im Sommer nach ihrem ersten Jahr an der Uni hatte sie dann einen Job gesucht. Und bei *Driftaway Books* hatte man mehr verdient als in anderen Studentenjobs.

Der Grund dafür war ganz einfach, Lewis Larton war ein anspruchsvoller und wichtigtuerischer Klugscheißer, der verlangte, dass alle, die für ihn arbeiteten, sich bestens in amerikanischer Literatur auskannten. Er bevorzugte Personen mit Master-Abschluss, obwohl das keine Voraussetzung war. Nur wenige Bewerber und Bewerberinnen konnten seine Staccato-Fragen beantworten, und die, denen es gelang, überstanden meist trotzdem die erste Woche nicht.

Bree erinnerte sich noch daran, wie erschreckend gut Lewis ausgesehen hatte. Er war knapp zehn Jahre älter als sie und strahlte eine intensive »Ich-bin-klüger-als-alle-anderen-hier«-Attitüde aus. Ein Charakterzug, den sie eigentlich verabscheute. Aber aus irgendeinem Grund hatte sie diesen Mann sofort attraktiv gefunden.

Sie hatte nicht vergessen, dass er einen tiefen Seufzer ausstieß, als er ihre Bewerbung überflog.

»Sie haben einen Abschluss in Wirtschaft«, hatte er vorwurfsvoll gesagt. »Kein Interesse.«

Sie lächelte ihn an. »Fragen Sie mich etwas. Vielleicht überrasche ich Sie.«

»Das bezweifle ich.« Er warf noch einen Blick auf ihre Bewerbung. »Bree Days. Nennen Sie mir zwei Autoren, die denselben Nachnamen tragen wie Sie.«

Sie musste sich bemühen, nicht zu grinsen. »Naomi und Gearard Days.«

»Wieso wissen Sie das?«

»Es sind meine Eltern.«

Lewis' überraschter Blick war sehr lustig gewesen – und sie hatte die Stelle sofort bekommen. Damals hatte sie seine aufmerksame Art für echtes Interesse an ihrer Person gehalten. Sie hatte lange nicht kapiert, dass es nur die kriecherische Art eines Speichelleckers war, der unbedingt mit jemandem zu tun haben wollte, der zwei so berühmte Persönlichkeiten kannte.

Ich war so jung und naiv, dachte sie. Sie hatte keine Chance gehabt. Es war von Anfang an klar, dass sie sich in ihn verlieben würde – und auch, dass er ihr das Herz brechen würde.

Die Zeit heilt alle Wunden, sagte sie sich und scannte weiter Bücher ein. In ihrem Fall waren die Wunden vernarbt, aber seitdem hatte sie es nie wieder riskiert, an die Liebe zu glauben. Diese Lektion hätte sie eigentlich schon von ihren Eltern lernen können.

Und trotz des Schmerzes, den die Beziehung mit Lewis ihr verursacht hatte, führte sie heute ihre eigene Buchhandlung und hatte ein Leben, das sie sich nicht anders wünschen würde. Sie hatte jede Menge Freundinnen und Freunde, ein tolles Haus, ihr eigenes Geschäft und sexuelle Beziehungen, in denen sie die Regeln bestimmte. Alles lief so, wie sie es festlegte.

Und genau deshalb hatte sie sich nicht mehr bei Harding gemeldet. Natürlich war sie kurz in Versuchung gekommen, denn das Dinner war besser gelaufen, als sie erwartet hatte. Der Mann war spannend, lustig und aufmerksam. Unter anderen Umständen wäre sie vermutlich mit ihm nach Hause gegangen und hätte die Nacht mit ihm genossen. Oder auch zwei. Aber etwas machte die Sache kompliziert, und das konnte sie nicht gebrauchen. Da war nicht nur das Problem mit Ashley, sondern Harding selbst war ein unwägbares Risiko.

Er schien einer von der Sorte zu sein, der immer gleich mit Gefühlen anfing, stets aufrichtig und freundlich. Freundlich war ja vollkommen okay, aber aufrichtig? Solche Leute hatten gewisse Erwartungen, die sie nicht zu erfüllen bereit war.

Sie rollte den Wagen ins Geschäft. Bücher in Regale zu räumen, empfand sie als nahezu meditative Tätigkeit. Dabei kam ihr Verstand herrlich zur Ruhe, und sie konnte völlig entspannen.

Aus den Lautsprechern erklang ein Song von den Beach Boys. Ihr gefielen die Texte der Band und der gleichmäßige Rhythmus, deswegen liefen die Lieder regelmäßig. Um sie herum waren einige Kunden unterwegs, die in den Regalen stöberten, und vor Ashleys Tresen hatte sich ein halbes Dutzend Teenager eingefunden. Ashley packte die gewünschten Cupcakes in eine knallgelbe Schachtel.

Mikkis Geschenkesortiment sprach ein überwiegend älteres, betuchteres Publikum an. Zu Brees Freude fanden diese Kunden auch oft den Weg in ihren Teil des Ladens und erstanden Bücher. Am liebsten waren ihr die, die mit einer prall gefüllten Tüte nach Hause gingen.

»Ich habe an Sie gedacht«, hörte sie da eine ihr bekannte Stimme, deren Klang sie in einen Zustand von »nimm mich jetzt, sofort« versetzte.

Es war wohl Zeit, dass sie sich mal wieder flachlegen ließ – nur ganz sicher nicht von dem Mann, zu dem die Stimme gehörte.

Harding lächelte sie an. Bevor sie sich's versah, erwiderte sie sein Lächeln und wusste im selben Augenblick, dass genau dieses Lächeln ihm verriet, was sie gerade gedacht hatte. Das war ärgerlich und dumm.

»Ich habe Ihnen extra ein paar Tage gelassen, weil ich mir schon dachte, dass Sie die brauchen. Ich wollte nicht bedürftig erscheinen, das ist unsexy. Aber jetzt ist genug Zeit vergangen, und ich finde, wir könnten zusammen zu Mittag essen.«

Er hielt eine Tüte von einem Sandwichladen hoch.

»Und wenn ich keinen Hunger habe?«, fragte sie und verspürte den Drang, den Bücherwagen zwischen sich und ihn zu schieben. Nicht, um sich vor ihm zu schützen – sie hatte keine Angst davor, dass er übergriffig werden könnte. Sondern aus Gründen, auf die sie lieber nicht näher eingehen wollte.

»Es ist aber Mittagszeit. Da sollte man was essen.«

»Vielleicht habe ich schon andere Pläne.«

»Dann ändern Sie sie.«

»Das wäre ein bisschen viel verlangt.«

Er wich ihrem Blick nicht aus. »Ich verlange gar nichts. Ich bringe lediglich meine Hoffnung zum Ausdruck und habe vorsorglich ein paar Sandwiches erstanden. Kommen Sie, essen Sie mit mir.«

Es ist nur ein Sandwich, sagte sie sich. Gleich am Strand gab es Picknicktische, und die halbe Stunde konnte sie erübrigen. Nach ihrem gemeinsamen Abendessen hatten sie sich nur kurz geküsst. Gegen eine Mittagspause mit ihm war also nichts einzuwenden. Das hatte nichts Selbstzerstörerisches.

»In Ordnung. Geben Sie mir eine Minute. Wir treffen uns draußen.«

Sie schob den Wagen ins Hinterzimmer, sagte Rita Bescheid, dass sie in einer knappen Stunde wieder da sein würde, und verließ das Geschäft.

Harding hatte bereits einen Tisch okkupiert und verteilte die Sandwiches. Heute trug er Jeans und T-Shirt, und die leichte Brise verwuschelte sein Haar auf eine Weise, die ihn sehr attraktiv aussehen ließ. Als sie sich ihm näherte, fiel ihr die blasse Narbe auf seinem Ellbogen auf, die sich über den gesamten Oberarm zog und unter seinem Ärmel verschwand.

War das ein Überbleibsel seines Unfalls oder etwas anderes? Natürlich würde sie ihn das niemals fragen, sie hatte schon viel zu viel Interesse an ihm gezeigt.

»Caprese-Sandwiches«, sagte er und schob ihr eins rüber. »Es schien mir ein angemessener Tag für vegetarische Kost zu sein.«

Sie öffnete die Dose Bio-Limonade, die er ihr hingestellt hatte. »Sie haben Veggie-Days?«

»Natürlich.« Er grinste sie an. »Und am nächsten Tag esse ich einen Burger. Ausgewogenheit ist alles. Wie geht es Ihnen?«

»Sehr gut. Und wie kommen Sie mit dem Schreiben weiter?«

Er schüttelte den Kopf. »Nein, ich werde nicht den Fehler machen, dass sich unsere Unterhaltungen nur um mich drehen. Es gibt wesentlich interessantere Themen. Ihre Eltern zum Beispiel.«

Enttäuscht legte sie ihr Sandwich auf den Tisch. Sie hätte nicht gedacht, dass er so ein literarischer Snob war.

»Sind Sie etwa ein Fan?«, fragte sie. Dann würde sie garantiert erst recht nicht mit ihm schlafen.

»Nein, ist nicht mein Ding«, antwortete er. »Ich finde es nur so interessant, dass Sie die Tochter sind.«

»Wieso?«

»Sie führen keine Werke Ihrer Eltern und benutzen sie auch nicht, um Werbung für Ihren Buchladen zu machen.«

»Ist nicht mein Ding.«

»Verstehen Sie sich nicht mit ihnen?«

»Hören Sie auf, mich auszuquetschen.«

Er beugte sich völlig unbeeindruckt zu ihr. »Ich kann nichts dafür, ich möchte alles über Sie wissen. Sie sind faszinierend. Sie könnten die Sache mit Ihren berühmten Eltern an die große Glocke hängen, aber das tun Sie nicht. Im Gegenteil, Sie verschweigen sie regelrecht. Und das, obwohl Sie eine Buchhandlung führen.«

»Das mit der Buchhandlung hat sich mehr aus Zufall ergeben, als dass es mein Plan war.«

»Erzählen Sie doch mal was von Ihren Eltern. Irgendwas. Dann können wir das Thema wechseln.«

Sie sah ihn kurz an und seufzte. »Na gut. Mein Vater ist ein sehr distanzierter Mensch. Nicht kaltherzig, aber auch nicht von dieser Welt. Er lebt ganz in seiner literarischen Welt, und selbst meine Mutter scheint eine permanente Überraschung für ihn zu sein. Als Kind dachte ich immer, er weiß gar nicht, wer ich bin, bis es ihm mal jemand sagt.«

»Und Ihre Mutter?«

Bree erinnerte sich plötzlich an das Weihnachtsfest in dem Jahr, in dem sie elf geworden war. Sie hatte gefragt, wie sie feiern würden.

»Geht das schon wieder los? Wann hörst du endlich auf mit diesem lächerlichen Weihnachtsschwachsinn?« Ihre Mutter hatte sie maßlos enttäuscht angesehen. »Na gut. Wie hättest du's denn gern? Erstell mir eine Liste, aber möglichst genau, bitte.«

Bree hatte früh gelernt, ihren Schmerz zu verbergen. Sie nahm Haltung an und sagte: »Ich möchte einen Weihnachtsbaum und eine Weihnachtssocke. Und häng die Socke nicht vor dem Weihnachtsmorgen hin, und ich möchte keine Geschenke von Santa Claus, sondern nur von dir und Dad.«

Ihre Mutter hatte steif genickt. »Schreib es auf. Wir werden an Weihnachten mit Freunden feiern, aber ich organisiere ein Abendessen für uns drei. Reicht das?«

Natürlich reichte das nicht. Bree wünschte sich ein Weihnachten im Kreis ihrer Familie, mit Menschen, die einander umarmten und sich Geschenke überreichten, weil sie Freude daran hatten, und nicht, weil jemand darauf bestand. Ein Jahr später war sie ins Internat gekommen – eine Lösung, die sowohl ihr als auch ihren Eltern sehr recht gewesen war.

»Meine Mutter ist kein Fan von Weihnachten«, erklärte sie Harding. »Nicht, weil sie es für Geldverschwendung hält oder so was, sondern weil der Feiertag sie von ihrer Arbeit abhält und ihr den Schwung und die Energie nimmt.« Sie schenkte ihm ein saures Lächeln. »Nicht umsonst sind die beiden zwei der stärksten literarischen Stimmen ihrer Generation.«

»Das war wohl nicht einfach damals.«

»Es war kompliziert, ja.«

»Und trotzdem haben Sie einen Schriftsteller geheiratet.«

»Stimmt.« Sie griff wieder zu ihrem Sandwich. »Man sollte annehmen, ich hätte meine Lektion gelernt, aber es war ein bisschen anders. Außerdem war Lewis eher ein Buchhändler als ein Autor, auch wenn er selbst das natürlich nicht gern hörte.«

Harding sah sie an. »Dann gehörte die Buchhandlung ursprünglich ihm.«

»Ja.«

»Offensichtlich hatten Sie einen guten Scheidungsanwalt.«

Anscheinend ging Harding davon aus, dass sie und Lewis sich getrennt hatten. Sie korrigierte ihn nicht. Sobald er erfuhr, dass sie Witwe war, würde er mit Sicherheit nachbohren. Immerhin hatte sein neues Buch die Trauer zum Thema.

»Und was haben Sie in den letzten Tagen so getrieben?«, fragte sie, um rasch das Thema zu wechseln.

»Die Gegend erkundet. Und ich war natürlich Joggen am Strand. Das ist so typisch L. A.«

Da war er wieder, sein Humor.

»Absolut. Haben Sie es auch schon mal mit Surfen versucht? Auch sehr L. A.«

»Ich hab mal ein paar Surfstunden genommen, aber es ist viel schwieriger, als es aussieht. Meine motorischen Fähigkeiten sind wohl nicht ausreichend. Zum Beispiel fällt es mir schwer, auf dem Brett das Gleichgewicht zu halten. Surfen Sie?«

»Ich habe jeden Donnerstagmorgen Unterricht. Ich liebe es, auf dem Wasser zu sein. Ich bin zwar nicht sonderlich gut, aber ich habe Spaß.«

Sie betrachtete ihn und seine lässige Haltung. Tja. Erfolgreicher Schriftsteller, Stiftungsgründer und Überlebender eines beinahe tödlichen Unfalls. »Warum sind Sie eigentlich nicht verheiratet?«, wollte sie wissen. »Sie sind doch bestimmt schon dreißig. Wär's nicht langsam mal an der Zeit?«

Er lachte. »Jetzt klingen Sie wie meine Mutter.«

»Das beantwortet nicht meine Frage. Haben Sie am Ende irgendwelche Probleme?«

»Haben wir nicht alle unsere Probleme?« Sein Lächeln verschwand. »Natürlich würde ich eines Tages gern heiraten. Wie die meisten Menschen möchte auch ich ein Teil von etwas sein. Klar war ich oft verliebt, aber bisher wollte ich mit keiner dieser Frauen den Rest meines Lebens verbringen.«

»Vielleicht stehen Sie einfach zu gern im Rampenlicht. Wenn Sie verheiratet wären, würde das etwas von Ihrem Glanz wegnehmen.«

»Harsche Worte«, sagte er. »Aber das stimmt nicht. Ich bin nicht gerne berühmt. Ich tue das alles nur für meine Stiftung. Jeder Dollar, den wir als Spende sammeln, ist ein Dollar mehr, mit dem wir Menschen helfen können.«

»Klingt sehr altruistisch.«

»Wieso fällt es Ihnen so schwer, an das Gute im Menschen zu glauben?«

»Weil es meistens nach hinten losgeht, wenn ich davon ausgehe.«

Erneut beugte er sich näher zu ihr. »Wie stehen die Chancen, dass Sie mich küssen, wenn wir gleich aufstehen und gehen?«

Und da war es wieder, dieses Gefühl. Sie müsste nichts weiter tun, als sich noch ein kleines Stückchen vorzubeugen, und schon würden ihre Lippen sich berühren. Wie er wohl schmeckte? Wie er wohl küsste? Gefiel es ihm, wenn die Frau oben lag? Mochte er es lieber langsam und gefühlvoll oder schnell und hart?

Sie spürte das gewisse Kribbeln zwischen den Beinen und hatte plötzlich das Verlangen, er würde ihre Brüste berühren. Deswegen lehnte sie sich ostentativ zurück.

»Danke für das Sandwich«, sagte sie. »Es war nett, dass Sie vorbeigekommen sind, aber mehr wird nicht passieren. Suchen Sie sich eine andere für Ihre Spielchen.«

»Was, wenn ich gar nicht spiele?«

Sie stand auf und packte den Abfall zusammen. »Wir spielen alle, Harding. Die Tatsache, dass Sie das noch nicht kapiert haben, ist ein Grund dafür, dass zwischen Ihnen und mir niemals etwas passieren wird.«

Damit ging sie zurück zum Laden. Dort angekommen, warf sie das Sandwichpapier in den Müll und die Dose in die Recyclingtonne und versuchte, nicht länger an Harding zu denken. Sie war gut im Verdrängen, das war in mancherlei Hinsicht vielleicht sogar ihre Superkraft. Und gerade war es mal wieder an der Zeit, sie zu nutzen.

7. Kapitel

Mikki brauchte ein paar Tage, um die Neuigkeiten zu verdauen. Sie wusste gar nicht, wieso es sie so mitnahm, dass Perry ein Haus gekauft hatte. Vielleicht, weil es der Beweis dafür war, dass *sein* Leben weiterging, während sie in alten Mustern feststeckte. Die Scheidung hatte sie mittlerweile überwunden, daran konnte es also nicht liegen. Das war drei Jahre her, und außerdem wollte sie ja nicht wieder zurück zu ihm. Aber trotzdem – irgendwas störte sie.

Sie wartete, bis es im Laden ein bisschen ruhiger zuging, und sprach dann ihre Schwiegermutter an. »Hast du mal eine Sekunde?«

Lorraine sah vom leeren Karton auf, den sie zu Deko-Zwecken gerade mit Muschel-Geschenkpapier verpackte.

»Na klar. Was gibt's?«

»Du hast mir gar nicht erzählt, dass ihr euer Haus verkauft.«

Lorraine blinzelte. »Nein? Wir haben schon eine Weile mit dem Gedanken gespielt. Tut mir leid, ich wollte dir diese Information nicht absichtlich vorenthalten. Ich dachte, wir hätten darüber geredet.« Sie stellte den Karton ab. »Die Immobilienpreise sind gerade sehr hoch, jetzt ist also der richtige Zeitpunkt für einen Verkauf. Den Erlös können wir gut für unseren Ruhestand gebrauchen. Und weil Perry sich zur selben Zeit entschlossen hatte, sich was Eigenes zu suchen, lag diese Lösung natürlich nahe. Bist du sauer deswegen?«

»Nein, einfach nur überrascht. Weil niemand was gesagt hat.« Mikki lächelte sie an. »Alles gut. Perry hat mir von seinem neuen

Haus erzählt. Hört sich perfekt an. Eure Wohnung behaltet ihr aber?«

»Ja, und wir wollen uns vielleicht ein Wohnmobil anschaffen.«

»Davon redet ihr ja schon seit Urzeiten. Und jetzt zieht ihr das wirklich durch?«

»Wir könnten Sydney an der Ostküste besuchen. Und wenn Will tatsächlich als Rennfahrer Karriere macht, können wir ihm beim Rennzirkus folgen.« Lorraine grinste. »Wir passen für dich auf ihn auf.«

Mikki war sich nicht sicher, ob ihr Sohn es so toll fände, wenn seine Großeltern ihm quer durchs Land nachreisen würden. Aber sie fand, es war eine süße Idee.

»Perry meint, er muss noch renovieren«, fügte Lorraine hinzu. »Ich schätze mal, dass er dich fragen wird, ob du ihm hilfst.«

»Er hat was von einem Anbau für ein weiteres Schlafzimmer erzählt. Dafür braucht er ein Bauunternehmen.«

Bree und Rita kamen zu ihnen rüber.

»Wer braucht ein Bauunternehmen?«, wollte ihre Mutter wissen. »Renovierst du etwa schon wieder? Mit deinem Haus ist doch alles in Ordnung, Mikki.« Rita wandte sich an Bree. »Meine Tochter liebt es, Häuser einzurichten und anzustreichen und zu verändern. Neue Fliesen, neuer Fußboden, größere Fenster. Immer irgendwas Neues.«

Bree warf ihr einen Blick zu. »Kannst du das alles etwa selbst?«

»Einiges kann ich, aber meistens kommt von mir nur der Entwurf und das entsprechende Material. Für die Umsetzung vertraue ich lieber auf Fachkräfte. Anstreichen krieg ich hin, doch vom Fenstereinbauen lasse ich die Finger.« Mikki sah ihre Mutter an. »Perry hat ein Haus gekauft. Er will umbauen und braucht deshalb einen Bauunternehmer.«

Lorraine nickte. »Ihr wisst ja, dass Mikki sich auf tolle Inneneinrichtung versteht. Deswegen möchte Perry ihre Unterstützung.«

»Warum fragt er nicht seine Freundin?«

»Welche Freundin?«, fragten Mikki und Lorraine gleichzeitig.

Rita verzog das Gesicht. »Perry kauft ein Haus. Um so etwas zu tun, brauchen Männer eine Motivation. Eine neue Frau wäre diese Art von Motivation.«

Klingt logisch, dachte Mikki, wenn Perry mit einer anderen Frau ein Haus kauft oder für sie, musste es was Ernstes sein.

»Dann wollen wir mal hoffen, dass sie nett zu meinen Kindern ist«, murmelte sie.

Bree sah sie irritiert an. »Du weißt doch gar nicht, ob er wirklich eine Freundin hat.«

»Garantiert«, schaltete sich wieder Rita ein. »Wahrscheinlich ist sie erst fünfundzwanzig.«

»Wie deprimierend.« Lorraine schüttelte den Kopf. »Aber so was würde Perry niemals tun.«

»Alle Männer würden das tun.«

Lorraine lächelte Rita an. »Ich werde ihn fragen. Und wenn du falschliegst, lädst du mich zu einem Muffin ein.«

Die beiden trollten sich.

»Alles okay bei dir?«, erkundigte sich Bree.

»Nicht, wenn Perrys neue Freundin wirklich fünfundzwanzig ist. Ich meine – es ist mir egal, ob er wieder mit jemandem zusammen ist. Es kommt nur alles ein bisschen plötzlich. Das neue Haus, die neue Freundin …«

Bree lachte. »Wie gesagt, du weißt doch gar nicht, ob es überhaupt eine neue Frau gibt.«

»Vielleicht jetzt noch nicht, aber irgendwann ist es bestimmt so weit. Perry wird nicht für den Rest seines Lebens alleine bleiben.«

»Vielleicht meldet er sich ja auch bei einem Dating-Portal an und antwortet auf ein paar der Anfragen, die ihn erreichen.« Das klang spitzfindig. »Anders als gewisse anwesende Personen.«

»Sei nicht so kritisch mit mir.«

»Du hast Angst.«

Ihre Freundin hatte recht. Mikki hatte Angst. »Ich will nicht gedemütigt werden«, gab sie zu. »Was, wenn der Typ sofort die Flucht ergreift, sobald er mich sieht?«

Bree lachte. »Auf keinen Fall. Weißt du nicht, wie du aussiehst?«

»Ich bin übergewichtig und fast vierzig.«

»Du bist eine wandelnde Einladung zum Sex.«

Mikki riss den Mund auf – und schloss ihn wieder. »So was Nettes hast du noch nie zu mir gesagt.«

»Und es stimmt. Na klar, du bist nicht dürr, aber was soll's? Schöne Kurven, blaue Augen, tolles Lächeln. Du bist freundlich, kannst fantastisch backen, und deine Kinder sind fast aus dem Haus. Was gibt's an dir nicht zu mögen?«

»So siehst du mich?«

»So sehen alle dich.«

»Du meinst also, ich sollte ein paar dieser Nachrichten beantworten?«

»Entweder das – oder nicht mehr darüber reden.«

»Und woher weiß ich, wem ich schreiben soll?«

»Hast du nicht gesagt, es wäre ein Typ dabei, den du von früher kennst? Wenn er damals kein Vollpfosten war, melde dich doch als Erstes bei ihm.«

Mikki zögerte.

Bree sah sie mit zusammengekniffenen Augen an. »Tu. Es. Jetzt.«

»Ja, ja, okay. Aber Lust habe ich keine.«

Mikki ging in ihr Büro, klappte ihren Laptop auf und tippte Duanes Namen in eine Suchmaschine.

Sie klickte auf diverse Links aus der Ergebnisliste und stellte fest, dass er Professor für Wirtschaftswissenschaften an der University of California in Los Angeles war und mit mehreren internationalen Non-Profit-Organisationen zu tun hatte. Außerdem sah er nett aus, hatte breite Schultern und wirkte durchtrainiert, soweit sie das anhand der Fotos beurteilen konnte. Doch was viel wichtiger war – er war tatsächlich der Mann, den sie von früher kannte.

Sie suchte unter dem Namen seiner Tochter. Ja, das Mädchen war mal mit Sydney befreundet gewesen. Duane war ihr Vater.

»Okay. Ich tu's«, sagte Mikki laut zu sich selbst, als sie sich auf dem Dating-Portal einloggte.

Sie suchte nach Duanes Nachricht, starrte dann sekundenlang seine Nummer an und griff schließlich nach ihrem Handy.

Hi, hier ist Mikki. Ich hab deine Nachricht erhalten.

Sie überlegte kurz. Was sollte sie noch sagen? Kaffee trinken? Telefonieren? Mist! Wieso war sie so schlecht in so was?

Sie fügte ein jämmerliches »war schön, von dir zu hören« hinzu, bevor sie auf »Senden« klickte. Jetzt war er am Zug. Zu ihrer Überraschung reagierte er sofort.

Du hast geantwortet! Hi. Hat mich überrascht, dein Profil auf diesem Portal zu finden. Überrascht im positiven Sinn. Lass uns doch mal zum Essen treffen und uns gegenseitig auf den neuesten Stand bringen.

Essen gehen? Einfach so?

Sollten wir nicht erst mal mit einem Kaffee anfangen und das mit dem Dinner kommt dann später?

Ich habe dich als charmant und lustig in Erinnerung. Riskieren wir gleich ein Abendessen.

Charmant und lustig? Sie? Okay, sie musste zusagen.

Überredet. Dann also Dinner. Wann und wo?

Er schlug den kommenden Freitag und ein Restaurant in Hermosa Beach vor. Mikki war einverstanden und notierte sich den Termin.

Bis dann, schrieb sie.

Freu mich.

Ich mich auch.

Und das tat sie wirklich. Also, überwiegend. Sobald ihre Übelkeit verschwunden war, würde sie sich freuen.

Ashley klickte auf das nächste Bild ihrer Powerpoint-Präsentation.

»Die Arbeitszeiten sind nicht bloß ein Vorschlag, sondern verpflichtend«, sagte sie. »Der Arbeitgeber verlässt sich darauf, dass ihr pünktlich auftaucht. Immer wenn ihr zu spät kommt, muss jemand anders länger bleiben. Wenn man irgendwo arbeitet, ist man Teil eines Teams. Und alle anderen haben darunter zu leiden, wenn ein Einzelner sich nicht an die Regeln hält.«

Vier Pflegekinder im Alter von vierzehn und fünfzehn hörten ihr aufmerksam zu. Alle hatten eine Arbeitserlaubnis, wie es für Minderjährige, die jobben wollten, in Kalifornien vorgeschrieben war. Bis zum Alter von sechzehn Jahren galten für Arbeitnehmer eingeschränkte Arbeitszeiten, vor allem außerhalb der Ferienzeit.

Ashley zeigte das nächste Bild. »Ihr müsst präsentabel sein, wenn ihr zur Arbeit erscheint. Wer Arbeitskleidung erhält, ist selbst dafür verantwortlich, sie sauber und in gutem Zustand zu halten.«

Sie erklärte ihnen, dass manche Unternehmen die Arbeitskleidung zwar stellten, die Kosten dafür aber vom Lohn abzogen. In der vergangenen Woche hatte sie den Jugendlichen erklärt, wie man ein Bankkonto eröffnet und Geld für die Steuern zurücklegt. In den kommenden Wochen ging es ebenfalls um finanzielle Themen wie Budgetierung und den richtigen Umgang mit Geld. Die Jugendlichen, die vor ihr saßen, hatten andere Prioritäten als die meisten Kids in ihrem Alter. Sobald sie achtzehn wurden, mussten sie das Pflegekinder-System verlassen. Es konnte passieren, dass sie dann ohne Unterkunft und Unterstützung dastanden. Eins der Ziele, die sich OAR gesetzt hatte, bestand darin, solchen Jugendlichen Zugang zu den entsprechenden Ressourcen zu eröffnen und unter Umständen auch finanzielle Unterstützung zu leisten.

Dazu zählte, dass die Jugendlichen aufs Berufsleben vorbereitet wurden. Sie sollten Arbeitserfahrung sammeln, lernen, Kontakte zu knüpfen, Arbeitsmoral entwickeln. OAR hatte ein zertifiziertes Programm für Jugendliche entwickelt. Wer das Programm erfolgreich durchlaufen hatte, erhielt einen Nachweis darüber, den er oder sie dann für Bewerbungen nutzen konnte. Die Arbeitgeber vor Ort wussten, dass sie sich auf die Teenager verlassen konnten, die von OAR kamen. Denn diese Jugendlichen waren sich darüber bewusst, was in einem Arbeitsumfeld von ihnen erwartet wurde. Und falls es doch mal zu Problemen kommen sollte, hatten die Arbeitgeber in OAR einen direkten Ansprechpartner.

Ashley kam für heute zum Ende. Sie beantwortete die noch offenen Fragen und verabschiedete sich dann bis zur nächsten Woche. Gerade hatte sie ihren Laptop zugeklappt, als Dave, der Geschäftspartner ihres Bruders und Vorsitzender von OAR, in seinem Rollstuhl hereingerollt kam.

»Irgendwann musst du ihnen aber mal verraten, wer du bist«, sagte er in frotzelndem Tonfall.

»Dass ich Hardings Schwester bin? Das wissen die doch längst.«

»Nein. Ich meine, dass du selbstständige Unternehmerin und selbst Arbeitgeberin bist und damit Verantwortung für andere übernimmst. Das verleiht dir zusätzlich Glaubwürdigkeit.«

Dave war ein gut aussehender Mann. Er war ungefähr ein Jahr älter als ihr Bruder, hatte breite Schultern und einen muskulösen Oberkörper. Vor seinem Unfall war er ein super Sportler gewesen, und auch jetzt war er immer noch sportlich aktiv. Er spielte an mehreren Abenden in der Woche Rollstuhl-Basketball und war aktiv im Segelsport für Rollstuhlfahrer. Er warb pausenlos dafür, dass Barrierefreiheit die Norm und nicht die Ausnahme darstellen sollte.

Auf der Highschool war sie bis über beide Ohren in Dave verknallt gewesen, doch er hatte sie immer nur wie eine Mischung aus einem süßen Hundewelpen und der kleinen Schwester seines Kumpels behandelt. Als sie das irgendwann kapiert hatte, war sie am Boden zerstört gewesen. Aber all das war lange her. Inzwischen waren sie und Dave Freunde, und ihre ehrenamtliche Arbeit bei OAR machte ihr Spaß.

Dave nahm ihr die Laptoptasche ab und legte sie sich auf den Schoß, dann verließ er vor ihr das Zimmer. »Findest du es gut, dass dein Bruder wieder zurück ist?«

»Das weißt du doch. Er war viel zu lange weg. Apropos – unsere Eltern kommen demnächst zu Besuch. Du willst sie bestimmt auch sehen, oder?«

»Auf jeden Fall.«

Dave verstand sich gut mit ihren Eltern. Sie waren ihm sehr dankbar für seine Unterstützung während Hardings Zeit in der Reha. Außerdem bedachten sie die Organisation mit großzügigen Spenden.

Vor dem Ausgang blieben sie stehen. »Ich kann es echt nicht fassen, dass du dich ins Liebesleben deines Bruders einmischst.«

Ashley stöhnte. »Das hat er dir erzählt?«

»Er erzählt mir alles. Du weißt doch, dass es keinen Zweck hat, ihn vor einer Frau zu warnen. Das sieht er nur als Herausforderung an.«

»Und genau das ist Bree auch«, murmelte sie und schüttelte den Kopf. »Ein kurzer Anflug von Dummheit meinerseits«, sagte sie. »So was passiert.«

»Du machst dir halt Sorgen.«

Sie sah Dave an. »Ich kann nicht anders. Bree ist eine tolle Frau. Du kennst sie ja. Sie ist der Typ Frau, auf den jeder Mann abfährt. Doch nur weil er berühmt und erfolgreich ist, ist Harding nicht unverwundbar. Wenn er Bree mag, wird er sich schnell total in sie verlieben – und so was mag sie gar nicht. Ich will nicht sagen, dass Bree grausam ist, aber meistens endet es damit, dass der Mann als emotionales Wrack zurückbleibt, während sie fröhlich ihrer Wege zieht.« Sie seufzte. »Das Ironische an der ganzen Sache ist, dass ich mich immer an Bree wenden kann, wenn ich ein Problem habe. Denn sie ist für mich da. Nur bei Männern ist sie irgendwie anders.«

»Vielleicht sollte *ich* mal mit ihr ausgehen«, schlug Dave vor.

»Dich würde sie noch vor dem Frühstück verzehren.«

Er reichte ihr ihren Laptop. »Überredet. Ich überlasse sie deinem Bruder.«

»Eine weise Entscheidung.« Ashley umarmte ihn.

»Trotzdem – lass Harding mit dem Thema in Ruhe, okay?«, gab Dave ihr mit auf den Weg. »Er muss selbst darauf kommen. Er ist schon groß, weißt du.«

»Ich weiß. Du hast ja recht. Ich hätte besser nichts gesagt. Aber ich muss halt immer daran denken, in welchem Zustand er nach seinem Unfall war.«

»Er ist längst genesen und befindet sich in einem besseren Zustand denn je. Vor allem kann er auf sich selbst aufpassen, Ashley. Hab Vertrauen in ihn.« Dave lächelte sie an. »Außerdem könnte es ja auch sein, dass bei dieser Geschichte die Leidtragende am Ende deine Freundin sein wird.«

Ashley lachte. »Eher unwahrscheinlich.«

Bree massierte Kokosöl in ihr Haar ein. Als sie ihre langen Locken gebändigt hatte, flocht sie sie zu einem lockeren Zopf nach hinten, wischte sich die Hände am Handtuch ab und schnappte sich ihren Neoprenanzug. Dann lief sie über den Parkplatz zum Strand.

Es war kurz vor sechs am Donnerstagmorgen, und der Strand war noch so gut wie leer. Nur ein paar Jogger waren unterwegs, ein paar Spaziergänger tummelten sich auf der Strandpromenade. Und natürlich waren da die anderen aus ihrem Surfkurs.

Bree liebte das Surfen. Am Wellenreiten schätzte sie die Koordination zwischen Kopf und Körper. Sie war zwar nicht besonders gut, aber immerhin schaffte sie es, auf dem Brett stehend eine Welle zu reiten. Das war das Wichtigste.

Sie rief den anderen einen Gruß zu, alle lächelten und winkten. Dalton, ihr Lehrer, erzählte gerade etwas von einem Regensturm ein paar Hundert Kilometer weiter westlich, der heute für einen guten Swell sorgte.

»So, der Neuzugang ist auch da«, sagte Dalton mit einem Blick über Brees Schulter. »Dann können wir ja anfangen.«

Wie die anderen Frauen im Kurs trug Bree zum Surfen einen einteiligen Badeanzug. Ein Bikini sah zwar immer nett aus – wie man es aus den Surfserien im Fernsehen kannte –, war aber völlig unpraktisch unter dem Neoprenanzug. Es bestand kein Bedarf für Nippel-Blitzer.

Sie war gerade in ihren Anzug geschlüpft, als Dalton den Neuen vorstellte.

»Leute, das ist Harding.«

Bree wirbelte herum und sah Harding, der eine Begrüßungsgeste machte. Sie starrte ihn an. Was war davon zu halten? Sie hatte zwar ihren Surfkurs erwähnt, hätte aber nicht im Traum daran gedacht, dass er hier auftauchen würde.

»Dass ich hier bin, ist doch hoffentlich okay für Sie?«, fragte er leise.

Nein. Das war es ganz und gar nicht. Leider freute sie sich trotzdem, ihn zu sehen. Er sah verdammt gut aus in T-Shirt und Boardshorts.

»Stalken Sie mich etwa?«, fragte sie.

»Nein, ich bin lediglich an Ihnen interessiert. Ich denke, das ist ein Unterschied. Aber wenn meine Anwesenheit Sie stört, wechsle ich in einen anderen Kurs.«

Dalton kam zu ihnen rüber. »Kennt ihr euch?« Dabei schob er sich geschickt zwischen sie und Harding – als wollte er sie beschützen.

Bree wusste, dass Dalton sie jederzeit vor allem beschützen würde. Das lag in seiner Natur.

»Alles gut«, sagte sie. »Harding ist der Bruder meiner Geschäftspartnerin und hatte unlängst eine Signierstunde in meiner Buchhandlung. Ich wusste nur nicht, dass er jetzt bei uns mitmacht, das ist alles.«

Dalton sah sie an. »Bist du sicher?«

»Ja.«

Er lächelte. »Dann stürzen wir uns jetzt mal ins Wasser. Ein paar von uns müssen später noch arbeiten.«

Bree zog ihren Neoprenanzug richtig an, nahm ihr Brett und machte sich auf den Weg ins Wasser. Harding ging neben ihr her.

»Ich habe im Vorfeld ein paar Privatstunden bei Dalton genommen«, erklärte er.

»Und? Wie lief's?«

Er grinste. »Nicht allzu gut.«

Sie lachte. »Dann sind Sie hier ja richtig.«

Während sich alle anderen in die Wellen stürzten, blieb Dalton mit Harding noch am Strand. Sie arbeiteten auf dem Sand und perfektionierten Hardings Fähigkeit, aus dem Liegen auf dem Brett in die klassische Surfer-Hocke zu gleiten.

Bree paddelte raus und wartete zusammen mit den anderen, bis Harding und Dalton zu ihnen stießen. Es war bewölkt und kühl an diesem Morgen. Zwischen ihnen schwammen ein paar Seehunde und berührten ihre Beine, über ihnen kreisten Möwen.

»Alle bereit?«, rief Dalton.

Die Gruppe bejahte. Bree lag auf ihrem Brett und spürte, wie das Wasser sie zurück in Richtung Strand trieb. Sie brachte sich in die optimale Position auf dem Brett, spannte die Rückenmuskulatur an und achtete darauf, dass Beine und Füße entspannt waren. Als ihr Brett auf der Welle nach oben stieg, spannte sie die Körpermitte an, zog die Knie an und stand in einer fließenden Bewegung auf.

Sie hatte gerade ihr Gleichgewicht gefunden, als eine Robbe an ihr vorbeischoss und ihr Brett touchierte, woraufhin sie im Wasser landete. Dummerweise atmete sie unter Wasser ein und tauchte keuchend und hustend auf.

»Wieso tust du das?«, schrie sie die Robbe an und hustete erneut. Sie klammerte sich an ihr Board und versuchte, wieder zu Atem zu kommen.

Dalton kam zu ihr gepaddelt. »Alles okay?«

»Diese blöden Seehunde.«

»War wahrscheinlich ein Männchen«, sagte Dalton augenzwinkernd.

»Dann muss er an seiner Technik feilen«, erwiderte Bree und kletterte aufs Brett. »Aber ansonsten geht's mir gut.«

»Du hast ziemlich viel Wasser geschluckt, kann das sein? Ist dir schlecht? Musst du dich übergeben?«

»Du bist und bleibst ein Romantiker.«

Er grinste. »Nein, nur ein Praktiker.«

Sie konzentrierte sich wieder aufs Meer und paddelte über den Break hinaus. Während sich ihr Atem normalisierte, sah sie ihren Kurskameraden beim Surfen zu. Nein, das stimmte nicht ganz. Sie sah Harding zu.

Er paddelte raus, ging in Position – und schien überhaupt keinen Gleichgewichtssinn zu haben. Sein Timing war zwar gut, aber er war nicht in der Lage, den Übergang vom Liegen zum Stehen hinzubekommen. Die nötige Muskelkraft war allerdings da, davon war auszugehen. Daran konnte es also nicht liegen.

Es gelang ihr, noch ein paar gute Wellen zu reiten, bevor sie ihr Brett aus dem Wasser zog. Harding stand schon am Strand, das Brett neben sich, und öffnete den Reißverschluss seines Neoprenanzugs.

»Alles okay?«, fragte er sie. »Ich hab gesehen, wie es Sie gleich am Anfang vom Brett geholt hat.«

»Mir ist ein Seehund in die Quere gekommen. Dalton meinte, der wollte flirten. Ich glaube eher, er wollte sich rächen.«

Harding lächelte, aber er wirkte verzagt. Ihr fiel auf, dass seine Lippen ganz blau waren, und er zitterte.

»Ihnen ist kalt«, stellte sie fest und sah sich um. »Wo ist Ihr Handtuch?«

»Alles gut. Ich hätte nur nicht gedacht, dass das Wasser so kalt ist.«

Sie warf ihm einen Blick zu.

»Lassen Sie das«, sagte er. »Manchmal gelingt es mir einfach nicht, meine Körpertemperatur normal zu regulieren. Kein Ding.« Er lächelte schief. »Immerhin lasse ich mich nicht von einem Seehund unterkriegen.«

»Ich hab mich nicht unterkriegen, sondern umkippen lassen. Welches ist Ihr Handtuch?«

Er deutete darauf, und sie holte es ihm und half ihm aus dem Wetsuit. Sie rubbelte ihm kräftig Rücken und Arme ab und ignorierte dabei geflissentlich, wie gut sich sein muskulöser Körper anfühlte.

»Sehr angenehm«, bestätigte er ihr.

»Ja, ja. Ist eine rein medizinische Maßnahme.« Sie warf ihm sein Handtuch hin und pellte sich dann selbst aus ihrem Anzug.

Nachdem sie sich abgetrocknet hatte, schlüpfte sie in ihr Strandkleid. Zu Hause würde sie gleich unter die Dusche gehen und sich danach auf den Weg zur Arbeit machen.

»Wie lange waren Sie eigentlich mit Dalton zusammen?«, fragte Harding, als er sein T-Shirt anzog.

Sie sah ihn an und versuchte, seine Gedanken zu lesen. »Eine, vielleicht zwei Wochen. Als es auseinanderging, meinte er, Surfen könnte was für mich sein. Er hatte recht.«

»Ist ein netter Typ«, sagte Harding. »Er war sehr geduldig mit mir.«

Interessante Antwort. »Sind Sie denn gar nicht eifersüchtig?«

»Ist nicht mein Stil. Wir haben alle eine Vergangenheit, und Ihre ist zweifellos interessanter als meine.«

»Das bezweifle ich.«

»Ist aber so.« Er sah ihr in die Augen. »Wieso haben Sie mich glauben lassen, dass Sie geschieden sind? Ashley hat mir gesagt, dass Sie verwitwet sind.«

»Ashley redet zu viel«, erwiderte Bree erschöpft. Irgendwann hätte er es ohnehin herausgefunden. »Ich habe keine Lust, als Objekt für Ihr Buch über Trauer herzuhalten. Schriftsteller tun sich schwer damit, Grenzen zu respektieren.«

»Ich finde Sie sehr sexy, wenn Sie Pauschalurteile fällen.«

»Und ich dachte, ich wäre immer sexy.«

»Sind Sie auch.«

»Danke.«

Er musterte sie. »Wie war das damals?«

»Mit Lewis?« Das ging ihn nichts an. »Er hatte Krebs. Überraschenderweise Lungenkrebs, obwohl er nie geraucht hat. Er war erst Anfang vierzig. Zunächst besiegte er die Krankheit, doch dann kam sie zurück.«

Im Prinzip war es so, dachte sie. Gelogen war es jedenfalls nicht. Sie musste Harding nicht alles erzählen. Zum Beispiel, dass Lewis ihr gestanden hatte, dass er sie nicht mehr liebte, und wie sehr dieses Geständnis sie getroffen hatte. Oder dass sie unfassbar dankbar gewesen war, als Lewis es dann doch noch mal mit ihr versuchen wollte. Sie war so dumm gewesen. So dumm.

Hätte sie sich bloß nie ihn verliebt. Warum hatte sie ihn nicht gleich durchschaut? Aber woher hätte sie es wissen sollen?

»Tut mir leid«, sagte Harding.

Es dauerte einen Moment, bis sie verstand, dass er sich auf Lewis' Krankheit bezog und nicht auf das, was sie emotional durchgemacht hatte.

»Danke. Und jetzt sollten Sie nach Hause fahren. Sie müssen sich aufwärmen.«

»Nein, muss ich nicht.«

»Sie zittern immer noch.«

»Das Zittern lösen *Sie* bei mir aus.«

Bree lachte. »Natürlich. Ich bin schuld.«

Mit dem Surfbrett unterm Arm machten sie sich auf den Weg zum Parkplatz. Sie ging langsamer, als sie bemerkte, dass er hinkte.

»Haben Sie sich wehgetan?«, fragte sie.

»Alles okay.«

Vermutlich eine Folge seines Unfalls. Und wenn er sich zu viel zumutete … Aber das wollte sie nicht zum Thema machen. Ganz sicher wollte er davon nichts hören.

Auf Straßenbelag lief er besser als auf Sand. Er lehnte sein Surfbrett an seinen Wagen und begleitete sie zu ihrem Mini. Dort half er ihr, das Brett auf dem Dach zu befestigen.

»Das ist so Kalifornien«, sagte er. »In New York würde niemand mit einem Surfbrett auf dem Autodach herumfahren.«

»Vermutlich.« Sie warf ihre Tasche in den Wagen und drehte sich zu ihm um. »Sie waren gar nicht schlecht heute.«

Sie wollte noch mehr sagen, aber in diesem Moment kam er ihr ganz nahe, schob ihr eine Haarsträhne aus dem Gesicht und küsste sie.

Eigentlich hätte sie ihn wegstoßen und sauer sein müssen, doch sie überraschte sich selbst damit, dass sie seinen Kuss erwiderte. Sie wollte es. Sie wollte ihn. Seine Lippen waren kühl und schmeckten nach Salz. Er legte eine Hand auf ihre Hüfte, zog sie aber nicht an sich.

Fühlt sich gut an, dachte sie und schlang die Arme um ihn.

Es war kein allzu inniger Kuss. Zum Glück. Ihrer Erfahrung nach waren Typen, die sofort mit Zunge küssten, schlechte Liebhaber. Langsam anfangen, das war gut. Wer zu schnell mit der Zunge war, war auch sonst mit allem zu schnell.

Sie kämpfte gegen ihr Bedürfnis an, sich an ihn zu schmiegen, um herauszufinden, wie er sich anfühlte. Am liebsten würde sie sofort mit zu ihm fahren, mit ihm unter die Dusche gehen und dann gleich weiter ins Bett. Sie wollte, dass er ihren Körper erkundete, wollte sich keuchen hören, wünschte sich das bewusstseinsverändernde Vergnügen eines Orgasmus.

Das wird nicht geschehen, ermahnte sie sich und beendete den Kuss. Nicht mit Harding. Er war nicht der Mann für ein kurzes Abenteuer. Und selbst wenn doch, wusste sie, dass sie es nicht riskieren sollte, sich auf ihn einzulassen. Er hatte etwas an sich, das nach Gefahr schrie. Sie musste die Warnzeichen ernst nehmen. Nur so würde ihr nichts passieren.

»Schön«, sagte er leise. »Sehr schön.«

Sie sahen sich kurz in die Augen, dann stieg sie ein und fuhr davon. Was sie anging, hatte es diesen Kuss nie gegeben. So war es für sie beide das Beste.

8. Kapitel

»Kein Grund, nervös zu sein«, sagte Sydney. »Entspann dich und sei ganz du selbst.«

»Ich wäre aber lieber jemand anderes«, gestand Mikki und presste eine Hand auf ihren Bauch. »Das war keine gute Idee.«

»Jetzt komm schon, Mom. Es wird Zeit, dass du mal wieder ein Date hast, und Duane ist eine super Wahl. Selbst wenn es nichts wird mit ihm, ist es eine gute Übung. Außerdem musst du dir bei ihm keine Sorgen machen, dass er dir K.O.-Tropfen verabreicht.«

Mikki, die vor dem Spiegel stand und fand, dass ihr Kleid nicht sehr schmeichelhaft aussah, sah ihre Tochter irritiert an.

»Du hast Angst davor, dass dir jemand was in deinen Drink kippt?«

Sydney stöhnte. »Vergiss das wieder. Heute Abend musst du dir darüber jedenfalls keine Gedanken machen. Wir kennen Duane. Er ist nett und ein guter Vater. Ich war damals traurig, als Shalee die Schule gewechselt hat. Leider haben wir keinen Kontakt mehr. Aber wer weiß – wenn du und Duane euch ineinander verliebt, wird sie ja vielleicht bald meine Stiefschwester.«

»Ich werde Duane garantiert nicht heiraten.«

»Das weißt du doch gar nicht.«

»Im Moment möchte ich bloß diesen Abend überstehen, ohne dass ich mich übergebe.«

»Klingt nach einem guten Plan«, sagte Sydney. »Mom, du siehst toll aus. Und mach dich nicht verrückt. Denk doch einfach, du triffst dich mit einem alten Freund.«

»Aber Duane und ich waren nie befreundet. Ich hab ihn bisher vielleicht dreimal gesehen. Immer nur, wenn ich dich zum Übernachten bei ihnen abgesetzt hab.«

Sydney ließ das Argument nicht gelten. »Tu halt einfach so. Oder nimm es als Praxistest für das nächste Date, das du haben wirst.« Sie schob Mikki aus ihrem Zimmer. »Und nun geh.«

Mikki wollte protestieren. Aber wenn sie jetzt einen Rückzieher machte, würde sie sich vermutlich nie mehr zu so etwas durchringen. Und irgendwann verwandelte sie sich dann in eine Variante ihrer Mutter. Das war kein erstrebenswertes Ziel.

»Schick mir eine SMS, falls ich dich abholen soll«, sagte Sydney.

Mikki umarmte sie. »Du bist süß. Ich krieg das hin. Es ist nur Duane, stimmt's?«

»Das wollte ich hören.«

Mikki nahm ihren ganzen Mut zusammen, schnappte sich ihre Handtasche und stieg ins Auto. Auf der Fahrt zum Restaurant versuchte sie sich abzulenken, indem sie an den Lagerbestand dachte. Sie musste bald die Vorbereitungen für die Sommerferien treffen, immerhin war es schon Juli. Die entsprechenden Bestellungen hatte sie zwar getätigt, aber sie musste sich noch um die Auslagen und andere Kleinigkeiten kümmern.

Sie schaffte es, sich mit dem Gedanken an ihre Arbeit so lange abzulenken, bis sie vor dem Restaurant vorfuhr, das Valet-Parken anbot. Im Austausch gegen ihren Autoschlüssel händigte man ihr ein Ticket aus. Erst in diesem Moment fiel ihr auf, dass sie gar nicht wusste, wie viel Valet-Parken kostete und ob sie ein Trinkgeld geben musste. Was, wenn sie kein Kleingeld hatte? Und überhaupt, hatte sie das schon mal gemacht so ganz allein?

Panik stieg in ihr auf. Vielleicht war sie einfach doch noch nicht bereit für ein Date. Vielleicht …

Nein! Schluss damit. Mikki riss sich zusammen und betrat das Restaurant. Sie war seit drei Jahren geschieden, sie war klug und erfolgreich und – laut Bree – für jeden Mann eine Versuchung.

Valet-Parken war für sie kein Thema und das Dinner mit Duane ebenfalls nicht. Sie war selbst überrascht, wie sie das alles meisterte. Am Ende würde sie stolz auf sich sein. Also dann los!

Sie entdeckte Duane sofort. Er war größer, als sie ihn in Erinnerung hatte, und sah auch besser aus. Sein blondes Haar war ziemlich lang und seine Schultern ziemlich breit. Sehr männlich, dachte sie und lächelte ihn an. Als er sie erblickte, erhellte sich seine Miene, und er strahlte wie ein Kind an Weihnachten.

»Da bist du ja«, sagte er und kam auf sie zu. »Schön, dich zu sehen.«

»Ja, finde ich auch. Ist ganz schön lange her.«

»Zu lange.«

Er nickte der Restaurantleiterin zu, die sie zu ihrem Platz führte. Das Restaurant war nicht sehr groß, aber trendy, und hatte einen ansprechenden Außenbereich. Ihr Tisch war in einer Ecke neben einem Rankgitter.

Duane rückte ihr den Stuhl zurecht, bevor er selbst Platz nahm. »Hast du gut hergefunden?«

»Dank Navi. Ich bin nicht oft in Hermosa Beach, aber es ist schön hier.«

»Mir gefällt's. Es gibt hier viele gute Restaurants.« Er zögerte. »Ich war ziemlich überrascht, dein Profil bei dieser Dating-App zu finden. Ich wusste gar nicht, dass ihr euch habt scheiden lassen.«

»Schon vor drei Jahren.«

»Ungefähr so wie Anne und ich.« Er lachte. »Ich muss zugeben, ich bin ein bisschen nervös.«

Er auch? »Wieso? Triffst du dich denn nicht öfters mit Frauen?«

»Doch, schon hin und wieder. Aber das ist was anderes. Als unsere Töchter befreundet waren, hab ich heimlich für dich geschwärmt. Du warst so witzig und sexy.«

Mikki kippte fast vom Stuhl. »Ich glaub, du verwechselst mich. Wir kannten uns doch kaum, und du hast mich immer nur ohne Make-up gesehen. Vermutlich war ich nicht mal frisch geduscht.«

»Ich werde mein Kompliment nicht zurücknehmen.«

Was sollte sie darauf antworten? Zum Glück erschien in diesem Moment der Kellner. Mikki bestellte ein Glas Rotwein, das einzige für diesen Abend. Mehr wollte sie nicht riskieren, da sie mit dem Auto unterwegs war.

»Du bist also an der wirtschaftswissenschaftlichen Fakultät an der UCLA. Beeindruckend.«

Er wischte ihre Bemerkung weg. »Mir macht der Job Spaß. Aber jetzt erzähl du mal.«

»Ich habe einen kleinen Geschenkartikelladen direkt am Strand. Besser gesagt, ich teile mir die Räumlichkeiten mit der Buchhandlung *The Boardwalk Bookshop*, betrieben von Bree, und *Muffins to the Max*, betrieben von Ashley. Wir haben vor knapp einem halben Jahr an dieser Location eröffnet.«

»Du bist also selbstständige Unternehmerin.«

»Eine kleine Ladeninhaberin.«

»Das ist kein Unterschied. Kleine Geschäfte beschäftigen etwa die Hälfte aller Angestellten in diesem Land und schaffen pro Jahr über sechzig Prozent neue Arbeitsplätze.«

»Dann bin ich wohl doch beeindruckender, als ich dachte«, scherzte sie.

»Das bist du.«

Die Getränke kamen, und sie sprachen über die Kinder. Duanes Kinder waren etwas älter als ihre, Shalee war seine jüngste Tochter.

»Und wieso ist eure Ehe gescheitert?«, fragte Mikki. »Oder ist die Frage zu persönlich?«

»Keine Frage ist zu persönlich«, erwiderte er. »Wir hatten unsere ganz normalen Höhen und Tiefen, aber dann erhielt Anne vor sechs Jahren die Diagnose Lupus. Wir waren alle am Boden zerstört und haben uns als Familie massiv angestrengt, ihr das Leben mit der Krankheit zu erleichtern. Ich habe mehr Pflichten zu Hause übernommen, und sie hat mit Meditation angefangen und sich mit alternativen Heilmethoden beschäftigt.«

Er schüttelte den Kopf. »Irgendwann habe ich gespürt, dass ich sie nicht mehr erreiche. Aber alles, was ich unternommen habe, um ein völliges Auseinanderdriften zu verhindern, hat es noch schlimmer gemacht. Eines Tages eröffnete sie mir dann, dass sie mich eigentlich gar nicht mehr mag und sich scheiden lassen will. Zwei Monate später zog sie nach Santa Fe, wo sie jetzt mit drei anderen Frauen zusammenlebt. Sie scheint glücklich zu sein.«

Mikki wusste nicht recht, was sie darauf sagen sollte. »Und diese drei Frauen … Sind das nur Mitbewohnerinnen oder mehr?«

»Ich hab nicht gefragt. Und wie war das bei dir und Perry?«

»Nicht ganz so dramatisch. Wir haben uns einfach über die Jahre auseinandergelebt – vor allem, weil wir unterschiedliche Interessen haben. Ich wollte reisen und neue Dinge erleben und er nicht. Irgendwann schien uns die Scheidung der einzige Ausweg.«

Sie lächelte. »Seit wir geschieden sind, verstehen wir uns besser als vorher. Wir sind Freunde und kümmern uns gut um unsere Kinder. Und alle zwei Wochen gehen wir sogar für ein paar Stunden zusammen am Strand Müll sammeln. Ich bin diesbezüglich ziemlich stolz auf uns, muss ich sagen.«

»Das kannst du auch sein.« Er nahm sein Glas. »Bist du denn seit der Scheidung viel gereist?«

»Nein. Ich fand es schwierig, alles unter einen Hut zu bringen. Ich hab bisher keine neuen Männer kennengelernt, und alleine ausgehen macht mir keinen Spaß.«

Über ihre katastrophale Reise nach London wollte sie ihm lieber nichts erzählen. Er sollte sie nicht für erbärmlich halten. »Und was ist mit dir? Bist du viel unterwegs?«

Er lächelte. »Ziemlich viel sogar, vor allem beruflich. Ich arbeite für ein international agierendes Non-Profit-Unternehmen, das Entwicklungsländer in Sachen Wirtschaftspolitik berät. Aber ich reise auch in meiner Freizeit gern.«

Eine international agierende Non-Profit-Organisation? Okay. Und sie bestellte für ihren Laden Tassen mit tanzenden Pinguinen als Motiv.

Er sah sie an. »Was denkst du?«

»Dass ich wohl ein paar interessante Hobbys brauche. Oder Medizin studieren sollte. Ich komme mir gerade so gewöhnlich vor. Du berätst ausländische Regierungen in Sachen Wirtschaftspolitik.«

»Klingt spannender, als es ist.«

»Das bezweifle ich.«

Er beugte sich vor. »Welche Hobbys hast du denn?«

»Ich interessiere mich für Wein. Kennst du den Blog ›Ladies Know Wine‹? Die Macherinnen veranstalten Weinproben und bieten Internet-Kurse an, und mehrmals im Jahr organisieren sie eine Konferenz zum Thema Wein.« Sie versuchte, nicht zu sehnsüchtig zu klingen. »Ich wollte immer mal teilnehmen, aber bisher hat es noch nicht geklappt.«

Zeitlich wäre es eigentlich kein Problem, doch sie hatte niemanden, mit dem sie hinfahren konnte. Die meisten ihrer Freundinnen waren verheiratet und wollten die Wochenenden mit ihren Familien verbringen. Bree war zwar Single, Mikki war sich jedoch unsicher, ob sie der richtige Typ für ein Mädelswochenende war.

Und genau das war ein Grund, wieso sie sich mit Duane traf. Sie wollte jemanden kennenlernen, mit dem sie Dinge unternehmen konnte.

Der Kellner nahm ihre Bestellung auf. Duane erzählte witzige Geschichten über seine Studenten, sie revanchierte sich mit Storys über ihre allzeit verdrießliche Mutter. Während des Essens diskutierten sie darüber, wer der beste James-Bond-Darsteller war. Und sie waren sich einig darin, dass das Baseballteam der Los Angeles Dodgers eine schlechte Sommersaison spielte.

»Bist du denn momentan mit jemandem zusammen?«, fragte Duane, als der Kellner die Teller abgeräumt hatte.

Die Frage kam unerwartet, und Mikki musste lachen. »Dann würde ich mich ja wohl kaum mit dir treffen. Okay, es gibt Earl, aber der zählt nicht.«

Oh Gott. Was hatte sie getan? Ihre Wangen brannten vor Scham, und sie wäre am liebsten im Erdboden versunken. Dabei lief es gerade so gut mit Duane. Man konnte sich super mit ihm unterhalten, er sah gut aus, alles war easy. Wieso fing sie nun von Earl an? Wieso?

Duane sah sie fragend an. »Du müsstest mal dein Gesicht sehen«, sagte er. »Jetzt hast du mich neugierig gemacht. Wenn du keinen Freund hast, wer ist dann dieser geheimnisvolle Earl?«

»Das kann ich dir nicht sagen«, flüsterte sie mit erstickter Stimme. »Bitte frag nicht weiter. Es ist niemand, mit dem ich mich treffe, ich schwör's. Aber es ist zu peinlich, darüber zu sprechen. Lass uns bitte das Thema wechseln.«

Er wägte ab, und Mikki fühlte sich noch erbärmlicher. Duane war so freundlich und offen, und sie hatte mit ihrer unbedachten Äußerung diesen wunderschönen Abend ruiniert. Garantiert fragte er sich, was das zu bedeuten hatte – selbst wenn er nicht weiter nachbohrte. Vermutlich würde er sie auch nicht wiedersehen wollen, weil sie so merkwürdig war. Alles nur, weil sie den Mund nicht halten konnte.

Sie schluckte und starrte die Tischdecke an, um ihn nicht ansehen zu müssen. Schließlich murmelte sie: »Earl ist mein Vibrator.«

Zwei Sekunden Stille. Dann warf Duane den Kopf zurück und lachte aus vollem Herzen. Er lachte so sehr, dass man sich nach ihm umsah. Die Blicke einiger Frauen verweilten etwas länger auf ihm. Ja, er war attraktiv, aber das Beste an ihm war, dass er anscheinend von ihrem Bekenntnis nicht abgestoßen war.

Er lachte immer noch, als er über den Tisch nach ihrer Hand griff.

»Du bist unglaublich«, sagte er lachend. »Du hast deinem Vibrator einen Namen gegeben?«

»Seit der Scheidung gehört Earl zu meinem Leben. Da schien es mir nur logisch, dass er einen Namen verdient hat.«

»Ist nachvollziehbar.«

Er streichelte ihre Hand. Ein wohliger Schauer kroch über ihren Arm und ihren Körper. Dieses Gefühl hatte sie lange nicht mehr gehabt.

Duane sah sie immer noch amüsiert an. »Ein bisschen eingeschüchtert bin ich jetzt schon«, sagte er und grinste. »Aber ich nehme die Herausforderung an. Normalerweise würde ich meine Konkurrenten ja zum Duell herausfordern, doch in diesem Fall, denke ich, kann ich davon absehen.«

Sie lachte. »Danke für dein Verständnis. Ich wollte damit eigentlich nicht so herausplatzen.«

»Ist doch schön. Wenn eine Frau wie du noch zu haben ist, weiß man als Mann gerne, welche Mitbewerber im Feld sind.«

Oh Mann. Der Typ war gut. Besser als gut. Er war ein Traum.

Sie bestellten Kaffee und redeten so lange, bis die Restaurantmanagerin an ihren Tisch trat.

»Wir werden in Kürze schließen«, informierte sie sie. »Wenn Sie mir Ihr Valet-Ticket geben möchten, lasse ich Ihren Wagen vorfahren.«

»Sie schließen schon?« Mikki war überrascht. »Aber es ist doch erst …«

»Zweiundzwanzig Uhr dreißig«, sagte die Frau.

»Das gibt's doch nicht.« Duane sah auf die Uhr. »Wir sind tatsächlich seit vier Stunden hier.«

Auch er klang verwundert. Die Zeit war wie im Flug vergangen.

Sie reichten der Dame die Tickets, dann erhob Duane sich und rückte Mikki zum Aufstehen wieder höflich den Stuhl zurecht. Sie verließen das leere Restaurant. Draußen war es kühl geworden. Duane drückte dem Valet-Chauffeur ein Trinkgeld in die Hand und gab Mikki ihren Autoschlüssel.

»Das war ein sehr schöner Abend«, erklärte er und sah ihr in die Augen. »Ich würde dich gern wiedersehen.«

»Ich dich auch.«

»Gut.«

Er beugte sich kurz vor und küsste sie sanft auf den Mund, dann flüsterte er ihr ins Ohr: »Denk an mich, wenn du mit Earl spielst.«

Wieder brannten ihre Wangen vor Scham. »Das hast du bitte gerade nicht gesagt.«

Er lachte. »Oh doch. Hab ich. Ich melde mich morgen bei dir.«

Ehe sie dazu kam, ihm zu antworten, öffnete er ihr die Wagentür. Sie stieg ein und winkte ihm noch einmal zu, dann verließ sie den Parkplatz. Den ganzen Weg nach Hause konnte sie nicht aufhören zu grinsen. Okay, die Nummer mit Earl war dumm gelaufen, aber der restliche Abend war umso schöner gewesen. Viel schöner, als sie es sich vorgestellt hatte.

Duane war ein guter Typ, und aus irgendeinem Grund schien er sich für sie zu interessieren. Mikki fand, dass sie nie ein besseres Date gehabt hatte als dieses.

»Du strahlst ja so«, sagte Ashley, als Mikki am nächsten Morgen in den Laden kam.

Das Lächeln rührte noch vom Vorabend. Wahrscheinlich hatte sie selbst im Schlaf nicht aufgehört zu lächeln.

»Ich hatte einen tollen Abend gestern«, berichtete sie. »Duane ist super. Witzig und nett und klug. Er hält zwar Daniel Craig für den besten James Bond, aber damit kann ich leben.«

Bree kam zu ihnen, einen Becher Kaffee in der Hand. »Warst du mit ihm im Bett?«

Ashley verdrehte die Augen. »Natürlich nicht. Es war ihr erstes Date.«

»Nein, ich war nicht mit ihm im Bett«, bestätigte Mikki.

Bree setzte eine wissende Miene auf. »Aber du hast es in Erwägung gezogen.«

»Kurz, ja.«

»Was hast du in Erwägung gezogen?«, erkundigte Rita sich neugierig.

»Mit einem Typen beim ersten Treffen ins Bett zu gehen«, erläuterte Bree fröhlich.

Mikki stöhnte. Jetzt würde ihre Mutter sie nicht mehr vom Haken lassen. »Musste das sein?«

Ihre Mutter sah sie an. »Ich habe dich anders erzogen. Es macht wirklich keinen guten Eindruck, wenn du mit knapp vierzig zu einer Schlampe mutierst.«

»Ich mutiere nicht zur Schlampe. Und eine Frau ist nicht automatisch eine Schlampe, nur weil sie Sex mit einem Mann haben möchte. Also halt dich bitte zurück.« Sie warf Bree einen wütenden Blick zu. »Warum bist du immer auf Ärger aus?«

»Ist doch nicht meine Schuld.« Bree lächelte Rita an. »Außerdem mach ich nur Spaß. Sei nicht sauer auf deine Tochter, Rita. Freu dich lieber, dass sie sich mal wieder mit jemandem trifft. Vielleicht hat der Mann Interesse an ihr, und die beiden heiraten.«

Rita presste die Lippen zusammen. »Unwahrscheinlich. Und wer ist der Mann? Hat er einen Job?«

»Er ist Professor an der UCLA. Und er arbeitet für eine internationale Non-Profit-Organisation, die Entwicklungsländer in Sachen Wirtschaftspolitik berät. Außerdem hat er einen Doktortitel.«

»Dr. Duane.« Ashley kicherte. »Gefällt mir.«

Selbst Rita wirkte nicht gänzlich unbeeindruckt. »Klingt nicht schlecht«, gab sie zu. »Vermutlich wird er sich aber sowieso nicht noch mal bei dir melden.«

Jetzt grinste Mikki. »Hat er längst.« Duane hatte gleich am Morgen angerufen und sie ein weiteres Mal mit seiner Begeisterung angesteckt. »Das nächste Date steht schon.«

Bree hielt gratulierend ihren Kaffeebecher in die Höhe. »Bin stolz auf dich. Herzlichen Glückwunsch.«

»Danke. Ich bin total happy.«

Ihre Mutter beäugte sie misstrauisch, als wollte sie gleich sagen, dass Mikki es ja ohnehin vermasseln würde. Zum Glück verzog sie sich jedoch einfach. Das war *die* Chance für Ashley und Bree.

»Wir wollen alles wissen«, sagte Ashley. »Fang vorne an. Und schön langsam, bitte.«

»Nein, die Highlights reichen«, meinte Bree. »In zwanzig Minuten müssen wir den Laden öffnen.«

Mikki lachte. »Es war ein rundum gelungener Abend.« Sie schwärmte von Duanes gutem Aussehen und davon, wie gut sie sich unterhalten und gar nicht gemerkt hatten, wie spät es war. »Oh, und dann habe ich aus Versehen Earl erwähnt.«

»Hast du nicht!« Ashley konnte es nicht fassen. »Und? Wie hat er reagiert?«

»Er hat gelacht. Er meinte, Konkurrenz belebt das Geschäft.«

Ashley grinste. »Der Mann gefällt mir. Das klingt gut, Mikki.«

Mikki seufzte glücklich. »Find ich auch.«

Liebe lag in der Luft, und das gefiel Bree überhaupt nicht. Aber sie behielt ihre Kratzbürstigkeit für sich. Ashley war sowieso dauernd in romantischer Stimmung wegen Seth, weil alles so toll mit ihm war. Und jetzt hatte es auch Mikki erwischt. Seit zwei Tagen kicherten ihre Freundinnen nur noch blöd zusammen rum. Bree war hin- und hergerissen. Sie hätte gern mitgelacht, wollte gleichzeitig aber nichts mit diesem Liebeskram zu tun haben. Denn sie war nicht verliebt – und würde es niemals wieder sein. Sie brauchte keinen Partner. Es war alles gut, wie es war.

Bis auf die Tatsache, dass Harding sie geküsst hatte.

Sie versuchte, nicht mehr daran zu denken, doch hin und wieder ploppte vor ihr auf, wie gut es sich angefühlt hatte. Und sie musste – was noch schlimmer war – daran denken, wie er vor Kälte klappernd am Strand gestanden hatte. Sie rechnete damit, dass er trotzdem nächsten Donnerstag wieder im Surfkurs auftauchen würde. Harding war jemand, der niemals aufgab – so viel glaubte sie über ihn zu wissen. Zumindest, wenn es um körperliche Herausforderungen ging. Ob sich seine Hartnäckigkeit auch auf andere Lebensbereiche auswirkte, konnte sie nicht beurteilen.

Sie führte einige Telefonate, half einer Mutter von siebenjährigen Zwillingsmädchen, eine neue Buchreihe für die beiden zu finden, und starrte sehnsüchtig hinunter zum Strand. Sie hatte den dringenden Wunsch, sich zu bewegen, zum Spinning zu gehen oder zu joggen. Sich so sehr zu verausgaben, dass ihr keine Zeit zum Denken blieb.

Rita hatte jedoch ihren freien Tag, und sie konnte die anderen Angestellten nicht allein lassen. Das Joggen musste warten. Also lenkte sie sich damit ab, dass sie Regale einräumte. Als sie fertig war, ordnete sie ein paar Auslagen neu.

Ashley kam mit einem frisch gebackenen Muffin auf einem Teller zu ihr. »Kirsch-Mandel«, sagte sie. »Sehr lecker.«

Bree war sich nicht sicher, ob sie jetzt unbedingt einen Zuckerstoß brauchte, aber sie nahm den Muffin. »Danke.«

»Mikki scheint happy zu sein«, bemerkte Ashley.

»Ja.«

»Ich hoffe so sehr, dass es mit ihr und Duane klappt. Sie ist nicht gerade eine Expertin in Sachen erfolgreiche Verabredungen.«

»Duane scheint ein kluger Mann zu sein. Ich sage voraus, dass er sich in sie verlieben wird.« Sie warf Ashley einen Blick zu. »Vielleicht schafft er es sogar auf dasselbe Bewunderungslevel wie Seth bei dir.«

»Wie süß von dir.« Ashley strahlte. »Hast du eigentlich in letzter Zeit mal meinen Bruder gesehen?«

»Krasser Themenwechsel.«

»Ich weiß. Aber ich bin einfach neugierig.«

»Und vielleicht auch besorgt?«

»Ein bisschen.«

»Nicht nötig«, sagte Bree kategorisch. »Dein Bruder und ich werden nie im Bett landen. Versprochen.«

Ashley hielt abwehrend die Hände hoch. »Zu viel Information, vielen Dank.«

»Wieso? Du wolltest doch wissen, ob was zwischen uns läuft. Tut es nicht und wird es auch nicht. Ich schlafe nicht mit Harding. Punkt.«

»Warum nicht? Ist er nicht gut genug für dich?«

Bree musste grinsen. »Ashley, was genau willst du? Soll ich mich jetzt mit ihm treffen oder nicht?«

Ashley lachte auf. »Sorry. Idiotische Reaktion. Ich hatte nur den Eindruck, du magst meinen Bruder. Und ich weiß, dass er dich mag.«

»Ich *mag* keine Männer, und das weißt du auch. Ich habe kurze, bedeutungslose Beziehungen mit ihnen. Und dann ziehe ich weiter.«

»Was mit Harding anscheinend nicht möglich ist. Interessant.«

»Nein, gar nicht interessant. Du bist es, die die Sache in diesem Fall kompliziert macht.«

Im Grunde war das eigentliche Problem Harding selbst, aber das würde sie niemals zugeben. Bei ihm würde es ihr nicht ganz so leichtfallen, sich zu lösen, das ahnte sie. Und deswegen würde sie das Risiko gar nicht erst eingehen.

»Können wir das Thema jetzt bitte beenden?«, fragte sie.

Ashley musterte sie einen Moment und nickte dann. »Natürlich. Am Donnerstag soll es regnen.«

»Es regnet in Kalifornien nicht im Sommer.«

Ashley grinste. »Du willst also doch lieber über meinen Bruder sprechen?«

Bree unterdrückte ein Stöhnen. »Nein. Es ist also Regen vorhergesagt. Wer hätte das gedacht.«

9. Kapitel

Mikki parkte vor dem zweigeschossigen Gebäude. Wie viele andere Häuser hier war es von einer umlaufenden Veranda umgeben, und die Garage war frei stehend. Der Garten war verwildert. Aber nicht schlecht, dachte sie, als sie zur Haustür ging.

Perry öffnete ihr, noch bevor sie anklopfen konnte. »Du bist gekommen.«

»Du weißt, dass ich einer Umgestaltung nicht widerstehen kann«, erwiderte sie und betrat das Wohnzimmer. »Bis jetzt gefällt mir, was ich sehe.«

Das großzügig geschnittene Zimmer hatte viele Fenster und einen Kamin. Außerdem Einbauschränke mit Glastüren, die Mikki neugierig öffnete.

»Alles noch original«, stellte sie fest, als sie mit den Fingern über die kunstvollen Scharniere strich. »Die solltest du behalten, die sind schön.« Sie deutete auf ein Regalbrett. »Die Bretter sind vermutlich mehrfach überstrichen worden. Wenn du sie abschleifst, kommt das Originalholz zum Vorschein. Der Aufwand könnte sich lohnen.«

Sie begutachtete die Fußleisten. »Ist wahrscheinlich dasselbe Holz. Die Fußböden sind jedenfalls noch in Ordnung.«

Er führte sie ins Esszimmer, das in einem scheußlichen Violett mit einer lavendelfarbenen Bordüre gestrichen war.

»Was soll das denn?«, fragte sie lachend.

»Schrecklich«, sagte Perry. »Aber du musst zugeben, ich hab das Haus gut ausgesucht. Ich hab mich nicht von der Farbe abschrecken lassen. Das hast du mir beigebracht.«

Sie lächelte ihren Ex an. »Nach all den Jahren hörst du endlich darauf. Ich bin stolz auf dich.«

Das Gästebad war so schlimm wie das Esszimmer, mit einer grauenhaften Farbe an den Wänden und noch grauenhafteren Fliesen. Aber Potenzial war da.

»Hier musst du alles rausreißen«, sagte sie. »Das macht man nicht mal nebenher. Dafür solltest du einen Profi engagieren.«

Die Küche war ebenfalls schön groß und wohl erst vor Kurzem renoviert worden. Hier hatten die Vorbesitzer gute Arbeit geleistet. Geschmackvolle Schränke und Quarz-Arbeitsplatten. Die Wände waren in neutralem Hellgrau gestrichen.

»Mit diesem Raum hast du Glück«, sagte sie. »Hier musst du nichts machen.«

»Gleich musst du dir noch den Garten hinten ansehen – der ist riesig.«

Sie gingen nach draußen. Auch hier war alles überwuchert, im großen Pool auf der linken Seite stand schmutziges Wasser, etliche Kacheln waren gesprungen.

»Das sieht nicht gut aus«, sagte sie. »Hast du dir schon einen Kostenvoranschlag für die Reparatur machen lassen?«

»Ja, und ich bin fast ohnmächtig geworden. Aber weil ich das Haus zu einem Schnäppchenpreis bekommen habe, kann ich mir zum Glück die Renovierung leisten. Guck mal. Auf der anderen Seite des Gartens plane ich einen Anbau für ein zusätzliches Schlafzimmer. Dahinten.«

Er erklärte ihr den Grundriss für das Zimmer, inklusive Ankleideraum und angeschlossenem Bad. Der neue Anbau würde an den jetzigen Wintergarten angrenzen.

»Das sollte möglich sein«, sagte Mikki. »Aber hat das Haus nicht schon drei Schlafzimmer?«

»Ja, die sind allerdings ziemlich klein.«

»Trotzdem – die Kinder sind ja bald aus dem Haus. Will kommt jetzt in die Oberstufe, und Sydney macht nächsten Sommer vermutlich ihr Praktikum bei der NATO.«

Perry legte einen Arm um sie. »Du musst sie nicht vermissen, noch bevor sie weg sind.«

»Was soll ich machen? Meine Babys sind nicht mehr meine Babys.«

Die Zeit verging viel zu schnell. Ihr kam es fast vor, als hätte sie Perry erst vor wenigen Wochen mitgeteilt, dass sie mit ihrem ersten Kind schwanger war. Und jetzt waren sie geschieden, und sie stand in seinem neu erworbenen Haus.

Sie lehnte sich an ihn. »Das hast du gut gemacht. Das Haus ist schön. Falls du meine Hilfe beim Umbau brauchst, stehe ich dir gern mit Rat und Tat zur Seite.«

»Natürlich brauche ich deine Hilfe.«

Sie erinnerte sich an die Worte ihrer Mutter und löste sich von ihm. »Ich vermute, du hast eine neue Beziehung. Wird diese Frau denn nicht auch ein Wörtchen mitreden wollen bei deinen Umbauplänen?«

Perry runzelte die Stirn. »Ich habe keine Beziehung. Wie kommst du darauf?«

»Na ja … weil du ein Haus gekauft hast. Oder ist das etwa nur für dich?«

Er wandte den Blick ab. »Fürs Erste ja.«

»Also gibt es jemanden.«

Sie dachte an ihr Treffen mit Duane. Fast hätte sie Perry erzählt, wie gut es sich anfühlte, mal wieder dieses beglückende Prickeln zu empfinden. Aber das kam ihr dann doch ein bisschen seltsam vor. Sie konnte nicht mit ihrem Ex-Mann über ihr Liebesleben plaudern.

»Wie dem auch sei«, sagte sie. »Ich mach dir gern ein paar Vorschläge, und wenn du sie nicht umsetzt, reib ich dir das für alle Zeiten unter die Nase.«

»Nett von dir, danke. Und dir gefällt das Haus wirklich?«

Sie sah sich um und nickte. »Ich bin ein bisschen neidisch.« Sie lachte. »Versteh mich nicht falsch. Ich liebe mein Zuhause. Aber das hier hat echtes Potenzial.«

»Ich nehme deine Hilfe in jeglicher Form gern an«, wiederholte er. »Wir können uns ja mal zusammensetzen, um zu besprechen, was alles gemacht werden sollte. Ich würde auch für dich kochen.«

Bree warf einen Blick auf ihren Laptop. »Die Sonderaktion zum Muttertag hat sich gelohnt«, stellte sie fest.

»Für mich auch.« Mikki kräuselte die Nase. »Allerdings können wir die Zahlen nicht wirklich mit denen aus dem letzten Jahr vergleichen, als wir unsere Geschäfte noch an den anderen Standorten hatten. Dennoch gehe ich davon aus, dass der Vatertag ein ähnlicher Erfolg werden dürfte.«

Bree sah Ashley an. Die lachte und sagte: »Ich sitze eh nur hier, um zu allem, was ihr entscheidet, Ja und Amen zu sagen. Muffins und Cupcakes haben nur eine kurze Lebensspanne. Solange Kundinnen und Kunden da sind, verkaufe ich meine Ware.«

»Praktisch«, sagte Bree. Ashleys Geschäftsmodell war naturgegeben ein völlig anderes, aber es ergänzte ihres gut. »Die Geschenkkörbe zum Muttertag liefen gut. Sollen wir so was auch für Weihnachten beziehungsweise für Chanukka andenken?«

»Ich bin dafür.« Mikki verteilte Zettel. »Ich habe schon mal ein paar Ideen aufgeschrieben. Für Väter, für Teenager, für die Großeltern.«

Bree überflog die Liste. »Wieso machen wir nicht eine Art Wunschliste daraus? Die Kundinnen und Kunden könnten auswählen, ob ihr Geschenkkorb drei, fünf oder zehn verschiedene Artikeln enthalten soll. Wir stellen den Korb nach ihren Wünschen zusammen, und sie kommen das fertige Präsent später abholen. Wir schlagen bestimmte Geschenkartikel und Buchtitel vor, sozusagen als Service, und optional ließen sich auch Muffins oder Cupcakes in gewünschter Menge mitliefern.«

»Das ist aber ein ziemlicher Mehraufwand«, gab Mikki zu bedenken. »Meinst du, wir finden genug Aushilfskräfte, die die Körbe bestücken?«

Gute Frage. Mikki hatte recht. Geschenkkörbe erforderten mehr Personalaufwand, dafür hatten sie nicht genügend Leute.

»Und wir brauchen einen Platz, an dem die Körbe gepackt werden können«, ergänzte sie.

Ashley tippte auf ihr Tablet. »Die Geschenkkörbe sind trotzdem eine tolle Idee. Wir könnten ja auch schon fertig gepackte Körbe anbieten, für die typischen Last-Minute-Einkäufer oder für diejenigen, die keine Lust haben, sich selbst Gedanken zu machen. Aber natürlich hast du recht, Bree. Im Laden haben wir den Platz nicht. Eventuell können wir bei OAR einen Raum anmieten.«

Bree zuckte zusammen – was weniger mit der Raummiete und mehr mit Harding zu tun hatte. Sie wollte ihm dort nicht unbedingt über den Weg laufen.

»OAR?« Mikki sah verwirrt aus. »Die vermieten Räumlichkeiten?«

»Normalerweise nicht, aber hier geht es ja um uns.« Ashley lächelte. »Das Gebäude der Organisation ist riesig. Das obere Stockwerk steht momentan leer. Wir könnten zwei Zimmer mieten – eins, in dem die Ware gelagert wird, und eins, in dem die Körbe zusammengestellt werden. Vielleicht haben ein paar von den Jugendlichen, die sie bei OAR betreuen, ja Interesse an einem Ferienjob.«

Mikki sah sie zweifelnd an. »Kann man sich denn auf die verlassen?«

»Die Kurse bei OAR sollen den Jugendlichen genau das vermitteln – wie man erfolgreich ins Berufsleben startet.«

Bree hatte keinerlei Interesse an einer wie auch immer gearteten Partnerschaft mit OAR, aber das wollte sie ihren Freundinnen nicht sagen. Vermutlich war es jedoch die finanziell günstigste Option.

»Wir sollten uns erst mal informieren, ob das überhaupt möglich ist«, schlug sie daher vor. »Mietpreis, Personal … Und wenn das alles passt, können wir uns näher mit der Art von Geschenkkörben befassen.«

»Ich rufe heute gleich Dave an«, versprach Ashley und tippte etwas in ihr Tablet.

Sie plauderten noch ein paar Minuten und gingen dann wieder an die Arbeit. Brees Handy vibrierte. Sie nahm es aus der Tasche und warf einen Blick aufs Display.

Hey.

Sie wartete, aber mehr kam von Harding nicht. Sie starrte das einsame Wörtchen an und war auf seltsame Weise froh, von ihm zu hören. Sie hatte in letzter Zeit zu viel an ihn gedacht. Immer wieder ging ihr der Kuss im Kopf herum. Sie sagte sich, dass Harding die Energie nicht wert war, die sie auf ihn verschwendete. Einerseits wünschte sie sich, dass er sich meldete, andererseits warnte ihre innere Stimme sie davor, sich auf ihn einzulassen. Harding erschöpfte sie, obwohl er nichts anderes tat, als in ihrem Kopf zu sein, was ihr Problem war, nicht seins.

Hey, schrieb sie zurück. Wenige Sekunden später klingelte ihr Telefon.

»Ich dachte, wir stehen gerade in SMS-Kontakt«, sagte sie zur Begrüßung und hoffte, dass sie nicht allzu erfreut klang.

»Ich wollte aber lieber mit dir reden. Auch wenn ich nicht weiß, ob du überhaupt Zeit hast.«

»Du erwischst mich zwischen zwei Meetings.« Sie sank auf ihren Stuhl. »Warum schreibst du nicht an deinem Buch?«

Er lachte. »Ich habe mein tägliches Pensum von fünf Seiten für heute erledigt. Morgen steht ein Interview mit einem Witwer an. Du siehst also – ich arbeite.«

»Das sagen sie alle. Und in Wirklichkeit spielen sie heimlich Solitaire und essen Oreos.«

»Ich liebe Oreos. Wer nicht?«

Sie unterdrückte ein Lachen. »Wieso rufst du an?«

»Ich wollte deine Stimme hören.«

Der Satz traf sie mit der Wirkung eines Faustschlags in den

Magen. Am liebsten hätte sie ihn angeschrien, er solle sofort aufhören mit diesem Mist, nicht mehr mit ihr flirten und ihr auch keine Komplimente machen. Egal was er vorhatte, es würde nicht passieren.

»Ich verabrede mich nicht mit dir«, sagte sie. »Kein Scherz, Harding. Beziehungen sind nicht mein Ding.«

»Hast du bereits gesagt. Hättest du Lust, dass ich dir mal unseren Firmensitz zeige und vor dir damit angebe, wie sehr mich alle bei OAR mögen? Außerdem hat Ashley mir gerade eine Nachricht geschickt, in der sie fragt, ob ihr drei nicht Räumlichkeiten bei uns mieten könnt. Du könntest dir ansehen, ob was infrage kommt, und schon mal eine Entscheidung treffen.«

»Geht nicht. Ich habe zu tun.«

»Ich hab ja noch gar nicht gesagt, wann.«

Ja, war klar. »Harding, mach die Sache zwischen uns nicht größer, als sie ist.«

Er seufzte. »Du gehst nicht mit mir aus und du gehst nicht mit mir ins Bett. Und was wird jetzt aus mir?«

»Iss deine Oreos.«

»Komm bei OAR vorbei. Ich möchte, dass du es dir ansiehst, wir leisten hier tolle Arbeit. Es wird dir gefallen, das kann ich dir versprechen.«

Eigentlich wollte sie Nein sagen, doch heraus kam: »Na gut. Ich sehe mir OAR an, aber das war's dann auch.«

»Du hast Ja gesagt!«, jubelte Harding. »Ich kann's nicht fassen. Ich könnte quietschen vor Freude.«

Sie musste lachen. »Quietschen? Dein Ernst?«

»Du machst es einem nicht leicht, Bree. Deswegen feiere ich jeden kleinen Sieg.«

»Und was ist das Ziel?«

»Dass du mir vertraust.«

»Dann würde ich sagen, such dir ein anderes Ziel.«

»Donnerstag«, sagte er nur und ignorierte sie. »Nach dem Surfen. Du hast zugesagt.«

Sie schüttelte den Kopf. »Du bist echt bekloppt mit Wörtern. Ich muss jetzt wieder zurück an die Arbeit. Im Gegensatz zu dir hab ich nämlich einen richtigen Job.«

»Nichts, was du sagst, kann mich treffen. Bis Donnerstag!«

»Ja. Bis dann.«

Sie legte schnell auf, bevor sie so was Dummes von sich geben konnte wie: Wir können ja anschließend zusammen Mittag essen. Oder: Ich hab mich geirrt, ich will doch mit dir ins Bett gehen.

Sie waren dabei, beide einen riesigen Fehler zu begehen – noch dazu einen, der nicht wiedergutzumachen sein würde. Bree steckte ihr Handy ein und kehrte in den Laden zurück. Sie war gerade bis zur Kasse gekommen, da hörte sie ein vertrautes »Hallo, Bree.«

Sie erstarrte kurz, dann drehte sie sich um. Vor ihr im Gang stand ein großer, schlanker Mann. Auf den ersten Blick war er attraktiv, in dieser für Los Angeles typischen Art – sonnengebleichtes Haar, dauergebräunt. Zu lässigen Cargoshorts trug er ein buntes Hawaiihemd.

Dieser Typ war ein echter Fehler, dachte sie grimmig. Sie hatte ihm sehr deutlich klargemacht, dass sie nicht an einer längerfristigen Beziehung interessiert war, aber anscheinend wollte er ihr nicht glauben.

Sad Guy – die traurige Gestalt, wie Mikki und Ashley ihn getauft hatten – tauchte alle paar Wochen auf, um sie davon zu überzeugen, doch wieder mit ihm zusammenzukommen. Er stalkte sie nicht wirklich, aber irgendwie war er immer da. Dass sein Geschäft nur einige Blocks entfernt war, machte die Sache nicht leichter.

Sie sah ihn an, ohne etwas zu sagen.

Er kam einen Schritt auf sie zu, und obwohl sie gerne zurückgewichen wäre, blieb sie stehen.

»Schlaf mit mir«, sagte er geradeheraus. »Noch ein Mal. Ich muss wissen, ob es wirklich so toll ist, wie ich es mir in meiner Erinnerung einrede. Wenn dem nicht so ist, komme ich vielleicht endlich über dich weg.«

Wie unverfroren. Sein Spitzname passte gut zu ihm. Alles an ihm – seine Statur, seine Augen, sein Mund – sah traurig aus. Vermutlich traf sie tatsächlich eine gewisse Verantwortung für seinen Gemütszustand, auch wenn sie ihm ihre Spielregeln von vornherein klar genannt hatte.

Bisher hatte sie nie falschgelegen mit der Wahl ihrer Sexualpartner, aber als sie sich auf Sad Guy einließ, hatte sie kurz vor dem Geschäftsumzug gestanden und war nicht ganz sie selbst gewesen. Veränderungen fielen ihr nicht leicht, und der Umzug hatte eine große Veränderung dargestellt. Also ließ sie sich auf Sad Guy ein, als er sie in ihrer Stammkneipe ansprach. Und das hatte sie jetzt davon.

»Nein«, sagte sie und sah ihn fest an. »Es bleibt bei dem, was ich dir gesagt habe. Ein paar Nächte und nichts weiter.«

Er verzog das Gesicht. »Du bist eine echte Bitch.«

»Genau. Ich bin niemand, mit dem du zusammen sein willst.«

»Meinst du, ich hab es mir ausgesucht, dass ich mich in dich verliebt habe? Ich hasse es. Und ich hasse dich.«

Damit verließ er die Buchhandlung. Bree sah ihm hinterher und fragte sich, wann er wohl das nächste Mal auftauchen würde. Es war schon komisch, wie manche Menschen etwas haben wollten, ganz egal, ob es ihnen guttat oder nicht.

Rita kam zu ihr. »War das nicht der Besitzer von diesem Surfshop? Ich hab's ja nicht so mit Surfern, aber sein Laden scheint gut zu laufen. Du könntest es schlechter treffen, du wirst auch nicht jünger. Flirte doch einfach mit ihm und warte ab, was passiert.«

Bree sah hinaus auf den Strand und das Meer. »Lieb, dass du dir meinetwegen Gedanken machst. Aber ich bin eine dieser Frauen, die sehr gut auf sich selbst aufpassen können.«

»Hast du kurz mal Zeit?«

Ashley sah von ihrem Buch auf. Seth stand vorm Sofa, einen Ordner in der Hand. Er sah besorgt aus.

Nein, dachte sie, legte ihr Buch weg und setzte sich gerade hin. Ernst sah er aus, nicht besorgt.

»Klar.« Sie klopfte neben sich aufs Kissen. »Was gibt's?«

Er legte den Ordner auf den Couchtisch und setzte sich zu ihr. Als sein Oberschenkel sie streifte, verspürte sie ein angenehmes Prickeln.

Selbst nach fast einem Jahr mit Seth hatte sie Schmetterlinge im Bauch, wenn er ihr so nahe kam. Sie freute sich immer noch auf ihre gemeinsamen Abende. Schon tagsüber dachte sie darüber nach, was sie ihm abends sagen wollte, und konnte es kaum erwarten, ihn wiederzusehen. Es lief gut zwischen ihnen. Sie waren verliebt. Er machte sie glücklich.

Seth lächelte sie an. »Das mit dir und mir, das ist echt toll.«

»Seh ich auch so.«

Sein Lächeln wurde zu einem Grinsen. »Alles andere wäre auch sehr traurig.«

»Du meinst, du fändest es seltsam, wenn ich nicht verrückt nach dir wäre?«

»Das würde mir das Herz brechen.«

Er sah sie auf eine Weise an, bei der ihr ganz komisch zumute wurde. Was hatte dieser Gesichtsausdruck zu bedeuten? Sie wappnete sich für eine Überraschung.

Wollte er ihr einen Antrag machen? Unwahrscheinlich. Sie hatten gerade zu Abend gegessen, nichts Besonderes. Und überhaupt – wozu dann die Reise nach Whistler? Sie war sich sicher, dass er ihr den Antrag erst dort machen würde.

»Uns beiden geht es gut miteinander«, fuhr er fort. »Ich habe meine Arbeit, du hast dein eigenes Geschäft und das ehrenamtliche Engagement bei OAR. Und ich bin mir ziemlich sicher, dass ich bald eine Beförderung bekomme.«

Oh Gott! Oh Gott! Gleich würde er sie fragen. Ihre Hände begannen zu zittern. Sie wusste schon genau, was sie antworten würde – auch wenn sie eigentlich mit einem etwas romantischeren Setting gerechnet hatte. Aber egal, sie liebte Seth. Sie war bereit.

»Ich habe mir gedacht, dass es angesichts des überhitzten Immobilienmarktes eine gute Idee wäre, wenn wir ein Haus kaufen.«

Sie starrte ihn an, ohne sofort zu begreifen. »Ein Haus?«

Er nahm ihre Hände. »Ich weiß, du hast dein ganzes Geld in dein Geschäft gesteckt, und das finde ich auch gut so. Trotzdem habe ich schon mal eine Anzahlung gemacht. Und dein Geschäft wird wachsen, es wäre also eine Investition in unsere Zukunft. Und wenn wir beide im Grundbuch eingetragen sind, hätten wir damit beide unsere Altersvorsorge.« Seth sah sie hoffnungsvoll an. »Was sagst du dazu?«

»Wir sollen ein Haus kaufen?«

»Ich finde, wir sind bereit dazu.«

Sie machte sich los, rutschte ein Stück von ihm weg und musterte ihn. Sie hatten zwar immer mal wieder darüber gesprochen, eines Tages ein Haus zu kaufen, aber dass er das Thema so urplötzlich zur Sprache brachte, war krass.

Er drückte ihr ein paar Papiere in die Hand. »Ich habe schon alles durchgerechnet. Wir könnten uns ein nettes Haus mit drei Schlafzimmern und zwei Bädern in dieser Gegend hier leisten. In vier Monaten läuft unser Mietvertrag aus, bis dahin sollten wir was gefunden haben. Aber natürlich muss mit der Immobilie alles stimmen. Ich hoffe, dass wir uns nach fünf Jahren oder so dann was Hochpreisigeres erlauben können.«

»Sehr seltsamer Ansatz, um unser Leben zu planen«, sagte sie. »Ich meine … ein Haus kaufen, bevor wir …«

Sie sprach nicht weiter, weil sie ihn mit Worten wie »verlobt« oder »verheiratet« nicht verschrecken wollte. Aber war es nicht eine Riesennummer, ein Haus zu kaufen? Sollten sie nicht erst mal insgesamt einen Plan für ein gemeinsames Leben haben?

»Was meinst du?«, fragte er. »Ist es dir zu früh? Willst du gar kein Haus?«

Ich bin in der Lage, mich verständlich auszudrücken, dachte Ashley. Und es ist mein gutes Recht, zu sagen, was ich denke und fühle. Dennoch hatte sie Angst davor.

Aber war es nicht total altmodisch, Angst zu haben? Sie und Seth waren gleichberechtigte Partner und auf Augenhöhe. Es zählte, was jeder von ihnen empfand.

Um entsprechend entschlossen, reif und selbstsicher zu wirken, sagte sie: »Ich wundere mich nur, dass wir das Thema Hauskauf angehen, wo wir nicht mal darüber gesprochen haben, ob wir vielleicht heiraten wollen. Ich meine, es muss ja nicht unbedingt in dieser Reihenfolge passieren, aber ich finde schon, dass wir einen Plan haben sollten.«

Ja! Sie hatte sich getraut. Sie hatte vom Heiraten geredet, ohne dass der Blitz eingeschlagen war. Trotzdem fühlte sie sich augenblicklich mies, als sie sah, wie Seth plötzlich die Schultern hängen ließ und sich von ihr abwandte.

»Du hast gehofft, ich mache dir einen Antrag.«

Er klang so enttäuscht, dass sie wünschte, sie hätte nichts gesagt. Sie schämte sich. Es war ihr so peinlich, dass sie am liebsten weggerannt wäre. Aber natürlich blieb sie sitzen und überlegte, dass eine Hochzeit ja wohl der erste Schritt war, wenn man sich liebte und zusammenlebte.

Er sah sie gequält an. »Du willst unbedingt heiraten.«

Ashley verstand überhaupt nicht, wieso er so seltsam reagierte und wieso sie auf einmal das Gefühl hatte, sich verteidigen zu müssen. Sie räusperte sich und versuchte, ganz ruhig zu bleiben. »Du anscheinend nicht.«

»Nein. Ich nicht.«

»Nur mich nicht oder generell nicht?«

Seine Miene verzerrte sich. »Es hat nichts mit dir zu tun, Ashley. Ich liebe dich. Das weißt du. Ich will nur einfach nicht heiraten. Und weil du nie was gesagt hast, dachte ich, bei dir wäre es genauso.«

Das war zu viel auf einmal. Sie war verwirrt und enttäuscht und konnte auch das Gefühl der Scham nicht abschütteln. Außerdem kapierte sie es nicht.

»Du liebst mich, aber du möchtest mich nicht heiraten«, fasste sie zusammen. »Ich raff's nicht. Wenn Menschen sich lieben, heiraten sie. Wir haben sogar schon über Kinder gesprochen.«

»Das möchte ich ja auch alles.« Er beugte sich zu ihr rüber. »Ich liebe dich. Ich will den Rest meines Lebens mit dir verbringen.« Er tippte auf den Stapel Papiere, die auf ihrem Schoß lagen. »Ich möchte ein Haus kaufen und einen Hund anschaffen und dich für immer lieben.«

»Das ergibt null Sinn für mich. Wieso geht das eine nicht mit dem anderen? Was hast du gegen die Ehe?«

Sein Mund zuckte. »Dasselbe könnte ich dich auch fragen, was soll das mit dem Heiraten?«

Na ja. Heiraten gehörte nun mal dazu. Es war normal. Es hatte was mit Stabilität zu tun, und obwohl sie nie von einer großen Hochzeit geträumt hatte, wünschte sie sich einen Ehemann und Kinder. Ein stinknormales bürgerliches Leben eben.

»Was hast du denn dagegen?«, wollte sie wissen, statt seine Frage zu beantworten. »Du bist doch kein radikaler Gesellschaftsgegner. Du bist kein Gegner von Tradition.«

Er holte tief Luft. »Wenn Menschen heiraten, lassen sie sich gehen. Sie werden faul und denken, sie hätten ihren Partner oder ihre Partnerin sicher. Ich möchte mein Leben mit dir verbringen – weil wir uns beide das so wünschen. Nicht, weil man es von uns erwartet, nur weil wir verheiratet sind. Ich möchte dich um mich haben, weil ich mit dir glücklich bin. Ich möchte, dass wir jeden Tag aufs Neue versuchen, den anderen glücklich zu machen und dabei unsere Träume zu leben. Und die Ehe ist eine Ausrede dafür, sich keine Mühe mehr zu geben.«

Das klang zwar gut durchdacht, fühlte sich für sie aber trotzdem falsch an. Sie stand auf und begann, im Zimmer herumzulaufen. Das half ihr, ihre Gedanken zu ordnen.

Er beobachtete sie vorsichtig. »Ashley, du hast es doch selbst schon gesehen. Paare heiraten, und irgendwann langweilt sie sich, und er verbringt seine Zeit lieber mit seinen Kumpels. Sie sind nicht mehr glücklich zusammen. In der Anfangsphase, als sie nur zusammengelebt haben, da war noch alles super. Sie waren verliebt. Nach der Hochzeit ist es damit ganz schnell vorbei. Ich will so was nicht. Ich will nicht, dass wir uns aufgeben und uns verlieren. Ich will, dass wir einander immer das Beste von uns schenken.«

»Weil du das Leben als ein einziges langes Vorstellungsgespräch siehst, oder was? Ohne dass man sich mal entspannen kann? Was, wenn ich mal krank werde? Die Grippe bekomme oder drei Tage Magen-Darm habe? Geb ich mir dann schon nicht mehr genug Mühe?«

Er kam zu ihr rüber, aber sie verschränkte die Arme vor der Brust.

»So meine ich das doch nicht«, sagte er und sah ihr in die Augen. »Ich meine nur, dass man den anderen nicht als Selbstverständlichkeit betrachten sollte. Ich spreche davon, jeden Morgen gemeinsam aufzuwachen und sich bewusst dafür zu entscheiden, dass man zusammen sein will. Ich möchte, dass uns bewusst ist, wie großartig das mit uns beiden ist und wie gut wir es haben. Ich möchte einfach, dass wir glücklich bleiben.«

Das klingt sehr anstrengend, dachte Ashley. Sie fand, dass seine Argumentation voller Ungereimtheiten war, die sie aber gerade nicht benennen konnte, denn sie war zu traurig und zu müde und zu enttäuscht darüber, dass der Mann, den sie über alles liebte, nicht willens war, sie zu heiraten.

»Ich kann jetzt nicht weiter darüber sprechen«, sagte sie. »Ich muss erst nachdenken.«

»Du bist sauer.«

»Nein, nicht sauer.« Das war nicht das Gefühl, das sie empfand. »Ich bin geschockt, würde ich sagen. Ich dachte die ganze Zeit, wir hätten dieselben Vorstellungen von der Zukunft, würden in dieselbe Richtung marschieren. Wir sind jetzt seit fast einem Jahr zusammen – und ich hätte nie gedacht, dass du mich nicht heiraten willst.«

»Ashley, bitte. Ich liebe dich. Ich möchte, dass alles okay für dich ist.«

»Ich weiß gar nicht, was das heißen soll.«

Sie drehte sich um, um zu gehen. Und weil sie nur eine Einzimmerwohnung hatten, schnappte sie sich ihre Handtasche und ihren Autoschlüssel. »Ich fahre zum Strand. Ich muss an die Luft.« Sie sah auf die Uhr. »Um neun bin ich wieder hier.«

Seth stand hinter ihr. »Kann ich mitkommen?«

»Nein. Ich muss nachdenken.«

Er wirkte angeschlagen. »Ich liebe dich. Bitte glaub mir das. Und der Rest findet sich.«

Sie ging, ohne ihm eine Antwort zu geben. In ihrem Magen grummelte es, ihr Herz war schwer, und sie hatte keine Ahnung, was sie denken oder fühlen sollte. Nur eins wusste sie sicher: Seth wollte sie nicht heiraten. Diese Erkenntnis veränderte alles.

10. Kapitel

Bree hatte keine Ahnung, was sie bei OAR erwartete. Ashley hatte ihr zwar das Gebäude beschrieben und ihr gesagt, dass es sehr groß war, doch mehr wusste sie nicht. Jetzt stand sie vor dem ehemaligen Industriekomplex. Es handelte sich um ein altes dreistöckiges Lagerhaus. Vor und hinter dem Gebäude befanden sich Parkplätze. Aber kein schickes Schild zeigte an, welches Unternehmen hier mittlerweile residierte, und die Außenanlagen waren schmucklos gestaltet. Das einzig Auffällige war eine breite Rampe vor dem Haupteingang.

Sie betrat das große, offene Foyer, das sich über die volle Höhe des Baus erstreckte. Alles wirkte hell und einladend, die Wände waren in Türkis- und Gelbtönen gestrichen. Es gab mehrere Sitzbereiche und einen Empfangstresen, der aber unbesetzt war. Sie wartete ein paar Minuten, und als sich niemand zeigte, schickte sie Harding eine Textnachricht.

Bin da.

Ich komme.

Nur wenig später kam er auf sie zu. Als sie ihn sah, hatte sie plötzlich Schmetterlinge im Bauch, was sie wirklich ärgerlich fand. Schnell betete sie sich ihr Mantra vor: Ich habe weder Interesse an ihm noch an Sex mit ihm.

»Schön, dass du da bist.« Er lächelte sie an.

Irritiert über ihre körperliche Reaktion auf ihn, trat sie rasch einen Schritt zurück und vermied es auf diese Weise, ihn zu berühren.

»Interessante Wandfarbe.«

Er blieb vor ihr stehen und schob die Hände in die Hosentaschen. »Farbpsychologie nennt man das. Helle Farben lösen Freude aus. Deswegen vermeiden wir das typische Behördengrau und kantige Abgrenzungen. Runde Formen wirken weniger bedrohlich.«

»Keine Ahnung, wovon du redest.« Sie versuchte, sich nicht von seinen braunen Augen und seinem anerkennenden Lächeln ablenken zu lassen. Der Mann hatte sie irgendwie in seinen Bann gezogen – gegen ihren Willen. Dauernd musste sie an ihn denken, zu den unmöglichsten Uhrzeiten, und immer wieder wünschte sie sich, dass sie beide …

Lass es, ermahnte sie sich. Sollte noch einmal jemand, dem sie vertraute, sie enttäuschen und sie verlassen, wäre das ihr Ende.

»Die hellen Wände sorgen dafür, dass die Menschen sich augenblicklich bei uns wohlfühlen«, erklärte Harding. »Wie du weißt, kümmert sich unsere Organisation um Pflegekinder, die mit dem Erreichen der Volljährigkeit aus dem staatlichen System herausfallen. Wir sind ihnen bei der Wohnungssuche behilflich, unterstützen sie bei der Suche nach einem geeigneten Studien- oder Ausbildungsplatz und bereiten sie ganz generell auf ein selbstständiges Leben vor. Statistisch gesehen schließen weniger als vier Prozent aller ehemaligen Pflegekinder erfolgreich ein Hochschulstudium ab, verglichen mit sechsundvierzig Prozent der sonstigen Bevölkerung. Und über die Zahl der jungen Frauen, die bereits mit einundzwanzig oder jünger schwanger werden, haben wir noch gar nicht gesprochen.«

»Ich dachte, es ginge hier um Menschen mit körperlichen Einschränkungen.«

»Damit haben wir angefangen, aber das war zu eindimensional«, sagte jemand hinter ihr.

Ein Mann im Rollstuhl näherte sich ihnen. Er sah besser aus

als Harding, hatte dunkle Haare und ein markantes Kinn, sehr breite Schultern und ein breites Kreuz. Bree fühlte sich neben ihm ziemlich mickrig.

Er streckte ihr die Hand hin. »Hi, ich bin Dave, Hardings Geschäftspartner.«

»Bree. Freut mich.«

»Schön, dass du vorbeikommen konntest. Wir leisten hier gute Arbeit.« Er grinste sie an. »Besser gesagt, ich mache die Arbeit, während Harding mit seinem hübschen Gesicht die Spendengelder einsammelt.«

»Ich weiß nicht«, murmelte Bree. »Du hast auch ein hübsches Gesicht. Vermutlich hast du deine eigene Fanbase.«

Dave lachte. »Scharfsinnig beobachtet. Die Frau gefällt mir. Dann zeigen wir dir jetzt mal unser Reich. Willst du auf meinem Schoß mitfahren?«

Bree musste ebenfalls lachen. »Ist das ein Flirtversuch?«

Harding trat dazwischen. »Genau. Typisch Dave. Aber er hört sofort auf damit.«

Dave zwinkerte. »War nur Spaß.« Er deutete auf die imposante Lobby. »Deswegen haben wir uns für dieses Gebäude entschieden. Hier haben wir Platz für Veranstaltungen mit bis zu fünfhundert Personen.« Er lächelte. »Glücklicherweise hatte der Vorbesitzer Ärger mit ein paar Kredithaien und musste ganz schnell verkaufen.«

Er deutete nach links. »Dort befinden sich die Küche und die Verwaltung. Wir haben nur wenige Festangestellte, um die Kosten so gering wie möglich zu halten. Deswegen sind wir auf Ehrenamtler angewiesen. Vielleicht wäre das auch was für dich – du kannst ja mal darüber nachdenken. Wir sind jedenfalls immer auf der Suche nach Mentoren und Geschäftsleuten, die als Paten fungieren.«

Harding legte einen Arm um sie. »Bitte fühl dich nicht unter Druck gesetzt.«

Dave seufzte. »Darf ich sie um eine Spende anhauen?«

»Ja, aber nur im dreistelligen Bereich.«

»Du machst mich fertig, Alter.« Dave zeigte auf die andere Seite der Eingangshalle. »Dort befinden sich unsere Kurs- und Vortragsräume. Momentan gibt es die Überlegung, in der zweiten Etage ein Resozialisierungszentrum einzurichten, aber die Bürokratie diesbezüglich ist ein echter Hemmschuh. Vielleicht muss das irgendwo anders stattfinden.«

Sie gingen weiter.

»Derzeit verfügen wir über ein gutes Netzwerk an Unterkünften, in denen wir Jugendliche unterbringen können, wenn sie aus dem Pflegekinderprogramm ausscheiden«, erklärte Harding.

»Mit dem Erreichen der Volljährigkeit fliegen sie automatisch aus dem staatlichen System? Ohne Ausnahme?«, hakte Bree nach.

»Mehr oder weniger.« Dave blieb vor einem der Aufzüge stehen. »In einigen staatlichen Programmen läuft die Unterstützung weiter, solange die Jugendlichen in der Ausbildung sind, aber natürlich ist nicht genügend Geld für alle da.«

»Geld fehlt immer.« Harding bedeutete ihr, den Aufzug zu betreten.

»Das heißt, wenn ein Pflegekind im März achtzehn wird, ist Schluss mit der finanziellen Unterstützung durch den Staat, selbst wenn er oder sie die Schule noch nicht abgeschlossen hat?«, fragte sie.

»Kann passieren«, antwortete Dave. Sie hatten den dritten Stock erreicht und stiegen aus. »Und genau diese Lücke versuchen wir zu füllen.« Er deutete auf einen langen Flur. »Die Räumlichkeiten, an die Ashley denkt, befinden sich dahinten.«

»Erzähl ihr bitte von unserem Resozialisierungsprogramm«, forderte Harding ihn auf.

»Das ist in letzter Zeit auch noch dazugekommen. Wir versuchen, ehemaligen Straftätern einen Job zu geben, denn viele finden aufgrund ihrer Vergangenheit weder eine Arbeit noch eine Wohnung.«

Harding öffnete eine Tür. »So ist es zuerst auch Ashleys Jungs ergangen.«

Bree riss die Augen auf. »Deine Schwester beschäftigt Ex-Knackis?«

»Ja, in der Bäckerei. Wusstest du das nicht?«

Bree schüttelte den Kopf. Das hatte Ashley noch nie erwähnt. War ja auch nicht gerade ein alltägliches Thema. Aber dieser Umstand sorgte dafür, dass Bree ihre Freundin in einem anderen Licht sah. War sie am Ende vielleicht doch nicht ganz so … oberflächlich?

Sie betraten einen großen lichtdurchfluteten Raum.

»Der Raum auf der gegenüberliegenden Seite ist genauso«, sagte Dave. »Ihr könnt beide haben, wenn ihr wollt. Wir machen euch einen fairen Mietpreis. Ashley meinte, ihr bräuchtet die Räumlichkeiten eigentlich nur für die anstehenden Weihnachtsferien, aber vielleicht wäre es klüger, gleich einen Mietvertrag über ein ganzes Jahr abzuschließen. Ihr hättet auf diese Weise zusätzliche Lagerkapazität und wir stetigen Cashflow. Eine Win-win-Situation.«

»Ich mach erst mal Fotos.« Bree holte ihr Handy heraus. »Diese Entscheidung müssen Mikki, Ashley und ich natürlich gemeinsam treffen.«

Es war sofort klar, wieso Ashley die Räumlichkeiten für geeignet hielt. Erstens war hier genug Platz, um die Waren für die Geschenkkörbe zu lagern und auch um sie vorzubereiten, und zweitens konnten die fertigen Präsentkörbe im Raum gegenüber gelagert werden. Die perfekte Lösung.

Sie fuhren mit dem Fahrstuhl zurück nach unten. Dave entschuldigte sich, er musste einige Anrufe erledigen. Harding zeigte ihr noch die Tagungsräume und die riesige Küche.

»Tagsüber stellen wir den Jugendlichen und dem Personal Lunchboxen zur Verfügung«, erklärte er ihr und deutete auf einen Stapel Kartons, die in den Kühlschränken standen. »Man kann mit Bargeld zahlen oder mit Kreditpunkten, die man sich durch Freiwilligenarbeit verdient.«

»Hunger leiden muss also niemand«, murmelte Bree.

»Genau, das ist der Plan. Spätabends übernimmt dann Ashleys Team die Küche, um die Muffins und Cupcakes für ihren Laden zu backen. Morgens um vier erfüllt ein göttlicher Duft die Räumlichkeiten.«

Wieso ist Harding um vier Uhr morgens hier, wo er doch gar kein Bäcker ist, fragte Bree sich. Sie selbst schlief jedenfalls um diese Uhrzeit. Aber sie bohrte lieber nicht nach.

»Ihr habt hier was Tolles auf die Beine gestellt«, sagte sie und warf ihm einen anerkennenden Blick zu. »Du und Dave, ihr seid ein beeindruckendes Gespann.«

Harding lehnte sich an eine Arbeitsplatte. »Wir haben dich also beeindrucken können.«

Sie ging nicht auf seinen Ton ein. »Wie kommt er eigentlich damit klar, dass du wieder laufen kannst und er nicht?«

»Grundsätzlich kommt er damit klar. Aber ich schätze, er wird sich diese Frage immer wieder mal stellen.« Auch Harding klang jetzt ernster. »Obwohl bei Dave alles ganz einfach aussieht, ist es das natürlich nicht. Unsere Welt ist nicht gemacht für Menschen mit eingeschränkter Mobilität. Es gibt zwar Gesetze, die das regeln sollen, in der Realität kümmert man sich jedoch herzlich wenig darum.« Er seufzte. »In ein paar Wochen findet wieder eine unserer Spendenveranstaltungen statt. Wenn du Lust hast, komm doch mit. Dann kann ich mit dir angeben, und du kannst sehen, worin *meine* Aufgabe für die Organisation besteht.«

Sie überging seinen Kommentar vom Angeben und sagte: »Ich habe eigentlich nicht vor, *noch* beeindruckter von dir zu sein.«

Er grinste. »Du würdest was verpassen. Ich sehe nämlich gut aus im Anzug. Jetzt komm schon. Das wird lustig. Ashley und Seth kommen auch und natürlich ein paar Promis. Du kannst also Stars gucken.«

»Ist nicht mein Ding.«

»Dann komm einfach meinetwegen mit. Bitte, Bree.«

Es fiel ihr schwer, ihm seine Bitte abzuschlagen.

»Ich denk drüber nach.«

»Schön. Wollen wir jetzt in meinem Büro ein bisschen knutschen und rumfummeln?«

Sie musste lachen. »Vergiss es.«

»Sag Bescheid, wann und wo es dir passt.«

»Vergiss es.«

»Dann wenigstens Lunch?«

»Klingt schon besser.«

»Ich habe gleich ein Date.« Mikki zuckte zusammen. Sie hatte weniger triumphierend klingen wollen.

Will sah von seinem Tablet auf. »Okay.«

»Mit einem Mann«, schob sie hinterher. Warum nur? »Ich meine, es ist nur eine Verabredung zum Essen. Nichts Ernstes. Ich will einfach, dass du Bescheid weißt, weil …« Sie stöhnte. Wieso hatte sie davon angefangen? »Will sagen, ich bin heute Abend unterwegs. Mehr nicht.«

Will lehnte sich in seinem Stuhl zurück. »Mom, alles gut. Du hast ein Date, und der Typ wird nicht gleich mein neuer Stiefvater.« Er grinste sie an. »Ich bin kein Baby mehr. Ich check das.«

Gut, denn sie checkte es immer noch nicht. »Prima. Ich hab dir Tacos bestellt. Sie werden gegen halb sieben geliefert.« Sie lächelte. »Keine Partys und keine harten Getränke.«

Er lachte. »Ja, die Platte kenn ich. Ich werde mir ein paar Videos über Rennfahrtechniken reinziehen.« Er horchte auf. »Hast du das gehört?«

Mikki hörte nichts, aber noch bevor sie etwas sagen konnte, war Will schon aus dem Zimmer gestürzt und riss die Haustür auf. Dann drehte er sich zu ihr um.

»Ich glaub's nicht! Warum hast du mir nichts gesagt? Mom, echt jetzt. Wie konntest du mir das nur vorenthalten?«

»Keine Ahnung, wovon du redest.«

Nun hörte sie es auch. Ein Motorenbrummen. Redete ihr Sohn etwa von Duanes Auto?

Will schoss nach draußen, sodass sie sich regelrecht beeilen musste, um hinterherzukommen. Ihr Sohn stand mit offenem Mund vor einem schicken Cabrio.

Duane stieg aus und schenkte ihr ein Lächeln, dann sah er Will an, der sich inzwischen fast auf die Motorhaube gelegt hatte.

»Ist das dein Wagen? Superschön! Ich hab immer nur Bilder davon im Netz gesehen, aber noch nie einen in echt. Das ist der Twin Turbo V8, oder? Von null auf hundert in wie viel?«

Duane grinste. »Drei Komma sieben Sekunden.«

Will drehte fast durch vor Begeisterung. »Haben Sie das schon mal ausprobiert? Boah, wie gern würde ich die Kiste mal auf der Rennstrecke fahren. Obwohl, eigentlich ist sie zu schön dafür. Super Linien. Eine echte Schönheit. Ich hab Sie schon von Weitem kommen hören. Der Motor singt einfach.«

Duane sah sie an. »Er steht auf Autos.«

»Kann man so sagen. Will, das ist Duane.«

»Oh. Hallo, Duane.« Will streckte die Hand aus, dann sagte er zu ihr: »Wieso hast du mir das nicht erzählt?«

»Weil ich es nicht wusste.« Sie hatte keinen Schimmer, was er meinte.

Will stöhnte. »Mom, das ist ein verdammter Aston Martin Vantage Roadster.«

»Schöne Farbe.«

Will schloss die Augen. »Ich kenne diese Frau nicht und habe keine Ahnung, wieso sie behauptet, meine Mutter zu sein.«

Duane lachte, dann öffnete er die Fahrertür. »Willst du ’ne kleine Runde drehen?«

Mikki war kurz davor, ohnmächtig zu werden. »Auf keinen Fall. Er ist erst sechszehn und …«

Duane zwinkerte. »Schon okay. Ich bin gut versichert.« Er sah den Jungen an. »Aber du hältst dich an die Geschwindigkeitsbegrenzung.«

Klare Ansage.

Will nickte. »Ja, Sir. Mach ich«, sagte er und schlüpfte hinters Steuer.

»Bis gleich«, sagte Duane zu ihr und stieg auf der Beifahrerseite ein.

Die beiden sprachen kurz miteinander, dann röhrte der Motor auf. Mikki verstand zwar nicht, was daran so toll war, aber für ihren Sohn würde es in den kommenden Tagen nur noch ein Thema geben: Duanes Aston Martin.

Sie ging wieder rein und fragte sich, ob sie das richtige Outfit gewählt hatte. Duane hatte gesagt »zwanglos«, aber sie wusste nicht genau, was das heißen sollte. Am Ende hatte sie sich für braungraue Cropped Pants und ein leichtes Twinset mit rundem Ausschnitt und für flache Schuhe entschieden. Sie hatte eine Bodylotion mit Glow-Effekt auf Arme und Schultern aufgetragen. Die Jacke würde sie erst brauchen, wenn die Sonne unterging.

Sie prüfte noch mal ihr Haar, trug Lipgloss auf und horchte, ob das Motorengedröhn zurückkehrte.

Kurz darauf stürmte ihr Sohn ins Haus und drehte sich mit ausgestreckten Armen im Kreis.

»Der schönste Tag meines Lebens!«, jubelte er und grinste sie an. »Das ist echt ein super Auto! Ich weiß, du magst deinen SUV, aber ich finde, du solltest dir auch so einen holen.«

»Kommt sofort auf meine To-do-Liste.«

Will lachte. »Schön wär's.« Er küsste sie auf die Wange und sagte: »Viel Spaß. Ich werde mich benehmen. Tacos um halb sieben.«

Sie rief noch schnell: »Ich bin um elf zurück!«

»Okay.« Will winkte ihr zu. »Und jetzt muss ich unbedingt Anderson schreiben. Er wird mir kein Wort glauben.« Damit verschwand er ins Wohnzimmer.

Es war erst vier Uhr nachmittags, recht früh für ein Date. Vermutlich hatte Duane etwas Besonderes fürs Dinner geplant.

Der Gedanke daran versetzte sie in eine gewisse Unruhe.

Aber wieso sollte sie aufgeregt sein? Sie würden ja nicht gleich übereinander herfallen und wilden Sex haben. In dem Fall hätte Duane ihr keine Kleidungstipps geben müssen. Und falls sich doch abzeichnete, dass sie irgendwann in absehbarer Zukunft Sex haben würden, sollte sie vielleicht mal Waxing der Bikinizone ausprobieren. Bisher hatte sie keine Erfahrung damit, aber sie hatte mehrfach darüber gelesen … Oh Mann. Sie litt schon, wenn sie sich die Augenbrauen zupfen ließ. Wie sollte sie die Schmerzen da unten überstehen?

Ein weiterer Vorteil von Earl, dachte sie. Er machte sich nichts aus solchen Details.

Sie öffnete die Haustür und stieß beinahe mit Duane zusammen, der vor der Tür stand.

»Fertig«, sagte sie.

»Du siehst toll aus.« Er küsste sie kurz auf den Mund. »Und du riechst auch toll.«

»Oh.« Sie errötete und wusste nichts zu erwidern. »Du auch« klang merkwürdig. »Danke.«

Er geleitete sie zum Wagen.

»Willst du vielleicht fahren?«, fragte er grinsend.

»Nein danke.« Sie sank in den Ledersitz. »Hübsch.«

Nachdem er ebenfalls eingestiegen war, sagte Duane: »Will hatte Spaß.«

»Das denke ich mir. Danke dafür. Klug von dir, mein Kind dazu zu benutzen, mein Herz zu erobern.«

»Ich nutze jeden sich bietenden Vorteil.«

Als ob das nötig wäre. »Also – was hat es mit der zwanglosen Kleidung auf sich? Wo fahren wir hin?«

»Zu den La Brea Tar Pits, den berühmten Teergruben.«

Sie sah ihn verständnislos an. »Echt jetzt?« Dahin wollte er sie entführen für ihr erstes Date?

»Wann warst du zum letzten Mal dort?«, fragte er amüsiert.

»Keine Ahnung. Mit den Kindern. Bei einem Schulausflug.«

»Genau. Du warst noch nie einfach so da, nur zum Spaß, ohne

Angst haben zu müssen, dass jemand verlorengeht. Du wirst sehen, da gibt es viel zu entdecken.«

Na gut, dann die Teergruben. »Ich mag Wollhaarmammuts.« Sie hielt kurz inne. »Ups, das klang irgendwie anzüglich.«

Er lächelte. »Ich steh ja eher auf die Schattenwölfe.«

Die Wegstrecke war nicht weit, aber der Verkehr in Los Angeles war immer ein Problem. Sie standen eine Weile auf dem Freeway im Stau und dann noch mal auf dem Wilshire Boulevard, bevor sie ins Parkhaus abbiegen konnten. Die Tickets hatte Duane bereits online besorgt, und sie durften am Eingang direkt zu den Freilicht-Exponaten durchgehen.

Die La Brea Teergruben waren eine archäologische Stätte mit einem Museum. Dort war nicht nur die Ausstellung zu sehen, es fanden auch regelmäßig verschiedene Veranstaltungen statt, und in den Teergruben selbst waren immer noch Ausgrabungsarbeiten im Gange. Erster Stopp auf ihrer Besichtigungstour war die Aussichtsplattform, von wo aus man die Ausgrabungen von oben miterleben konnte. Die meisten hier ausgestellten Fossilien waren Rekonstruktionen, aber einige Exponate waren auch Originale.

Die größte Grube des Geländes war geflutet worden, und dort sah man die Rekonstruktion eines Mammuts, das im Erdpech gefangen war, während seine rekonstruierten Artgenossen danebenstanden und hilflos zusehen mussten, wie es versank.

»Auch wilde Tiere müssen sich also auf unerwartete Ereignisse einstellen«, stellte Mikki fest. »Wie schrecklich, was?«

»Du bist ein gutherziger Mensch.«

»Ist das so besonders?«

»Ja.«

»Das klang sehr überzeugt.«

Sie blieben vor der Rekonstruktion stehen. Duane betrachtete das Mammut, dann sie.

»Findest du nicht, dass die Welt voller Grausamkeit ist?«

»Doch, aber das halte ich für Ausnahmen.«

»Erfreulich, dass du das so siehst.«

Sie wandte sich ihm zu. »Wieso? Siehst du das nicht so?«

»Die wirtschaftliche Situation vieler Entwicklungsländer gleicht genau diesem Szenario«, antwortete er und deutete auf die Mammuts. »Das meine ich. Die Welt war noch nie gerecht. Deswegen versuche ich, mit meiner Arbeit auf internationaler Ebene diese Ungerechtigkeit ein wenig zu lindern.«

»Ein hehres Ziel.«

Er grinste schief. »Mit dem ich leider oft nichts erreiche.«

»Wenigstens gibst du nicht auf.«

»Nein. Ich bin wohl auch gutherzig.«

Sie schlenderten durchs Museum. Duane versuchte, sie mit seiner Begeisterung für die Schattenwölfe anzustecken, aber sie war und blieb ein Wollhaarmammut-Fan. Als er während des Rundgangs plötzlich ihre Hand nahm, bekam sie beinahe Schnappatmung. Wie kindisch von mir, dachte sie. Und trotzdem – sie genoss das wohlige Kribbeln.

Auf dem Rückweg zum Wagen fragte er: »Isst du gern Italienisch?«

»Ja.«

»Gut. Ich kenne ein kleines Lokal in West Hollywood, das dir gefallen könnte.«

Sie machten sich also auf den Weg in den Westen der Stadt, und Duane fuhr auf den Parkplatz des Cecconi's West Hollywood Restaurants.

»Warst du schon mal hier?«, fragte er, als sie das Restaurant betraten.

»Nein. Aber es sieht schön aus.«

Sie sah rot-weiß karierte Tischdecken und viele Pflanzen. Die Tische standen in angenehmem Abstand voneinander, und es roch nach Knoblauch und Basilikum und Trüffelöl. Sofort fing ihr Magen an zu knurren.

Duane hatte klugerweise reserviert. Sie mochte es, dass er nichts dem Zufall überließ – er hatte sich Gedanken gemacht, was er mit ihr unternehmen wollte. Bis jetzt, musste sie zugeben, hatte sie Spaß.

»Daumen hoch oder runter für die Tar Pits?«, wollte er wissen, als sie an ihrem Tisch Platz genommen hatten.

»Ich fand es super und habe viel gelernt. Also definitiv Daumen hoch.«

»Gut.«

Sie schauten in die Speisekarte und bestellten Getränke. Nachdem der Kellner gegangen war, beugte Duane sich zu ihr. »Wie kommt es, dass du einen Geschenkartikelladen führst? Hast du das Geschäft übernommen oder war es deine Idee?«

»Ich habe den Laden vor ein paar Jahren übernommen.« Sie überlegte kurz. »Perrys Eltern besitzen eine Firma, die Baufahrzeuge vermietet. Bagger, Planierraupen und so was. Als Perry und ich geheiratet haben, bin ich ins Familiengeschäft eingestiegen.«

»Und Baggerfahrerin geworden«, sagte er im Scherz.

»Schön wär's. Nein. Ich hab im Büro gearbeitet. Lorraine, meine Ex-Schwiegermutter, hat die Buchhaltung gemacht. Es war okay, aber ich fand die Arbeit nie sonderlich interessant. Ein paar Jahre später haben Perry und ich gemeinsam eine der Franchise-Firmen übernommen, die auch gut lief. Perry fand, wir wären ein super Team, doch dann kamen die Kinder, und er hat jemanden eingestellt, damit ich zu Hause bleiben und mich um sie kümmern konnte. Und als sie aus dem Gröbsten raus waren, wollte ich mein eigenes Business aufbauen. Nicht weit von uns gab es einen kleinen Geschenkeladen, den ich immer sehr gerne mochte. Ich habe mich mit der Besitzerin angefreundet, und eines Tages fragte sie mich, ob ich vielleicht Interesse hätte, ihren Laden zu übernehmen.«

»Und das hattest du.«

»Ja. Aber Perry war dagegen. Er weigerte sich, auch nur darüber nachzudenken.«

Damals hatte er behauptet, sie könnten sich das nicht leisten, und selbst wenn – hätte sie doch überhaupt keine Ahnung vom Einzelhandel. Wochenlang hatten sie sich deshalb gestritten.

»Warum hatte er so wenig Vertrauen in dich?«

»Ich hatte nur meinen Schulabschluss und keine kaufmännische Ausbildung oder Erfahrung in dem Bereich.«

»Aber da brachtest du doch jahrelange Berufserfahrung mit. Na klar geht es im Einzelhandel anders zu, ich habe allerdings den Eindruck, du gehörst zu den Menschen, die ihre Hausaufgaben machen.«

»Danke. So sehe ich mich auch, aber mein Ex-Mann war da anderer Ansicht. Es war keine schöne Zeit. Wir standen schon damals kurz vor der Scheidung.«

Der Kellner servierte ihre Drinks, sie bestellten die Vorspeisen und eine Pizza, die sie sich teilen würden. Als sie wieder allein waren, sagte Mikki: »Perry hat es mir nie verziehen, dass ich das durchgezogen habe. Als ich dann den Laden gekauft habe, hat er sich geweigert, mir zur Seite zu stehen. Ein volles Jahr lang hat er mein Geschäft nicht mal betreten.«

Und das war nicht alles gewesen. Er beschwerte sich permanent darüber, wie viel Zeit sie im Laden verbrachte – obwohl er von ihr Verständnis dafür verlangte, wenn er länger im Büro bleiben musste.

»Vermutlich war das der Anfang vom Ende«, reflektierte sie. »Ich war ihm zu unabhängig.« Sie hielt die Hand hoch, bevor Duane etwas erwidern konnte. »Was ich damit sagen will: In jeder Beziehung gibt es unausgesprochene Regeln.«

»Die du gebrochen hast, weil du dir was Eigenes aufgebaut hast«, sagte er und sah ihr dabei so intensiv in die Augen, dass ihr schwindelig wurde. »Er wollte, dass du dem Familiengeschäft erhalten bleibst.«

»So was in der Art.« Sie musste kurz wieder zu sich kommen. »Erst nachdem wir uns getrennt hatten, kam er zum ersten Mal im Laden vorbei, und mittlerweile unterstützt er mich auch.« Sie lächelte. »Seit wir nicht mehr zusammen sind, verstehen wir uns viel besser.« Lachend fügte sie hinzu: »Ironie des Schicksals.«

»Immerhin ein Happy End.«

Sie überlegte kurz. »Stört es dich eigentlich, dass ich nicht studiert habe?«

»Nein. Wieso?«

»Manchen Leuten ist so was wichtig.«

»Mir bist *du* wichtig.« Er sah sie grinsend an. »Und wie schön du bist.«

»Oh.«

»Das klingt überrascht.«

»Na ja. Ich bin ja jetzt wirklich nichts Besonderes. Anders als Bree, meine Geschäftspartnerin. Sie ist unglaublich schön und sportlich und selbstbewusst.«

»Nicht mein Typ.«

»Du kennst sie doch gar nicht.«

Er zuckte die Achseln.

»Du hast es wohl nicht mit schönen, selbstbewussten Frauen, was?«, fragte sie, weil sie den Drang verspürte, ihre Freundin zu verteidigen.

»Im Gegenteil. Ich mag schöne, selbstbewusste Frauen sogar sehr.« Er berührte ihre Hand. »Frauen wie dich.«

»Ich bin nicht so.«

»Oh doch. Anscheinend hast du keine Ahnung, welche Wirkung du auf mich hast – aber umso besser. Denn dann wäre ich dir hilflos ausgeliefert.«

Sollte das ein Witz sein? Fand er das lustig? Irgendwie sah er aus, als ob er das ernst meinte.

»Also dann«, sagte er, »zurück zu Earl. Welche Farbe hat er? Ich habe zuerst auf Pink getippt, aber nach einer kleinen Recherche habe ich herausgefunden, dass es die Teile in allen Regenbogenfarben gibt.«

Sie stöhnte. »Bitte lass uns nicht beim Essen über Earl reden.«

»Wann wäre es dir denn lieber?«

Sie lachte, obwohl sie peinlich berührt war. »Na gut. Er ist hellviolett.«

»Hoffentlich lerne ich ihn eines Tages mal kennen.«

»Das kann ich ausschließen. Und jetzt – Themenwechsel.«

Er beugte sich über den Tisch zu ihr und küsste sie. »Du suchst das Thema aus. Ich sitze einfach hier und höre dir den ganzen Abend zu.«

11. Kapitel

Ashley verzierte den Muffin vorsichtig mit Zuckerguss. Normalerweise machte sie das in ihrer Küche bei OAR, aber sie hatte Sorge, dass die Glasur den Transport nicht überstehen würde. Also erledigte sie es lieber vor Ort. Die gewohnte Beschäftigung lenkte sie außerdem von dem flauen Gefühl in der Magengrube ab, das sie seit zwei Tagen nicht mehr loswurde.

Seth will mich nicht heiraten.

Diese fünf Worte verfolgten sie seit ihrer Auseinandersetzung. Sie umzingelten sie, ärgerten sie, hallten in ihr wider, schrien sie an und setzten sich in ihrer angeschlagenen Psyche fest. Obwohl Seth behauptete, dass er sie liebte und den Rest seines Lebens mit ihr verbringen wollte, wollte er sie aus irgendwelchen Gründen, die sie nicht nachvollziehen konnte, nicht heiraten.

Sie befand sich nach wie vor in einer Art Schockzustand und begriff nicht, was er ihr zu erklären versucht hatte. Ihre Gefühle kamen und gingen, keins davon war positiv. Irgendwas musste sie falsch machen. War sie nicht hübsch genug? War sie nicht schlau genug? Was war es? Und war er generell gegen das Heiraten, oder war er nur dagegen, *sie* zu heiraten? Und wieso kam sie sich so klein und mickrig vor, weil sie heiraten wollte, statt so zu denken wie er?

Irgendwie hatte sie das Gefühl, sich permanent rechtfertigen zu müssen, auch vor sich selbst. War sie am Ende doch nicht so unabhängig und fortschrittlich, wie sie glaubte? Müsste ihr als abgeklärter, moderner Frau das Thema Hochzeit nicht egal sein? Leider war es das nicht.

Ashley war verwirrt und schämte sich. Sie brauchte eine Perspektive. Sie musste dringend mit jemandem reden, der ihr das alles erklären konnte oder ihr zumindest das Gefühl gab, nicht der totale Loser zu sein. Doch wer könnte dieser Jemand sein? Sicher nicht ihre Eltern. Sobald sie erfuhren, was Seth gesagt hatte, würden sie ihn hassen. Ihre Freundinnen waren wahrscheinlich auf ihrer Seite, würden sie aber insgeheim bemitleiden, weil sie auf ihn reingefallen war. Also musste sie die Sache mit sich selbst ausmachen. Sie war gekränkt, und ihr war übel.

»Ich hab über die Geschenkkörbe-Idee nachgedacht.«

Ashley wirbelte herum. Bree stand mit ihrem Tablet in der Hand vor dem Verkaufstresen.

»Was?«

Bree sah sie an. »Die Geschenkkörbe. Ich hab mir angesehen …« Ihre Freundin verstummte und sah sie fragend an. »Alles okay bei dir?«

Ashley schloss die Augen. Nein, dachte sie matt. Sie wollte nicht, dass man ihr ansah, wie schlecht es ihr ging. Sie war stärker.

In diesem Moment kam Mikki in den Laden gerauscht, strahlend und glücklich.

»Was geht, Mädels?«, fragte sie gut gelaunt.

Bree ließ sie nicht aus den Augen. »Frag sie. Irgendwas stimmt mit ihr nicht.«

»Mir geht's gut«, log Ashley.

Mikki beäugte sie. »Falsch. Du hast geweint, und deine Hände zittern. Das ist die unordentlichste Glasur, die ich je von dir gesehen habe.«

Ashley legte die Spritztüte hin und wischte sich die Finger ab. Na super. Sie war so neben der Spur, dass es sogar Bree aufgefallen war.

»Seth«, sagte Mikki nur. »Es liegt immer an den Männern. Hab ich recht? Was hat er getan?«

Ashley wünschte, irgendetwas Absurdes möge passieren. Konnte nicht urplötzlich ein Meteor ins Meer stürzen oder so was? Aber die Sonne schien, der Himmel war knallblau, und eine sanfte Brise wehte. Schade.

»Seth möchte, dass wir zusammen ein Haus kaufen.«

Bree und Mikki tauschten einen Blick. »Was ist daran so schlimm?«, fragte Mikki. »Klingt doch ganz vernünftig. Ihr verlobt euch, ihr kauft ein Haus, ihr heiratet. Ich bin etwas verwirrt.«

Bree kniff die Augen zusammen. »Du bist gerade zusammengezuckt, Ashley.«

»Seth will nicht heiraten.«

Mikki starrte sie verständnislos an, Bree überrascht.

Ashley holte tief Luft. »Er hat gesagt, er ist in mich verliebt und will für immer mit mir zusammenbleiben. Er will sogar Kinder haben. Aber er will partout nicht heiraten.«

»Wieso nicht?«, wollte Mikki wissen. »Wieso will man Kinder haben und nicht heiraten wollen? Check ich nicht.«

Ashley kämpfte gegen Tränen an. »Sein Argument ist, dass beide Partner sich nicht mehr um den anderen bemühen, wenn sie erst mal verheiratet sind. Weil sie dann haben, was sie wollten, dann muss man sich nicht mehr anstrengen. Er möchte, dass wir uns immer wieder neu dafür entscheiden, zusammen zu sein.«

»Aha«, sagte Mikki und kniff leicht die Augen zu. »Das ist absoluter Schwachsinn. Verlass den Idioten.«

»Was? Nein! Ich liebe ihn. Ich bin verletzt und habe Angst, aber ich werde mich nicht von ihm trennen.« Dachte sie zumindest. Obwohl sie gerade gar nicht denken konnte.

»Glaubst du ihm, dass er dich liebt?«, erkundigte sich Bree.

»Ja. Er ist rücksichtsvoll und liebevoll und aufmerksam. Eigentlich macht er alles richtig.« Sie blinzelte die Tränen weg. »Ich versteh's einfach nicht.«

»Glaubst du denn, er meint das ernst, was er über die Ehe sagt?«

Mikki wandte sich an Bree. »Bist du etwa auf seiner Seite?«

»Ich stelle nur Fragen. So unrecht hat er ja nicht mit seiner These, dass manche Menschen den anderen einfach nur noch ausnutzen, sobald sie verheiratet sind. Soll vorkommen.«

»Sie hat gesagt, er hätte gesagt, sie bemühen sich nicht mehr umeinander.« Mikki zeigte auf sie. »Das ist was völlig anderes als das, was du gerade gesagt hast.«

»Für mich ist es dasselbe.«

»Ich gebe gerne zu, dass sich nach ein paar Jahren Ehe nicht mehr alles so frisch und schön anfühlt wie am Anfang. Perry und ich haben uns auch irgendwann auseinandergelebt. Ich denke allerdings nicht, dass das etwas damit zu tun hatte, dass wir verheiratet waren. Wir haben letztendlich völlig unterschiedliche Leben geführt, und deswegen haben wir uns getrennt. Aber wir fühlten uns immer unserer Familie verpflichtet.«

Bree runzelte die Stirn. »Du brennst ja richtig für das Thema.«

»Die Ehe ist wichtig, vor allem, wenn es gemeinsame Kinder gibt. Wolltest du Lewis denn damals nicht heiraten?«

»Doch. Aber das war was anderes.«

»Es war genau dasselbe. Ashley ist in Seth verliebt und möchte den Rest ihres Lebens mit ihm verbringen. Natürlich möchte sie ihn heiraten. Ich kann es nicht fassen, dass ich diesen Mann so sympathisch fand.« Mikki klang frustriert. »Ich hab ihm seine Nummer tatsächlich abgenommen. Was für ein Arsch. Ab jetzt werde ich ihn hassen.«

»Red keinen Quatsch«, sagte Ashley. »Du musst ihn nicht hassen. Das will ich nicht. Ich will nur …« Wie sollte sie den Satz sinnvoll zu Ende bringen? »Ich würde nur einfach gerne verstehen, wie er zu dieser Auffassung kommt.«

Sie konnte nicht begreifen, was seine Argumentation mit ihrer Beziehung zu tun hatte.

»Nicht jeder will heiraten«, sagte Bree. »Manche Paare sind jahrelang zusammen, ohne dass sie jemals heiraten, und sie leben gut damit. Kannst du dir das denn so gar nicht vorstellen?«

»Ich weiß nicht. Ich habe nie von einer großen Hochzeit mit

allem Drum und Dran geträumt, aber ich bin eigentlich immer davon ausgegangen, dass ich eines Tages heiraten würde. Das gehört sich doch so.«

»Hilfe. Ich bin von Traditionalistinnen umgeben«, meinte Bree. »Sprich noch mal mit Seth und sag ihm das.«

»Ja, ich weiß. Aber erst muss ich mir mal darüber klar werden, was ich sagen will.« Momentan war sie einfach zu sehr verletzt. Seth war alles für sie, und plötzlich war sie total unsicher, was ihn anging. Sie fühlte sich verloren und allein. So allein wie noch nie.

Bree nahm eine Flasche Champagner aus dem Kühlschrank im Pausenraum und holte drei Gläser. Für ihr heutiges Freitagsritual hatte sie eine Flasche Veuve Clicquot gewählt. Ashley wartete schon vorne an der Tür, ein paar Decken auf dem Arm.

»Du bist früh dran«, bemerkte Bree und stellte fest, das Ashley immer noch sehr blass aussah. Anscheinend knabberte sie weiterhin an dem Konflikt mit Seth.

»Ich hab mich den ganzen Tag auf unser Ritual gefreut«, gab ihre Freundin zu und lächelte zaghaft. »Das wird das Highlight meiner Woche.«

Mikki kam dazu. Sie warf einen Blick auf die Flasche. »Exzellente Wahl«, sagte sie. »Ist immer unter den Top fünf Champagnern bei ›Ladies Know Wine‹.«

»Na Gott sei Dank«, sagte Bree mit einem Augenzwinkern. »Das Gütesiegel der ›Ladies Know Wine‹. Wollen wir los?«

Sie gingen runter zum Strand. Die Sonne stand schon tief und kam ihnen größer vor als sonst. Das Licht glitzerte in gelben und orangefarbenen Bändern auf dem Wasser. Der Himmel schimmerte in allen Schattierungen von Blau, vom hellsten Hellblau bis zu einem dunklen Violettton ganz im Osten. Ashley und Mikki breiteten die Decke aus, während Bree es übernahm, die Flasche zu öffnen. Als alle sich gesetzt hatten, schenkte sie ihnen ein.

»Bevor wir anstoßen, ich möchte nicht über Seth reden«, sagte Ashley. »Ich bin zu erschöpft und zu deprimiert und will wenigstens diese eine Stunde lang an etwas anderes denken.«

»Geht klar«, versprach Mikki und prostete ihr zu. »Wir werden seinen Namen nicht erwähnen.«

»Ich bin dabei.« Bree stieß mit ihren Freundinnen an. Sie tranken einen Schluck vom kühlen, perlenden Champagner und richteten den Blick aufs Meer. Der Abend war noch warm und der Strand voll. Es roch nach Sonnenmilch.

»Dave hat übrigens den Vertrag mit OAR geschickt«, sagte Mikki. »Mein Rechtsanwalt wird ihn sich ansehen und gibt uns Bescheid, falls etwas zu beanstanden ist.«

»Wir werden dort sehr viel Platz haben«, stellte Bree fest. Der Besuch bei OAR hatte sie überzeugt. Sie hatte ihren Freundinnen dazu geraten, alles mit einem offiziellen Vertrag zu regeln. »Und es gibt sogar einen großen Warenaufzug.«

»Außerdem haben wir rund um die Uhr Zugang zum Gebäude«, ergänzte Ashley.

»Falls jemand um drei Uhr nachts seinen Präsentkorb abholen möchte?«, fragte Mikki lachend.

»Ich wollte damit nur sagen, dass wir jederzeit rein und raus können.« Ashley sah Bree an. »Was hältst du von OAR und dem, was sie machen?«

»Ich bin beeindruckt. Ich wusste gar nicht, dass Pflegekinder irgendwann dem System entwachsen. Unvorstellbar, dass kein Auffangsystem greift, sobald die Kinder volljährig werden – nicht mal, wenn sie weiter zur Schule gehen.«

Ashley nickte. »Das ist ein großes Problem.«

»Dave hat mich übrigens sehr beeindruckt«, fügte Bree hinzu. »Er hat das ganze Ding ja schließlich auf die Beine gestellt.«

»Von mir muss sich Harding auch immer anhören, dass Dave der Kopf des Unternehmens ist«, sagte Ashley grinsend. »Er sorgt dafür, dass mein Bruder nicht aus der Reihe tanzt, das gefällt mir.«

»Ist er eigentlich verheiratet?«

Mikki sah Bree an. »Interesse?«

Bree lachte. »Nein, ich bin nur neugierig. Der Typ sieht wirklich gut aus.«

»Nein, er ist nicht verheiratet«, antwortete Ashley. »Er ist eher eine Art Serien-Frauenverschleißer.«

»Er sitzt doch im Rollstuhl oder?«, fragte Mikki.

Ashley und Bree nickten.

»Wie eingeschränkt ist er denn«, bohrte Mikki nach. »Kann er noch … ihr wisst schon?«

»Sex haben?«, führte Bree den Satz weiter. »Komischerweise haben wir darüber gar nicht gesprochen.«

Mikki sah Ashley an. »Weißt du's?«

»Nicht aus eigener Erfahrung.«

»Irgendwann musst du ihn mal fragen, ihr zwei kennt euch doch gut.«

Ashley hob ihr Glas. »Na klar. ›Hi, Dave. Sag mal, kriegst du eigentlich noch einen hoch? Das fragen wir uns schon die ganze Zeit‹.« Sie nahm einen Schluck. »Nach seinen vielen Freundinnen zu urteilen, scheint das nicht das Thema zu sein. Warum interessiert dich das so brennend?«

»Ich weiß nicht, ich finde, die Frage drängt sich einfach auf. Wieso seid ihr denn dann nie mal zusammen aus gewesen?«

Erstaunt registrierte Bree, dass Ashley errötete.

»Ich bin Hardings Schwester. Ich gehöre praktisch zur Familie.«

Da stimmt was nicht, dachte Bree. »Du warst mal verliebt in ihn«, stellte sie fest.

Ashley stöhnte. »Ja. Mit siebzehn. Aber er hatte kein Interesse, und ich entliebte mich wieder. Heute sind wir Freunde. Könnten wir jetzt bitte nicht länger über Dave, seinen Penis oder meine Verknalltheit reden? Danke.«

»Über wessen Penis möchtest du denn lieber reden?«, fragte Mikki lachend. »Ich bin gerade in Stimmung.«

»Dann ruf doch Duane an«, schlug Bree vor. »Das sollte er ausnutzen.«

»So weit bin ich noch nicht. Ich mag ihn, und er verursacht mir Schmetterlinge im Bauch. Aber es wird eine Weile dauern, bis ich ihm meinen nackten Hintern präsentiere.«

Bree kicherte. »Meinst du, der reicht ihm?«

Sie stießen erneut an.

Ashley zog die Knie an. »Ihr zwei seid echt schlimm«, murmelte sie.

»Sind wir«, sagte Mikki glücklich. »Deswegen liebst du uns ja.«

»Liebe ist zu viel gesagt«, erwiderte Ashley. »Tolerieren trifft es eher.«

»Mach den Moment nicht durch eine billige Lüge kaputt.«

Das ist es, dachte Bree. Dieser Augenblick, dieses Lachen, diese Freundschaft. Nie hätte sie damit gerechnet, dass sich ihre Geschäftsbeziehung in diese Richtung entwickeln würde, aber es gefiel ihr. Diese Frauen waren innerhalb kurzer Zeit sehr wichtig für sie geworden. Ihr gemeinsames wöchentliches Ritual erdete sie und gab ihr ein Gefühl von Zugehörigkeit. Nach so vielen Jahren des Alleinseins – auch in ihrer Ehe mit Lewis – war sie überrascht und glücklich, dass sie endlich wieder das Gefühl empfinden durfte, Teil einer Gemeinschaft zu sein.

»Ich dachte, du hasst Feuerschalen«, sagte Mikki und wickelte ihr Sandwich aus.

Sie saß mit Perry an einem alten Picknicktisch in seinem neuen Haus. Er hatte sie um Rat gebeten, welche Wandfarbe sich fürs Erdgeschoss am besten eignete, und sie mit einem Lunchsandwich aus ihrem Lieblingsdeli geködert. Sie hatte ein blasses, neutrales Braungrau vorgeschlagen, das gut zu den Holzelementen passte, wenn sie erst wieder in ihren Urzustand versetzt worden waren.

»Du hast früher immer gesagt, sie machen nur Dreck, und jeder will eine, aber niemand benutzt sie.«

Sie wusste es noch genau. Sie und die Kinder hatten ihn angebettelt, eine Feuerschale anzuschaffen, doch Perry hatte sich standhaft geweigert. Ein Jahr nach der Scheidung hatte sie sich selbst eine geholt, die mit Propangas betrieben wurde und nicht mit Holz. Das machte zwar nicht ganz so viel Spaß, war aber alles in allem weniger kompliziert.

»Ich bin älter und weiser geworden«, sagte er grinsend. »Ihr benutzt eure Feuerschale dauernd. Die Kinder lieben das Ding. Ich werde mir dasselbe Modell anschaffen, sobald ich den Garten habe machen lassen.«

Mikki legte sich in gespielter Überraschung eine Hand auf die Brust. »Und als Nächstes verkündest du, dass du jetzt Rosenkohl magst.«

»So alt kann man nicht werden.«

Sie lachte. »Okay, dann also eine Feuerschale. Es wird dir gefallen. Du hattest allerdings recht mit den holzbetriebenen Modellen, die machen wirklich viel Arbeit. Wo willst du sie aufstellen?«

Er deutete aufs hintere Ende des Gartens. »Da drüben kommt ja der Anbau hin. Aber dahinten, in dem Bereich, ist Platz.«

»Gute Wahl.« Sie überlegte kurz. »Das ist die Nordseite, also hast du im Sommer immer genügend Schatten. Sehr gut.«

Sie biss in ihr Roggenbrot mit Corned Beef. Perry hatte selbst ein paar gute Ideen, was das Haus betraf. Er hatte ihr die Pläne für den Anbau samt einem riesigen Einbauschrank gezeigt, und auch der Grundriss des Badezimmers gefiel ihr.

»Du wirst hier happy sein«, sagte sie voraus.

Er sah sie an. »Das ist der Plan. Ich hätte schon längst was Eigenes kaufen sollen. Meine Eltern haben es mir zu leicht gemacht, indem sie mir ihre Hütte vermietet haben.«

»Wieso sagst du das? Das war doch für uns alle praktisch. Die Kinder waren in der Nähe von uns beiden, und du musstest nur ein bisschen renovieren. Win-Win, sage ich nur.«

»Ich war faul.«

Das Eingeständnis kam überraschend. »Wie meinst du das?«

»In vielerlei Hinsicht. Ich war faul, was unsere Ehe betraf. Ich fand alles gut, wie es war, und wollte nicht, dass sich daran etwas ändert. Vor allem, weil du dich so gut um mich gekümmert hast. Ich hätte mich mehr darauf einlassen sollen, was du dir gewünscht hast.«

»Das hast du schon mal gesagt. Irgendwas ist doch im Busch …«

»Ich hab nur ein bisschen nachgedacht in letzter Zeit.«

»Oh Gott! Bist du krank?«

»Was?«

»Du hast eine schreckliche Krankheit. Sag mir, was es ist!«

Er lachte. »Ich hab nichts. Kann ein Mann nicht über seine Vergangenheit reflektieren, ohne dass er gleich dem Tod geweiht ist?«

»Ich weiß es nicht. Kann er?«

Perry lächelte sie an. »Ich bin nicht krank«, wiederholte er. »Aber es ist doch so, die Kinder werden älter, und wir treten in eine neue Lebensphase ein. Hältst du denn niemals Rückschau?«

Mikki dachte daran, dass sie genau deshalb die Entscheidung für das Dating-Portal getroffen hatte – weil sie Angst davor hatte, die kommenden vielleicht fünfzig Jahre allein zu sein. Ohne dieses Dating-Portal hätte sie Duane nicht wiedergetroffen.

»Doch, du hast recht«, sagte sie und nahm ihr Sandwich. »Es ist gut, nachzudenken und Veränderungen umzusetzen.«

»Manchmal denke ich auch darüber nach, was hätte sein können, wenn es mit uns anders gelaufen wäre.«

Ach ja? Das Grübeln über diese Frage hatte sie bereits vor einiger Zeit eingestellt. Natürlich gab es Dinge, die sie bereute. Sie hatte sich immer ein drittes Kind gewünscht, doch Perry hatte nie gewollt. Sie wollte abends auch mal mit ihm allein ausgehen und mit ihm reisen, aber nichts davon war passiert. Erst seit der Scheidung lief es zwischen ihnen viel entspannter.

»Ich bin froh über das, was wir jetzt haben«, sagte sie daher.

»Wir kommen gut miteinander aus. Das ist gut für uns und die Kinder.«

Er sah sie einen Moment lang an, dann biss er in sein Sandwich. »Sydney und Will kommen demnächst zum Streichen vorbei. Hast du Lust mitzumachen?«

»Klar. Sag einfach Bescheid, damit ich im Laden für eine Vertretung sorgen kann.«

Er stand auf. »Ich hol mal die Musterfliesen.«

Als er ins Haus ging, fragte Mikki sich, ob sie Duane erwähnen sollte. Sollte sie sich weiterhin mit ihm treffen, mussten er und Perry sich kennenlernen. Und sie wollte nicht, dass Perry es von den Kindern hörte. Da sie aber nicht wusste, wie sie es ihm sagen sollte, schob sie die Sache lieber noch ein bisschen auf. Ihr Privatleben hatte mit ihrem Ex-Mann nichts zu tun. Ihrer beider Geschichte war lange vorbei.

»Was willst du denn hier?«

Eine Stimme hinter ihr sorgte dafür, dass Ashley erschrak und sich umdrehte. Aber es war nur Oscar, der die OAR-Küche betrat.

Ihr sonst so stoischer Bäcker hatte eine finstere Miene aufgesetzt. »Es ist zwei Uhr morgens. Du bist jetzt schon zum dritten Mal zu nachtschlafender Zeit mitten in der Woche hier. Solltest du nicht zu Hause im Bett liegen und schlafen?« Er näherte sich ihr mit forschendem Blick. »Was ist los?«

Oscar war nicht nur groß gewachsen, sondern auch kräftig. Von ihm ging immer eine leicht bedrohliche Aura aus. Mit ihren knapp eins siebzig wirkte Ashley gegen ihn mickrig, jetzt baute sie sich jedoch wütend vor ihm auf. »Du bist nicht mein Chef, klar?«

Seine Mundwinkel zuckten. Eigentlich hatte sie auf ein Lächeln gehofft, aber es blieb bei dieser Reaktion.

»Du solltest wirklich nicht hier sein«, wiederholte er, diesmal allerdings sanfter. »Es ist nicht gut für dich, du stehst doch schon den ganzen Tag im Laden.« Er sah sie mit zusammengekniffenen Augen an. »Versuchst du so, Seth aus dem Weg zu gehen?«

»Nein.«

Es war eine Notlüge. Ashley holte tief Luft. »Also, nicht so richtig. Ich möchte im Moment nur nicht mit ihm reden. Das heißt nicht, dass ich ihm absichtlich aus dem Weg gehe. Ich bin einfach ein bisschen bedachter. Es ist doch einiges an Arbeit liegen geblieben.«

»Klingt, als müsstest du vor allem dich davon überzeugen, nicht mich.«

»Ja, stimmt. Du weißt ja eh, dass ich dich angeschwindelt habe.«

Oscar sah sie prüfend an. »Hat er dir wehgetan?«

»Nein. Nicht körperlich, falls du das meinst. Ich dachte nur …« Sie presste die Lippen zusammen. Wie viel sollte sie Oscar anvertrauen? »Ich habe nur gerade herausgefunden, dass wir von manchen Dingen sehr unterschiedliche Auffassungen haben.« Sie hielt hilflos die Hände hoch. »Er liebt mich und möchte sein Leben mit mir verbringen – das sagt er jedenfalls.«

Oscar sah sie so eindringlich an, dass sie kurz dachte, er könnte ihre Gedanken lesen. Schließlich sagte er: »Davonzulaufen bringt nichts. Es sorgt nur dafür, dass das Problem an Intensität zunimmt. Irgendwann ist es dann so groß, dass es dich überwältigt. Wenn du an Seth glaubst, gib ihm eine Chance. Wenn du nicht an ihn glaubst, verlass ihn und such dir jemanden, dem du vertrauen und den du respektieren kannst.«

Er hat recht, dachte sie. »Wie kommt es, dass du mir einen so guten Rat in Liebesdingen geben kannst, es aber nicht schaffst, Carrie mal auf einen Kaffee einzuladen?«

»Das ist doch was völlig anderes.«

»Sie ist immer so nett zu dir.«

Seine Miene verdüsterte sich. »Lass es, Kleine. Das ist nicht deine Angelegenheit.«

»Ich finde jedenfalls, du könntest sie ruhig mal einladen. Das wäre für euch beide gut.« Plötzlich fiel ihr etwas ein. »Oder bist du vielleicht schwul? Ich meine, du hast nie was in der Art gesagt, aber wenn es so sein sollte, unterlasse ich es natürlich, dich mit einer Frau verkuppeln zu wollen.«

Oscar nahm eine bedrohliche Haltung ein. »Hast du mir gerade unterstellt, ich wäre schwul?«

»Kann doch sein.«

»Nein, kann es nicht.«

»Hallo? Ich hab mit Homosexualität kein Problem. Auch nicht mit Bisexualität. Wieso nicht? Ich meine, in der Natur herrscht eigentlich immer ein breites Spektrum an Möglichkeiten.«

Oscar brummte etwas und ging dann rüber zur Kaffeemaschine, um sich einen Becher Kaffee einzugießen.

»Geh nach Hause«, sagte er.

»Also nicht schwul?«

»Nein.«

»Ich wollte nur noch mal betonen, dass Carrie deine Geschichte kennt und keine Probleme damit hat. Sie ist hübsch und witzig und …«

»Geh nach Hause!«

Er klang genervt. Irritiert nahm Ashley ihre Tasche.

»Heute Nacht hast du wirklich schlechte Laune, kann das sein? Gut, ich fahre jetzt. Aber über Carrie reden wir noch.«

»Hey! Du solltest besser Angst vor mir haben.«

Sie sah ihn an. »Echt?«

Seine Miene entspannte sich. »Nein. Ich würde dir nie was tun.«

»Weiß ich doch. Gute Nacht, Oscar.«

»Nacht.«

Ashley fuhr beschwingt nach Hause zurück, als sie den Wagen parkte, wurde sie jedoch wieder traurig. Seit über einer Woche ging sie Seth jetzt aus dem Weg. Aber irgendwann mussten sie das Thema mal anpacken. Die Sache war nur die, dass sie im Grunde nichts anderes sagen konnte als das, was sie bereits beim ersten Mal gesagt hatte, als sie sich übers Heiraten stritten.

Sie öffnete die Wohnungstür und rechnete damit, dass im Wohnzimmer nur eine einzige Lampe brennen würde, die Seth immer für sie anließ. Stattdessen war der Raum hell erleuchtet, und Seth saß auf dem Sofa. Offensichtlich wartete er auf sie.

»Du bist ja noch auf«, sagte sie überrascht. »Um die Uhrzeit. Du musst morgen doch arbeiten.«

»Du auch.« Er stand auf. »Du kommst schon die ganze Woche erst weit nach Mitternacht nach Hause, und morgens verschwindest du in aller Herrgottsfrühe.«

»Ich schlafe momentan nicht sonderlich gut.«

Er kam zu ihr und nahm ihr die Tasche ab, legte sie auf das Tischchen neben der Tür und zog sie in seine Arme.

»Es tut mir leid«, flüsterte er und drückte sie an sich. »Ashley, ich wollte dich nicht verletzen. Ich liebe dich. Bitte glaub mir. Ich entschuldige mich dafür, dass ich unser Gespräch über den Hauskauf so vermasselt habe. Ich hätte besser vorbereitet sein sollen, dann wäre das anders gelaufen.«

Seine Umarmung, sein vertrauter Körper, seine ernst gemeinten Worte – das alles sorgte dafür, dass ihre Spannung nachließ. Sie gab sich seiner Umarmung hin. Am liebsten würde sie die letzten paar Tage ausradieren und da weitermachen, wo sie aufgehört hatten.

Er zog sie aufs Sofa. Sie saßen sich gegenüber, er hielt ihre Hand.

»Wir müssen reden«, sagte er mit sanfter Stimme. »Ich möchte die Sache aus der Welt schaffen. Ich habe Mist gebaut, und das tut mir leid.«

Vorsichtiger Optimismus keimte in ihr auf. »Was bedeutet das?«

»Wir haben vorher nie über das Thema Ehe gesprochen. Wir haben über unsere gemeinsame Zukunft gesprochen, aber das

E-Wort fiel dabei nie.« Er lächelte kurz. »Deswegen war ich davon überzeugt – beziehungsweise hatte ich gehofft –, dass du an diesem ganzen Firlefanz nicht interessiert, sondern mit mir einer Meinung bist.«

»Dass ich eine ernst gemeinte Beziehung möchte, ohne zu heiraten«, sagte sie resigniert. Ihr Optimismus war dahin.

»Genau.« Er drückte ihre Hand. »Wir schaffen das auch so. Man kann das mit dem Haus testamentarisch regeln. Wenn einer von uns beiden stirbt, geht es automatisch an den anderen über. Wir erteilen uns gegenseitig Vorsorgevollmachten, dann sind wir zu hundert Prozent füreinander da. Für den Rest unseres Lebens.«

Sie entzog ihm ihre Hand. »Bis einer von uns faul wird. Was, wenn ich irgendwann schwanger werde? Ist das für dich immer noch kein Grund, zu heiraten?«

»Man muss doch nicht verheiratet sein, um Kinder zu haben.«

»Schon klar. Aber was bedeutet das für ein Kind? Wie soll es seinen Freunden erklären, dass Mommy und Daddy nicht verheiratet sind?«

Seth runzelte die Stirn. »Das ist heutzutage überhaupt kein Ding mehr. Ewig viele Eltern sind nicht verheiratet.«

»Weil sie sich nicht wirklich lieben.« Sie rutschte auf dem Sofa nach hinten. »Dein Hauptargument gegen das Heiraten ist doch, dass die Leute behäbig werden und sich nicht mehr um ihre Beziehung bemühen.«

»Genau«, sagte er vorsichtig.

»Und was ist zum Beispiel, wenn meine Schwangerschaft nicht gut verläuft? Wenn ich drei Monate lang nur kotze und ich all das, was du von mir erwartest, nicht tun kann? Wenn ich dreißig Pfund zunehme und nach der Geburt ein Jahr brauche, um wieder abzuspecken? Oder wenn ich die Pfunde gar nicht mehr loswerde? Fällt das dann schon unter die Kategorie Behäbig-Werden? Wirfst du mir dann vor, dass ich mich nicht genügend anstrenge oder es gar nicht wirklich versuche?«

»Du nimmst das alles viel zu wörtlich.«

»Aber deine Worte sind alles, an das ich mich halten kann. Ich verstehe ja, was du mit deinen Bedenken sagen willst. Klar kennen wir Paare, die sich gehen lassen. Doch so, wie du über Beziehungen zu denken scheinst, habe ich den Eindruck, dass alles sofort vorbei sein kann, wenn mal irgendwas nicht nach Plan geht. Ein schlechter Tag, und das war's. So kann ich nicht leben. Der Mensch, den man liebt, der eigene Partner, sollte jemand sein, bei dem man sich wohlfühlen und entspannen kann, bei dem man völlig man selbst sein darf, ohne sich unter Druck gesetzt zu fühlen oder die ganze Zeit beurteilt zu werden. Jemanden zu lieben, sich zu binden, heißt, dem anderen Raum zu geben, frei zu sein, sich um ihn zu kümmern, mehr noch als um sich selbst. Und wenn beide das tun, dann ist eine Ehe top.«

Er ließ die Schultern hängen. »Du siehst das alles zu emotional und zu wenig rational.«

»Aber wir reden doch hier von Liebe, Seth. Wir reden von Emotion.«

Er nahm ihre Hände und zog sie hoch.

»Du bist erschöpft«, sagte er und schob sie sacht in Richtung Schlafzimmer. »Du warst lange auf und zu sehr damit beschäftigt, mir aus dem Weg zu gehen und über alles nachzudenken. Schlaf dich erst mal aus. Ich bleibe heute Nacht hier auf dem Sofa. Wir sprechen in ein paar Tagen noch mal darüber, wenn wir beide ausgeruht sind.«

Sie wollte ihm sagen, dass es noch sehr viel zu besprechen gab, aber er hatte recht – sie war erschöpft.

»Danke.« Sie ging ins Schlafzimmer und schloss die Tür hinter sich. Inmitten dieser ganzen Kacke war er trotzdem so lieb zu ihr. Sie kapierte es einfach nicht. Wenn er so besorgt um sie war und sie um jeden Preis unterstützen wollte, wieso verstand er dann nicht, welche Wichtigkeit die Institution Ehe für sie hatte?

Darauf würde sie heute Nacht keine Antwort mehr finden. Jetzt musste sie erst mal schlafen.

12. Kapitel

Bree überflog den Verkaufsbericht und verglich die Verkaufszahlen mit denen aus dem Mai im Vorjahr. Etwas über ein halbes Jahr nach dem Umzug zeigte sich bereits, dass dieser Schritt ihrem Geschäft gutgetan hatte. Seit Januar hatte sich der Umsatz kontinuierlich gesteigert, im Mai waren es verglichen mit dem Vorjahresmonat gut achtunddreißig Prozent Plus.

Wie viel davon der neue Standort dazu beigetragen hatte und wie viel die Laufkundschaft, die über Mikkis und Ashleys Geschäftszweige kam, ließ sich nicht feststellen, doch das spielte im Grunde auch keine Rolle. *The Boardwalk Bookshop* lief jedenfalls besser als erwartet.

Darum hatte sie das Bestellvolumen entsprechend erhöht, worüber ihre Kundenbetreuerinnen glücklich waren. Am besten lief der Bereich Kinder- und Jugendbuch, aber auch die anderen Bereiche machten sich nicht schlecht.

Das Telefon klingelte.

»The Boardwalk Bookshop«, meldete sie sich, noch ganz begeistert wegen der guten Zahlen. »Sie sprechen mit Bree.«

»Hallo, Bree. Hier ist Idalina Gray. Wie geht es Ihnen?«

Ihrem freundlich-familiären Tonfall nach zu urteilen, schien die Anruferin sie zu kennen. Irgendwie kam Bree der Name auch bekannt vor. Wer war die Frau? Eine Fitnesstrainerin? Die Spinning-Kursleiterin? Ihre Pilates-Trainerin schied aus, das war Nicole. Vielleicht eine dieser unerträglich munteren Crossfit-Frauen, die …

»Die Pressebetreuerin Ihrer Mutter«, lieferte Idalina selbst die Erklärung in ihr Schweigen hinein.

»Ach ja.« Die PR-Agentin ihrer Mutter? Wieso? »Schön, von Ihnen zu hören.«

Von wegen, fügte sie stumm hinzu. Was wollte die Frau von ihr? Bree konnte sich nicht daran erinnern, wann sie zum letzten Mal mit ihr gesprochen hatte. Vor fünf oder sechs Jahren vielleicht? Und zu ihren Eltern hatte sie auch seit mindestens einem Jahr keinen Kontakt mehr. Zuletzt hatte sie sie auf Lewis' Beerdigung gesehen.

»Ich komme gleich zur Sache. Ihre Mutter würde gern in Ihrer Buchhandlung lesen«, eröffnete Idalina ihr.

»Warum?«

Ihre Mutter hatte vor Lewis' Tod nie einen Fuß in ihr Geschäft gesetzt und danach auch nur einmal kurz vorbeigeschaut. Ihre Eltern hatten nicht mal Lesungen in der Buchhandlung abgehalten, als sie sie noch selbst führten.

»Wie meinen Sie das, warum? Über Ihre Buchhandlung wurde in der New York Times berichtet, Sie haben einen exzellenten Ruf. Sie veranstalten regelmäßig Lesungen mit herausragenden Autoren, die jede Menge Publikum ziehen. Also, können Sie mir Terminvorschläge machen?«

»Nein«, sagte Bree schlicht. »Ich stimme keine Lesungstermine mit Ihnen ab. Wenn meine Mutter hierherkommen will, soll sie mich gefälligst selbst anrufen.«

Einige Momente Schweigen, schließlich murmelte Idalina: »Ich werde es ausrichten.« Dann legte sie auf.

Bree knallte den Hörer auf. »Danke, dass du mir den Tag versaut hast«, schrie sie das Telefon an. »Vor deinem Anruf hatte ich gute Laune.«

»Klopf, klopf.« Mikki stand in der Tür.

»Was ist?«, zischte Bree, riss sich jedoch zusammen. »Entschuldige. Ich hab mich gerade über was geärgert. Hat nichts mit dir zu tun.«

Mikki setzte sich auf den Besucherstuhl. »Was ist denn passiert? Und sag jetzt bloß nicht, alles ist gut. Wir wissen beide, dass das gelogen wäre. Und wenn du nicht sofort mit der Sprache rausrückst, mache ich einen auf meine Mom – und das will keine von uns.«

Rührend, diese Mischung aus Sorge und Respektlosigkeit. Bree lächelte und deutete aufs Telefon. »Mich hat gerade die Pressefrau meiner Mutter angerufen. Sie will hier eine Lesung mit ihr veranstalten. Von wegen.«

Mikki sah sie überrascht an. »Moment mal. Deine Mutter ist Autorin? Das wusste ich gar nicht. Du redest ja nie über deine Familie. Wirklich? Deine Mutter ist Schriftstellerin? Echt jetzt?«

»Ja, und mein Vater auch. Sagen dir die Namen Naomi und Gearard Days was?«

»Schon mal gehört«, sagte Mikki unsicher. »Obwohl … Doch, warte mal. Gelten sie nicht als Ikonen der Literatur und sind superbekannt?« Ihre Freundin starrte sie an. »Das sind deine Eltern? Die beiden sind doch totale Erfolgsautoren. Aber du führst nicht die Art von Literatur, die sie schreiben. Jetzt kapier ich's. Die ultimative Ablehnung dessen, was sie tun und wer sie sind. Wow. Das schreit geradezu nach einer Therapie, meine Liebe.«

»Hab ich schon versucht, war zwecklos.«

»Mein Tipp, versuch's noch mal. Ich meine – deine Eltern. Also leben sie noch?«

»Ja, sie wohnen in Manhattan. Außerdem haben sie ein Sommerhaus in den Hamptons und ein Ferienhäuschen in der Schweiz. Dort schreibt mein Vater. Das ist die einzige Zeit, in der die beiden voneinander getrennt sind. Sie lieben sich immer noch wie am ersten Tag. Da war ein Kind natürlich ein erheblicher Störfaktor. Vorbei war es mit der Zweisamkeit. Tja, und deswegen haben wir so gut wie keinen Kontakt.«

»Ich bin geschockt«, sagte Mikki. »Das muss ich mal eben verarbeiten. Siehst du die kleine Sanduhr über meinem Kopf?« Sie hielt kurz inne. »Also stehst du keinem der beiden nahe?«

»Nein. Komischerweise habe ich die Vernachlässigung durch meinen Vater als natürlicher empfunden, falls das irgendwie nachvollziehbar ist. Ich hatte meistens den Eindruck, dass er sich immer erst erinnern musste, wer ich eigentlich bin, wenn ich sein Zimmer betrat. Mom dagegen interessierte sich überhaupt nicht für mich.«

»Wir geben immer unseren Müttern die Schuld«, murmelte Mikki.

»Halt die Klappe.«

Ihre Freundin lächelte. »Du hasst deine Mom also. Ich verstehe. Und wann hat sie zum letzten Mal in der Buchhandlung gelesen?«

»Noch nie. Es war ihr nie wichtig. Als Lewis den Laden führte, gab es nicht genug Kunden, er hatte kein hohes Prestige. Bei meinen Eltern muss natürlich alles perfekt sein, wenn es um die Vorstellung ihrer Werke geht. Deswegen weiß ich gar nicht, warum sie jetzt zu mir kommen will.«

»Hat sie denn ein neues Buch geschrieben?«

Bree wusste es nicht einmal. Sie fragte die Suchmaschine in ihrem Computer, dann schüttelte sie den Kopf. »Das letzte ist vor einem halben Jahr erschienen. Sie kann unmöglich noch damit auf Lesetour sein.« Sie überflog die Website und scrollte dabei herunter. »Die Rezensenten überschlagen sich. Es soll ihr bisher bester Roman sein.«

»Ich hasse sie trotzdem«, sagte Mikki.

Nicht gerade eine erwachsene Reaktion von ihrer Freundin. Bree freute sich dennoch über die Solidarität. »Danke.«

»Und jetzt? Wirst du sie einladen?«

»Ich habe ihrer PR-Frau gesagt, meine Mutter kann sich selbst bei mir melden, wenn sie was will.« Bree erhob sich. »Und glaub mir, das wird nie passieren.«

Mikki stand ebenfalls auf. »Und wenn doch, sag Bescheid. Wir werden dich vor ihr beschützen.«

»Nicht nötig.«

Mikki umarmte sie, was Bree überraschend tröstend fand.

»Natürlich ist es nötig«, murmelte Mikki. »Sie ist deine

Mutter. Sie ist der Mensch auf diesem Planeten, der es am besten beherrscht, dein Herz in kleine Stücke zu zerteilen und sie dir als Törtchen zu servieren.«

»Was für ein ekelhaftes Bild.«

»Ja, mir geht's nicht um Kannibalismus. War irgendwie falsch ausgedrückt. Du weißt ja, was ich meine.«

»Auf jeden Fall.«

»Danke, dass du extra so früh aufgestanden bist«, sagte Ashley zu ihrem Bruder, als sie ihm und sich selbst einen Kaffee eingoss.

Sie hatte ihn gefragt, ob sie vorbeikommen könne, doch jetzt wünschte sie, sie hätte ihn nie darum gebeten. Natürlich wusste sie, dass ihre Geheimnisse bei ihm sicher waren. Aber sie hatte keine Ahnung, wie sie ihre Situation schildern sollte, ohne wie ein totaler Trottel dazustehen. Sie liebte einen Mann, der sie nicht heiraten wollte. Das war nicht gerade etwas, auf das man stolz sein konnte.

Harding sah zerknittert aus, als wäre er nur wenige Minuten vor ihrer Ankunft aus dem Bett gestiegen. Er war barfuß und trug eine Schlabberhose und ein T-Shirt. Bevor er sich seinen Kaffee nahm, streckte er sich und lächelte sie an.

»Das ist doch nicht früh. Donnerstags ist es früh, wenn ich zum Surfunterricht gehe.«

Ashley setzte sich an den kleinen Küchentisch. Sie lachte. »Da stehst du gern so früh auf, weil Bree dann ihren Surfkurs hat und du Zeit mit ihr verbringen kannst. Du stalkst sie also auf gewisse Weise. Sehr albern.«

»Das ist es mir wert, für sie albern zu sein.«

Sie sah ihn überrascht an. »Hältst du das wirklich für eine gute Idee? Erstens – bitte nicht beleidigt sein – ist ein Mann relativ unattraktiv für eine Frau, wenn sie ihn albern findet. Und zweitens will Bree doch gar keine Beziehung, das hat sie mehr als einmal klargemacht. Du solltest vielleicht besser zuhören, wenn jemand etwas sagt.«

Irgendwie hatte Ashley das Gefühl, dass sie sich gerade selbst ermahnte. Nicht sehr tröstlich, diese Vorstellung.

»Das Risiko gehe ich ein«, sagte er. »Wie gesagt, Bree ist es wert.«

»Wie lautet dein Ziel?«

»Zwei Kinder und eine Hypothek aufs Haus.«

Sie wusste, dass er das nicht ernst meinte. Trotzdem traf seine Bemerkung sie, und plötzlich hatte sie Tränen in den Augen. Sie drehte rasch den Kopf weg, er hatte jedoch schon mitbekommen, was los war.

»Hey, Schwesterchen«, sagte er liebevoll. »So besorgt kannst du doch meinetwegen nicht sein. Was ist los mit dir?«

»Es ist nicht deinetwegen.« Sie lachte gezwungen. »Sondern meinetwegen.«

Er setzte seine »Ich-hab-alle-Zeit-der-Welt«-Miene auf.

Sie tranken ihren Kaffee, während Ashley versuchte, die richtigen Worte zu finden.

»Du darfst es aber nicht Mom und Dad sagen«, begann sie. »Das meine ich ernst. Sie würden es nicht verstehen, und alles wird sich ändern und …«

»Hat er dich etwa geschlagen?«

»Was?« Sie starrte ihren Bruder an, der merkwürdig ruhig wirkte. Was für ein Pokerface, dachte sie. Nach außen völlig gelassen und innerlich vermutlich kurz davor, Seth in Stücke zu reißen.

»Nein, er hat mich nicht geschlagen. Und er hat mich auch nicht angeschrien. Nichts dergleichen.«

Sie umklammerte ihre Tasse. »Zwischen uns ist eigentlich alles gut. Ehrlich. Im Herbst fahren wir nach Whistler, um in einem schicken Hotel unseren ersten Jahrestag zu feiern … den Tag, an dem wir uns zum ersten Mal unsere Liebe gestanden haben.« Sie sah Harding an. »Ich bin davon ausgegangen, dass er mir dort einen Antrag machen würde.«

»Aber das wird er nicht?«

»Nein.«

Sie erzählte ihm von ihrem Gespräch, von dem Haus und seinem Kinderwunsch. Und von seiner Weigerung, sie zu heiraten – aus besagten Gründen, die sie nun wiederzugeben versuchte. Als sie zu Ende erzählt hatte, leerte Harding seine Tasse in einem Zug.

»Was denkst du darüber?«, fragte er.

Wieder kamen ihr Tränen. »Ich liebe einen Mann, der mich nicht heiraten will.«

»Aber glaubst du ihm, dass er dich liebt?«

»Ich weiß es nicht. Bisher schon.«

Harding sah sie an. Noch einmal fragte er: »Glaubst du ihm, dass er dich liebt?«

Ashley spürte in sich hinein. Seth war in allen Belangen des Lebens der Mann, den sie wollte. Er war fleißig, fürsorglich, freundlich, klug, witzig. Er behandelte sie gut und machte vor niemandem ein Geheimnis daraus, dass er sie anbetete.

»Ja, er liebt mich.«

»Und du liebst ihn.«

»Jetzt ein bisschen weniger.«

Darauf ging Harding nicht ein. »Du musst deine Gefühle außen vor lassen, um die ganze Sache rational zu beurteilen. Hältst du es nicht für möglich, dass man sich zueinander bekennen kann, ohne zu heiraten?«

»Natürlich. Und alles andere lässt sich juristisch regeln. Aber darum geht es nicht.«

»Worum dann? Seth bietet dir alles, was du haben möchtest.«

»Nur nicht die Ehe. Ich möchte heiraten, verstehst du nicht?«

»Aber wieso? Du bist doch niemand, der auf diese durchgeplanten Hochzeitsfeiern steht. Ich habe dich auch noch nie von einem tollen Brautkleid oder einem romantischen Honeymoon schwärmen hören.«

»Das heißt aber nicht, dass ich nicht gern einen Ehering am Finger hätte. Man heiratet, das gehört sich einfach so. Wenn man verliebt ist und für immer zusammenbleiben will, heiratet man. Es ist ein gesellschaftliches Ding.«

»Und Seth will nicht heiraten.«

Sie stöhnte. »Genau deswegen wollte ich ja deinen Rat, was ich tun soll. Aber inzwischen bereue ich es fast, dass ich hergekommen bin.«

»Du siehst das Ganze zu emotional. Du willst nur heiraten, weil es angeblich die Gesellschaft erwartet. Wieso sind dir solche Konventionen neuerdings wichtig? Du hast dich doch auch sonst nie an die üblichen Spielregeln gehalten. Du hast einen tollen Job geschmissen, um dich mit deiner Bäckerei selbstständig zu machen. Du beschäftigst zwei ehemalige Straftäter. Du hast nicht eine Sekunde gezögert, eine Geschäftsgemeinschaft mit Mikki und Bree einzugehen, ohne dass du die beiden näher kanntest. Du warst immer schon stark und jederzeit bereit, ein Risiko einzugehen.«

Er drückte ihr aufmunternd die Hand. »Wieso ist es dir so wichtig, zu heiraten? Was macht das für einen Unterschied für eure Beziehung?«

Sie machte sich von ihm los. »Ich kann das nur schwer erklären.«

»Genau das meine ich. Solange du nicht in der Lage bist, deine Gründe zu benennen – bis auf die Tatsache, dass ›sich das so gehört‹ –, kannst du nicht mit Seth argumentieren. Seine Perspektive ist eine völlig andere, und du solltest versuchen, seinen Standpunkt zu verstehen. Und er sollte sich bemühen, deinen Standpunkt zu verstehen. Erst dann könnt ihr gemeinsam entscheiden, was für euch das Wichtigste ist.«

Das klang zwar klug, aber Ashley hatte wenig Hoffnung. »Wenn Bree zu dir käme und dir sagen würde, dass sie dich liebt und mit dir eine Familie gründen möchte, ohne zu heiraten – würdest du dich darauf einlassen?«

»Ja.«

»Einfach so?«

»Ja. Ich will Bree nicht verlieren. Wenn das ihre Bedingung wäre, hätte ich nichts dagegen.« Er zuckte mit den Schultern. »Wäre es mir lieber, sie zu heiraten? Klar. Ich würde gern vor dem Altar mit ihr stehen und vor Gott und der Welt Ja sagen. Das ist die Frau, mit der ich mein Leben teilen möchte. Für immer. Denn ich finde, ich gehöre zu ihr und sie zu mir. Aber wenn sie das nicht wollen würde, auch egal. Hauptsache, sie wäre an meiner Seite. Dann hätte ich alles, was ich will.«

Sie sah ihn misstrauisch an. »Das meinst du doch hoffentlich metaphorisch. Du hast dich nicht in sie verliebt.«

Harding lächelte. »Noch nicht.«

»Du nervst so dermaßen.« Ashley seufzte. »Ich kann mir selbst nicht erklären, wieso ich so unbedingt heiraten will.«

»Tja. So ist es nun mal.«

»Vielleicht nehme ich seine Abneigung gegen das Heiraten auch persönlich. Weil ich denke, es liegt an mir. Eine andere würde er heiraten, nur mich nicht.«

»Das ist jetzt nicht dein Ernst, oder?«

»Ich meine … Ich weiß ja, dass er mich liebt. Aber irgendwie habe ich immer das Gefühl, es liegt an mir, wenn wir auf das Thema zu sprechen kommen.« Sie lächelte schwach. »Du hast recht. Ich muss mir darüber klar werden, was ich wirklich will. Ganz emotionsfrei.«

In der Theorie mochte es funktionieren, doch im echten Leben?

Harding stand auf und zog sie hoch. »Hab ein wenig Vertrauen in den Mann und mehr Vertrauen in dich selbst. Das wird schon. Und falls sich herausstellen sollte, dass der Typ nur eine Luftnummer ist, ziehe ich ihm mit meinem Surfbrett eins über.«

Sie lachte – und brach plötzlich in Tränen aus. Harding nahm sie in den Arm. Ihr großer Bruder war zum Glück immer für sie da. Und das würde sich auch niemals ändern.

»Da ist ein gut aussehender Mann auf der Suche nach dir«, verkündete Lorraine mit gepresster Stimme.

Mikki hatte kurz den Anflug eines schlechten Gewissens, als sie hinter ihre Schwiegermutter schielte und Duane an der Kasse stehen sah. Der Anblick seiner breiten Schultern und seines fröhlichen Lächelns versetzte sie in eine gewisse erotische Stimmung – wovon Lorraine nicht unbedingt etwas mitbekommen sollte.

»Das ist Duane«, erklärte sie möglichst neutral.

Lorraine warf ihr einen irritierten Blick zu. »Ich wusste gar nicht, dass du dich mit jemandem triffst.«

Noch mehr Schuldgefühle. »Tja. Äh. Tut mir leid.« Sie ließ Duane nicht länger warten. »Hi. Du in meinem Laden!«

»Ja.« Er lächelte sie an. »Ist hoffentlich okay!?«

Sie lachte. »Natürlich. Wer sollte dir das verbieten? Aber überrascht bin ich schon.«

»Ich wollte einfach nur mal sehen, wo du arbeitest. Dann sind meine Fantasien von dir ein bisschen konkreter.«

»Deine Fantasien?«

Er flüsterte ihr zu: »Ich denke ununterbrochen an dich. Ich kann mich auf nichts anderes mehr konzentrieren.«

Oh. Dazu fiel ihr so schnell nichts ein. Aber so was hörte man gern.

»Also dann – das ist mein Laden«, erklärte sie und hoffte, dass ihre Stimme möglichst normal klang. »Hier verkaufe ich meine, ähm, Sachen.«

»Sehr schön. Deine Handschrift ist klar erkennbar.« Er sah sich um. »Angenehm und einladend und auch ein wenig überraschend.« Er wandte sich wieder ihr zu. »Kannst du kurz mit rauskommen? Ich wollte dich was fragen.«

»Na klar.«

Sie zögerte. Sollte sie Lorraine Bescheid sagen oder nicht? Bis zu Duanes plötzlichem Auftauchen war es kein Problem für sie gewesen, dass ihre Ex-Schwiegermutter für sie arbeitete.

Jetzt fühlte sie sich mit einem Mal unwohl mit dieser Konstellation.

Lorraine wird schon merken, dass ich nicht da bin, dachte sie dann und folgte ihm nach draußen.

Es war ein heißer und sonniger Nachmittag, der Strand war überfüllt. Duane deutete auf eine Bank im Schatten vor dem Gebäude nebenan. Sie setzten sich.

»Und? Hast du einen schönen Tag?«, erkundigte sie sich.

»Ja. Auch wenn ich schon heute Morgen um drei Uhr eine Telefonkonferenz hatte. Diese Zeitunterschiede sind manchmal ein echter Killer.«

»Was, um drei Uhr morgens?«

»Ja. In den Semesterferien kümmere ich mich intensiver um mein Ehrenamt bei der NGO«, erklärte er.

»Und wirtschaftsökonomische Entwicklungsstrategien richten sich nicht nach Zeitunterschieden, schätze ich mal.«

»So ist es. Hör zu. Ich wollte dich wegen eines ›Ladies-Know-Wine‹-Events was fragen.«

»Steht etwa eine Weinprobe an? Eigentlich bin ich im Verteiler. Ich hab gar keine Mail bekommen.«

»Nicht hier in der Gegend.« Er sah sie an. »In Monterey. Eine Wochenend-Veranstaltung. Ich dachte, wir könnten vielleicht zusammen hinfahren.«

Nach Monterey? Für ein langes Wochenende? Zu zweit? Nur sie und er?

Konnte sie sich das vorstellen? Wollte sie das?

Sie mochte Duane sehr, und sie fand seinen Körper aufregend, und natürlich war der Gedanke verlockend. Aber war sie schon bereit dafür?

Sex war eine komplizierte Angelegenheit. Die ganzen Vorbereitungen … Zuerst musste sie mal dringend zwanzig Pfund abnehmen und sich neue Wäsche kaufen und zum Waxing gehen. Außerdem war es Urzeiten her, dass sie mit einem Mann geschlafen hatte. Sie wusste gar nicht, ob sie das noch konnte. Allein der Gedanke machte sie nervös und war irgendwie beängstigend und …

»Stopp«, sagte er. »Hör erst mal zu, bevor du dich verrückt machst.«

»Ich mach mich nicht verrückt. Ich bin ganz ruhig. Ich bin gerade ein Felsblock.«

»Ja, das nehme ich dir auch total ab. Du müsstest mal dein Gesicht sehen.« Duane nahm ihre Hände. »Zwei Hotelzimmer. Obwohl ich super gern mit dir Sex haben möchte – wir sollten nichts überstürzen. Ich möchte dich nicht verschrecken. Kein Sex, einfach ein entspanntes Wochenende zu zweit. Was hältst du davon?«

Enttäuschung und Erleichterung hielten sich die Waage. Doch die Erleichterung gewann die Oberhand, sodass Mikki halbwegs locker antworten konnte: »Das klingt gut.«

»Zwei Zimmer? Du und ich? Wein-Event?«

Sie lächelte. »Alles.«

Er nannte ihr das Datum. »Es ist schon in zwei Wochen. Zu früh?«

Ich werde die Nahrungsaufnahme sofort einstellen, dachte sie. »Perfekt. An dem Wochenende hat Perry die Kinder. Ich bin also frei.«

»Hervorragend.« Er küsste sie sanft. »Ich organisiere die Eintrittskarten und das Hotel. Das wird schön.« Dann flüsterte er ihr noch ins Ohr: »Du kannst ja Earl mitbringen, dann kann es doch zur Sache gehen.«

Sie schob ihn lachend weg. »Earl bleibt besser mal zu Hause.«

»Trotzdem freue ich mich darauf, irgendwann seine Bekanntschaft zu machen.«

»Vergiss es.«

Duane erhob sich. »Ich kann sehr überzeugend sein, weißt du.«

Er brachte sie zurück zum Laden, wo er sie zum Abschied noch einmal küsste. »Ich schick dir die Details per SMS.«

»Ich freu mich drauf.«

Nachdem er gegangen war, schwebte sie praktisch an ihren Arbeitsplatz. Sofort kam ihre Ex-Schwiegermutter auf sie zu.

»Ihr scheint euch ja ziemlich gut zu kennen.«

Mikki landete unsanft wieder auf der Erde. »Tun wir.«

Was sollte sie dazu sagen? Es erschien ihr überflüssig, darauf hinzuweisen, dass sie und Perry seit drei Jahren geschieden waren. Perrys häufig wechselnde Freundinnen anzusprechen, war sicher auch nicht klug.

»Ich war lange genug allein«, erklärte sie stattdessen. »Es wird Zeit, dass ich mich nach einem neuen Partner umsehe. Ich will auf keinen Fall enden wie meine Mutter. Ich möchte die nächsten fünfzig Jahre meines Lebens nicht allein verbringen.«

Lorraine sah sie niedergeschlagen an. »Natürlich hast du jedes Recht, dich mit anderen Männern zu treffen. Nur hatte ich immer die Hoffnung, dass du und Perry wieder zueinanderfinden würdet. Schon wegen der Kinder. Außerdem hat eure Ehe doch überwiegend funktioniert.«

Mikki umarmte sie. »Tut mir leid. Ich will dir nicht wehtun, aber das möchten wir beide nicht. Zwischen Perry und mir ist alles gut so, wie es ist.«

»Ich weiß. Ich benehme mich albern.« Lorraine tätschelte ihren Arm. »Ich freu mich für dich.«

»Danke.«

Lorraine nickte und ließ sie stehen. Mikki fand, dass sie nichts falsch gemacht hatte. Aber dass ihre Ex-Schwiegermutter Perry erwähnt hatte, kratzte irgendwie an ihrem Glücksgefühl. Hoffentlich würde das Wochenende mit Duane das wieder ändern.

13. Kapitel

Bei dem Restaurant handelte es sich um eines der kleinen Lokale in der Nachbarschaft, es gab einen Innenhof und eine bunte Auswahl an Gerichten. Der Laden war gut besucht, sodass man davon ausgehen konnte, dass das Essen gut war. Andererseits war es nicht so überfüllt wie die angesagten, wichtigtuerischen Restaurants. Als Bree aus dem Taxi stieg, sah sie, dass Harding vor dem Eingang wartete.

Er sieht gut aus, dachte sie. Sie freute sich, ihn zu sehen, ärgerte sich aber gleichzeitig auch ein bisschen über sich selbst, weil sie seine Essenseinladung einfach so akzeptiert hatte. Sie waren schließlich kein Paar – wieso also sollte sie noch mehr Zeit mit ihm verbringen? Trotzdem war es ihr unmöglich gewesen, ihm seinen Wunsch abzuschlagen. Sie hatte es sich sogar erspart, sarkastisch zu werden, als sie zugesagt hatte.

Als er sie entdeckte, fing er an zu strahlen. Sofort kam er auf sie zu. Sie zwang sich, stehen zu bleiben. Dummerweise gelang es ihr nicht, ihre Coolness durchzuziehen. Sie fiel ihm in die Arme und drückte ihn fest, denn sie hatte ein starkes Bedürfnis danach, seinen Körper zu spüren.

Seine schlanke, athletische Erscheinung fand sie sehr attraktiv. Ihr fiel die Szene am Strand wieder ein, als er nach dem Surfkurs bibbernd vor ihr gestanden und sie ihn aus seinem Neopren geschält hatte, um ihn mit dem Handtuch warm zu rubbeln. Trotz aller Erschöpfung hatte er noch Witze gerissen. Sie dachte an seine Narben und an sein Hinken und daran, wie er sich um sie bemühte. Sein gutes Herz und sein Idealismus waren tödlich für sie – genau wie seine Küsse.

»Du bist so wunderschön«, sagte er zur Begrüßung. »Absolut nicht meine Liga.«

»So schlecht siehst du doch gar nicht aus.«

Er lachte aus vollem Herzen.

»Nicht so schlecht?«, fragte er, als sie das Restaurant betraten. »Also nicht atemberaubend gut, aber gut genug, dass du dich mit mir nicht schämen musst?«

»Genau so.«

»Puh. Damit kann ich leben.«

Er nannte der Restaurantleiterin seinen Namen, und sie geleitete sie zu einem Tisch im Innenhof. Am Himmel zeigten sich letzte Streifen von Pink, und die Heizstrahler standen schon parat, falls es nach Sonnenuntergang zu kühl werden sollte. Richtig kalt wurde es in Los Angeles aber zum Glück nie.

Sie nahmen gegenüber voneinander Platz. Harding beugte sich zu ihr. »Was hast du heute Schönes gemacht?«

»Bücher verkauft.«

»Hast du dabei an mich gedacht?«

Hatte sie – wollte sie aber nicht zugeben. Es tat ihr nicht gut, wenn sie anderen Menschen zu nahekam – auch wenn sie manchmal Ausnahmen machte wie bei Mikki und Ashley. Als Geschäftspartnerinnen hatten sie viel miteinander zu tun, da war Distanziertheit fehl am Platz und verkomplizierte die Dinge nur unnötig. Dennoch hatte sie einen Schutzwall um sich errichtet und verbarg ihre wahren Gefühle vor anderen. Nur leider hatte sie die Vermutung, dass Harding diesen Schutzwall einreißen wollte. Er wollte in ihre Seele vordringen, ihre Geheimnisse ergründen und ihr seine eigenen anvertrauen. Er wollte, dass sie ihr Leben miteinander teilten, wünschte sich eine Beziehung. So jemand war Harding.

»Ich kann dir nicht damit dienen, deine Erwartungen zu erfüllen«, erklärte sie.

»Vielleicht bin ich ja total oberflächlich und nur deshalb an dir interessiert, weil du so heiß aussiehst und vermutlich eine Granate im Bett bist.«

Bree lächelte. »Für so geistlos halte ich dich nicht. Leider.« Sie lehnte sich zurück. »Und was hast *du* heute gemacht?«

»Ein ehemaliger Klassenkamerad hat sich überraschend bei mir gemeldet. Er betreibt inzwischen eine Firma für Webdesign und hat mir ein paar Vorschläge unterbreitet, wie wir die OAR-Internetseite aktualisieren könnten.«

»Er braucht also einen Job.«

»Ja.«

»Und? Was hast du gesagt?«

»Dass wir jemanden haben, der unsere Website betreut. Ich werde ihm aber Bescheid sagen, falls sich das ändert. Außerdem konnte ich ihm ein paar Unternehmen nennen, bei denen er es auch noch versuchen kann.«

»Habt ihr euch denn seit der Highschool mal gesehen?«

»Ein- oder zweimal. Wir waren aber nie Freunde, wenn du das meinst.«

»Er war also keiner von denen, die dir nach dem Unfall zur Seite gestanden haben?«

Harding verzog keine Miene. »Nein. Er ist einer von der Sorte, die unangenehme Situationen lieber meiden.«

»Menschen vermeiden immer das, wovor sie Angst haben. In diesem Fall war das wohl, dass du vielleicht nicht mehr laufen konntest.«

»Nicht jeder kann mit schwierigen Situationen gut umgehen. Das ist aber in Ordnung.«

Sie gaben ihre Getränkebestellung auf.

»Trotzdem will er jetzt was von dir«, stellte Bree fest. »Findest du das nicht ein bisschen egoistisch?«

»Ich fälle kein Urteil über andere Menschen.«

»Macht doch jeder. Hast du denn noch Freunde aus der Schulzeit?«

»Ein paar.«

»Und Freundinnen?«

Irgendwie hatte sie erwartet, dass ihn die Frage zum Lachen bringen würde. Aber er seufzte nur. »Als ich den Unfall hatte, war ich in einer festen Beziehung.«

Bree wünschte, sie hätte nicht gefragt. Seiner Reaktion war zu entnehmen, dass die Geschichte damals nicht gut ausgegangen war.

Die dumme Kuh, dachte sie. Wer verlässt denn jemanden, der einen schweren Unfall erlitten hat? Wie ekelhaft egoistisch und gemein.

»Sie hat mich jeden Tag besucht«, fuhr er schulterzuckend fort. »Ganz treu, sie war mir eine echte Stütze. Sie wechselte sich mit meiner Familie mit den Besuchen ab, sodass ständig jemand bei mir war. Sie las mir vor, fütterte mich, sagte immer wieder, dass es mir bald besser gehen würde. Und sie sagte auch, ich wäre stark genug, um das alles zu überstehen.«

»Oh.« Bree änderte sofort ihre Meinung über die Unbekannte. »Das klingt nach einer tollen Freundin.«

»Das war sie. Und ich merkte, dass sie sich mehr und mehr in mich verliebte. Sie war drauf und dran, für immer bei mir zu bleiben – ganz egal, wie es mit mir weitergehen würde. Sie war stark.«

»Und was ist dann passiert?«

Er sah sie an. »Ich hab Schluss gemacht.« Er hielt eine Hand hoch. »Nicht aus Altruismus. Ich wollte sie nicht vor einer falschen Entscheidung retten oder den Helden spielen. Nur lag mir einfach nicht so viel an ihr wie ihr an mir, und irgendwann nervte es mich, dass sie jeden Tag bei mir rumhing. Ich hatte keine fünf Sekunden für mich. Dauernd mischte sie sich in alles ein, selbst in meine Physiotherapie-Einheiten. Sie war regelrecht besessen von meiner Heilung, das war lästig.«

Bree hatte etwas völlig anderes erwartet und brach in schallendes Gelächter aus. Sie konnte gar nicht mehr aufhören zu lachen.

»Schäm dich«, sagte sie und versuchte, sich zu beruhigen. »Das arme Mädchen war bereit, alles aufzugeben, nur um bei dir zu bleiben. Und du undankbarer Mensch wusstest das nicht zu schätzen?«

»Sie hatte so ein durchdringendes Lachen. Nicht meine Schuld.«

»Das meine ich«, sagte Bree. »Du fällst also doch ein Urteil über andere. Ich wusste es. Übrigens kannst du unbesorgt sein – ich werde mich garantiert niemals um dich kümmern, versprochen. Du bist zu undankbar.«

»Ich wäre über alle Maßen dankbar, wenn *du* dich um mich kümmern würdest.«

Der Kellner kam mit ihren Getränken. Weil Bree nicht fahren musste, hatte sie sich für einen Wodka Twist Martini entschieden.

»Frag mich ruhig nach Lewis«, sagte sie zu ihrer eigenen und vermutlich auch zu Hardings Überraschung. »Es interessiert dich doch.«

»Was sollte ich Spannendes über ihn erfahren? Außer der Tatsache, dass er Schriftsteller war, was du bei Männern nicht magst. Was ich einigermaßen verwirrend finde.«

»Er war schon älter«, sagte sie. »Weltgewandt, wie ich damals glaubte. Nicht im Sinne von weit gereist, sondern auf eine selbstgefällige, belesene, überhebliche Weise, die man eigentlich hätte verabscheuen sollen, die mich aber irgendwie faszinierte.«

»Sah er besser aus als ich?«

Sie sah ihn an. »Ja«, log sie.

»Verdammt. Ich dachte, wenigstens damit könnte ich punkten.«

Sie lächelte. »Du hast andere Qualitäten.«

»Nämlich?«

»Du erinnerst mich nicht an meine Eltern.«

»Tat er das?«

»Auf gewisse Weise, ja.« Sogar in mehrfacher Hinsicht, dachte sie. »Auch er ignorierte mich und machte mich klein, das kannte ich gut von zu Hause. Aber ich war ihm verfallen. Ich hoffte, von ihm zu bekommen, was meine Eltern mir nie gegeben haben: Aufmerksamkeit und Liebe. Gleichzeitig habe ich damit gerechnet, dass das nie funktionieren würde und ich also gar nicht erst enttäuscht sein könnte. Klingt das nachvollziehbar?«

»Ja. Wir folgen immer bestimmten Mustern.«

»Eines Tages sah er mich an, vor sich eine Kiste mit Büchern, und machte mir eine Liebeserklärung.«

Sie erinnerte sich, wie geschockt sie gewesen war. Und wie glücklich. Er hatte sie geküsst, und da war es um sie geschehen.

»Mit Lewis hatte ich alles, was ich mir wünschte«, fuhr sie fort. »Den intellektuellen, literarischen Mist, den man mir in meiner Erziehung gepredigt hatte, und einen Mann, der mich vergötterte. Endlich war da jemand, der sich etwas aus mir machte.«

»Er war also unwiderstehlich.«

»Damals ja.«

Sie hatte kurz vor ihrem Abschluss in BWL gestanden und eigentlich geplant, einen Job in New York oder London anzutreten. Aber die Liebe zu Lewis machte ihr einen Strich durch die Rechnung. Sie blieb und fing an, in seinem Buchladen zu arbeiten.

»Du hast ihm deine Karriere geopfert.«

»Tja. Nur leider habe ich das nicht so gesehen. Ich war glücklich. Meine Eltern waren sehr beeindruckt, als ich ihn ihnen vorstellte.« Sie leerte ihr Glas. »Meine Mutter nahm ihn zur Seite und fragte ihn, ob er sich wirklich sicher sei, dass er mich heiraten wolle. Sie hätte den Eindruck, ich sei nicht sein Typ.«

Tatsächlich hatte Naomi ihm gesagt, sie, Bree, sei nicht gut genug für ihn. Aber das war eins dieser Geheimnisse, die sie Harding nicht anvertrauen würde.

»Wir heirateten, und ich war glücklich wie noch nie. Er schrieb, und ich führte die Buchhandlung.«

»Kinder?«

»Dafür war Lewis nicht der Typ.«

»Und du?«

Damals wäre sie es gewesen, aber jetzt? »Nicht so mein Ding.«

»Wieso nicht? Du wärst bestimmt eine gute Mutter.«

»Woher willst du das wissen?« Eins war ihr jedenfalls klar, ihr eigenes Kind sollte nicht so über sie denken, wie sie über ihre Mutter dachte.

»Und dann wurde Lewis krank?«, fragte Harding, um das Thema zu wechseln.

»Nein, er ließ sich von mir scheiden.«

Harding sah sie überrascht an. Der Kellner kam und betete die Tagesspezialitäten herunter. Sie entschieden sich, und Harding wählte einen Wein aus. Als der Kellner verschwunden war, wartete er gespannt darauf, wie ihre Geschichte weiterging.

»Er sagte einfach, er würde mich nicht mehr lieben«, erklärte Bree und ersparte sich zu erwähnen, wie sehr sie dieser Satz getroffen hatte. Für sie war damals eine Welt zusammengebrochen. Sie war völlig verloren gewesen und verwirrt und hätte alles getan, damit er seine Meinung änderte. Doch das sah sein Plan nicht vor.

»Es wäre schon länger so, sagte er. Er fände mich einfach nicht mehr interessant.« Warum hatte sie nicht noch einen Drink bestellt? »Ich hatte keine Ahnung, dass er so unglücklich mit mir war. Denn ich war noch genauso verliebt in ihn wie am ersten Tag.«

»Und was hast du dann gemacht?«

»Ich bin ausgezogen. Das Haus und die Buchhandlung gehörten ihm. Ohne ihn hatte ich nichts. Ein kleines Bankkonto, einen Treuhandfonds, den meine Eltern für mich angelegt hatten. Also mietete ich mir eine Wohnung, in der ich mich ein Jahr lang versteckte. Meine Mutter behauptete natürlich, das hätte sie nicht überrascht. Ich sollte froh sein, dass er so lange bei mir geblieben ist.« Sie lächelte gekünstelt. »Ich wäre ja nie gut genug für ihn gewesen.«

»Ich versuche, über Menschen, die ich nicht kenne, nicht schlecht zu denken. Aber deine Mutter mag ich nicht, glaube ich.«

»Sie würde dich um den kleinen Finger wickeln.«

»Glaub ich nicht.«

Bree trank einen Schluck Wasser. »Ich habe dann einen Job bei einer Bank bekommen, saß am Schalter. Die Rückkehr ins normale Leben.«

Mit der Zeit war ihr klar geworden, dass es nicht das Ende ihrer Ehe war, was sie so fertiggemacht hatte. Es war der Verlust von Lewis' Liebe zu ihr. Sie war sich so sicher gewesen, dass sie endlich die Liebe gefunden hatte, nach der sie ihr Leben lang gesucht hatte – und dann wurde ihr diese Liebe genommen. In den Monaten nach der Scheidung hatte sie erkannt, dass genau das ihr Problem war. Sie hatte etwas an sich, was sie nicht liebenswert machte.

Der Kellner brachte den Wein. Er öffnete die Flasche, ließ Harding kosten und schenkte ihnen ein.

Bree nahm ihr Glas. »Zwei Jahre später kam er plötzlich zu mir zurück. Er sagte, er hätte einen furchtbaren Fehler gemacht und er würde mich vermissen. Er flehte mich an, ihm eine zweite Chance zu geben.« Sie lächelte Harding an. »Es kam mir gar nicht in den Sinn, Nein zu sagen oder ihn zurückzuweisen. Es war mir ganz egal, dass ich gerade erst zu mir selbst gefunden hatte. Statt mich zu schützen, kehrte ich in mein altes Leben zurück und stellte fest, dass ich endlich wieder Luft bekam.«

Sie erinnerte sich, wie sie damals dann zum ersten Mal in ihrem gemeinsamen Bett aufgewacht war. Sie hatte im Sonnenlicht gelegen, die vertrauten Gerüche eingeatmet. Lewis lag neben ihr, die Wärme seines Körpers, die Laken – alles war perfekt. Die Wunde, die ihr Herz eben noch gewesen war, war geheilt.

»Nur stimmte irgendwas nicht«, sagte sie. »Ich versuchte, unsere Beziehung wieder zu dem zu machen, was sie gewesen war, aber es klappte nicht. Ich weiß nicht, ob ich doch noch zu verletzt war, jedenfalls haben wir nicht an vergangene Zeiten anknüpfen können, und so richtig voran ging es auch nicht.«

Sie sah Harding an. »Drei Monate später erhielt Lewis die Diagnose Lungenkrebs. Darauf folgte die Chemotherapie, das volle Programm. Ein paar Jahre lang war alles gut, dann kehrte die Krankheit zurück. Da kapierte ich es endlich.«

Hardings Blick blieb an ihrem hängen. Die Traurigkeit in seinen Augen verriet ihr, dass er ihr dunkelstes Geheimnis erraten hatte.

»Er wusste schon vorher, dass er Krebs hatte. Deswegen ist er zu dir zurückgekommen.«

Sie nickte. »Er wusste, dass die Krankheit tödlich verlaufen würde und dass ich ihn so sehr liebte, dass ich ihn gut versorgen würde. Was ich auch tat. Bis zum Ende.«

»Wieso bist du bei ihm geblieben?«

»Ich weiß es nicht. Als mir aufging, was er getan hatte, war es schon fast zu Ende. Er hatte niemanden sonst. Vielleicht dachte ich, ich hätte es nicht anders verdient, weil ich so dumm gewesen war, alles für einen Mann aufzugeben, der mich nie geliebt hat.«

»Das glaubst du doch bitte nicht im Ernst?«

»Manchmal denke ich, dass er mich so sehr geliebt hat, wie es ihm möglich war – zumindest eine Zeit lang. Aber wer weiß, vielleicht ist das auch Wunschdenken. Wie dem auch sei, er starb und hinterließ mir das Haus und den Buchladen. Das Haus verkaufte ich, so schnell es ging, und zog in das Haus, in dem ich jetzt lebe. Und im Buchladen nahm ich einige Veränderungen vor.«

»Keine literarischen Bücher mehr?«

Sie lächelte. »Genau. Nun ist es mein Buchladen. Lewis würde ihn nicht wiedererkennen.«

Und ihre Veränderungen würden ihm auch nicht gefallen – aber das war egal. Ihre Gefühle für ihn existierten nicht mehr, er hatte sie durch sein Verhalten ausgelöscht. Sie hatte ihm alles gegeben, was sie hatte, sich selbst, und er hatte sie von Anfang an ausgenutzt. Im Vergleich dazu konnte die Gleichgültigkeit ihrer

Eltern fast als nett beschrieben werden. Immerhin hatten die beiden ihr nie irgendwas vorgespielt.

»Er hat nie etwas veröffentlicht?«

Seine Frage überraschte sie. »Genau. Er war nicht gut genug. Nach seinem Tod schickte ich meiner Mutter einige seiner Manuskripte. Sie fand sie schrecklich. Da sie eigentlich immer auf seiner Seite gewesen war, wusste ich, dass sie die Wahrheit sagte.«

»Hast du sie behalten?«

»Nein. Ich habe alles geschreddert und die Dateien gelöscht. Es war Zeit für einen Neuanfang.« Manchmal versuchte sie, so zu tun, als hätte es Lewis nie gegeben. Albern, aber dieses Spiel tat ihr gut. »Das ist die Geschichte von Lewis.« Sie neigte den Kopf. »Und jetzt willst du alles über meine Trauerphase wissen, schätze ich.«

Er wirkte irritiert. »Für mein Buch? Nein, alles gut. Du bist noch nicht so weit.«

Da liegst du falsch, dachte sie. Sehr falsch sogar. Er ging davon aus, dass in ihr noch angestaute Gefühle schlummerten, aber das war nicht so. In Wahrheit empfand sie absolut gar nichts mehr, für niemanden. Das hatte sie sich mühsam antrainiert. Keine Gefühle mehr und niemanden in ihr Leben lassen.

Die Salate kamen. Sie sprachen über OAR und die Idee mit den weihnachtlichen Geschenkkörben. Bree erwähnte, dass Duane im Laden vorbeigeschaut hatte und damit sowohl Mikki als auch Lorraine in einen Schockzustand versetzt hatte.

»Mikkis Mutter arbeitet für dich, oder?«, fragte Harding.

»Ja. Rita ist meine beste Angestellte. Sie ist nicht gerade ein Ausbund an Fröhlichkeit, aber sie ist fleißig, und ihre seltsame Art stört mich nicht.«

»Interessante Dynamik«, meinte Harding. »Du arbeitest mit Mikkis Mutter, sie mit ihrer Ex-Schwiegermutter, und du bist mit dem Bruder einer deiner Geschäftspartnerinnen zusammen.«

Sie legte die Gabel hin. »Wir sind nicht zusammen.«

»Doch, das sind wir.«

»Harding. Mach bitte nicht mehr daraus, als es ist.«

Er sah sie voller Entschlossenheit an. »Und du mach nicht weniger daraus, als es ist.« Beiläufig fragte er dann: »Wieso willst du eigentlich nicht mit mir schlafen?«

Sie war geschockt. Noch bevor sie antworten konnte, sagte er: »Du weißt genau, dass es super passen würde. Wir verstehen uns, wir sind beide sehr körperliche Menschen. Ich weiß, dass du dir vorstellst, wie es sich anfühlt, wenn meine Hände und mein Mund über deinen Körper gleiten. Und ich denke oft daran, wie es wäre, in dir zu kommen.«

Sie merkte, dass seine Worte sie erregten. Natürlich hatte sie schon daran gedacht. Er in ihr, ihr Lust verschaffend. Sie dachte beim Masturbieren an ihn, aber ihre Finger waren sicher nur ein schwacher Ersatz für das, was sie mit ihm erleben könnte.

»Nein«, sagte sie, während sie zwischen den Beinen deutlich ihre Erregung spürte und ihre Brüste sich anspannten. »Das lassen wir mal schön.«

»Dann holst du dir einen runter, und ich sehe zu.«

Sie musste lachen. »Auch nicht. Harding, vergiss es einfach.«

»Du hast Angst.«

»Nein. Es ist keine gute Idee.« Und ja, na klar hatte sie Angst. Vor ihm, vor ihnen beiden, davor, sich zu verlieben. Davor, sich zu verlieren und sich nicht wiederzufinden. Vor tausend Dingen, die sie nicht benennen konnte und vor denen sie instinktiv zurückschreckte wie ein wildes Tier vor dem Feuer. Sie musste gar nicht im Detail begründen, wieso. Ihr reichte es zu wissen, *dass* es nicht gut für sie war, sich auf ihn einzulassen.

Erstaunlicherweise lächelte er. »Pech für dich.« Doch dann wurde er ernst. »Ich werde warten. Wenn du so weit bist, bin ich bereit.«

»Das lohnt sich nicht.«

»Denkst du wirklich so schlecht über dich?«

Sie sah ihn unverwandt an. »Harding, ich bin schlecht. Darüber solltest du dir lieber früher als später klar werden.«

Mikki hatte sich auf die Anstreich-Party bei Perry gefreut, aber als sie nun auf die Einfahrt bog und hinter seinem Wagen parkte, war sie ein bisschen nervös. Irgendwie hatte sie Schuldgefühle ihm gegenüber.

Es machte die Sache nicht besser, dass sie sich einzureden versuchte, sie habe sich nichts vorzuwerfen. Sie waren geschieden – natürlich durfte sie andere Männer treffen. Es war sogar gesund, dass sie weitermachte. Vermutlich waren ihre Schuldgefühle auf die Kommentare ihrer Ex-Schwiegermutter zurückzuführen.

Alles gut, sagte sie sich, als sie sich der Haustür näherte. Sie klopfte kurz und betrat dann das Haus. »Ich bin's!«

»Im Esszimmer«, rief Sydney.

Mikki stellte ihre Handtasche an der Tür ab und bewunderte die schöne Inneneinrichtung aus Holz. Im Esszimmer war ihre Tochter schon dabei, die Fenster abzukleben. Die Holzelemente waren bereits abgeschliffen. Auf einem alten Tisch standen mehrere Dosen Holzbeize.

»Dad und Will sind im Wohnzimmer.«

Mikki ging zu ihnen. Will rührte Grundierer an, und Perry stand auf der Leiter und strich die Zimmerdecke. Er hantierte professionell mit dem Farbroller. Der rosa wirkende Anstrich würde beim Trocknen weiß werden. Diese spezielle Farbe zeigte an, wo man über der ersten Farbschicht eine weitere Schicht vergessen hatte. Sehr praktisch.

»Hi«, rief Mikki. »Alle so fleißig.«

»Das kannst du laut sagen«, erwiderte Perry gut gelaunt. »Schön, dass du da bist.«

Will sprang auf. »Hey, Mom. Willst du hier übernehmen? Dann helf ich Syd beim Abkleben, und wir fangen schon mal mit dem Beizen an.«

»Alles klar.«

Sie trug alte Klamotten und ein Tuch, das ihr Haar bedeckte. Ihr Sohn reichte ihr den Pinsel, und sie kniete sich hin, um oberhalb der Fußleisten den Grundierer aufzutragen.

»Die Fußböden sind inzwischen fast alle abgeschliffen«, informierte Perry sie und zog den Farbroller über das Abstreifgitter. »Dafür habe ich Profis engagiert, sonst hätte es zu lang gedauert. Das Holz ist in einem super Zustand.«

»Ja, ich hab schon die Einbauelemente neben dem Kamin bewundert. Wunderschön. Die dicken Farbschichten haben das Holz offensichtlich geschützt.«

»Wenn wir es gebeizt haben, hält es noch mal fünfzig Jahre.«

Wie es schien, hatte Lorraine ihm gegenüber Duane nicht erwähnt, oder wenn, war es Perry egal. Jedenfalls wirkte er ganz aufgeräumt, sodass auch sie sich entspannte. Wieso hatte sie sich überhaupt Sorgen gemacht?

»Ich benutze die gleiche Beize wie damals in unserem Haus«, erklärte er.

Der Farbton hatte die Holzböden und Schränke strahlen lassen, dachte sie. »Ja, ich mag die Farbe auch. Und sie ist haltbar.«

»Übrigens hat der Architekt den Entwurf für den Anbau geschickt. Wenn wir hier fertig sind, zeige ich ihn dir.«

»Ja, gern.«

Perry strich die Decke zu Ende, dann ging er ihr beim Grundieren zur Hand. Als sie damit durch waren, begannen sie, die Wände zu streichen. Um die Mittagszeit bestellte Mikki Sandwiches bei ihrem Lieblingsladen und schickte Will los, sie abzuholen. Sie und Sydney deckten den Picknicktisch auf der Terrasse mit Papptellern und stellten Getränke für alle hin.

»Ich möchte mein Zimmer fertig haben, bevor ich wieder an die Uni fahre«, eröffnete Sydney ihr. »Dann ist alles parat, wenn ich über Thanksgiving nach Hause komme.«

Perry kam zu ihnen. »Oben werde ich doppelt verglaste Fenster einsetzen.«

»Dafür musst du nicht hier sein«, sagte Mikki zu Sydney. »Sobald gestrichen ist, kannst du abdüsen.« Sie sah Perry an. »Wann willst du denn eigentlich einziehen?«

»Wenn Syd zurück zur Uni muss. Solange ich allein hier wohne, brauche ich den Anbau ja noch nicht. Und das Haus meiner Eltern wird am Dienstag nach dem Ersten Mai an den neuen Besitzer übergeben.«

Mikki lächelte ihre Tochter an. »Bevor du dich aufmachst, könnten deine Freunde beim Umzug helfen, zumindest für die schweren Sachen. Das Kleinzeug kriegen wir auch allein hin. Ich denke, an einem Vormittag sollte alles erledigt sein.«

»Danke, Mom. Du bist echt gut im Organisieren.«

»Ich gebe mir Mühe.«

Sydney grinste. »Weißt du noch, als wir zusammen nach Washington, D.C. gefahren sind und du die Route geplant hattest? Wir mussten jeden Tag eine bestimmte Anzahl an Kilometern schaffen, damit unsere Hotelreservierungen nicht verfielen.«

Stimmt. Es war nicht ganz leicht gewesen, die Familienreise quer durchs Land zu planen. Vor allem, weil Perry sich quergestellt hatte, wo er nur konnte.

Sydney deutete auf ihren Vater. »Du wolltest die ersten drei Tage einfach nur umkehren. Du hast dauernd gesagt, die Reise sei nur Zeit- und Geldverschwendung und würde null zu unserer Bildung beitragen.«

Perry fühlte sich ertappt. »Ich hätte ein bisschen kooperativer sein können.«

»Es war trotzdem ein toller Urlaub«, sagte Mikki schnell. »Wir hatten viel Spaß.«

»Ich fand das *Smithsonian* super«, erklärte Sydney und reichte ihr eine Diät-Cola. »Die Ausstellung zu den First Ladys war das Beste.«

Will kam mit zwei großen Papiertüten an. »Welche First Ladys?«

»Als wir in DC waren«, antwortete Sydney.

»Ich fand das *Air and Space Museum* toll«, sagte Will, wobei er die Sandwiches verteilte. »Und als Dad und ich zum Spiel der Nationals wollten und es wegen Regen abgesagt wurde, haben wir unser Auto nicht wiedergefunden.« Er grinste und nahm gegenüber seiner Schwester Platz. »Das war echt der Hammer.«

»Nass werden und das Auto nicht mehr finden?«, fragte Perry.

»Ja, aber wir waren zusammen. Das war cool.«

Ja, es hat einige Katastrophen gegeben, dachte Mikki, doch wir hatten auch Spaß.

»Anders als die Kreuzfahrt mit den Omas und Opas«, sagte Sydney. »Das war einfach nur schrecklich.«

»Der Urlaub, den wir nie mehr erwähnen wollten«, murmelte Perry und grinste sie, Mikki, an.

Die vier Großeltern der Kinder hatten eine Kreuzfahrt nach Alaska geplant – mit der ganzen Familie. Es war ihr Weihnachtsgeschenk. Perry hatte sich wie immer überhaupt nicht eingebracht, und auch sie hatte die Reise nur widerwillig angetreten. Ihre Eltern stritten sich ständig, und der Gedanke daran, mit diesen Streithähnen auf einem Kreuzfahrtschiff gefangen zu sein, hatte nicht gerade zu ihrer Vorfreude beigetragen.

Natürlich gerieten ihre Mutter und ihr Vater schon am Flughafen aneinander. Und ab da hörten sie nicht mehr auf.

»Zum Glück sind sie wenigstens gleich im ersten Hafen von Bord gegangen«, sagte Sydney und tätschelte Mikkis Arm. »Nimm's nicht persönlich, Mom.«

»Ich war es ja nicht, die sich so unmöglich aufgeführt hat, also nehme ich gar nichts persönlich«, entgegnete sie. »Als sie weg waren, wurde es schön.«

Ihre Eltern waren nach Hause geflogen und hatten eine Woche später die Scheidung eingereicht.

»Ich kann mich an gar nichts mehr erinnern«, beschwerte sich Will.

»Du warst noch zu klein«, sagte Perry. »Sei froh, dass du das alles nicht mehr weißt. Jedenfalls hat eure Oma in der ersten Nacht auf dem kleinen Sofa in unserer Kabine übernachtet.«

Daran erinnerte sich Mikki auch. Rita hatte sich geweigert, mit ihrem Ehemann in einem Bett zu schlafen, und viele Ausweichmöglichkeiten gab es nicht auf einem Schiff.

»Ich bin so froh, dass ihr nie so wart«, sagte Sydney. »Ihr habt das mit der Scheidung echt gut hingekriegt.«

»Hört sich komisch an, wenn ich das jetzt sage, aber ich bin auch stolz auf uns.« Mikki lächelte Perry an.

»Das ist nur dir zu verdanken«, erklärte er. »Du hast immer wieder darauf hingewiesen, dass wir an die Kinder denken müssen.«

»Ich find's gut, wenn ihr an mich denkt«, warf Will ein. »Könnt ihr ruhig öfter machen.«

Nach dem Essen gingen sie zurück an die Arbeit. Am späten Nachmittag hatten sie alle Holzelemente im Esszimmer und im vorderen Zimmer fertig, im Esszimmer war außerdem die erste Schicht Wandfarbe aufgetragen, und alle Decken im Erdgeschoss waren gestrichen. Mikki half Perry noch dabei, in der Garage die Pinsel und Farbroller zu säubern.

»Das hat Spaß gemacht«, bemerkte er und drückte die Deckel auf die Farbdosen.

»Stimmt. Und es war effizient.«

Er sah sie an. »Du hast es drauf, vielen Dank für deine Hilfe. Ich würde mich gern mit einem Abendessen revanchieren.«

»Dauernd versprichst du mir, was für mich zu kochen, aber bisher habe ich noch nichts Essbares gesehen.«

»Lass dich überraschen. Ich schicke dir bald eine Nachricht mit allen Infos.«

»Da bin ich ja mal gespannt.«

14. Kapitel

Ashley war sich nicht sicher gewesen, ob die Mischung Grünkohl-Rhabarber ein so guter Einfall war, aber die Zutaten harmonierten erstaunlich gut. Die Mini-Muffins waren außen intensiv grün und innen blassgrün und hatten geschmacklich durch den Rhabarber eine leicht süßliche Note. Sie stellte ein paar Exemplare auf einen Teller und ging suchend durch die Reihen der Buchhandlung, bis sie Bree entdeckte, die gerade Bücher einsortierte. Sie deutete auf die Muffins und sagte: »Ich hab was Neues ausprobiert.«

Bree beäugte die Muffins skeptisch. »Wieso sind die grün?«

»Grünkohl.«

Bree erschauderte. »In Muffins? Läuft es so schlecht?«

»Alles läuft bestens. Ich experimentiere nur gern.«

Widerwillig nahm Bree einen der kleinen Kuchen und nagte daran. »Okay, weniger eklig, als ich dachte.«

»Das mache ich zu meinem Werbeslogan.«

Bree lachte. »Gar nicht schlecht, wirklich. Seltsam, aber nicht schlecht. Womit experimentierst du noch so?«

»Ich hätte Muffins mit Pesto, Pinienkernen und Parmesan im Angebot. Die sind richtig lecker.«

»Sind die auch grün? Ist das ein neuer Trend?«

Ashley hätte gern mit einer schlagfertigen Antwort gekontert, aber sie war zu erschöpft. Die Nächte ohne Schlaf, das ständige Sich-selbst-Hinterfragen, die Unsicherheit, ob sie danebenlag oder Seth – sie fühlte sich vollkommen ausgesaugt. »Ich weiß nicht mehr weiter«, gestand sie.

»Er liebt dich. Das ist dir doch klar, oder? Denn das tut er.«

Ashley stellte den Teller auf einem Bücherregal ab. »Es geht jetzt also nicht mehr um Muffins.«

»Ging es eh nicht.«

»Als ich den Grünkohl erwähnt habe, schon.« Sie holte tief Luft. »Meine Gedanken sind in einem Hamsterrad gefangen. Ich komme einfach nicht mehr zur Ruhe. Mein Verstand sagt mir, dass Seth seine Meinung vertreten darf. Mein Herz aber ist gebrochen.«

»Weil du dich durch seine Haltung zurückgewiesen fühlst.«

Ashley nickte. »Ja, weil ich mir dauernd die Frage stelle, ob es ums Heiraten als solches geht oder darum, *mich* zu heiraten? Und natürlich stelle ich mir auch die Frage, warum es mir so wichtig ist, zu heiraten. Was steckt dahinter? Es gibt viele Paare, die nicht heiraten. Ich meine, er verlangt ja nicht von mir, dass ich mich als Elefant verkleide oder so was.«

»Du würdest einen niedlichen Elefanten abgeben.«

»Danke.« Ashley sah Bree an. »Ich will einfach nur, dass er mich heiratet.«

»Ich weiß.«

»Du warst verheiratet. Dich wollte jemand. Mikki war verheiratet. Den meisten Frauen, die ich kenne, hat man irgendwann einen Antrag gemacht.«

»Es geht nicht nur um den Antrag, weißt du.«

»Nein, das stimmt. Es geht um das ganze Drum und Dran. Das Erwachsenwerden, das Dokument, den Ring, das gegenseitige Bekenntnis. Dass man es gemeinsam versuchen will. Und um dieses Ding, bis dass der Tod uns scheidet. So was gibt es doch. Du hast Lewis schließlich auch noch geliebt, als er starb, oder?«

Bree zögerte so lange mit ihrer Antwort, bis Ashley verstand.

»Also nein«, sagte sie niedergeschlagen. »Sag bitte nicht, dass es schrecklich war mit ihm.«

»Ich habe ihn jedenfalls nicht mehr so geliebt wie vorher.«

»Gut, eine Ehe kann kaputtgehen. Das ist Seth' Argument.«

»Sagen wir mal so«, sagte Bree. »Du möchtest heiraten. Das ist vollkommen in Ordnung. Die Frage ist nur, könntest du dir denn auch vorstellen, glücklich mit Seth zusammen zu sein, ohne dass ihr heiratet? Ihr liebt euch doch und habt euch längst zueinander bekannt. Kannst du dir wirklich keine Alternative für euer Zusammenleben denken?«

Nein, dröhnte es laut in ihrem Kopf. Nicht heiraten? Was meinte Bree damit? Sie wünschte sich einfach die Sicherheit, die ihr das Ja-Wort versprach. Sie wollte nicht den Rest ihres Lebens damit verbringen zu begründen, wieso sie und Seth unterschiedlicher Auffassung waren und sie deshalb nicht geheiratet hatten.

Andererseits fragte sie sich, ob ihr am Ende die Meinung anderer Leute wichtiger war als ihre eigene oder die von Seth.

»Ich weiß es nicht«, musste sie zugeben. »Ich weiß nicht, ob ich das kann.«

»Aber das ist die Frage, die du für dich beantworten musst. Überleg es dir, setz dir eine Frist von ein paar Wochen und prüfe einfach, ob sich an deinen Gefühlen etwas ändert.«

»Wieso soll ich meine Meinung ändern? Wieso nicht Seth?«

Die Worte klangen schärfer als beabsichtigt. Doch statt ebenfalls laut zu werden, berührte Bree sanft ihren Arm.

»Ich würde Seth denselben Rat geben, nur ist er leider gerade nicht hier. Aber mach du ihm doch den Vorschlag.«

»Was?«

»Schlag ihm vor, sich vorzustellen, wie es wäre zu heiraten. Und du tust, was ich dir gerade vorgeschlagen habe. Und dann setzt ihr euch noch mal zusammen.«

Ashley starrte ihre Muffins an. »Klingt vernünftig. Mir wäre nie eingefallen, dass er sich ja auch mal in meine Perspektive versetzen könnte. Ich dachte halt …« Sie zuckte mit den Schultern. »Keine Ahnung. Ich dachte, ich hätte alle Optionen durch. Aber was, wenn das bei ihm anders ist? Vielleicht hat er ja überkommene Vorstellungen von der Ehe? Vielleicht hat er …« Sie verstummte, als Bree den Kopf schüttelte. »Was?«

»Du bist schon wieder einen Schritt zu weit. Du gehst davon aus, dass er sich für deine Meinung entscheidet. Nimm doch erst mal den Vorschlag an und überprüfe deine eigenen Gefühle dahingehend, was möglich ist. Jetzt darüber zu reden, dass Seth seine Meinung ändern könnte, macht das ganze Experiment zunichte.«

»Ich will aber nichts an meiner Meinung ändern. Er soll seine ändern.«

»Genau deswegen seid ihr in einer Sackgasse gelandet.«

Ashley wusste, dass Bree recht hatte. »Warum konnte er sich nicht eine andere Schwäche aussuchen?«

»Meinst du, es gibt eine erstrebenswerte Schwäche?«

»Er könnte zum Beispiel Katzen hassen. Damit könnte ich leben.«

»Tut mir leid, Kleines. So schnell kommst du aus der Nummer nicht raus.«

»Hallo, Bree!«

Bree erstarrte. Sie hatte sich so über die neue Buchlieferung gefreut, dass sie gar nicht auf das Display ihres Handys geschaut hatte, bevor sie das Gespräch annahm. Normalerweise war ihr relativ egal, wer anrief, nur hin und wieder hatte man keine Lust, mit gewissen Leuten zu reden. Zum Beispiel mit …

»Hallo, Mutter«, murmelte sie. Wieso legte sie nicht einfach auf?

»Ich spare mir das Geplänkel, auf das ohnehin keine von uns beiden Wert legt«, sagte ihre Mutter schnell. »Offensichtlich war es dir wichtig, mit mir persönlich zu sprechen. Voilà, hier bin ich.«

»Nein, so war es nicht. Ich habe deiner Agentin nur gesagt, dass du mich direkt ansprechen sollst, wenn du was von mir willst. Das war nämlich passiv-aggressiv und kam für mich etwas überraschend.«

Pause, dann ein tiefer Seufzer. »Ich bin davon ausgegangen, dir wäre eine Anfrage durch eine unbeteiligte Person lieber.«

»Nein. Aber jetzt kann ich dich ja direkt fragen: Wieso willst du plötzlich in meiner Buchhandlung eine Lesung durchführen? Es wäre das erste Mal, dass du das tust. Und ich verkaufe nicht mal literarische Bücher.«

»Das ist mir durchaus bewusst. Doch darum geht es auch nicht. Ich möchte einfach eine Signierstunde bei dir abhalten, falls möglich.«

Bree nahm das Handy vom Ohr und betrachtete es ungläubig. »Wieso?«

»Weil es seltsam wirkt, wenn ich es nicht tue. Du bist meine Tochter, und du führst eine Buchhandlung. Da gibt es gewisse Erwartungen.«

Bree war stolz, weil sich keinerlei Emotionen bei ihr regten. Sie war überrascht, aber nicht enttäuscht. »Seit wann interessiert dich die Meinung anderer Leute?«

»Auch das ist nicht der Punkt. Darf ich nun bei dir signieren oder nicht?«

Brees Instinkt riet ihr, Nein zu sagen. Es war zu ihrer zweiten Natur geworden, ihren Eltern aus dem Weg zu gehen. Aber wenn sie ihrer Mutter diesen Wunsch verweigerte, würde sie als kleinkariert rüberkommen.

»Na klar«, murmelte sie deshalb. »Deine Pressefrau soll sich bei mir wegen eines Termins melden.«

»Danke. Ich verzichte darauf anzumerken, dass wir uns das ganze Hin und Her hätten sparen können, wenn du gleich Ja gesagt hättest.«

»Aber dann hätten wir beide diese wunderbare Unterhaltung nicht führen können. Wie lange planst du, in der Stadt zu bleiben?«

»Nur über Nacht. Dein Vater ist in der Schweiz, er schreibt. Er wird nicht dabei sein.«

»Danke für das Update.«

»Spar dir deinen Sarkasmus.«

»Wieso?«

»Ist auch egal. Also dann, Bree. Warten wir mal den Termin ab. Ich fliege kurz rüber und gleich wieder zurück.«

Übersetzung: Ich werde keine Zeit haben, etwas mit dir zu unternehmen.

»Ich verstehe.«

Ihre Mutter zögerte kurz, so als wollte sie mehr sagen. Dann sagte sie schnell: »Danke und tschüs.« Das war's.

Bree steckte das Handy in die Hosentasche und wandte sich wieder der Kiste mit Büchern zu, die sie gerade auspackte. Aber irgendwie hatte der Anruf ihr den Spaß verdorben, und sie verspürte eine merkwürdige Rastlosigkeit, die sie sich nicht erklären konnte.

Sie nahm ihre Handtasche und verließ das Büro. An der Kasse sagte sie zu Rita: »Ich bin für eine Stunde nicht da.«

Rita nickte und winkte den nächsten Kunden zu sich. »Ich brauche keine Aufpasserin, ich bin ja kein Teenager mehr.«

Bree unterdrückte den Drang, ihre übelgelaunte Mitarbeiterin zu umarmen, und ging zu ihrem Wagen. Sie wusste gar nicht, wohin sie wollte. Normalerweise würde sie jetzt eine Runde laufen oder zum Spinning fahren, aber auf beides hatte sie keine Lust. Vielleicht sollte sie einfach den Pacific Coast Highway runterfahren, um einen klaren Kopf zu bekommen.

Statt auf dem verkehrsreichen Highway fand sie sich zu ihrer Überraschung in einer ruhigen Wohngegend wieder und parkte vor einem kleinen Haus.

Wie lächerlich, sagte sie sich. Sie wusste nicht mal, wieso sie hier war. Sie brauchte niemanden – nie brauchte sie jemanden. Sie war selbstbestimmt und stark. Warum also litt sie immer noch so sehr unter der Gleichgültigkeit ihrer Mutter? Zumal die nichts Neues für sie war. Nichts, was ihre Eltern taten, berührte sie in irgendeiner Weise. Nicht mehr jedenfalls.

Plötzlich wurde die Fahrertür geöffnet, und Harding strahlte sie an. »Unerwartet, aber umso schöner. Vermutlich bist du leider nicht für eine schnelle Nummer hier. Also, womit kann ich dienen?«

Sie sah ihm in die Augen, die ihr schon jetzt so vertraut vorkamen, und sie sah Zugewandtheit und auch eine Spur Sorge. Sein Haar war verwuschelt, als hätte er es nach dem Duschen nicht gekämmt, sein T-Shirt war ausgeleiert, die Jeans ausgebleicht. Krasses Understatement, dachte sie. Sie kannte niemanden, der so stark war wie Harding. Noch dazu war er hart im Nehmen, hatte ein großes Herz und spielte keine Spielchen.

Sie löste den Sitzgurt und warf sich ihm wortlos in die Arme, und er hielt sie ganz fest. Keiner von ihnen sagte ein Wort, sie spürte nur seinen warmen Körper und seinen Herzschlag.

»Es ist nichts Schlimmes passiert«, erklärte sie schließlich, ohne ihn loszulassen. »Gar nichts.«

»Manchmal ist es genau das, was am meisten schmerzt.«

Sie löste sich von ihm und sah ihn an. »Hör auf mit deinem Gefühlsscheiß. Spar dir das für deine Fans.«

Er deutete ein Grinsen an. »Und du denkst, du bist tough.«

»Ich *bin* tough.«

Sie wartete darauf, dass er ihr widersprach. Aber – typisch Harding – da kam nichts.

Er legte einen Arm um sie und küsste sie auf den Kopf. »Sex? Ja oder nein?«

Sex kam nicht infrage. Weder an einem Tag, an dem es ihr blendend ging, noch an einem doofen Tag wie heute, an dem sie eine unnötige, irrelevante Unterhaltung mit ihrer Mutter geführt hatte.

»Vergiss es.«

Er sah auf die Uhr. »Es ist gleich zwölf. Wollen wir zusammen zu Mittag essen und über allerlei Dinge plaudern, die nichts mit dem Nichts zu tun haben, das passiert ist?«

»Aber nur, wenn ich mein Sandwich zusätzlich mit Tomate bekomme.«

»Bree, von mir bekommst du alles, was du möchtest.«

Auf der Fahrt von Los Angeles nach Monterey kämpfte Mikki mit einem ständigen Würgereiz. Ihr war nicht etwa wegen der Autofahrt schlecht, sondern vor Nervosität.

Sie saß neben Duane in seinem schicken Wagen, sprach mit ihm über die Kinder und das Wetter und Währungskurse – ein Teil der Unterhaltung, zu dem sie wenig beizusteuern hatte. Sie versuchte, sich von ihrer Nervosität abzulenken, indem sie an die bevorstehenden Weinproben dachte. Nur reichte das leider nicht. Weil sie zum ersten Mal in ihrem Leben mit einem Mann unterwegs war, der nicht Perry war.

Immer wieder sah sie verstohlen zu Duane. Sie saßen sehr eng nebeneinander. Alle paar Minuten musste sie sich zusammenreißen, um nicht freudige Quietschgeräusche von sich zu geben. Sie versuchte sich damit zu beruhigen, dass sie einfach nur Freunde waren, unterwegs zu einem Weinseminar. Doch das funktionierte nicht, denn Duane war nicht bloß ein Freund.

Duane war ein Mann, den sie äußerst attraktiv fand, den sie bereits geküsst hatte und mit dem sie sich Sex vorstellen konnte. Und obwohl er gesagt hatte, dazu würde es nicht kommen, fragte sie sich, ob es wohl doch dazu kommen würde. Und wenn ja, ob sie sich darauf einlassen könnte.

Zum Glück erreichten sie das Hotel, bevor sie total durchdrehte. Als Duane den Wagen vor den Eingang fuhr, lächelte er sie an.

»Das wird toll«, versprach er und drückte ihre Hand. »Danke, dass du mitgekommen bist.«

Sie nickte bloß, weil ihr das Herz bis zum Hals schlug und sie kein Wort herausbrachte. Oh Gott, oh Gott! Wieso hatte sie sich nur darauf eingelassen? Sie war noch nicht bereit. Sie war nicht abgeklärt genug. Sie war fast vierzig, übergewichtig und kannte sich mit internationalen Währungen nicht aus. Dieses Wochenende würde sie nicht überstehen.

Duane ging um den Wagen herum und öffnete ihr die Tür, während sich das Hotelpersonal bereits um ihr Gepäck kümmerte. Mikki griff nach ihrer Handtasche und stieg aus.

Das vierstöckige Hotel stand direkt am Wasser. Es war nur ein paar Schritte bis zur Cannery Row, wo sich Geschäfte, Restaurants und Horden von Touristen befanden. Blauer Himmel, dazu perfekte fünfundzwanzig Grad. Die Möwen schrien, es roch nach salziger Seeluft, nach Kaffee und Sonnenmilch.

Sie hakte sich bei Duane unter, und er führte sie ins Hotel. Mikki tat ihr Bestes, um nicht aufzufallen. Dabei musste doch jeder sehen, dass sie zum ersten Mal mit einem Mann unterwegs war, mit dem sie nicht verheiratet war. Wie furchtbar altmodisch sie war. Irgendwie hatte sie das Gefühl, dass alle sie anstarrten und ein Urteil über sie fällten. Das half ihr nicht, ihre Nervosität abzulegen.

Duane checkte ein, und man begleitete sie zu ihren Zimmern, die nebeneinanderlagen, aber keine Verbindungstür hatten.

Ihr Zimmer betraten sie als Erstes. Es verfügte über ein Kingsize-Bett, einen Sitzbereich mit Kamin und einen unglaublichen Ausblick aufs Wasser. Das Badezimmer war riesig, mit Badewanne für zwei und einer Dusche, die so geräumig war, dass man darin bequem eine Cocktailparty feiern konnte. Die Toilettenartikel waren von einer Marke, die sie nur aus Zeitschriften kannte.

Duanes Zimmer war ähnlich. Der Herr, der das Gepäck gebracht hatte, erhielt ein Trinkgeld, dann verabschiedete er sich. Kaum war er gegangen, zog Duane sie in seine Arme.

»Geht's dir gut?«, erkundigte er sich besorgt.

»Ja, prima.«

Sie quietschte ein bisschen. Er lächelte.

»Warst du seit der Scheidung schon mal auf Reisen?«

Sie schüttelte den Kopf.

Er sah sie an. »Nichts wird passieren. Ich bin nicht hier, um dich ins Bett zu locken, Mikki.« Er lächelte. »Das würde ich zwar gerne, aber … Sagen wir mal so: Wenn ich in deiner Nähe bin, bin ich durchaus erregt, doch ich halte es noch ein bisschen aus. Ich möchte erst mehr Zeit mit dir verbringen, möchte, dass wir uns besser kennenlernen. Ich möchte diese ›Ladies-Know-Wine‹-Seminare mit dir besuchen und mit dir beim Abendessen sitzen und mich fragen, wieso ich so ein unverschämtes Glück habe. Du bist eine so unglaublich schöne, sexy Frau, die mich zum Lachen bringt und nach der ich mich verzehre, wenn ich nicht bei ihr bin.«

Sie war sprachlos. So etwas Wunderbares hatte noch nie jemand zu ihr gesagt, und sie war ganz begeistert, weil er sie schön und sexy genannt hatte. Und davon, dass er erregt war, wenn er mit ihr zusammen war.

»Danke«, flüsterte sie. »Für all das hier.«

»Gern geschehen.«

Sie legte die Hände auf seine Schultern. »Wir machen es uns schön.«

»Auf jeden Fall.« Er sah ihr tief in die Augen. »Sex ist kein Thema, okay? Keine Verbindungstür. Absichtlich nicht. Ich wusste nicht, ob ich der Versuchung hätte widerstehen können.«

»Auch dann nicht, wenn ich einverstanden wäre?«

Er sah sie voller aufflammender Leidenschaft an. »Ich reiß mir sofort die Kleider vom Leib. Aber wir wissen beide, dass du noch nicht so weit bist.«

»Du hast recht. Ich wäre es allerdings gern«, gestand sie.

Er küsste sie. »Dann lass uns jetzt erst mal auspacken und danach die Stadt erkunden. Wir können auch schon unsere Eintrittskarten abholen. Wenn ich mich richtig erinnere, beginnt das erste Seminar um sechzehn Uhr. Den Tisch fürs Abendessen habe ich für neunzehn Uhr reserviert.«

»Du erstaunst mich.«

»Gut. Das ist der Plan.«

»Hast du die Bewerbung schon ausgefüllt?«, fragte Ashley einen etwa sieben Jahre alten Jungen.

Er grinste und reichte ihr ein Blatt Papier. »Wir möchten einen erwachsenen Hund«, sagte er glücklich. »Alle Leute wollen einen Welpen, aber wenn die Hunde älter sind, finden sie nicht mehr so leicht ein neues Zuhause. Deswegen wollen wir so einen. Er wird mein neuer bester Freund.«

»Garantiert.« Ashley lächelte das Kind an.

Das Adoptionswochenende unten am Parkplatz am Strand war ein großer Erfolg für die teilnehmenden Tierheime gewesen. Mehrere Angestellte aus Seth' Firma hatten sich freiwillig gemeldet für die Aktion, und Ashley war mitgekommen. Sie und Seth saßen an der Registrierung.

Seth war witzig und charmant wie üblich. Er erklärte immer wieder geduldig, wie der Prozess ablief, machte Scherze mit den Kindern und wies die neuen Besitzer von Hunden und Katzen darauf hin, dass auch eine Tierhandlung vor Ort vertreten war, bei der man alles erstehen konnte, was man brauchte.

Ashley zeigte dem Jungen und seinen Eltern, wie sie zu den Hunden kamen, und versuchte, den Ehering am Finger der schwangeren Frau geflissentlich zu übersehen. Offensichtlich eine Familie. Vermutlich hatte ihr Mann ihr einen Antrag gemacht, sie hatte Ja gesagt, dann hatten sie ein Kind bekommen, und jetzt war ein zweites auf dem Weg. Nichts Außergewöhnliches – und nichts, das einer Erklärung bedurfte.

Sie tat alles, um Brees Rat zu befolgen und sich mit dem Gedanken anzufreunden, nicht zu heiraten. Das Problem war nur, je öfter sie darüber grübelte, nie mit Seth verheiratet zu sein, desto mehr wünschte sie sich, er würde seine Meinung ändern. Es war immer so, wenn man versuchte, an eine Sache nicht zu denken – man dachte ausschließlich daran.

Als sie abgelöst wurden, ging sie mit Seth zurück zum Wagen.

»Das hat Spaß gemacht«, sagte er. »Am liebsten würde ich mir auch ein Haustier anschaffen. Weil wir beide so viel arbeiten, wäre eine Katze vermutlich besser als ein Hund.« Er lächelte sie an. »Obwohl ich ein paar von den Hunden echt süß fand. Was meinst du dazu?«

»Wozu?«

Er blieb stehen und sah sie an. »Ob wir uns einen Hund anschaffen sollen.«

»Wem würde der gehören?«, fragte sie. »Dir oder mir?«

Sein Lächeln verschwand. »Ashley, was soll das?«

»Was denn? Das war eine vernünftige Frage. Wer wäre der Besitzer unseres fabelhaften Haustiers? Wir können doch unmöglich beide verantwortlich sein. Wer ruft beim Tierarzt an, wenn was ist? Wer ist der Notfallkontakt?«

Sie verschränkte die Arme vor der Brust. »Wie soll so was funktionieren, frage ich dich? Zum Beispiel, wenn wir uns neue Möbel anschaffen. Kaufe ich den Tisch und du die Stühle? Oder teilen wir die Einrichtung nach Zimmern auf? Ich bin verantwortlich für die Schlafzimmer-Einrichtung und du fürs Wohnzimmer?«

Sie waren am Auto angekommen.

»Du bist aufgebracht«, sagte er. »Es tut mir leid. Ich wollte nicht, dass es so kompliziert wird.«

»Aber es ist kompliziert! Ich raff's einfach nicht. Worin liegt der Vorteil? Wie machen wir das? Legen wir eine Inventarliste an, wem was gehört? Was ist mit gemeinsamen Ausgaben? Haben wir ein gemeinsames Konto, auf das wir beide Geld einzahlen?«

»So könnte man es machen.«

»Also Listen erstellen und Dinge abhaken, und dann ist es gut?« Sie ging um den Wagen herum, auch um Distanz zu ihm herzustellen. »Weißt du, was ich an der Vorstellung vom Heiraten so schön finde? Dass man auf alle diese Fragen keine Antwort braucht, weil man alles teilt. Den Hund, die Wohnungseinrichtung, die Verantwortung. Das ist simpel und nachvollziehbar und für mich absolut plausibel. Mir gefällt es, dass das Prinzip Ehe auf dem Prinzip Hoffnung basiert. Hoffnung auf die Zukunft, auf ein gemeinsames Leben. Für immer. Gehen Ehen kaputt? Natürlich! Aber unverheiratete Paare trennen sich auch. Ich suche ja nicht nach einer Garantie, ich wünsche mir nur ein sichtbares Bekenntnis für gemeinsame Ziele. Ich wünsche mir jemanden, der für mich da ist und für den ich da bin, ganz egal, was passiert.«

»Das wünsche ich mir auch.«

»Ja klar. Bis ich eines Morgens kein Frühstück mache und du der Meinung bist, dass ich mir nicht mehr genug Mühe gebe.«

Er starrte sie an. »Du glaubst, so denke ich? Ashley, ich liebe dich. Ich möchte den Rest meines Lebens mit dir verbringen, weil du die wunderbarste Frau bist, die mir je begegnet ist. Ich möchte dich glücklich machen. Ich möchte, dass wir uns zusammen weiterentwickeln und eine Familie gründen.« Er lächelte schwach. »Und vielleicht einen Hund anschaffen.«

Das klang alles toll. Und trotzdem fühlte sie sich von ihm zurückgewiesen. Ihr fehlte die Sicherheit.

»Ich möchte heiraten«, wiederholte sie, dann hielt sie abwehrend eine Hand hoch. »Lass mich ausreden. Ich habe mit Bree gesprochen, und sie hat mir einen Vorschlag gemacht. Ich sollte mir das Gegenteil von dem vorstellen, was ich mir wünsche. Damit ich es so sehe wie du – das Bekenntnis zueinander, ein Haus, Familie, treu sein. Alles unter der Annahme, dies gelte für den Rest unseres Lebens. Ohne verheiratet zu sein.«

In seinem Blick keimte Hoffnung auf. »Und? Kannst du dir das vorstellen?«

»Ich weiß es nicht. Im Gegenzug sollst du aber auch versuchen, das alles aus meiner Warte zu sehen. Stell dir vor, wir heiraten. Nicht den Akt als solchen, der interessiert mich nicht. Wir beide im Rathaus, in Las Vegas, was weiß ich. Hauptsache, verheiratet.«

Er nickte. »Klingt fair. Ich bin dabei. Aber wie sollen wir das angehen? Sollen wir versuchen, darüber zu diskutieren, damit wir besser verstehen, worum es dem anderen geht?«

»Oh Gott, nein«, antwortete sie und lächelte ihn an. »Ob du's glaubst oder nicht, ich will nicht mit dir streiten.«

»Ich will auch nicht mit dir streiten.« Er legte die Hände aufs Autodach. »Wie wär's, wenn jeder dem anderen fünf Artikel zu dem Thema schickt. Du schickst mir Argumente fürs Heiraten und ich dir fünf Argumente dafür, wieso eine ernst gemeinte Beziehung ohne Ehe vollkommen ausreichend ist.«

»Gute Idee.«

»Prima. Und weißt du, was ich noch machen werde?« Er grinste. »Ich werde so ein komisches Hochzeitsmagazin lesen.«

»Du meinst, das hilft?«

»Schaden kann es jedenfalls nicht.« Sein Grinsen wurde breiter. »Wir können auf der Fahrt nach Hause ja kurz irgendwo anhalten und so ein Heft besorgen. Ich verspreche, dass ich es von vorne bis hinten durcharbeiten werde.« Dann wurde er wieder ernst. »Ich sag das nicht nur so, Ashley. Ich hoffe, dass wir uns einig werden.«

Ja, das war ihr klar. Ihr war auch klar, dass er sie liebte. Aber wie wichtig war das eigentlich angesichts ihres Konflikts? Immerhin starteten sie jetzt einen Versuch, ihre Positionen einander anzunähern.

»Ein Hochzeitsmagazin für dich«, sagte sie. »Und damit es nicht ungerecht wird, werde ich mich zu Hause mit dem Mietrecht und mit den Rechten Hinterbliebener bei unverheirateten Paaren befassen.«

»Und dann finden wir einen Kompromiss.« Er kam um den Wagen herum und legte ihr die Hände auf die Schultern. »Obwohl – wenn es um dich geht, mache ich keine Kompromisse.«

Sie stellte sich auf die Zehenspitzen und küsste ihn. »Ich auch nicht.«

15. Kapitel

»Ich bin es nicht gewohnt, tagsüber angeheitert zu sein«, stellte Duane fest, als er Hand in Hand mit Mikki zum Hotel schlenderte. Sie hatten gerade ein Seminar besucht. Titel: Alles, was Sie schon immer über Merlot wissen wollten.

»Geht mir genauso. Zum Glück steht für heute Nachmittag nichts anderes auf dem Programm. Ich muss erst mal ganz viel Wasser trinken und wieder nüchtern werden.« Sie lachte. »Und meine Mutter wird es freuen zu hören, dass du keiner von den Männern bist, die sich schon tagsüber gern ein Gläschen genehmigen.«

»Hatte sie etwa diesbezüglich Sorgen?«

»Davon ist auszugehen. Sie ist eine hoffnungslose Pessimistin – in allem. Ist ihre typische Denkweise.«

»Zum Glück bist du das Gegenteil. Immer positiv gestimmt, das finde ich schön.«

»Ja, ich hab eigentlich meistens gute Laune. Meiner Mutter zufolge war ich auch ein glückliches Kind.« Sie grinste ihn an. »Bei ihr klingt das natürlich wie ein Vorwurf.«

»Bist du Einzelkind?«

»Genau. Aber ich habe mir immer einen Bruder oder eine Schwester gewünscht. Deswegen wollte ich selbst auch zwei Kinder bekommen.« Sie rümpfte die Nase. »Meine Eltern haben viel gestritten, und in ihren Streitereien ging es regelmäßig um mich. Ein Geschwisterkind wäre nicht nur deshalb eine nette Abwechslung gewesen.«

»Ich habe drei Geschwister«, erläuterte Duane. »Ich bin das

Nesthäkchen und konnte es nicht erwarten, bis meine Schwestern ausziehen, damit ich Mom und Dad endlich für mich hatte.«

»Oh, oh. Drei Mädels und ein Junge?« Sie schüttelte den Kopf. »Da wurde der kleine Prinz aber bestimmt sehr verwöhnt.«

»Ohne Ende.«

»Jetzt weiß ich, warum du so gut mit Frauen auskommst.«

Er lachte. »Ja, ich bin ein Frauenversteher.« Er blieb stehen. »Apropos … Ich bin verrückt nach dir, Mikki. Und das sage ich nicht einfach so, das meine ich ernst.«

Sie hatten bereits sechs verschiedene Wein-Kurse besucht und am Vorabend ein wunderbares Dinner genossen. Je besser sie Duane kennenlernte, desto besser gefiel er ihr. Deswegen glaubte sie ihm auch.

Er zog sie an sich und küsste sie, dann gingen sie Hand in Hand weiter.

Duane war überhaupt ein sehr körperlicher Typ – viel mehr, als Perry es je gewesen war. Der Sex mit ihrem Mann war zwar gut gewesen, aber sonst hatten sie sich relativ selten angefasst.

Das war mit Duane anders. Mit ihm ging sie immer Hand in Hand, und er streichelte sie oft. Seine Hand lag oft auf ihrem Rücken, wenn sie mit anderen zusammenstanden und sich unterhielten. Diese Art von Nähe gefiel ihr. Es war ein Zeichen für ihre Zusammengehörigkeit.

Sie blieben vor einem Geschenkartikelladen stehen und begutachteten die Schaufensterauslagen.

Er beugte sich zu ihr.

»Deine sind besser«, flüsterte er.

»Du warst fünf Sekunden in meinem Laden. Du kannst unmöglich wissen, ob meine Auslagen besser sind oder nicht.«

»Keine hat bessere Auslagen.«

Sie lachte. »Das hast du gerade nicht gesagt.«

»Doch, habe ich.«

Sie sah ihm in die Augen und seufzte. Er sah so gut aus, und es war so schön mit ihm.

»Was würdest du heute machen, wenn wir nicht hier wären?«, wollte er wissen.

Sie sah auf die Uhr. »Arbeiten. Samstags ist immer viel los im Geschäft. Und du?«

»Ich würde an dich denken.«

»Oh Mann, sei doch mal ernst.«

»Das meine ich ernst. Aber okay. Ich würde mich natürlich mit Geldmarktpolitik beschäftigen und irgendwann aufs Fahrrad steigen. Und dabei an dich denken.«

»Keine Überschneidungen, was unsere Tagesabläufe angeht.«

»Ich kann dir ja das Fahrradfahren beibringen.«

»Ich kann Fahrrad fahren.«

Er lachte. »War ein Test. Du erwähntest neulich, dass du erst vor sieben Monaten mit deinem Geschäft umgezogen bist. Hast du vorher auch schon mit Bree und Ashley zusammengearbeitet?«

»Nein. Wir haben uns erst letzten Dezember kennengelernt, weil wir alle drei Interesse hatten, das Ladengeschäft am Strand zu mieten. Aber für eine allein war es zu groß und zu teuer, und da hatte Bree die spontane Idee, dass wir es ja zusammen anmieten könnten. So kam das.«

»Sehr mutig.«

»Ja, das hätte auch in einem Desaster enden können«, gab sie zu. »Doch zum Glück ist zwischen uns dreien eine Freundschaft entstanden, und jeden Freitagabend köpfen wir am Strand eine Flasche Schampus, um das zu feiern.«

»Oh, und das verpasst du heute meinetwegen.«

»Du bist es wert.«

Er küsste ihre Fingerknöchel. »Das hört man gern. Erzähl mir noch ein bisschen von Bree und Ashley.«

Sie waren am Hotel angekommen und beschlossen, sich auf die Terrasse zu setzen. Hier hatte man einen tollen Blick aufs Wasser.

»Also … Bree ist der Hammer«, schwärmte Mikki. »Eine sehr unabhängige, wunderschöne und starke Frau.« Sie überlegte kurz. »Sie überrascht mich immer wieder mit ihrer Klugheit, aber komischerweise ist sie nicht in der Lage, sich emotional auf andere Menschen einzulassen. Trotzdem vertraue ich ihr, was vielleicht ein wenig seltsam anmutet.«

»Überhaupt nicht. Du weißt eben, woran du mit ihr bist.«

»In Gefühlsdingen weiß ich allerdings nichts über sie – doch ich arbeite mich ran. Und Ashley ist einfach ein Schatz. Sehr zielstrebig und klug. Und sie hat einen netten Freund – den sie selbst seit Neuestem aber nicht mehr so nett findet.«

Duane sah sie fragend an.

»Es geht ums Thema Ehe. Seth sagt, er muss nicht heiraten. Ihm reicht das Bekenntnis zueinander, in Form eines gemeinsam gekauften Hauses und gemeinsamer Kinder. Er ist gegen die Ehe. Deswegen versucht Ashley gerade herauszufinden, was ihr wichtiger ist – zu heiraten oder mit dem Mann zusammen zu sein, den sie liebt, ohne zu heiraten.«

»Klingt kompliziert.«

»Ich weiß nicht. Seth ist ein Hauptgewinn. Wenn sie ihn wegen dieser Kleinigkeit verlässt, findet sie bestimmt so schnell keinen neuen Mann, den sie so sehr lieben wird wie Seth. Und umgekehrt.«

»Hast du ihr das schon mal zu bedenken gegeben?«, fragte er.

Mikki schüttelte den Kopf. »Nein. Ich habe ihr geraten, den Trottel zu verlassen.«

Duane lachte. »Obwohl ich beide nicht kenne, bin ich im Prinzip deiner Meinung. Auch wenn so eine Ehe eine altmodische Tradition zu sein scheint, hat sie Vorteile, vor allem finanzieller Art. In Gesellschaften, in denen mehr Menschen verheiratet sind, leben weniger Kinder in Armut und sind weniger Kinder Gewalt ausgesetzt.« Er lächelte sie an. »Ihr Frauen macht aus uns Männern Engel.«

»Diese Statistik kannte ich gar nicht.«

»Ist aber so. Kindern geht es erwiesenermaßen besser, wenn sie zwei Elternteile haben. Und Frauen in einer festen Partnerschaft können flexibler agieren als zum Beispiel Alleinerziehende.

Männer sind insgesamt glücklicher, wenn sie verheiratet sind. Statistisch gesehen ist das übrigens bei Frauen genau andersrum – wir Männer sollten uns also ein bisschen anstrengen. Ich könnte dir sogar die aktuellen Zahlen nennen, aber unterm Strich bin ich der Meinung, dieser Seth soll sich einen Ruck geben und seine Freundin heiraten, wenn ihm kein gutes Argument dagegen einfällt. Was für ein Trottel.«

Mikki lächelte. »Starker Standpunkt.«

»Ja. Und wie stehst du zu dem Thema?«

Sie wusste nicht, worauf er hinauswollte. »Fragst du gerade, ob ich mir vorstellen könnte, noch mal zu heiraten?«

Er sah sie unbeirrt an. »Ja.«

Lief das alles ein bisschen aus dem Ruder, oder bildete sie sich das nur ein?

»Na ja. Bevor ich für den Rest meines Lebens allein bleibe …«, sagte sie vorsichtig. Hoffentlich klang das nicht zu weinerlich.

»Was denkst du?«, bohrte er nach.

»Ich habe gerade Angst, das Falsche zu sagen. Es wundert mich nicht, dass Ashley Probleme damit hat, sich Seth gegenüber zu erklären. Irgendwie scheint es ein gesellschaftliches Ding zu sein, zu glauben, dass immer wir Frauen diejenigen sind, die heiraten wollen. Und ihr Männer? Müsst ihr etwa von uns überredet oder überlistet werden? Das kommt mir alles unfassbar altmodisch vor.«

Er nahm ihre Hand. »Mikki, ich will dich nicht in die Enge treiben. Ich mag dich und wollte das nur schon mal abklopfen. Weil ich mir für uns beide vieles vorstellen kann.«

Wow. Einfach nur wow. Herzklopfen. Wurde sie rot? »Bewundernswert, wie du das so geradeheraus ansprechen kannst.«

Er sah sie an, und sie schluckte. »Ich kann mir auch vieles für uns vorstellen.«

»Gut.« Er küsste sie. »Und jetzt wechseln wir lieber das Thema, bevor es noch merkwürdiger wird.«

»Ausgezeichnete Idee.«

»Das ist doch lächerlich«, sagte Bree und schälte die frischen Maiskolben.

Harding schüttete Kohle auf den Grill. »Zu mir nach Hause wolltest du ja nicht kommen. Deswegen veranstalte ich unser Dinner hier.«

Sie waren im Park, inmitten von Familien, die genau wie sie an diesem schönen Sommerabend im Schatten der Bäume grillten.

»Ich wollte eigentlich überhaupt nicht mit dir zu Abend essen«, erklärte sie.

Er lächelte wissend. »Das kommt aber gerade nicht so rüber.«

»Ja, schon klar«, murmelte sie.

Sie war gern mit Harding zusammen, das musste sie leider zugeben. Es machte Spaß mit ihm. Sie mochte seine Zuverlässigkeit und seine unverblümte Art. Eigenschaften, die sie nicht unbedingt von einem Partner erwartete, jedoch ganz angenehm fand. Was nicht heißen sollte, dass Harding ihr Partner war. Aber sie waren so was wie Freunde – darauf konnte Bree sich einlassen.

»Warum warst du eigentlich so lange weg aus Los Angeles?«, erkundigte sie sich. »Und wieso bist du schließlich doch zurückgekommen?«

Er nahm einen Beutel mit mariniertem Hähnchenfleisch aus der Kühlbox. »Du hast gesagt, du machst gegrillten Maissalat. Das ist übrigens mein Lieblingsessen.«

»Ha, ha. Jetzt sag – wieso hast du L. A. für so lange Zeit den Rücken gekehrt? Du warst doch nicht wirklich die ganze Zeit auf Lese- und Recherchetour, oder?«

Statt zu antworten, zündete er die Grillkohle an. »Wird eine Weile dauern, bis die Kohle heiß genug ist.«

Sie starrte ihn an. »Hey! Du weichst meiner Frage aus. Das tust du sonst nie. Also muss eine Frau dahinterstecken. Du bist also wegen einer Frau von hier abgehauen.« Es war ein kleiner Triumph, dass sie das herausgefunden hatte. Neugierig fragte sie: »Was ist denn schiefgelaufen?«

Er drückte ihr ein Bier in die Hand. »Gar nichts. Und genau das war das Problem. Es war einfach tote Hose.« Er stöhnte auf. »Nicht das, was du denkst. Emotional war tote Hose. Nachdem wir ein halbes Jahr zusammen waren, beschlossen wir zusammenzuziehen. Es war nett, jedoch nicht spektakulär. Ich war nicht richtig in sie verliebt.«

»Aber sie in dich?«

»Keine Ahnung. Sie hat es zwar gesagt, doch ich habe ihr das nie geglaubt.«

Bree trank einen Schluck Bier. »Du hast also erst mit deiner Freundin aus Highschool-Zeiten Schluss gemacht und dann auch mit dieser Frau. Hast du vielleicht Probleme damit, dich zu binden?«

»Nein, ich leide unter Prinzipientreue. Ich möchte einfach richtig verliebt sein, mit allem Drum und Dran. Und wenn ich mich verliebe, werde ich der Auserkorenen so lange auf den Wecker gehen, bis sie meinem Drängen nachgibt oder mich überfährt, um mich loszuwerden.«

»Das heißt, du mutierst zum Stalker.«

Er lächelte. »Nur metaphorisch, nicht in echt.«

»Damals bist du also davongerannt.«

Sein Lächeln verschwand. »Nein. Ich renne nicht davon.«

»Du hast deine Heimat verlassen, um einer Frau zu entkommen. Wie würdest du das nennen?«

»Einen strategischen Wechsel.«

»Was für ein Bullshit«, sagte sie lachend. »Und was machst du diesmal? Wirst du wieder wegrennen?«

Er sah sie an. »Nein. Ich bleibe.«

Sie schwenkte ihre Flasche. »Guck mich nicht so bedeutungsschwanger an. Ich hab damit nichts zu tun.«

»Falsch.«

»Wir sind Freunde. Das ist alles, okay?«

In seinen Augen blitzte der Schalk. »Super. Dann komm mit mir zur Benefizveranstaltung von OAR. Als mein Freund.«

»Du bist ganz schön hartnäckig.« Sie nahm einen Schluck und wollte eigentlich sagen, auf gar keinen Fall, doch heraus kam: »Alles klar. Aber wirklich nur als Freunde.«

»Die sich ab und zu küssen.«

»Ich küsse meine Freunde nicht. Deine Schwester und ich haben uns noch nie geküsst.«

»Das ist zwischen Mann-und-Frau-Freunden anders.«

Das stimmte natürlich. Ihre Beziehung mit ihm war anders als alle anderen bisher. Harding hatte einfach etwas, das sie …

Nein. Diesen Gedanken musste sie sich verbieten. Keine geheimen Wünsche, keine Träume, keine »Was-wäre-wenn«-Szenarien.

Sie legte die Maiskolben auf einen Teller. Sobald die Kohle heiß genug war, kamen sie auf den Grill, danach konnte sie die Kerne abschaben und sie in den Salat mischen. Nun musste sie warten, dass der Rost die richtige Temperatur erreichte, und sie setzte sich Harding gegenüber.

»Jetzt weißt du, dass ich auch meine emotionalen Probleme habe«, sagte er. »Also kannst du mir verraten, was dich neulich so traurig gemacht hat.« Er sah sie vorsichtig an.

Das musste ja so kommen, dachte sie. Als sie an diesem Tag bei ihm aufgetaucht war und sich hilflos in seine Arme geworfen hatte, hatte er keine Fragen gestellt. Nun überlegte er sicher schon die ganze Zeit, was sie dazu gebracht hatte. Sie hatte den Eindruck, dass er regelrecht besorgt um sie war.

Sie könnte ihn anlügen, eine Freundin mit einem kranken Hundewelpen erfinden oder so was.

»Meine Mutter hatte angerufen. Sie möchte eine Signierstunde in meiner Buchhandlung abhalten. Anscheinend wurde sie von mehreren Leuten gefragt, wieso sie noch keine Lesung bei ihrer Tochter veranstaltet hat.«

»Denen sie ungern antworten möchte, sie sei eine herzlose Bitch, die kein Interesse an ihrer Tochter hat«, brachte er es auf den Punkt.

Bree war beeindruckt. »Ich wünschte, es wäre so«, gestand sie. »Es wäre viel einfacher für mich, wenn sie bloß gemein wäre.«

Sie betrachtete den Picknicktisch. Mehrere Leute hatten ihre Initialen ins Holz geritzt. Ob M. J. + R. Z. wohl immer noch zusammen waren?

»Mit zwölf habe ich sie gefragt, ob sie es eigentlich bereut, mich bekommen zu haben.«

Harding hob sanft ihr Kinn an, damit sie ihn ansah. »Und? Wie lautete ihre Antwort?«

»Dass *bereuen* nicht das richtige Wort sei. Aber sie hätte es unterschätzt, wie zeitaufwendig so ein Kind sei.« Sie zwang sich zu einem Lächeln. »Meine Anwesenheit hat meine Eltern davon abgehalten, das zu tun, was ihnen wirklich wichtig war.«

»Oh Mann. Das muss schlimm für dich gewesen sein.«

»Ich kannte es ja nicht anders.« Sie erinnerte sich ungern daran, wie sie sich damals befohlen hatte, tapfer zu sein. Sie wollte nicht schon wieder vor Harding in Tränen ausbrechen.

»Aber ich habe mich nach Internaten umgesehen und zwei ausgewählt, die mir zusagten. Ich erklärte meiner Mutter, dass beide auch in den Sommerferien Kurse anböten, an denen ich teilnehmen könnte.«

»Übersetzt heißt das«, murmelte er, »du wolltest nicht mal in den Ferien nach Hause.«

»Genau. Meine Mutter war beeindruckt von meiner Gründlichkeit und sorgte dank ihrer Connections dafür, dass ich ab September tatsächlich aufs Internat gehen konnte. Seitdem habe ich nie wieder bei meinen Eltern gewohnt.«

Er sah sie überrascht an. »Und was war nach der Highschool?«

»Meine Eltern sind an die Ostküste gezogen, deshalb bin ich hier aufs College gegangen. Ich habe in Wohnheimen gewohnt, bin mit Freunden in Urlaub gefahren und habe an Studienfahrten teilgenommen.« Sie griff nach ihrem Bier. »Das war eine super Zeit. Ich habe viel von der Welt gesehen und viele tolle Freundschaften geschlossen. Und ich war glücklich.«

»Auf jeden Fall glücklicher, als du es bei deinen Eltern gewesen wärst.« Er sah sie prüfend an. »Aber du bleibst eine Getriebene. Gehst nie zweimal mit demselben Mann nach Hause. Nicht, weil es dir langweilig wäre, sondern weil du niemandem zu nahekommen willst.«

Sie erstarrte und musste sich regelrecht zwingen, sich wieder zu entspannen. »Versuch bitte nicht, in meinen Kopf zu kriechen. Das wird dir nicht gelingen.«

»Aber mit meinen Vermutungen treffe ich ziemlich oft ins Schwarze. Hat deine Beziehung zu Lewis deine Eltern überrascht?«

»Ja – allerdings nicht aus dem Grund, den du wahrscheinlich annimmst. Meine Eltern fanden nämlich, dass er zu gut für mich war. Ich habe gehört, wie meine Mutter zu ihm sagte, er könne doch sicher was Besseres finden.«

»Hat er ihr nicht sofort eine reingehauen?«

Bree lachte. »Nein. Er hat behauptet, ich sei die Liebe seines Lebens – und das fühlte sich gut an. Damals bin ich fest davon ausgegangen, dass unsere Beziehung genau das war, was meine Eltern hatten – eine echte, hingebungsvolle Liebe, die nie zu Ende gehen würde. Aber ich habe mich geirrt.«

»Mit hingebungsvoller Liebe kannst du doch gar nichts anfangen. Dafür bist du viel zu unabhängig und stark.«

Überrascht stellte sie fest, wie gut er sie kannte. »Heute weiß ich das auch. Keine Liebesbeziehung wird je das ausbügeln können, was meine Eltern bei mir angerichtet haben. Deshalb musste ich meinen eigenen Weg gehen und mich von ihnen lösen.«

»Was dir mit Lewis aber nicht gelang.«

»Nein.«

»Und seitdem?«

Sie schüttelte den Kopf, auf keinen Fall würde sie die Wahrheit ausplaudern. Wollte sie sich noch mal auf die Liebe einlassen? Keine Chance. Wieso sollte sie sich jemals wieder einem anderen Menschen öffnen? Nein, das Konzept Liebe war nichts für sie. Sie wollte keine Nähe mehr aufbauen, sie war ein gebranntes Kind. Am besten schützte sie sich, indem sie sich nicht mehr verliebte.

»Liebe bedeutet doch eigentlich Partnerschaft«, sagte er.

»Sprichst du aus Erfahrung?«

Er lächelte. »Wenn du damit meinst, dass ich ebenfalls gescheiterte Beziehungen hinter mir habe – ja. Aber es gibt auch positive Beispiele. Meine Eltern haben eine gute Partnerschaft und einige meiner Freunde ebenfalls. So etwas wünsche ich mir. Dann sind beide stark, auch wenn einer mal schwach ist. Gemeinsame Ziele, gemeinsame Werte.«

»Sehr idealistisch.«

»Immer noch besser als pessimistisch.«

Lachend konterte sie: »Das bin ich gerne.« Sie zögerte. »Harding, eins musst du wissen, ich bin nicht traurig deswegen. Ich habe es mir abgewöhnt, unrealistische Erwartungen zu haben, weil man auf diese Weise besser fährt. Ich sehe die Welt, wie sie ist, nicht, wie wir sie gerne hätten.«

»Mit einer solchen Auffassung hätte ich nie wieder Laufen gelernt. Und was ist mit mir?«

»Du sitzt mir gegenüber«, sagte sie, um einen Scherz zu machen. Dann seufzte sie. »Tut mir leid. Okay, ja. Du bist vielleicht eine Ausnahme. Aber du hast ja auch viel dafür getan und hattest gute Ärzte. Nur – was hat das damit zu tun, dass ich nicht mehr an die Liebe glaube?«

»Ich denke, du glaubst immer noch an die Liebe. Sonst würdest du dir wohl kaum solche Mühe geben, vor ihr davonzulaufen.«

»Irgendwie bist du total besessen von diesem Thema.«

»Das könnte daran liegen, dass ich dabei bin, mich in dich zu verlieben.«

Das kam unerwartet. Bree starrte ihn an. Sie war sich des Lärms spielender Familien bewusst, des Geruchs der glühenden Holzkohle auf dem Grill. Hoch über ihnen flog ein Flugzeug, und im Baum zwitscherten Vögel. Die Welt hatte sich nur auf diesen einen Moment und diesen einen Mann reduziert.

»Bitte nicht«, sagte sie und stand auf. »Ich bitte dich, lass es.«

»Was? Das mit dem Verlieben oder es dir zu sagen?«

»Beides.«

Sie verschränkte die Arme vor der Brust, als wollte sie etwas in sich zurückhalten, oder um sich zu beschützen. Liebe? *Liebe?*

»Wieso sagst du so was? Es war alles gerade so schön zwischen uns, und nun kommst du und ...«

»Ruinierst alles?«, fragte er und stand auf. »Bree, das kann dich jetzt doch nicht wirklich überraschen. Ich habe dir schon x-mal gesagt, dass ich verrückt nach dir bin.«

»Aber doch nicht so. Nicht mit diesen Worten.«

»Wenn du sowieso nicht an die Liebe glaubst, können dir meine Gefühle vollkommen egal sein.«

Kluges Argument. Leider fiel ihr kein Gegenargument ein.

»Sind sie aber nicht.«

Bree schnappte ihre Tasche und rannte panisch zu ihrem Wagen. Als sie mit Vollgas davonraste, sah sie Harding noch immer am Picknicktisch stehen. Er blickte ihr einsam hinterher.

16. Kapitel

Das Wochenende mit Duane war nun schon eine Woche her, aber Mikki hatte immer noch dieses Dauergrinsen im Gesicht. Sie hatten eine tolle Zeit zusammen verlebt, unkomplizierte Gespräche, bei denen sie viel gelacht hatten und sich in den meisten Punkten einig gewesen waren.

Sie konnte nicht verhehlen, dass sie ein gewisses sexuelles Prickeln verspürte, wenn er in ihrer Nähe war. Je mehr Zeit sie miteinander verbrachten, desto vertrauter fühlte sie sich mit ihm – das war aufregend, machte ihr aber auch Angst. Es war über zwanzig Jahre her, dass sie sich zuletzt verliebt hatte – in ihren heutigen Ex-Mann. Wusste sie überhaupt noch, wie das alles ging? Sie versuchte, keine Angst zu haben. Sie versuchte, ihre innere Bree herauszulassen und einfach abzuwarten, was kam.

Mikki bog auf Perrys Einfahrt. Er wollte mit ihr über Wills bevorstehenden Geburtstag sprechen, und sie hatte ihm angeboten, auf dem Heimweg von der Arbeit kurz bei ihm vorbeizuschauen. Er stand schon wartend an der Tür.

»Wie lief der Umzug?«, erkundigte sie sich auf dem Weg zur Haustür. Perry war an dem Wochenende umgezogen, als sie nach Monterey gefahren war.

»Es war anstrengender, als die Kids erwartet hatten«, sagte er grinsend und ließ sie ins Haus.

In seinem neuen, geschmackvoll renovierten Wohnzimmer wirkte Perrys alte, beige Einrichtung seltsam fehl am Platz.

»Ich weiß«, sagte er grinsend. »Passt hier nicht rein.«

»Vielleicht kannst du mit einem neuen Teppich ein bisschen davon ablenken.«

»Ich muss einfach neue Möbel kaufen. Bei meinen Eltern ging das alles noch, aber hier nicht. Vielleicht kannst du mich ja beraten.«

»Na klar. Wir können in ein paar Möbelhäusern nach Inspiration suchen, wenn du magst. Ich kann dir gerne ein paar Vorschläge machen, aber schlussendlich entscheiden musst du. Es ist dein Zuhause, nicht meins.«

Er sah sie kurz an. »Willst du dir mal den Fortschritt beim Anbau ansehen? Das Dach ist inzwischen installiert, und die Fenster sind jetzt drin.«

Sie folgte ihm in das neu geplante Hauptschlafzimmer. »Viel größer, als ich gedacht habe. Und die Fenster sind sehr schön.«

Er zeigte ihr den aktualisierten Entwurf für Ankleidezimmer und Bad.

»Perfekt«, befand sie. Allerdings ein bisschen groß für ihn allein. Aber okay, wahrscheinlich würde er nicht für immer Single bleiben. Perry war ein guter Mann. Sie wunderte sich ohnehin, dass er noch keine neue feste Beziehung hatte.

Sie gingen in die Küche. Auf der Kücheninsel lagen zwei Platzsets. Da die Kinder in dieser Woche bei ihr waren, schieden sie als Abendessenbegleiter aus.

»Erwartest du jemanden?«, fragte sie. Wieso ließ er sie vorbeikommen, wenn er Gäste erwartete?

»Nein. Ich habe ein paar Häppchen nur für uns gemacht.« Er grinste. »Und ich werde dich mit einem schönen Rosé in Versuchung bringen, damit du meinen Plan in Sachen Wills Geburtstag befürwortest.«

Häppchen? Von Perry selbst gemacht? Merkwürdig. »Bei Wein sag ich selten Nein. Aber du magst doch gar keinen Rosé.«

»Ich mochte keinen. Bis ich irgendwann mal einen probiert habe. Manche schmecken sogar mir.« Er nahm eine Flasche aus dem Kühlschrank. »Ich vermute, ich hatte vor allem eine Abneigung gegen die Farbe.«

»Das scheint einige Männer abzuschrecken.«

Sie nahm Platz, während Perry ihnen einschenkte. Als er ein Tablett mit aufwendigen Häppchen auf den Tisch stellte, fiel sie fast vom Stuhl.

»Mini-Krabbenküchlein mit Crème fraîche«, sagte er. »Mini-Tarte mit mariniertem Frischkäse und pochierter Garnele als Topping. Und zu guter Letzt noch mit Gurke und Dill gefüllte Kirschtomaten.«

Sie sah das Essen an, dann ihn. »Hast du die etwa selbst gemacht?«

»Die Krabbenküchlein und die Tarte hab ich gekauft, aber die Kirschtomaten hab ich selbst gemacht.«

»Seit wann kannst du so was?«

»Ich hab ein paar Kochsendungen geguckt und es einfach ausprobiert. Und manchmal hole ich mir Tipps von meiner Mutter.«

Hatte sie gerade richtig gehört? Der Perry, den sie von früher kannte, konnte sich noch nicht mal ein Rührei machen und war so gut wie nie in der Küche gesehen worden.

Er setzte sich ihr gegenüber hin und lächelte stolz. »Bitte greif zu.«

Sie nahm sich eins von den Häppchen. Als Erstes kostete sie die Mini-Tarte.

»Sehr lecker«, sagte sie. Perry kochte jetzt also. Wer hätte das gedacht?

»Wegen Will«, sagte er und nahm sich eine Kirschtomate. »Wir hatten uns ja darauf geeinigt, dass er ein Auto bekommen soll. Aber ich habe meine Meinung geändert. Ich würde ihn lieber zu einem NASCAR-Rennwochenende einladen.«

»Das fände er bestimmt klasse«, sagte sie seufzend.

»Aber du nicht.«

»Ich möchte nicht, dass er Rennfahrer wird. Ich weiß, dass er gut Auto fährt, aber ich habe Angst, dass ihm was passiert.«

Perry sah sie an, ohne etwas zu erwidern.

»Ich weiß ja«, fuhr sie fort. »Er soll sich seine Träume verwirklichen. Aber … ich meine … wow. Seine Großeltern schenken ihm die entsprechenden Fahrstunden, und du nimmst ihn mit zu einem Rennen. Alle haben ein besseres Geschenk als ich.«

»Wir können uns doch das NASCAR-Wochenende teilen. Ein großes Geschenk von uns beiden.«

Keine schlechte Idee und sehr großzügig. »Danke, gern. Dann schenken wir das zusammen.« Sie lachte. »Solange ich nicht mitkommen muss.«

»Du wärst uns jederzeit willkommen.«

»Danke, das interessiert mich nun wirklich gar nicht.« Sie knabberte an einem Krabbenküchlein. »Dann müssen wir uns aber was Adäquates für Sydneys Geburtstag einfallen lassen. Vielleicht irgendein ökologisch-orientiertes Wochenende.«

Perry trank einen Schluck Wein. »Das kannst du ja dann mit ihr machen.«

»Was? Hast du etwa keine Lust auf Regenwaldstudien live im Regenwald?«

»Diese Woche nicht.«

»Was bin ich froh, dass ich das mit dem Geschenk für Will jetzt aus dem Kopf habe und es von meiner To-do-Liste streichen kann. Ich guck dann mal, was für Sydney infrage kommen könnte. Ihr Geburtstag ist ja auch schon in drei Monaten. Wer weiß, ob ihr so ein Öko-Wochenende überhaupt gefallen würde. Ich muss mich erst mal in die Materie einarbeiten.«

Sie sah sich in der Küche um. »Die Vorbesitzer haben die Küche schön gemacht. Ich würde hier gar nichts verändern.«

»Gefällt dir das Haus also insgesamt?«

»Ja. Super Lage und einige sehr schöne Original-Elemente. Du wirst dich hier sehr wohlfühlen.«

»Würdest du bestimmt auch.«

Sie sah ihn irritiert an. Was hatte das jetzt zu bedeuten? Sollte sie ihm das Haus abkaufen? Quatsch, das ergab nun wirklich keinen Sinn.

Kleinlaut sagte er: »Das war schlecht formuliert.«

Und dann machte er ihr richtig Angst – denn er nahm ihre Hand.

»Mikki, ich vermisse dich. Ich vermisse uns. Ich glaube, unsere Scheidung war überhastet, und das war allein meine Schuld. Ich hätte früher erkennen müssen, was ich an dir habe.« Er sah ihr in die Augen. »Bitte überleg dir, ob du nicht wieder mit mir zusammen sein möchtest. Ich liebe dich immer noch und hoffe sehr, dass du auch noch etwas für mich empfindest.«

Mikki öffnete den Mund, schloss ihn aber sofort wieder, denn sie war sprachlos. Da war nur diese Stimme in ihrem Kopf, die permanent schrie: Was ist hier los?

»Du bist der einzige Grund dafür, dass ich dieses Haus gekauft habe«, gestand Perry ihr, ohne den Blick abzuwenden. »Ich habe es gesehen und sofort an dich gedacht. Wir könnten hier wieder glücklich sein. Noch mal von vorn anfangen, alt und weise, wie wir jetzt sind.«

Sie zog ihre Hand weg. »Perry, ich habe einen Freund.«

Eigentlich hatte sie nicht so damit herausplatzen wollen, aber es ging nicht anders.

Perry nickte. »Ja, meine Mutter hat so was schon erwähnt. Ist das der mit dem Aston Martin?«

Mit einem Mal wurde Mikki von Schuldgefühlen überwältigt. Am liebsten hätte sie sich entschuldigt, was natürlich absolut lächerlich war. Sie waren seit drei Jahren geschieden. Sie konnte sich mit so vielen Menschen verabreden, wie sie wollte. Sie hätte schon x-mal wieder verheiratet sein können.

»Ja, genau der ist es«, sagte sie leise.

»Ist es was Ernstes?«

»Ich weiß es nicht. So lange geht es noch nicht.«

Was sollte das überhaupt heißen, was Ernstes? Sie konnte, schockiert, wie sie war, gerade nicht klar denken. Hatte Perry wirklich noch immer Gefühle für sie? Was wollte er ihr sagen?

Nein, sie war gar nicht scharf darauf, das zu erfahren. Allein der Gedanke daran war ihr unangenehm.

Sie winkte ab. »Du liebst mich nicht.«

»Woher willst du das wissen?«

Sie überging seine Frage. »Perry, wir sind Freunde. Gute Freunde. Wir sind Eltern von zwei gemeinsamen Kindern und kommen gut klar. Wir verstehen uns jetzt sogar viel besser als während unserer Ehe.«

Er seufzte. »Ich weiß schon. Ich habe dich nicht genug unterstützt. Ich denke viel darüber nach, was ich falsch gemacht habe. Ich bin nicht mit dir nach London gefahren, dabei hätten wir uns dort eine schöne gemeinsame Zeit machen können. Aber ich arbeite an mir. Ich möchte ein besserer Ehemann werden.«

»Du warst ein guter Ehemann – bitte denk nichts anderes. Aber wir haben uns eben auseinanderentwickelt, wir beide wollten unterschiedliche Dinge.«

»Was, wenn wir jetzt dasselbe wollen?«

Was sollte sie dazu sagen?

»Ich denke, wir haben unsere Chance gehabt. Und wir haben sie vermasselt.« Warum nur hatte er von seinen Gefühlen angefangen? »Hör jetzt auf damit. Wir können die Vergangenheit nicht mehr ändern, und ich möchte auch an dem, wie es jetzt ist, nichts ändern. Es ist gut so, wie es ist. Das reicht mir.«

»Aber wir können doch die Zukunft anders gestalten. Ich gebe uns nicht auf.«

»Es gibt kein Uns mehr.«

Er lächelte, was sie überraschte.

»Das sehen wir noch. Wir kommen so gut aus miteinander, wir haben also immer noch eine Verbindung. Vielleicht irre ich mich ja, aber trotzdem wünsche ich mir eine zweite Chance.«

Einmal mehr versetzte er sie in Erstaunen. »Ich weiß gar nicht, was ich dazu sagen soll.«

»Immerhin hast du nicht sofort Nein gesagt. Das ist doch schon mal was.«

»Die heutigen Hochzeitsfarben sind Lavendel und Salbei«, erklärte Seth, als er auf den Parkplatz der Kirche einbog. Sie waren schon wieder zu einer Hochzeit eingeladen.

Ashley sah ihn an. »Woher weißt du das?«

»Die Einladung hatte diese Farben.«

»Wieso erinnerst du dich an so was?«

Er grinste sie an. »Ich hab halt meine Hausaufgaben gemacht. Ich bin jetzt ein Experte für Hochzeiten. Du kannst mich jederzeit alles fragen.«

»Wer sucht sich denn diese Farben aus? Passt doch überhaupt nicht zusammen.«

Er küsste sie. »Ich denke, diese deine Theorie werden wir schon gleich überprüfen.«

Sie seufzte. »Du weißt aber schon, dass es mir um mehr geht als darum, dass du dich mit dem neuesten Hochzeitsfarben-Trend auskennst.«

Er wurde ernst. »Ja. Es geht darum, dass wir alles haben, was wir uns wünschen, ob wir nun verheiratet sind oder nicht. So eine Hochzeit ist doch nur Show.« Jetzt lächelte er wieder. »Trotzdem finde ich das mit den Farben ziemlich spannend.«

Er stieg aus und zögerte kurz, sagte sich aber dann, dass das wohl seine Methode war, ihr zu zeigen, dass er seinen Teil der Verabredung einhielt. Er hatte ein halbes Dutzend Brautmagazine gelesen und sämtliche Artikel, die sie ihm geschickt hatte. Im Gegenzug las sie gerade ein Buch, das sich gegen die Institution Ehe aussprach, und auch sie arbeitete die Artikel durch, die er ihr mailte. Abgesehen davon hatten sie sich am Vormittag ein paar Häuser angesehen, die freie Besichtigungszeiten für Kaufinteressenten anboten.

Bis auf die Unstimmigkeit zum Thema Heiraten zogen sie beide am selben Strang. Sie nahm seine Hand.

Als sie die Kirche betraten, hatten sich gerade die Brautjungfern fürs Foto aufgestellt. Tatsächlich waren ihre Kleider in einem blassen Lavendelrosa gehalten. Als sie ihren Platz eingenommen hatten, entdeckte Ashley den Trauzeugen – er trug einen schwarzen Anzug und eine Weste samt Fliege in Salbeigrün.

»Hab ich's nicht gesagt?«, flüsterte Seth ihr zu. »Ich bin schon sehr gespannt, wie die Deko beim Empfang aussehen wird. Wenn sie Platzteller benutzen, fände ich silberne besser als goldene. Passt besser zu Lavendel und Salbei.«

Mit unterdrücktem Lachen flüsterte sie: »Du machst mir Angst.«

Zwei Stunden später saßen sie in einem Bankettsaal und warteten auf das Brautpaar. Kellner gingen mit Rot- und Weißwein und mit dem Hochzeitsdrink herum – einem Lavendel-Salbei-Sling.

»Du hattest so recht«, sagte Ashley, als sie sich einen Cocktail nahm.

Seth deutete mit dem Kopf auf die runden Tische, wo salbeigrüne und mit einem Zweig Lavendel dekorierte Gastgeschenke und silberne Platzteller standen.

»Und Stuhlhussen haben sie auch. Die Dinger kosten mindestens drei fünfzig pro Stück. Bei zweihundert Gästen … ziemlich bescheuert, für so was siebenhundert Dollar auszugeben.«

Ashley fielen die Stuhlhussen jetzt erst auf. »Die hab ich gar nicht wahrgenommen.«

»Ich, als der neue Hochzeitsexperte, natürlich sofort. Soll ich dir auch was zu den Tischaufsätzen sagen?«

Bevor sie ihm antworten konnte, gesellten sich ihre Freunde Krissy und Karl zu ihnen. Krissy umarmte sie beide und streckte dann die linke Hand aus.

»Guckt mal! Wir haben uns verlobt.«

Krissy und Karl? Ashley war eifersüchtig. Sie hatte gar nicht gewusst, dass es zwischen den beiden schon so ernst war.

»Echt? Wie toll, herzlichen Glückwunsch!« Sie bewunderte den Ring, einen Diamanten im Prinzess-Schliff, der von kleineren Steinen umgeben war. »Sehr schön.«

Karl trat von einem Bein aufs andere. »Ich hab diesen Ring gesehen und sofort an Krissy gedacht.«

Seth klopfte ihm auf die Schulter. »Gut gemacht. Folg immer deinem Bauchgefühl, wenn es um Schmuck geht.«

»Und wie lief's ab?«, fragte Ashley, wie es von ihr erwartet wurde.

»Karl hat mich zum Essen in unser Lieblingslokal ausgeführt«, erzählte Krissy überglücklich. »Ich hatte wirklich keine Ahnung, was er vorhatte.«

Es folgte eine detaillierte Beschreibung des Heiratsantrags nebst der Info, dass das gesamte Personal eingeweiht gewesen war. Alles gut, sagte Ashley sich. Freu dich für sie, alles halb so schlimm. Das schaffst du.

Leider gelang es ihr nicht, sich selbst davon zu überzeugen.

Sie nickte an den richtigen Stellen und sagte, nachdem sie noch ein weiteres Mal gratuliert hatte: »Ich wollte gerade auf die Toilette. Entschuldigt mich bitte.«

»Ich komm mit«, sagte Krissy und hakte sich bei ihr unter. »Bis gleich, Jungs.«

Also wurde nichts aus dem erhofften Moment Ruhe.

Ashley drückte Seth ihren Drink in die Hand und verschwand mit ihrer Freundin in Richtung Toiletten.

Auf dem Weg dorthin sah Krissy sie an und fragte: »Und was ist mit euch beiden? Schon eine Ahnung, wann Seth die Frage aller Fragen stellen wird?«

Ashley fand, dies war die optimale Gelegenheit, ihren Teil des Deals praktisch umzusetzen. »Wir wollen gar nicht heiraten. Ist nicht so unser Ding.«

Krissy blieb abrupt stehen und starrte sie mit offenem Mund an. »Was? Trennt ihr euch etwa?«

Sie hatte so laut gesprochen, dass sich mehrere Leute zu ihnen umdrehten.

»Nein, wir trennen uns nicht«, antwortete Ashley leise. »Wir sind verliebt und glücklich zusammen.«

»Und wieso verlobt ihr euch dann nicht?«

»Weil uns eine Heirat nicht interessiert.«

Krissy sah sie verständnislos an. »Wieso nicht?«

»Weil wir nicht heiraten müssen, um zu wissen, dass wir für den Rest unseres Lebens zusammen sein wollen. Wir bekennen uns auch so zueinander, und wir wollen demnächst ein Haus kaufen.«

Ashley war stolz auf sich. Auch wenn sie selbst noch nicht ganz überzeugt von dieser Idee war, versuchte sie, sich damit anzufreunden. Also, eines Tages. Vielleicht.

»Aber du wolltest doch immer heiraten«, sagte Krissy. »Wieso denn auf einmal nicht mehr? So machen es doch alle. Man verliebt sich, heiratet und bekommt Kinder.«

»Seit wann muss man heiraten, um Kinder zu haben?«

»Schon klar. Trotzdem versteh ich's nicht. Was ist bei euch los?«

Zum Glück tauchten in diesem Moment Seth und Karl auf, und sie kam um die Antwort herum.

»Ich dachte, ihr wolltet auf die Toilette«, sagte Karl.

Krissy starrte Ashley immer noch an, dann lächelte sie gekünstelt. »Schon okay. Ich sag nichts.« Sie warf einen Blick auf Seth, den sie als Schuldigen hinter der Sache vermutete. »Bis gleich.« Sie nahm Karl am Arm und zog ihn weg.

Seth runzelte die Stirn. »Seltsam. War was?«

Ashley wandte den Blick ab. »Nein. Alles bestens.«

»Du hast miese Laune«, murmelte Rita, dann drehte sie sich um und schob den Bücherwagen vor sich her. »Wenn du so weitermachst, fordere ich eine Gehaltserhöhung.«

Bree sah Rita hinterher. Es war ihre Schuld, dass Rita so verdrießlich war. Sie selbst hatte auch schon seit Tagen schlechte Laune. Außerdem hatte sie kaum geschlafen und keinen Appetit. Und ganz egal, wie viele Kilometer sie auf dem Fahrrad wegstrampelte oder joggte, sie musste die ganze Zeit an Harding denken. Beziehungsweise an das, was er gesagt hatte.

Ich bin dabei, mich in dich zu verlieben.

Liebe. Sie glaubte nicht an die Liebe, und sie traute keinem Menschen über den Weg, der behauptete, er würde sie lieben. Warum wollte Harding sie nicht einfach nur vögeln? Lust war für sie wenigstens etwas Nachvollziehbares. Lust war etwas, auf das man vertrauen konnte. Aber Liebe?

»Dieses Arschloch«, brummte sie und versuchte, sich endlich auf ihre Arbeit zu konzentrieren.

Kundenberatung, Bestelllisten, Ordnung schaffen und nach Geschäftsschluss Staub wischen. Als sie gegen zweiundzwanzig Uhr immer noch im Laden war, musste sie sich eingestehen, dass sie es vermied, nach Hause zu fahren. In ihrem Laden konnte sie sich beschäftigen und wenigstens so tun, als würde sie nicht ständig an Harding denken. Und schlafen konnte sie ja sowieso nicht.

Ich bin dabei, mich in dich zu verlieben.

Immer wieder hörte sie die Worte in ihrem Kopf, und sie kam sich wund und bloßgestellt vor. Oder – was noch schlimmer war – verwundbar. Sie war nie verwundbar. Nie. Niemand drang je bis in ihr Innerstes vor. Sie schüttete nie jemandem ihr Herz aus, das war alles zu riskant. Die ersten zwölf Jahre ihres Lebens hatte sie damit verbracht, um die Aufmerksamkeit ihrer Eltern zu betteln, und in den letzten zwei Jahren ihrer Ehe hatte sie gelernt, dass sie von ihrem Mann nur ausgenutzt wurde. Die Liebe war was für Loser – und sie würde nie wieder ein Loser sein.

Bevor sie ging, überprüfte sie, ob alle Türen abgeschlossen waren, und schaltete die Alarmanlage ein. Dann verließ sie das Geschäft durch den Hintereingang. Auf dem Weg zu ihrem Wagen sah sie, dass in den Räumen über dem Surf-Shop Licht brannte. Dort wohnte Sad Guy.

Noch bevor sie wusste, was sie tat, marschierte sie zielgerichtet auf das Gebäude zu. Sie hatte zwar keinerlei Interesse mehr an diesem Mann, aber er hatte gesagt, dass er noch einmal Sex mit ihr haben wollte – wenn auch, um über sie hinwegzukommen. Sehr gut. Wenn er Sex wollte, konnte er Sex haben. Sie würde sich ihm hingeben, und zwar heute Abend.

Dieser Akt würde das auslöschen, was zwischen ihr und Harding aufzukeimen drohte. Dieser Betrug würde ihn abschrecken und ihm klarmachen, was für eine schreckliche Person sie war. Dann würde er endlich aus ihrem Leben verschwinden, und das Problem wäre gelöst.

Sie erreichte die Haustür und klingelte. Wenige Sekunden später erklang Sad Guys Stimme durch die Gegensprechanlage: »Ja?«

»Ich bin's, Bree. Du hast gesagt, du willst noch mal Sex. Hier bin ich.«

Sofort drückte er die Tür auf.

Sad Guy erwartete sie auf dem Treppenabsatz. Ohne ihn anzusehen, ging sie an ihm vorbei in sein geräumiges, luftiges Apartment. Im Januar war sie ein paarmal hier gewesen. Alles sah noch aus wie damals – eine chillige Mischung aus Palmenmotiven und Hartholzmöbeln. Sie stellte ihre Handtasche auf einem Tischchen ab und schlüpfte aus ihren Schuhen.

»Ich verstehe nicht ganz«, sagte er.

Sie gab sich einen Ruck und sah ihn an. »Ich will Sex. Wolltest du doch auch. Ein letztes Mal.«

In seinen Augen schimmerte so etwas wie Hoffnung auf. Plötzlich fühlte Bree sich mies. »Ohne dass es etwas zu bedeuten hat, okay?«, sagte sie.

Sad Guy lächelte. Erstaunlich.

»Bei dir hat Sex doch nie was zu bedeuten.«

Er kam auf sie zu. Gleich würde er sie küssen und sie anfassen. Sie musste das jetzt durchziehen – sie musste mit Sad Guy schlafen, dann hatte sie über sich selbst gesiegt. Das war der einzige Trumpf, den sie in der Hand hielt.

Sad Guy zog sie an sich und presste sich an sie. Sie spürte seine Erregung. Sein heißer Atem streifte ihre Wange, und er drückte seinen Mund auf ihren.

»Du riechst gut«, flüsterte er und drückte sich noch enger an sie. »Ich habe so oft an uns gedacht.«

Bree wurde übel. Sie zwang sich, die Arme um ihn zu schlingen, und öffnete die Lippen zu einem Kuss. Kaum spürte sie seine Zunge, wusste sie jedoch, dass sie es nicht schaffen würde. Ihr war plötzlich speiübel.

Rasch stieß sie ihn weg und rannte in Richtung Gästetoilette. Sie schaffte es gerade noch, den Klodeckel hochzureißen, als schon der Strahl aus ihr herausschoss. Das halbe Sandwich, das sie zum Abendessen gegessen hatte, kam wieder raus.

Sie ließ sich auf die Knie fallen und wartete, ob noch mehr kam. Ihr Magen verkrampfte sich ein paarmal, dann war es gut. Sie versuchte, tief durchzuatmen, und kämpfte gegen Tränen an. Ihr Leben war schon beschissen genug – jetzt nicht auch noch heulen. Das Weinen hatte sie sich abgewöhnt.

Sie stand auf, spülte sich den Mund aus und wollte das Bad verlassen – und stand direkt vor Sad Guy. Er beobachtete sie von der Tür aus.

»Los, ziehen wir es durch«, sagte sie und packte ihn am T-Shirt.

»Mein Gott, Bree, geht's noch?« Er wich vor ihr zurück, angewidert und traurig zugleich. »Wir machen gar nichts. Du hast dich anscheinend so sehr vor mir geekelt, dass du kotzen musstest.«

»Daran lag es nicht, ich hatte Magenprobleme. Jetzt bin ich bereit.«

Er sah sie lange an, dann schüttelte er den Kopf. »Ich finde, du solltest gehen.«

Sie wollte sowieso nicht hier sein, und sie wollte erst recht keinen Sex mit diesem Typen haben. Und doch trafen seine Worte sie wie eine Ohrfeige. Sie hätte alles darum gegeben, stark und unverwundbar vor ihm zu stehen, aber davon war nichts mehr übrig. Vor ihm Schwäche zu zeigen, war aber keine Option.

Also lief sie schnell ins Wohnzimmer, schnappte sich ihre

Schuhe und ihre Handtasche und flüchtete aus seiner Wohnung. Als sie draußen vor dem Haus stand, atmete sie die salzige Luft ein. Schlagartig ging es ihr besser. Alles war gut, wie immer. Das hier war nur eine kleine Delle auf ihrem Lebensweg, mehr nicht.

Sie setzte sich ins Auto und fuhr los. Zu ihrer Überraschung schlug sie jedoch nicht den Weg nach Hause ein. Sie fuhr instinktiv zu Harding, doch ihr wurde bewusst, dass sie um diese Uhrzeit nicht einfach bei ihm auftauchen konnte. Andererseits hatte er ihr mal erzählt, er würde selten vor Mitternacht schlafen gehen.

Vielleicht hatte er aber auch gerade Besuch. Vielleicht war irgendein weiblicher Fan bei ihm, und er vögelte sich gerade die Seele aus dem Leib. So viel zum Thema: Ich bin dabei, mich in dich zu verlieben. Natürlich konnte man sich nicht auf ihn verlassen, sie hatte es ja gleich gewusst. Er war …

»Stopp!«

Sie schrie im Auto und umklammerte das Lenkrad. Sie war kurz vor einem Nervenzusammenbruch, das spürte sie. Die alten Wunden, von denen sie gedacht hatte, dass sie längst verheilt wären, brachen wieder auf. Lewis hatte sie verarscht, und jetzt tat Harding dasselbe.

Und was, wenn nicht? Was, wenn er die Wahrheit gesagt hatte und er sie wirklich mochte? Wie sollte sie damit klarkommen?

Sie kam vor seinem Haus an und schaltete den Motor aus. Tatsächlich brannte noch Licht bei ihm. Nachdem sie einige Minuten reglos im Auto gesessen hatte, beschloss sie, dass ihr keine andere Wahl blieb. Sie stieg aus, ging zur Haustür und klopfte.

Es dauerte nicht lange, und Harding öffnete. Er trug Jeans und T-Shirt und war barfuß. Sein Haar war verwuschelt, und er grinste sie überrascht an. Ihr Herz tat einen Sprung.

»Hey, du«, begrüßte er sie und ließ sie sofort rein. »Lange nicht gesehen. Ich hab dich vermisst.«

Sie betrat das Haus und bedachte ihn mit einem aufgebrachten Blick. »Wie? Das ist alles? Ich hab seit Tagen nicht mehr mit dir geredet, hab deine Anrufe nicht beantwortet und deine Sprachnachrichten ignoriert. Ich hab dich total geghostet – und du sagst einfach, du hast mich vermisst?«

Er schob die Hände in die Hosentaschen und zuckte mit den Schultern. »Weil ich dich halt vermisst hab.«

»Ich habe gerade mit Sad Guy geschlafen.«

Sie sprach leise und beobachtete ihn, um sich auf Vorwürfe und Anfeindungen gefasst zu machen. Denn garantiert würde er gleich explodieren und sie danach hochkant rauswerfen.

Harding sagte nichts. Sie sah nur, wie sein Lächeln verschwand, aber sie hatte keine Ahnung, was in seinem Kopf vorging. »Gerade eben«, wiederholte sie. »Und dann bin ich auf direktem Weg hierhergekommen.«

Er ging in die Küche. »Möchtest du ein Wasser? Oder lieber was Stärkeres?«

Sie folgte ihm und wartete immer noch auf die Attacke. Doch anstatt sie anzuschreien oder ihr Vorwürfe zu machen, nahm Harding nur eine eckige Flasche vom Schrank und goss etwas von deren Inhalt in zwei Gläser. Eins reichte er ihr.

»Einer meiner Lieblingstequilas«, sagte er. »Casa Noble, die Añejo-Version. Zwei Jahre in französischen Eichenfässern gereift.«

Sie nahm das Glas und sah ihn irritiert an. »Du klingst gerade wie Mikki bei einem ihrer Vorträge über Champagner.«

Er lächelte. »Sehr sympathisch, diese Mikki.« Dann deutete er aufs Wohnzimmer.

»Was stimmt mit dir nicht?«, fragte sie, ohne auf die Geste einzugehen. Ihre Stimme klang ungewollt schrill. »Wieso bist du nicht sauer auf mich? Wieso schreist du mich nicht an oder schmeißt mich raus?«

»Weswegen noch gleich?«

»Weil ich verdammt noch mal mit einem anderen Typen geschlafen habe. Ich dachte, du wärst in mich verliebt. Da kann dir so was doch nicht egal sein.«

»Ist es auch nicht.« Er starrte in sein Glas. »Natürlich bin ich überrascht und auch verletzt. Offensichtlich war es nicht allzu schlau von mir, dir zu gestehen, was ich für dich empfinde. Das soll nicht heißen, dass die Nummer hier meine Schuld ist – für das, was du tust, bist immer noch du selbst verantwortlich. Ich wusste, dass du mit irgendwas Seltsamem reagieren würdest. *Das* habe ich allerdings nicht erwartet.« Er lächelte wieder, diesmal aber traurig. »Pech für mich.«

»Und das ist alles?«

»Was willst du denn hören? Ich bin nicht glücklich darüber, Bree. Willst du das hören? Ich bin nicht glücklich darüber, andererseits sind wir kein Paar. Du hast mir außerdem ziemlich deutlich zu verstehen gegeben, dass du nicht an einer festen Beziehung interessiert bist. Und obwohl ich dir das nicht abnehme, kann ich nicht behaupten, dass du unehrlich bist. Wollen wir uns setzen?«

Überrumpelt folgte sie ihm ins Wohnzimmer. Dort kauerte sie sich aufs Sofa, während er gegenüber von ihr in einem Sessel Platz nahm.

»Wieso erzählst du mir das überhaupt?«, fragte er, immer noch seelenruhig. »Da ich dich nicht für grausam halte, gehe ich mal davon aus, dass du es nicht getan hast, um mich absichtlich zu verletzen.«

»Ich wollte, dass du enttäuscht von mir bist«, gestand sie und stellte ihr Glas auf dem Tisch ab. »Ich habe mir gewünscht, dass du mich wegschickst.«

»Damit ich derjenige bin, der der Sache ein Ende setzt«, schlussfolgerte er, sagte dies aber mehr zu sich selbst als zu ihr. »Interessant. Und wenn ich das getan hätte, hätte dich das in deiner Theorie bestärkt, nach der du niemandem trauen kannst und es zu riskant ist, sich auf einen anderen Menschen emotional einzulassen.«

»Darüber möchte ich nicht reden.« Sie nahm einen Schluck Tequila. Er schmeckte leicht rauchig und aromatisch-würzig. »Der ist gut.«

Harding sah sie an. Sie las keine Wut in seinem Blick, nur Enttäuschung. Er würde sie nicht anschreien oder ihr eine Szene machen – obwohl sie ihm wehgetan hatte.

Es wäre besser zu gehen. Er würde irgendwann selbst darauf kommen, dass sie es nicht wert war, dass eine Beziehung mit ihr in einer Katastrophe enden würde. Schon bald würde er verstehen, dass sie ihn niemals lieben könnte …

»Ich konnte es nicht«, platzte es aus ihr heraus. Schnell stellte sie ihr Glas hin und verschränkte die Arme vor der Brust. »Ich hab es versucht. Ich bin extra zu ihm gegangen, um es zu tun. Vor ein paar Wochen hatte er mich darum gebeten, dass ich noch mal mit ihm schlafe, damit er endlich von mir loskommt. Also dachte ich, das wäre die Gelegenheit.«

Harding schien zu lächeln.

»Welcher Mann würde sich eine solche Gelegenheit entgehen lassen?«

»Schon klar. Aber diesmal ging es mir um was anderes. Und dann wollte ich plötzlich nicht, dass der Typ mich anfasst oder mich küsst, und erst recht nicht …« Sie schluckte. »Ich musste mich übergeben. Es war schrecklich. Ich wollte mit Sad Guy Sex haben und kotzte mir stattdessen die Seele aus dem Leib. Natürlich warf er mich dann raus.«

Ihre Augen brannten, und ihre Brust schmerzte, aber sie hielt durch. »War wohl doch nicht eine so tolle Gelegenheit, wie ich dachte.«

Hardings Mund zuckte. Sie warf ihm einen wütenden Blick zu. »Findest du das lustig?«

Er stellte sein Glas hin und stand auf, kam herüber zu ihr und zog sie an sich.

»Ich bin sehr froh«, sagte er. »Sehr, sehr froh.«

Sie versuchte, ihn von sich zu stoßen, und als er zurückwich, schlang sie schnell die Arme um ihn und schmiegte sich an ihn.

»Das ist doch unglaublich dumm«, murmelte sie. »Wie kannst du froh sein?«

»Weil ich dir anscheinend etwas bedeute.«

»Was ist los?«, rief sie. Sie machte sich los und starrte ihn irritiert an. »Nein, tust du nicht.«

Er grinste. »Oh doch. Wieso bist du sonst zu Sad Guy gegangen? Anscheinend bedeute ich dir doch zumindest so viel, dass du alles daransetzt, mich loszuwerden. Was du auf unglaublich stilvolle Weise tun wolltest. Herzlichen Glückwunsch.«

Leider hatte er vollkommen recht. Nein und noch mal nein! Er bedeutete ihr nichts, so war sie nicht. Das konnte sie nicht zulassen.

»Ich mag dich nicht mal«, behauptete sie. »Du bist gar nicht mein Typ.«

»Bree, ich bin deine Fleisch gewordene Fantasie. Gib's doch zu. Charmant, gut aussehend, stark, sensibel. Ich bin im Prinzip all das, was du dir schon immer bei einem Mann gewünscht hast.«

Sie wich zurück. »Willst du so etwa erreichen, dass ich mich besser fühle?«

Sein Lächeln verschwand. »Es tut mir leid. Du hast recht. Ich versuch's noch mal anders. Du magst mich, und wir beide wissen, dass ich verrückt nach dir bin. Hör auf, so eine blöde Scheiße zu machen, und ich werde dir nie wieder sagen, dass ich dich liebe. Zumindest so lange nicht, bis du bereit bist, es zu hören.«

»Also nie.« Sie dachte, damit würde sie ihn treffen – aber er lächelte nur.

»Damit kann ich leben.«

»Nein! Bitte such dir jemanden, der nicht so kaputt ist wie ich.«

»Wir sind alle kaputt, und deine Macke passt zu meiner.«

»Nur, dass du keine Macke hast.« Sie funkelte ihn wütend an. »Wieso gelingt es mir nicht, dich wütend zu machen?«

»Es könnte dir gelingen, aber nicht so.«

»Und wenn ich mit ihm geschlafen hätte?«

»Hast du aber nicht.«

»Beantworte die Frage!«

Er lächelte. »Was, wenn ich mit jemandem geschlafen hätte?«

Am liebsten würde sie ihm eine scheuern. »Du treibst mich in den Wahnsinn.«

»Ich weiß, es ist furchtbar, wenn ich so vernünftig bin. Aber du wirst lernen müssen, damit zu leben.«

Sie wollte ihm sagen, dass es nichts gab, womit sie zu leben lernen müsste. Dass er völlig danebenlag mit seiner Einschätzung von ihr, dass sie keinerlei Gefühle für ihn hegte und dass zwischen ihnen rein gar nichts war. Doch dann überraschte sie sich selbst damit, dass sie ihn wieder in die Arme schloss.

»Halt mich«, flüsterte sie.

»Ich halte dich, solange du willst.«

»Das wär schön.«

Er zog sie fest an sich und lehnte seinen Kopf an ihren. »Ich werde immer wieder zu dir kommen, Bree. Und irgendwann wirst du hoffentlich Notiz davon nehmen.«

»Aber wir werden keinen Sex haben.«

Er lachte. »Einverstanden. Jetzt nicht, aber bald. Bis dahin werde ich es noch aushalten.«

Nein, sie konnte ihm nicht vertrauen – das war einfach zu riskant. Aber heute Nacht war sie bereit, so zu tun, als würde alles gut werden.

17. Kapitel

»Du hast ja noch schlechtere Laune als Bree«, stellte Mikkis Mutter fest. »Was ist denn los mit euch zwei Mädchen?«

Mikki wollte sie darauf hinweisen, dass sie mit knapp vierzig wohl kaum als »Mädchen« durchging. Für ihre eigene miese Stimmung hatte sie eine Erklärung, aber was mit Bree los war, wusste sie auch nicht – sie ging ihr und Ashley schon den ganzen Tag aus dem Weg.

Jedenfalls war Mikki total genervt. Je öfter sie sich Perrys Worte in Erinnerung rief, desto schlechter wurde ihre Laune. Wie kam er dazu, zu glauben, das mit ihnen beiden könnte noch mal was werden? Sie waren geschieden. Das Thema war durch. Gegessen.

Na klar verstanden sie sich prima, und sie war ja auch gern mit ihm zusammen. Sie waren ein gutes Elterngespann, und er brachte sie zum Lachen. Und wenn sie zum Beispiel Ärger mit ihrem Wagen hatte, konnte sie auf seine Hilfe zählen. Es mochte sein, dass er sich verändert und weiterentwickelt hatte – das war schön, aber noch lange kein Grund, zu ihm zurückzukehren.

Mikki musste dringend mit jemandem reden, doch sie wusste nicht recht, wem sie das Thema anvertrauen konnte. Garantiert nicht ihrer Ex-Schwiegermutter, die ihr nichts von Perrys neuem Haus erzählt, ihrem Sohn dagegen aber das mit Duane gesteckt hatte. All ihre Freundinnen, die sie nicht von der Arbeit kannte, hatten die Scheidung mit ihr durchgestanden. Irgendwie wollte sie nicht mit ihnen darüber reden. Und was Ashley und Bree anging, war sie sich auch unsicher. Obwohl sie sich jeden Freitag nach Feierabend trafen und sich gut verstanden, kannten die beiden sie ja immer nur als Single und …

»Alles klar«, sagte ihre Mutter mit spitzen Lippen. »Wenn du nicht reden willst, bitte. Ich bin übrigens der Mensch, der dich zur Welt gebracht hat.«

Mikki wischte die Teekanne ab, die sie gerade ausgepackt hatte, und stellte sie auf den Tresen. »Tut mir leid, Mom. Mir geht einiges im Kopf rum.«

Rita wartete. Mikki sah sich um, ob jemand in der Nähe war, aber sie hatten noch geschlossen und sie waren allein im Laden.

»Es geht um Perry«, sagte sie.

»Er heiratet!« Ihre Mutter stieß einen missbilligenden Laut aus. »Wie alt ist sie? Mitte zwanzig? Bitte sag, dass sie wenigstens älter als Sydney ist.«

»Was? Nein, er heiratet nicht.«

»Dann ist er schwul? Und hat es dir jetzt erst gestanden? Das hätte ich zwar nicht gedacht, aber heutzutage weiß man ja nie.«

Mikki lachte erstickt. »Nein, er ist auch nicht schwul. Er will nur …« Sie versuchte, die richtigen Worte zu finden. »Er hat mir gesagt, dass er mich immer noch liebt. Ich bin angeblich der Grund, warum er das Haus gekauft hat. Er möchte, dass wir wieder zusammenkommen.«

Es war einer der seltenen Momente, in denen sie ihre Mutter sprachlos erlebte. Normalerweise hätte sie das genossen. Aber jetzt wartete sie nervös auf Ritas Reaktion. Dabei konnte man ihre Ratschläge eigentlich immer vergessen.

»Wie lächerlich«, sagte Rita. »Wieder zusammenkommen? Dafür ist es zu spät. Ihr habt eure Chance gehabt. Es ist vorbei, und ihr habt euch beide weiterentwickelt. Ich wäre auf keinen Fall zu deinem Vater zurückgegangen nach unserer Scheidung. Wir hatten eine furchtbare Ehe, und ich war froh, ihn los zu sein.«

Mikki reagierte genervt. »Wie oft soll ich es dir noch sagen? Ich möchte nicht, dass du schlecht über Dad sprichst. Das behagt mir nicht.«

»Ach so, ich soll lieber stumm leiden. Die endlosen Streitereien, seine permanente Abwesenheit – manchmal haben wir wochenlang nicht miteinander geredet.«

Kann man so nicht sagen, dachte Mikki. Ihr habt euch täglich angeschrien. Aber sie hielt sich zurück. Es brachte ja sowieso nichts.

»Nein, du kannst auf keinen Fall zu ihm zurückgehen. Inzwischen ist doch alles anders.« Ihre Mutter schüttelte den Kopf. »Von wegen, er liebt dich immer noch. Dieser Trottel. Er ist einfach nur bequem. Er will sich nicht die Mühe machen, nach jemand Neuem Ausschau zu halten – weil es viel leichter ist, zu dir zurückzukehren. Du kümmerst dich wieder schön um alles, und er lebt wie die Made im Speck. Ich würde sagen, keine Chance.«

Wahrscheinlich meinte ihre Mutter es gut. Auf ihre Weise versuchte Rita, sie zu beschützen. Wenn man von dem ganzen »Er-ist-zu-faul-und-du-kochst-so-gut«-Ding absah.

»Hast du ihm schon von Duane erzählt?«, erkundigte sich ihre Mutter.

»Ja. Und er sagte, er wüsste es bereits.«

»Von Lorraine.«

»Nun ja. Sie ist seine Mutter.«

»Aber sie arbeitet für *dich*. Von Loyalität hat sie wohl noch nie was gehört. Jedenfalls bin ich von Perry enttäuscht. Er muss langsam mal lernen, auf eigenen Füßen zu stehen. Er erwartet wahrscheinlich, dass er nur mit den Fingern schnipsen muss, und schon kommst du zu ihm zurückgerannt?«

»Er hat nicht mit den Fingern geschnipst.«

»Es ging doch früher immer alles nur nach seiner Nase. Er wollte nur sein Ding machen. Du oder die Kinder kamen überhaupt nicht vor.«

Mikki wünschte, sie hätte nichts gesagt. Wie üblich hatte sie den Impuls, genau das Gegenteil von dem zu tun, was ihre Mutter ihr riet. Wenig schmeichelhaft, aber wahr.

»Weißt du noch, euer Streit wegen der Dodgers-Tickets?«, erinnerte sie Rita.

»Mom, das ist doch Ewigkeiten her.«

»Er bestand darauf, die teuren Dauerkarten zu kaufen, obwohl ihr zwei kleine Kinder hattet. Und dann war er sauer auf dich, weil du nicht alles stehen und liegen gelassen hast, um mit ihm jedes Wochenende ins Stadion zu gehen. Und das, obwohl du ihm gesagt hast, dass du mit Baseball nichts anfangen kannst. Daraufhin ist er mit seinen Kumpels losgezogen und hat dich bei jedem Heimspiel mit den Kindern allein zu Hause sitzen lassen.«

»Ja, ich erinnere mich«, sagte Mikki pflichtgemäß. »Aber ein paar Jahre später hat er dann keine Karten mehr gekauft, damit wir mehr Zeit zusammen verbringen konnten.«

»Was trotzdem nicht geschah.«

Da hatte ihre Mutter recht. Mikki versuchte sich zu erinnern, wieso. War das die Zeit, als sie ihr Geschäft aufgebaut hatte? War sie selbst vielleicht nicht da gewesen? Rückblickend fragte sie sich, warum er die Dauerkarten nicht mehr gewollt hatte. Er war schon seit seiner Kindheit ein absoluter Dodgers-Fan und immer gern ins Stadion gegangen. War der Verzicht auf dieses Vergnügen etwa ein Versuch von ihm gewesen, sich ihr wieder anzunähern – und sie hatte es nicht bemerkt?

Verdammt. Egal jetzt, sagte sie sich. Es war vorbei. Auch da hatte ihre Mutter leider recht.

»Mom, reg dich nicht auf. Wir werden nicht mehr zusammenkommen. Ich fand es nur so seltsam, dass er aus heiterem Himmel damit angefangen hat.«

Rita sah sie zweifelnd an. »Du konntest diesem Mann noch nie etwas abschlagen. Weißt du nicht mehr, dass du seinetwegen das College abgebrochen hast, um in seinem Familienbetrieb mitzuarbeiten? Du bist eine kluge Geschäftsfrau, Mikki. Aber wenn es um Perry geht, geht es mit dir durch. Nimm dich also besser in Acht. Dieser Mann hat was an sich, was dafür sorgt, dass du ihm gegenüber nicht Nein sagen kannst.«

Eine ungewöhnlich scharfsinnige Einschätzung, dachte Mikki. Jetzt war sie doch etwas verunsichert.

»Ich werde auf mich aufpassen«, versprach sie.

Rita wirkte wenig überzeugt.

Zehn Stunden später war Mikki gedanklich immer noch mit dem Thema beschäftigt. Sie ging zum Kühlschrank im Vorratsraum, denn heute Abend musste sie für den Champagner sorgen. Eigentlich hatte sie einen Billecart-Salmon Brut Rosé ausgesucht, aber seine strahlende zartrosa Farbe erinnerte sie zu sehr an den Abend mit Perry. Sie würde ihn lieber für einen anderen Freitag aufbewahren.

Stattdessen griff sie nach einer Flasche Taittinger Brut La Française. Laut »Ladies Know Wine« sorgte der Chardonnay getriebene Stil dieses Champagners für ein unvergessliches Geschmackserlebnis. Genau das brauche ich heute Abend, dachte Mikki.

Vierzig Minuten vor Sonnenuntergang packte sie Gläser und eine Decke ein und verließ den Laden. Ashley stand bereits vor der Tür, eine Decke um die Schultern und eine große Tasche in der Hand.

»Ich hab was zu essen dabei«, sagte sie verlegen. »Ich weiß, dass wir normalerweise bei unseren Sunset-Treffen nichts essen, aber irgendwie hatte ich das Gefühl, dass heute ein Tag ist, an dem wir uns ein bisschen verwöhnen sollten. Keine Ahnung.«

Mikki fiel auf, dass sie dunkle Ringe unter den Augen hatte. »Alles okay?«

»Überwiegend.«

Bree kam zu ihnen, sie hatte eine Flasche Veuve Clicquot in der Hand und schwenkte sie.

»Du hast letztens gesagt, man sollte immer Nachschub dabeihaben. Das hab ich mir gemerkt.«

»Aber ich bin dran«, sagte Mikki und zeigte ihre Flasche.

»Bree meint, glaube ich, dass wir heute mehr als eine Flasche brauchen«, stellte Ashley klar.

Das stimmte wohl. Ashley war den ganzen Tag über auffällig still gewesen und Bree übellaunig, und sie hatte ebenfalls ein paar ätzende Tage hinter sich.

»Da hätte ich auch selbst drauf kommen können.«

Am Strand fanden sie einen Platz, an dem sie ihre Decken ausbreiten konnten. Mikki setzte sich in die Mitte und öffnete den Taittinger, während Ashley eine Käseplatte, etwas Aufschnitt, zwei Sorten Cracker, Melone und eine Packung Cannoli aus ihrer Tasche zauberte.

»Jetzt krieg ich Hunger«, meinte Bree.

Mikki schenkte ihnen ein. »Happy Friday, alle zusammen.«

»Happy Friday.«

Mikki betrachtete ihr Glas. »Wer fängt an?«

»Was meinst du?«, fragte Bree und legte ein Stück Brie auf einen Cracker.

»Wir hatten offensichtlich alle einen Scheißtag«, erklärte Mikki. »Doppelt so viel Alkohol, was zu essen … Das ist kein normales Sonnenuntergangstreffen.«

Bree schaute aufs Meer. »Mir geht's gut.«

»Du bist eine sehr schlechte Lügnerin.«

Bree musste grinsen.

Mikki legte ein Stück Melone und ein paar Scheiben Salami zum Käse auf ihren Teller.

»Ich fang an«, sagte Ashley und leerte ihren Champagner zur Hälfte. »Ich habe deinen Rat befolgt, Bree.«

»War vielleicht keine gute Idee«, murmelte ihre Freundin und sah sie an. »Ich bin so ein Loser.«

»In Bezug auf Seth hat es jedenfalls gestimmt. Wir haben beide versucht, die Sache mit der Ehe aus der Perspektive des anderen zu sehen. Seth hat sich mit Brautmagazinen beschäftigt und mit anderen Artikeln, in denen es um die Wichtigkeit der Institution Ehe geht. Und als wir letzte Woche auf einer Hochzeit waren, stellte sich heraus, dass er die Kosten für Stuhlhussen kannte. Er sagte sogar voraus, in welcher Farbe der Saal geschmückt sein würde.«

Mikki hörte, dass Ashley traurig war. »Aber?«, fragte sie deshalb.

Ashley blinzelte verräterisch. »Dieses ganze Brimborium ist mir egal. Ich möchte einfach nur verheiratet sein. Eine Freundin von mir hat sich spontan verlobt. Ich war echt baff. Sie war überglücklich und zeigte stolz ihren Ring herum. Ihr Verlobter Karl liebt sie und möchte sie selbstverständlich heiraten.«

»Seth liebt dich auch«, entgegnete Mikki und dachte mal wieder, dass Seth ein Idiot war. Wieso konnte er ihr nicht einfach einen Antrag machen?

»Natürlich hat sie sofort gefragt, wann es denn bei uns so weit sein würde«, fuhr Ashley fort. »Und ich habe behauptet, Heiraten wäre nichts für uns. Ich habe Seths Worte benutzt und mich dabei total unwohl gefühlt. Meine Freundin war völlig schockiert und ich hinterher ziemlich traurig.«

Sie wandte sich ihren Freundinnen zu. »Ich wünsche mir einfach, dass wir heiraten. Ich weiß nicht, welchen Sinn unsere Beziehung sonst hat.«

»Also willst du dich von ihm trennen?«, wollte Bree wissen.

»Was? Nein! Ich liebe ihn. Seth ist toll. Wir haben uns sogar schon Häuser angeguckt, und ich kann mir vorstellen, den Rest meines Lebens mit ihm zu verbringen. Er wäre ein toller Vater. Er ist lustig und geduldig und nicht so oberflächlich.«

»Vielleicht schaffst du es ja noch, ihn umzustimmen.« Mikki wagte zu hoffen.

»Vielleicht. Umgehen lässt sich das Thema jedenfalls nicht mehr.«

»Lasst euch einfach Zeit«, schlug Bree vor.

Ashley nickte. »Du hast recht. Er hat mir übrigens ein paar interessante Artikel zum Thema geschickt, die mir seinen Standpunkt verdeutlichen sollen. Die Hälfte aller Ehen wird geschieden – also wieso bin ich so versessen auf etwas, das anscheinend zum Scheitern verurteilt ist?«

»Jetzt klingst du wie meine Mutter«, sagte Mikki. »Das kannst du nicht wollen.«

Ashley lächelte schwach, dann leerte sie ihren Champagner und goss sich ein weiteres Glas ein. »Also, so viel zu mir. Ich bin nach wie vor in Seth verliebt und trotzdem traurig.« Sie nahm sich ein Stück Käse. »Jetzt seid ihr dran.«

Mikki warf Bree einen Blick zu. »Du zuerst. Was ist los?«

Bree wandte sich ab und schaute aufs Meer. »Ich ziehe die Möglichkeit in Erwägung, mit Harding eine Beziehung einzugehen.«

Mikki sah zu Ashley, die Brees Ankündigung leicht verwirrt zur Kenntnis genommen hatte.

»Seid ihr nicht längst zusammen?«

Bree sah sie aufgebracht an. »Nein. Ich bin kein Beziehungsmensch, und ganz sicher bin ich nicht mit ihm zusammen. Wie gesagt: Beziehung – ohne mich.«

»Aber ihr trefft euch zum Mittagessen und zum Surfen, und letztens habt ihr abends im Park gegrillt«, sagte Ashley stirnrunzelnd. »Fällt das nicht unter die Kategorie Zweierbeziehung?«

»Nein, das ist was anderes.«

Es gab vieles, was Mikki an ihrer Freundin bewunderte, aber das fand sie nun doch reichlich verquer. »Also habt ihr einfach Zeit miteinander verbracht, die du nicht als ›Date‹ bezeichnen würdest. Aber jetzt ziehst du ein Date in Erwägung?«

»Unter Umständen. Ich habe mich noch nicht entschieden.«

Mikki knabberte an einem Stückchen Gouda. »Und diese Entscheidung ist so schwerwiegend, dass sie eine zweite Flasche Champagner erfordert?«

»Ja.«

»Aber du magst Harding doch«, stellte Mikki fest. »Und er scheint dich zu vergöttern.«

»Darüber möchte ich nicht sprechen.«

Ashley tauschte verwirrt einen Blick mit Mikki.

»Wieso willst du es denn dann überhaupt mit einer Beziehung

versuchen?«, fragte sie skeptisch. »Weiß mein Bruder, wie merkwürdig deine Gedankengänge sind?«

»Ich habe ihm gesagt, dass ich gewisse Probleme habe.«

»Ach, so nennen wir das?«, sagte Mikki leise.

»Das hab ich gehört«, kam es von Bree.

»Du sitzt direkt neben mir. Natürlich hast du das gehört.«

Bree leerte ihr Glas und füllte sich nach. »Genau deswegen hasse ich Beziehungen. Sie sind einfach so … so …«

»So beziehungsmäßig?«, fragte Mikki halb im Scherz.

»Versuch bitte nicht, witzig zu sein.«

Mikki legte einen Arm um ihre Freundin. »Tut mir leid, ich kann nicht anders. Ob es dir gefällt oder nicht – ich bin unglaublich witzig.«

Bree seufzte. »Ich kann Beziehung einfach nicht. Es macht mir keinen Spaß.«

»Weil du nicht darauf vertraust, dass es funktionieren könnte«, schlussfolgerte Ashley.

Bree starrte sie an. »Das hab ich nicht gesagt.«

»Ist auch nicht nötig. Du hältst deine Gefühle zurück, doch in vielen Dingen bist du die offenherzigste Person, die ich kenne. Nur willst du niemanden an dich heranlassen, weil du irgendwann mal von irgendjemandem verletzt wurdest. Aber Harding kannst du vertrauen. Er ist einer von den Guten.«

»Ich möchte jetzt gern das Thema wechseln«, unterbrach Bree sie. »Also, was ist dein Problem, Mikki?« Sie hielt kurz inne. »Entschuldige, das sollte nicht so vorwurfsvoll klingen.«

Mikki trank einen Schluck Champagner. »Schon klar. Du willst nur nicht, dass wir weiter über dich reden.« Sie ließ die Woche Revue passieren. »Ich wette, dass ich es schaffe, mit einem einzigen Satz von mir dafür zu sorgen, dass ihr eure Probleme vergesst.«

Ashley und Bree sahen sich an und schüttelten dann beide den Kopf.

»Keine Chance«, meinte Ashley.

Mikki betrachtete die Cannoli, die sich bei ihr sofort als Hüftgold niederschlagen würden. Warte damit, ermahnte sie sich. Später kannst du vielleicht eins essen. Oder zwei.

»Perry hat mir gestanden, dass er mich immer noch liebt und sich wünscht, dass wir wieder zusammenkommen.«

»Was?«

»Dein Ernst?«

Mikki trank. »Sag ich ja.«

Bree drehte sich zu ihrer Freundin um. »Meint er das wirklich ernst?«

Mikkis Fassade bröckelte. Sie wurde von Gefühlen übermannt. »Ich kann es selbst kaum glauben«, gestand sie. »Ich war bei ihm, weil er mir den neuen Anbau zeigen wollte, und dann erzählte er mir, dass er das Haus eigentlich nur meinetwegen gekauft hat. Er hätte sich verändert und wir wären ein tolles Team gewesen, und überhaupt, er würde mich immer noch lieben.«

»Aber du bist doch jetzt mit Duane zusammen«, stellte Bree fest. »Den du magst.«

»Genau das hab ich Perry gesagt.« Es schnürte ihr die Brust zu. »Das mit Perry ist aus und vorbei. Wir sind seit drei Jahren Geschichte, und dabei soll es auch gerne bleiben. Aber seit er mir das alles gesagt hat, geht es mir dauernd im Kopf herum. Blöderweise hab ich meiner Mutter davon erzählt, und sie hat gesagt, ich würde immer klein beigeben, wenn es um Perry ginge. Ich will aber nicht klein beigeben.«

»Dann tu's doch nicht.«

»Tu ich auch nicht«, sagte Mikki im Brustton der Überzeugung. »Wieso sollte ich zu dem zurückkehren, was war?«

»Weil es vielleicht anders sein würde.« Bree angelte sich ein Cannolo. »Wenn er sich wirklich verändert hat. Er interessiert sich inzwischen für Wein, wie du mal erzählt hast, und das mit den Kids kriegt ihr auch super hin.«

»Klasse, du bist ja eine große Hilfe. Ich möchte nicht mehr mit ihm zusammen sein.«

Bree war nicht überzeugt. »Wenn dem so ist, wo ist dann das Problem? Du sagst ihm, er soll's vergessen, und das war's.« Sie sah Ashley an. »Wieso bist du so still?«

Ashley seufzte. »Ist doch süß. Er würde dich noch ein zweites Mal heiraten. Seth schafft es nicht mal ein erstes Mal.«

Mikki umarmte sie. »Es tut mir leid. Ich hätte nichts sagen sollen.«

»Nein, schon gut. Ich meine, ihr könnt nur aus Rücksicht auf mich nicht *nicht* über eure Sorgen reden.« Ihr kamen die Tränen. »Ich bin okay.«

»Das sehen wir«, bemerkte Bree trocken.

»Nein, wirklich. Es geht schon. Und ich muss dir sagen, ich finde, Perry hat eine zweite Chance verdient. Ihr habt euch ja nicht getrennt, weil ihr euch hasst. Ihr habt doch eine Menge Gemeinsamkeiten. Ihr habt knapp zwanzig Jahre miteinander verbracht. Solltest du dir nicht etwas mehr Zeit dafür nehmen, dir zu überlegen, was das Richtige ist?«

Das kam überraschend. »Wir sind geschieden«, erinnerte Mikki sie.

»Man kann doch ein zweites Mal heiraten.«

»Aber ich mag Duane. Ich bin nicht in Perry verliebt.«

»Vielleicht kehren deine Gefühle ja zurück. Ich meine nur – ist dir eure gemeinsame Geschichte denn nichts wert?«

Mikki rieb sich die Stirn. »Du schockierst mich.«

»Ich weiß. Ich versuche, alles miteinander zu vermischen.«

Bree zuckte die Schultern. »Ich kann dir keinen Rat geben, weil ich beide Seiten verstehe. Ich meine, warum hast du dich wohl drei Jahre lang mit niemandem getroffen? Weil du darauf gehofft hast, dass Perry wiederkommt.«

»Nein, überhaupt nicht. Da ist Duane – wie oft muss ich seinen Namen noch erwähnen? Dieser Mann, den ich sehr mag und mit dem ich sehr gerne Sex haben möchte. Das sind wohl kaum die Gefühle einer Frau, die unbedingt zu ihrem Ex zurückwill.«

Was war hier eigentlich los? Erst ihre Mutter, die ihr vorwarf, sich von Perry manipulieren zu lassen, und dann ihre beiden Freundinnen, die plötzlich auf seiner Seite waren.

»Themenwechsel«, verkündete Mikki. »Lasst uns über was anderes reden.«

Bree machte sich daran, die zweite Flasche Champagner zu öffnen, während Ashley ein Cannolo aß.

Als Bree ihnen eingeschenkt hatte, schaute Mikki in den Sonnenuntergang. »Die Dodgers spielen eine gute Saison.«

Ihre Freundinnen lachten.

»Ja, hab ich auch gehört«, sagte Bree. »Lasst uns darauf anstoßen.«

»Bist du okay?«, fragte Seth sie am Samstagmorgen beim Frühstück.

Ashley schenkte ihm ein mattes Lächeln. »Zu viel Champagner.«

Sie hatten tatsächlich die beiden Flaschen geleert und waren dann zurück in den Laden gegangen, um dort eine dritte zu öffnen. Seth hatte sie schließlich abgeholt – und würde sie nun auch wieder zur Arbeit bringen müssen, denn sie hatte ihr Auto stehen lassen.

Er studierte ihre Miene. »Ist das alles? Ich habe den Eindruck, dir liegt noch etwas anderes auf der Seele.«

Sie versuchte, sich nichts anmerken zu lassen, die Begegnung mit Krissy auf der Hochzeit verfolgte sie jedoch, auch wenn sie es selbst albern fand. Aber irgendwie war ihr seitdem unbehaglich zumute.

»Meine Eltern haben sich angekündigt«, erklärte sie stattdessen.

Er sah sie fragend an. »Weiß ich doch. Schatz, ich komme super mit deinen Eltern aus. Deswegen musst du dir keine Sorgen machen.«

»Schon klar. Das ist es nicht.« Sie nahm ihren Kaffee und stellte ihn sofort wieder hin. »Ich will ihnen nur nicht unbedingt von unserem Experiment erzählen.«

»Was meinst du? Sie wissen doch, dass wir zusammenleben.«

»Nein, dieses ganze ›Ich-möchte-heiraten-ich-aber-nicht‹-Thema. Das will ich nicht mit ihnen diskutieren. Denn wenn sie herausfinden, welche Ansicht du vertrittst, werden sie vermutlich sauer auf dich sein und …«

Sie verstummte. Würden ihre Eltern ihr am Ende raten, ihn zu verlassen, oder würden sie sie ermuntern, bei ihm zu bleiben? Sie hatte wirklich keine Ahnung. »Ich möchte jetzt nicht darüber sprechen.«

Seth beugte sich zu ihr. »Hat dich Krissys Verlobung so aus der Bahn geworfen?«

»Was? Nein.« Sie versuchte zu lachen. »Ich freue mich für sie. Ich weiß nicht, ob Karl der Richtige ist, aber wenn sie dieser Meinung ist – umso besser.«

Er sah sie an. »Wirklich alles okay?«

»Absolut, ja. Ich bin ja selbst noch in der Findungsphase und will einfach vermeiden, meine Eltern mit dem Thema zu konfrontieren.« Hätte sie doch bloß nichts gesagt. »Können wir jetzt bitte über was anderes reden?«

»Na klar. Ich habe die Sache nicht auf den Tisch gebracht.« Er nahm ihre Hand. »Ansonsten ist wirklich alles in Ordnung?«

»Alles gut.«

Lüge. Aber hey, es war noch früh am Tag, und sie hatte einen Kater. Die Wahrheit konnte jetzt niemand gebrauchen.

»Du weißt, dass ich dich liebe?«, sagte er. »Oder?«

Diesmal war ihr Strahlen echt. »Das weiß ich, Seth. Du liebst mich sehr. Und deswegen fährst du mich später auch zur Arbeit, stimmt's?«

Seine Miene war nun weniger besorgt. »Gerne. Du bist doch mein bestes Stück und ich deine treusorgende bessere Hälfte.«

Aber eben nicht mein Verlobter, dachte sie frustriert. Und nicht mein Ehemann. Bessere Hälfte. Lebenspartner. Der Mann, der sie nicht heiraten wollte.

18. Kapitel

Mikki ging an die Haustür und öffnete – und stand ihrer Schwiegermutter gegenüber. Seltsam, da sie sich doch in ein paar Stunden ohnehin im Geschäft treffen würden.

»Lorraine«, sagte sie überrascht und ließ sie herein. »Was führt dich her?«

»Ich wollte mal unter vier Augen mit dir sprechen.«

Das klang nicht gut. Mikki blieb im Wohnzimmer stehen und bot ihrer Ex-Schwiegermutter keinen Sitzplatz an.

Lorraine lächelte zögerlich. »Es geht um Perry. Er hat mir gesagt, dass er mit dir geredet hat, und da dachte ich …«

»Was hat er?«, entfuhr es Mikki schriller als gewollt. Hatte er seiner Mutter etwa erzählt, dass er sie noch liebte?

»Ich weiß, ich weiß – es ist seltsam. Deswegen bin ich ja hier. Um von Frau zu Frau mit dir zu reden.« Lorraine tätschelte ihr den Arm. »Ich fände es wunderbar, wenn ihr zwei wieder zusammenfinden würdet. Ihr wart doch immer so glücklich.«

Das konnte ja wohl nicht wahr sein. »Genau. Deshalb haben wir uns ja auch scheiden lassen.« Mikki zwang sich, ruhig zu bleiben. »Wir werden diese Unterhaltung nicht führen. Du warst eine tolle Schwiegermutter und eine super Oma, und ich hab dich sehr lieb – aber nein. Diese Angelegenheit geht dich nichts an, und deine Meinung spielt keine Rolle, jedenfalls nicht für mich. Perry und ich haben das mit der Scheidung gut hingekriegt, dafür gebührt uns Lob. Und dabei bleibt es. Bei unserer erfolgreichen Scheidung.«

Lorraine seufzte. »Gib ihm eine Chance. Er hat sich doch geändert, alles nur deinetwegen. Er liebt dich, Mikki.«

»Stopp! Lass es gut sein. Ich meine es ernst, Lorraine. Halt dich bitte raus. Du hast kein Recht dazu, in irgendeiner Weise Einfluss auf mich zu nehmen, wenn es um Perry geht. Verstehst du das?« Das wäre ja noch schöner, wenn sich ihre Ex-Schwiegermutter in ihr Privatleben einmischen würde.

»Ich weiß ja, dass du recht hast. Ich denke nur manchmal, dass ihr vielleicht etwas übereilt …«

Mikki wich einen Schritt zurück. »Hast du nicht gehört, worum ich dich gerade gebeten habe?«

Lorraine verzog das Gesicht. »Doch, natürlich. Es tut mir leid. Ich wollte nur, dass du weißt, dass er es mir gesagt hat. Okay. Ich werde niemandem davon erzählen, auch Rita nicht, und ich werde das Thema nicht wieder zur Sprache bringen.« Sie zögerte. »Außer, wenn du mal jemanden zum Reden brauchst. Dann bin ich für dich da.«

»Danke. Aber noch mal, nein.«

»Du bist wütend.«

»Jedenfalls bin ich nicht gerade erbaut.«

»Und ich bin schuld.«

»Eher Perry, würde ich sagen. Aber deine Einmischung macht es nicht besser.«

Lorraine nickte und sagte: »Gut. Dann sehen wir uns gleich im Laden.« Dennoch zögerte sie.

Was denn jetzt noch? Wollte sie doch wieder mit dem Thema anfangen? In ihr brodelte es, aber es hatte natürlich keinen Zweck, Lorraine anzuschreien. Sie hatte keine Lust auf einen Streit.

Zum Glück lächelte Lorraine nur und ging dann. Als sie weg war, lehnte sich Mikki an die Tür.

»Was soll der Mist?«

Wieso hatte Perry das getan? Er wusste genau, dass sie und seine Mutter sich nahezu täglich im Laden sahen, Lorraine war ihre Angestellte.

Was, wenn sie oder Perry den Kindern etwas sagte?

Mikki stöhnte. Sie griff nach ihrer Tasche und verließ das Haus. Zwanzig Minuten später parkte sie vor Perrys Firma. Als sie sein Büro betrat, war er am Telefon.

Bei ihrem Anblick entschuldigte er sich und sagte der Person am anderen Ende der Leitung, er würde zurückrufen.

»Deine Mutter war gerade bei mir«, eröffnete Mikki ihrem Ex-Mann, sobald er aufgelegt hatte. »Deine Mutter. Sie findet es wunderbar, dass du mich immer noch liebst, und freut sich schon, wenn wir wieder zusammenkommen. Ganz toll.«

Perry zuckte zusammen. »Tut mir leid.«

»Was heißt, es tut dir leid? Wieso hast du das getan?« In diesem Moment fiel Mikki ein, dass sie ihrer eigenen Mutter auch von der Unterhaltung mit Perry erzählt hatte. Aber das war was anderes. Rita würde mit niemandem darüber sprechen, zumal sie ihr davon abgeraten hatte, zu ihrem Ex zurückzukehren.

»Ich werde mit ihr reden.« Perry erhob sich. »Das kommt nicht wieder vor.«

»Na klar. Und das soll ich glauben? Wem hast du es denn noch alles erzählt? Willst du deine neuesten emotionalen Entwicklungen vielleicht auch unseren Kindern mitteilen, um sie ebenfalls für deine Zwecke zu manipulieren?«

»Das würde ich niemals tun.«

Sie warf ihm einen wütenden Blick zu.

»Ich werde es nicht tun«, versicherte er ihr. »Und das mit Mom tut mir leid. Bitte entschuldige. Aber ich brauchte jemanden zum Reden, und sie war da.«

»Mein Gott. Beim nächsten Mal ruf einen Freund an oder sprich mit deinem Therapeuten. Sie ist meine Ex-Schwiegermutter und meine Angestellte. Merkst du nicht, in welche bescheuerte Situation du mich damit bugsiert hast?«

»Sie wird das Thema nicht mehr erwähnen, dafür sorge ich.«

»Nein, aber ich lese doch in ihrem Gesicht, was sie denkt. Was hast du dir nur dabei gedacht?«

»Ich wollte von ihr wissen, ob sie einen Tipp hat, wie ich dich zurückgewinnen kann.«

»So auf jeden Fall nicht!«

»Es tut mir leid.« Er ging um den Schreibtisch herum. »Mikki, ich entschuldige mich in aller Form. Du hast recht, das war dumm von mir.«

Sie starrte ihn an. Ein Punkt für Ehrlichkeit. Früher hatte er immer nur ein leises »sorry« gemurmelt und gehofft, dass die Sache damit erledigt war.

»Ich weiß, dass ich noch viel an mir arbeiten muss«, stellte er fest. »Vielleicht gelingt es mir ja dann, deine Meinung zu ändern.« Er lächelte. »Es ist schwer, dich zu vergessen.«

»Perry«, sagte sie.

»Ich hör schon auf.« Er nahm ihre Hand. »Hat sie denn begriffen, dass dich das Thema aufregt?«

»Ich schätze mal, ja. Ich bin sie ziemlich heftig angegangen. Was mir im Nachhinein leidtut.«

»Du bist niemand, der direkt losschreit.« Perry grinste. »Außer dieses eine Mal, als …«

Sie zog ihre Hand weg. »Komm jetzt nicht mit Sex-Storys.«

»Immerhin. Das hat super zwischen uns geklappt.«

Ihre Wut verzog sich. »Ja, aber alles andere eben nicht.«

»Unsere Liebe stirbt nicht, Mikki. Irgendwie ist sie nur in Vergessenheit geraten. Wir hatten beide zu viel um die Ohren. Wir haben uns nicht mehr genug umeinander gekümmert, unsere Ehe nicht als oberste Priorität angesehen. Aber wir haben doch unsere Liebe nicht getötet.«

»Das mussten wir auch nicht. Sie ist von allein gestorben.«

»Meine Liebe zu dir nicht. Denk wenigstens darüber nach. Denk an die guten Zeiten und wie wir es hinkriegen könnten, dass wir sie neu aufleben lassen. Zwanzig Jahre, Mikki. Die wirft man doch nicht einfach so weg.«

Genau dasselbe hatte Ashley vor ein paar Tagen auch zu ihr gesagt.

Und auf einmal küsste Perry sie. Sie hatte ihn immer gern geküsst, und sein Mund war ihr so vertraut. Aber in ihrer Ehe war das Küssen zuletzt ziemlich zu kurz gekommen.

Natürlich schaffte er es, sie mit diesem Kuss zu verwirren. Sie starrte ihn an.

»Das mit meiner Mutter kläre ich«, versprach er. »Und noch mal – es tut mir leid. Das war falsch von mir.«

Mikki war vollkommen durcheinander. Was war das denn bitte gerade gewesen?

»Äh … danke.«

Sie nickte ihm zu, dann verließ sie sein Büro. Es war nur ein Kuss, sagte sie sich auf dem Weg zum Auto. Das hat nichts zu bedeuten.

Bree wusste aus jahrelanger Erfahrung, dass sie mit ihrer wilden Mähne leben musste. Die eigensinnigen Locken widerstanden jeder Form von Behandlung. Der Versuch, sie zu glätten, brachte absolut nichts. Schon auf der Highschool hatte sie vergeblich versucht, irgendwie glatte, lange Haare zu bekommen, so wie die meisten ihrer Freundinnen. Sie erinnerte sich an den Sommer, in dem sie siebzehn geworden war. Damals hatte sie einen Monat in den Hamptons verbracht, mit einer Schulfreundin, deren Eltern dort ein Haus besaßen.

Das Haus war eine Strandvilla mit Personal, und an jedem Wochenende war Party angesagt. Auf der Gästeliste standen Politiker und Filmstars. An ihrem zweiten Tag dort hatte ihre Freundin allerdings eine alte Flamme wiedergetroffen, sodass Bree den Rest des Sommers mehr oder weniger allein verbrachte.

Der Vater ihrer Freundin steckte damals in irgendwelchen geschäftlichen Verhandlungen mit Asien und telefonierte fast jede Nacht. Seine recht neue zweite – oder dritte? – Ehefrau fand sich also in derselben Situation wieder wie sie – sie fühlte sich vernachlässigt. Sie war nur wenige Jahre älter als Bree, und obwohl sie unfassbar schön war, war sie uneitel und freundlich.

Bree lernte Chandra am Pool kennen. Schnell stellten sie fest, dass sie dieselben Bücher mochten, beide nicht verstanden, was an Hummersalat so toll sein sollte, und dass sie alte Zeichentrickfilme liebten. Und sie hatten beide dicke, widerspenstige Locken.

Chandra war es, die ihr beibrachte, welche Haarprodukte in diesem Fall nützlich waren. Bree lernte, wie sie mit ihren Korkenzieher-Locken umzugehen hatte und wie sie ihr Haar zu eher sanften Wellen bändigen konnte. Chandra zeigte ihr auch, wie man sich schminkte, damit man älter wirkte, und sie sprach mit ihr über Verhütung und Kondome und darüber, wie wichtig es war, auf deren Benutzung zu bestehen.

In Chandras Welt stand Sex für Macht. Anfangs war Bree sich nicht sicher gewesen, ob sie das alles richtig verstand. Im Internat hatte sie bisher nur wenig Erfahrung mit Jungs gesammelt. Aber auf Anregung ihrer neuen Freundin probierte sie bei der nächsten Poolparty einen String-Bikini aus und stellte schnell fest, dass sie mit ihrem Körper die Blicke der Männer auf sich zog.

Sie nahm sich Chandras Rat zu Herzen, und obwohl sie danach nie mehr etwas mit ihr zu tun gehabt hatte, erinnerte Bree sich gern an diesen besonderen Urlaubsmonat. Sie verbrachte den Rest des Jahres damit, auszuprobieren, wie sie Männer, die ihr gefielen, auf sich aufmerksam machen konnte. Dabei war sie durchaus wählerisch, und sie verlor ihre Jungfräulichkeit schließlich mit einem jungen Australier, der so erregt war, dass er zweimal kam, bevor er mit ihr schlief.

Auf dem College experimentierte sie dann munter herum, frei nach dem Motto: Übung macht den Meister. Das Thema Kondome und Verhütung vernachlässigte sie nie. Bald stellte sie fest, dass Sex ihr deutlich mehr gab als Beziehungen – zumindest, bis sie ihr Herz an diesen Idioten Lewis verlor.

Mittlerweile war Bree also durchaus zufrieden mit sich – mit ihrem Liebesleben und mit ihren Haaren. Ihr Herz gab sie nicht mehr her. Und deswegen stellte Harding sie vor ein Riesenproblem. Auch wenn nichts zwischen ihnen war, dachte sie immer wieder darüber nach. Jedenfalls ein bisschen.

Bald würde sie mit ihm zu dieser Fundraising-Veranstaltung gehen. Sie war regelrecht aufgeregt deswegen. Was erwartete er an diesem Abend von ihr? Diente sie nur als seine hübsche Begleitung oder sollte sie auch mit potenziellen Spendern sprechen? Was sollte sie sagen? Bis auf die Tatsache, dass sie gemeinsam zu dieser Veranstaltung gehen würden, hatte er ihr keinerlei Information gegeben. Sie wusste nur, wann er sie abholen wollte.

Ashley hatte ihr verraten, dass Abendgarderobe angesagt war. Und nun stand sie vor dem Badezimmerspiegel, um sich für den Abend fertig zu machen. Mithilfe von drei verschiedenen Produkten gelang es ihr schließlich, ihre Lockenpracht zu bändigen. Ihre Haare wirkten dadurch ein paar Zentimeter kürzer und jedes einzelne Löckchen optisch glatter und glänzender.

Bree zog ihren Morgenmantel aus und stand – nur im Slip – vor ihrem Kleiderschrank. Sexy, aber nicht zu sexy, dachte sie. Nur eine Andeutung von Dekolleté, schön dezent.

Leider war ihre Auswahl an Cocktailkleidern recht beschränkt, sie war eher der sportliche Typ. Ein paar »Kleine Schwarze« hatte sie allerdings, und zwei kamen in die engere Auswahl.

Eins davon war ein schwarzes Kleid mit Pailletten, das sie mal im Schlussverkauf erstanden und noch nie getragen hatte. Simpler Tank-Top-Stil, der runde Ausschnitt nicht zu tief, die Rocklänge nicht zu kurz. Das Besondere an diesem Kleid war die Paillettenverzierung, die von den Schultern bis zum Rocksaum geführt wurde.

Sie zog einen Push-up-BH an, schlüpfte in das Kleid und betrachtete sich von allen Seiten. Dazu legte sie die feinen diamantbesetzten Armreife an, die Lewis ihr geschenkt hatte, als sie noch frisch zusammen gewesen waren. Sie trug diesen Schmuck selten, aber heute war ein angemessener Anlass.

Zuletzt schlüpfte sie in die klassischen schwarzen Pumps mit zehn Zentimeter hohem Absatz. Auch wenn ihr spätestens um

Mitternacht die Füße wehtun würden, wusste sie, dass sie mit diesen Heels toll aussah. Dieser Gedanke würde ihr helfen, den Abend zu überstehen.

Fünf Minuten vor der Abholzeit zog sie die Schuhe noch mal aus und ging barfuß nach unten. Eigentlich hatte sie nicht gewollt, dass Harding sie abholen kam, doch er hatte darauf bestanden. Sie mochte es nicht, wenn Leute zu ihr kamen, aber davon hatte er sich nicht beeindrucken lassen. Er hatte ihr allerdings versprechen müssen, draußen zu bleiben, auch wenn er dringend auf die Toilette gehen müsste.

Sein Versuch, die Angelegenheit mit Humor zu nehmen, verunsicherte sie noch mehr – was diesen Abend anging, ihn selbst und das Leben überhaupt. Trotzdem hatte sie sich darauf eingelassen.

Sie lief nervös durch die Räume, bis sie hörte, dass ein Wagen vorfuhr. Rasch schlüpfte sie in ihre Schuhe, schnappte sich ihre Clutch und trat vors Haus.

Harding stieg aus und lachte, als er sie sah. »Du siehst unglaublich aus. Atemberaubend, was es schwer macht, Leute um Spenden zu bitten.«

»Du machst aber auch ganz schön was her.«

Und das sagte sie nicht nur so. Harding trug ein weißes Hemd zum schwarzen Anzug, und seine Augen wirkten noch strahlender grün als sonst. Außerdem war er frisch rasiert.

Bree spürte eine gewisse Nervosität, die sie allerdings zu ignorieren versuchte. Das war ein Geschäftstermin, kein romantischer Abend zu zweit. Alles war gut. Sie war gut darin, so zu tun, als ob alles gut wäre.

Er ging mit ihr zum Wagen und hielt ihr die Beifahrertür auf.

»Kannst du in dem Kleid überhaupt einsteigen?«, fragte er. »Sonst kann ich dich auch reinheben.«

Sie lächelte ihn an. »So eng ist der Rock nicht. Passt schon.« Sie legte ihm kurz die Hand auf die Schulter und stieg ein.

»Schade«, murmelte er. »Ich hatte auf einen Po-Blitzer gehofft.«

»Tut mir leid, dich zu enttäuschen. Außerdem trage ich einen Tanga.«

Er grinste. »Musstest du mir das verraten? Ich soll eigentlich in den kommenden Stunden intelligente Gespräche mit fremden Menschen führen, aber jetzt muss ich die ganze Zeit an deinen Tanga denken.«

Sie lächelte reuelos. »Und einen BH trage ich auch. Einen schwarzen Push-up, passend zu meinem String-Tanga.«

Er grinste. »Das war jetzt aber unfair.«

»Unsinn.«

»Gefällt mir.« Er lehnte sich zu ihr und flüsterte: »Ich will deinen Lippenstift nicht ruinieren, also mach ich es so ...« Er küsste sie auf den Hals.

Bree bekam eine Gänsehaut. Ihr Magen krampfte sich wohlig zusammen, und ihre Brustwarzen wurden hart. Sie wollte ihn so sehr, dass es ihr den Atem raubte.

Er küsste ihren Hals bis zum Schulterblatt. Gleichzeitig ließ er seine Hand an ihrem Oberschenkel entlang unter ihr Kleid gleiten. Oben angekommen, berührte er kurz und ganz leicht ihre Scham.

Sie sah ihm in die Augen. Das Begehren in seinem Blick verfehlte seine Wirkung bei ihr nicht. Zum Glück zog er seine Hand weg, schluckte und nahm wieder Haltung an.

»Okay«, sagte er etwas heiser. »Eigentlich wollte ich mit dir spielen, aber der Plan ging nicht auf. Ich brauche eine Minute.«

Kurz war sie versucht, einen Spruch über seinen Ständer loszulassen, doch irgendwie wäre das unpassend. Sie hatten gerade einen sehr intimen Moment geteilt.

»Ich habe heute übrigens drei verschiedene Haarpflegeprodukte verwendet«, sagte sie zur Ablenkung. »Eins davon enthält eine Menge Alkohol, also halte mich besser von offenem Feuer fern.«

Er bemühte sich um ein Lächeln. »Soll das ein Versuch sein, mich auf andere Gedanken zu bringen?«

»Ja.«

»Danke. Ich weiß gar nicht mehr, wann ich das letzte Mal fast in meiner Hose gekommen wäre.«

»Vermutlich mit fünfzehn, als du zum ersten Mal die Brüste eines Mädchens angefasst hast.«

»Kann gut sein.« Er sah sie an. »Was du alles mit mir anstellst …«

Sie war sich keiner Schuld bewusst. »Manchmal machst du mir Angst«, gestand sie.

Er lächelte. »Gut, denn mir geht's mit dir genauso. Der Unterschied ist nur der, du hast Angst, dass ich dich zerstöre, und ich hab Angst, dass du vor mir davonrennst.«

Er kannte sie anscheinend schon ziemlich gut.

»Bereit für die Party?«, fragte er, um das Thema zu wechseln.

Sie nickte.

Er schlug die Tür zu und ging um den Wagen herum zur Fahrerseite.

Eine halbe Stunde später reichte er seinen Autoschlüssel dem Mitarbeiter vom Parkservice. Bree wartete, bis er ihr die Tür geöffnet hatte, legte ihm eine Hand auf die Schulter und stieg vorsichtig aus. Der Parkplatz des OAR war voller Autos. Musik drang aus dem Gebäude, und freiwillige Helfer in farbenfrohen T-Shirts standen zu ihrer Begrüßung bereit.

An diesem Abend feierten sie die Errungenschaften der Organisation. Alle Jugendlichen, die nach ihrem Schulabschluss ein Studium begannen, erhielten ein Stipendium, und das neue Stipendienprogramm wurde ausgelobt. Verschiedene Unternehmen sponserten die Veranstaltung mit Essen und Getränken, eine Plattenfirma sorgte für die musikalische Unterhaltung – und ein offizieller Spendenaufruf stand natürlich auch auf dem Programm.

Bree hatte einen Scheck über fünftausend Dollar in ihrer Handtasche. Sie hatte noch nie Geld für eine gute Sache gespendet und beschäftigte sich erst mit dem Thema, seit sie Harding kannte. Im Rahmen ihrer Recherche hatte sie sogar eine Liste von verschiedenen Organisationen angelegt, deren Arbeit sie wichtig fand – aus dem Bereich Umweltschutz, ein Frauenhaus war dabei, OAR natürlich und eine Katzenauffangstation in Torrance. Sie wollte in Zukunft vierteljährlich etwas spenden. Heute Abend gab sie ihr Debut als Unterstützerin einer Wohltätigkeitsorganisation.

Die große Halle des OAR-Gebäudes war gefüllt mit gut gekleideten Gästen. Man hörte Lachen und Gesprächsfetzen, und Servicepersonal ging mit Appetithäppchen herum. An verschiedenen Stellen waren Bars aufgebaut, an denen man sich mit Getränken versorgen konnte. Harding zog mehrere Tickets aus der Tasche.

»Das sind Getränkebons«, sagte er grinsend. »Ich kenne da jemanden, weißt du.«

Sie ließ sich einen geben, gerade als zwei Frauen auf Harding zukamen.

Die jüngere von beiden lächelte sie kurz an, dann sprach sie Harding an: »Heute sind einige Personen da, die dich unbedingt kennenlernen möchten. Ich habe eine Liste erstellt. Die Martins sind Gründer einer Wohltätigkeitsorganisation, die gerne Kooperationspartner hätte, und sie finden, dass OAR geeignet dafür ist.« Sie lachte. »Mrs. Martin hat deine Bücher verschlungen und ist ein großer Fan, habe ich mir sagen lassen. Du weißt also, wer von den beiden hinter der Sache steckt.«

Während sie sprach, bildete sich um sie herum ein Kreis von Menschen, die mitbekommen hatten, dass Harding eingetroffen war. Die Gesprächslautstärke nahm zu.

Bree wusste zum Glück, was es bedeutete, mit einem Prominenten unterwegs zu sein. Das hatte sie sehr früh gelernt, denn ihre Eltern hatten sie im Prinzip schon im Säuglingsalter zu irgendwelchen Veranstaltungen mitgenommen. Man erwartete von einer Begleitung nicht mehr als angenehme Konversation, sie sollte adrett aussehen und freundlich sein, aber vor allem eins, still. Denn der Abend drehte sich nicht um sie.

Als sie dann mit Lewis zusammen war, hatte sie sich seine Bekanntheit eher eingebildet. Dennoch waren die Erwartungen an sie dieselben gewesen. Er musste immer im Mittelpunkt stehen. Deshalb machte sie sich nützlich, servierte Häppchen und Getränke, blieb im Hintergrund und verkündete nicht allzu lautstark ihre Meinung.

In den ersten Jahren ihrer Ehe hatte sie Lewis' Ansichten ohnehin geteilt – weil sie der Auffassung gewesen war, selbst nichts Spannendes zu sagen zu haben. Doch irgendwann wurde ihr klar, dass einem Narzissten wie Lewis andere Menschen vollkommen egal waren. Leider war ihr diese Erkenntnis erst kurz vor seiner Krebsdiagnose gekommen. Als er sie dann bat, zu ihm zurückzukehren, war das der Todesstoß für ihre Liebe.

Sie verbannte Lewis aus ihren Gedanken und schlenderte zu einer der Bars. Während sie in der Schlange stand, studierte sie die Champagner-Auswahl. Mikki würde sich gruseln bei den preisgünstigeren Optionen. Als Bree an der Reihe war, bestellte sie ein Glas Weißwein. Das war zwar nicht ihr Lieblingsgetränk, doch damit kam sie eine Weile über die Runden, ohne dass ihr Drink schal wurde.

Sie sah sich nach Ashley um, aber statt ihrer Freundin näherte sich ihr ein Mann. Überaus gut aussehend, um die vierzig.

Er lächelte sie an. »Hallo, ich bin Jefferson.«

Er war knapp eins neunzig groß, hatte breite Schultern und ein gewinnendes Lächeln. Der Anzug, den er trug, schien eine Maßanfertigung zu sein, und bestimmt stand draußen auf dem Parkplatz sein sündhaft teurer Wagen. Seine Hände waren manikürt, seine Schuhe Designerware.

Ein Filmboss? Jemand aus dem Bereich Risikokapitalanlagen?

»Kein Interesse«, sagte sie leise und wandte sich ab.

»Ich könnte Sie glücklich machen.«

Sie sah ihn an. »Ich denke nicht.«

Da entdeckte sie Ashley und Seth, die sich angeregt mit einem anderen Paar unterhielten. Seth' Hand ruhte auf Ashleys

Rücken, er sah sie mit einer Mischung aus Stolz und Liebe an – was sogar ihr nicht entging.

Offensichtlich war er verrückt nach Ashley, also wieso sträubte er sich so sehr dagegen, sie zu heiraten? Bree fragte sich, ob es wirklich reine Überzeugungssache war oder ob nicht irgendeine tief sitzende Verletzung dahintersteckte, die er sich und Ashley nicht eingestehen wollte.

Ashley strahlte. Sie trug ein glänzendes smaragdgrünes Kleid, das perfekt zu ihren roten Haaren und ihren grünen Augen passte.

In diesem Moment entdeckte ihre Freundin sie. »Da bist du ja. Luftküsschen. Endlich sehe ich jemanden, den ich mag.«

Bree erwiderte die Begrüßung und warf Seth einen Blick zu. »Hat sie sofort mit den Cocktails angefangen?«

»Ich bin nicht betrunken«, behauptete Ashley. »Nur ein bisschen aufgedreht. Wie geht's dir? Du siehst toll aus.«

»Danke, gleichfalls. Wunderschönes Kleid.«

Ashley drehte sich einmal um sich selbst. »Schick, was? Hab ich extra für den Anlass ausgeliehen. Bei den vielen Feierlichkeiten diesen Sommer bräuchte ich einen zweiten Job, wenn ich mir jedes Mal was Neues leisten würde. Da ist Mieten einfacher.« Sie schlug sich eine Hand vor den Mund. »Ich klinge beschwipst. Ich schwöre, ich hatte nur ein Glas Wein.«

»Aber ohne vorher was gegessen zu haben«, erklärte Seth und legte einen Arm um sie. »Ich hätte darauf bestehen sollen.« Er schenkte Bree ein Lächeln. »Entschuldige uns. Ich organisiere besser was zu essen für sie, bevor ihr Blutzuckerspiegel total verrücktspielt.«

»So schlimm ist es doch gar nicht«, protestierte Ashley und winkte, als ihr Freund sie wegführte.

»Ach, hier bist du.« Harding tauchte neben Bree auf und runzelte die Stirn. »Warum bist du so schnell verschwunden eben?«

»Bin ich gar nicht. Aber du bist Harding Burton. Alle sind hier, um dich zu sehen. Ich hab mich nur verzogen, damit du den Moment genießen konntest.«

»So läuft das nicht.« Harding nahm ihre Hand. »Du bist mit mir hier, Bree. Ich habe dich nicht mitgenommen, damit du in der Ecke stehst und darauf wartest, dass ich fertig bin.«

»Davon bin ich auch nicht ausgegangen. Ich wollte dir nur angemessenen Raum lassen, sodass du deinen Gastgeberpflichten nachkommen kannst.«

»Ich brauche keinen Raum, ich brauche dich an meiner Seite.«

»Gut. Dann werde ich ab jetzt an deiner Seite sein.«

19. Kapitel

Bree und Harding drehten eine Runde durch den Saal. Hin und wieder blieben sie stehen, weil er Bekannte begrüßte. Natürlich hatte sie nichts dagegen, dass er sie als Inhaberin des *Boardwalk Bookstore* vorstellte, aber als er sie plötzlich als seine Freundin bezeichnete, hätte sie fast ihr Getränk verschüttet.

»Seit wann bin ich deine Freundin?«, flüsterte sie, als niemand in der Nähe war. »Weder gehen wir miteinander aus noch hatten wir jemals Sex.« Und daran würde sich auch nichts ändern.

Er nahm ihr das Glas ab, stellte es auf einen Tisch, nahm dann ihre Hände in seine und sah ihr tief in die Augen.

»Wir gehen sehr wohl miteinander aus«, sagte er. »Und du bist meine Freundin.«

Bree war kurz vor einer Panikattacke. »Ich bin nicht gut in so was.«

»Mit ›so was‹ meinst du eine Beziehung?«

»Ja. Und ich kann kein Brot backen. Das nur nebenbei.«

Er wandte den Blick nicht ab. »Miteinander ausgehen«, wiederholte er. »Freundin.«

»Was auch immer.«

»Bree, ich meine es ernst.«

Wieso fiel ihr das so schwer? Und wieso tat er ihr das an?

»Hey, ihr zwei«, sagte da Dave. Er hatte eine blonde Schönheit am Arm. »Das ist Dionne. Harding kennst du ja schon. Und das ist Bree.«

»Hi«, murmelte Bree. »Sehr erfreut.« Sie lächelte Dave an. »Siehst gut aus im Anzug.«

Sie plauderten ein paar Minuten. Bree wartete darauf, dass Harding wieder davon anfing, dass sie seine Freundin sei, aber da kam nichts, und sie entspannte sich.

Sie schlenderten hinüber zu den Tischen. Natürlich saßen sie beide an einem der VIP-Tische ganz vorne, wie sie den Namenskärtchen entnehmen konnte. Dave und seine Begleiterin saßen bei ihnen, und Ashley und Seth irgendwo weiter hinten.

Immer mehr Gäste stellten sich ihnen vor, und weil jeder Harding kannte, stand auch sie im Mittelpunkt.

»Bree Larton«, sagte Harding.

»Oh, Ihre Freundin«, bemerkte eine ältere Dame lachend. »Wir haben schon viel von Ihnen gehört. Ihre Buchhandlung ist einer meiner liebsten Orte am Strand. Zusammen mit dem süßen Geschenkartikelladen.«

»Den führt meine Kollegin Mikki.«

»Da gehe ich jetzt immer hin, wenn ich eine Kleinigkeit für eine Freundin suche.«

Eine weitere Dame mischte sich ein: »Wir werden Sie den ganzen Abend ausquetschen, meine Liebe. Harding bringt höchst selten eine Begleiterin zu diesen Veranstaltungen mit. Vor ein paar Jahren war mal eine junge Frau dabei, die aber nicht annähernd so hübsch war wie Sie.« Die Frau legte sich erschrocken eine Hand auf den Mund. »Oje, das klingt furchtbar altmodisch. Vielleicht sollte ich besser Ihre Lebensläufe vergleichen.«

»Nein, Doris. Bitte bleib, wie du bist«, sagte ihr Mann liebevoll.

Harding schüttelte den Kopf. »Wie du siehst, kenne ich alle diese Menschen seit vielen Jahren. Sie unterstützen OAR schon seit den Anfängen. Ich entschuldige mich im Vorfeld für alles, was sie zu dir sagen.«

Alle lachten. Bree war sich nicht sicher, ob sie einstimmen sollte. Sie lächelte und hoffte, man würde das Thema wechseln.

Zum Glück lenkte Harding das Gespräch auf die Stipendienkandidaten, und Bree konnte sich wieder entspannen und einfach zuhören.

Das Essen wurde serviert, und kurz darauf begann die Bühnenpräsentation. In einer kleinen Pause beugte sich ihre Sitznachbarin zu ihr herüber.

»Harding ist glücklich mit Ihnen, das können wir alle sehen. Viel entspannter als sonst und irgendwie zielstrebig. Ich weiß nicht, ob Sie das verstehen – aber wissen Sie, es ist schön, ihn so zu erleben. Sie scheinen ihm gutzutun.«

Bree bedankte sich rasch. Was sollte sie auch sagen? Sollte sie etwa widersprechen, nach dem Motto, Sie irren sich, gute Frau? Die Wahrheit tat hier nichts zur Sache.

Ihre gute Laune verschwand jedoch. Was machte sie hier nur? Sie war nicht Hardings Freundin. Das Wort kam in ihrem Wortschatz nicht vor, und sie konnte sich mit dem Begriff nicht identifizieren. Und gut für Harding war sie schon mal gar nicht – sie war für niemanden gut. Sie war misstrauisch, ging immer vom Schlimmsten aus und hatte eigentlich nur Fehler. Wenn sie das Gefühl von Bedrohung hatte – ob eingebildet oder real –, zog sie sich zurück. Sie würde nicht um Harding kämpfen. Wenn irgendwas schieflief, war sie weg.

Oder besser gesagt, sie würde es nicht zulassen, dass sich etwas entwickelte, das schieflaufen könnte. Denn für eine Beziehung brauchte es Vertrauen – und das hatte sie nicht mehr.

Als der Abend endlich vorbei war, hatte Bree sich in eine wirklich miese Stimmung hineingesteigert. Sie weigerte sich, Hand in Hand mit Harding zu gehen, und bedankte sich auch nicht, als er ihr die Wagentür aufhielt.

Kurz nachdem sie den Parkplatz verlassen hatten, fuhr er rechts ran. Er sah sie fragend an.

»War dir der Abend zu viel?«, erkundigte er sich in ruhigem Tonfall. »Zu viele Menschen, zu viele Fragen? Oder haben dich die ganzen Vermutungen gestört?«

»Wovon redest du?«

»Du bist sauer. Auf mich oder auf die Welt – keine Ahnung.«

»Nur um das klarzustellen, ich werde keinen Sex mit dir haben.«

»Weiß ich.«

»Heute nicht und überhaupt nie.«

Er verzog das Gesicht. »Schwer zu akzeptieren. Aber ich kann warten, auch wenn ›nie‹ nach einer wirklich langen Zeit klingt. Ein Mann kann nicht für immer nur masturbieren. Irgendwann fühlt sich das blöd an.«

»Du Ärmster.«

»Du hast keine Ahnung, wie oft ich mir einen runterhole.«

Sie musste unwillkürlich lächeln, zwang sich aber zu einem neutralen Gesichtsausdruck. »Ich mein's ernst.«

»Ich auch. Wir haben nie über Zahlen gesprochen, und ich verrate dir auch keine. Wie sieht es eigentlich diesbezüglich bei dir aus? Wie oft machst du es dir? Nur mit den Fingern? Oder kommen Hilfsmittel zum Einsatz?«

Er lehnte sich zurück und schloss die Augen. »Ich stelle mir gerne vor, wie du im Bett liegst, auf dem Rücken, die Beine gespreizt. Gestutzter Busch. Ganz kahl ist nicht so mein Ding. Du fängst an, deine Klitoris zu reiben, wirst schneller und schneller …«

Er öffnete die Augen und sah sie an. »Ich würde gern weitermachen, aber ab dem Moment, wo du den Kopf nach hinten wirfst, komme ich – und damit endet die Fantasie.«

Furchtlos, dieser Mann, dachte Bree ein wenig schockiert – und erregt. Die Leute glaubten immer, *sie* wäre mutig, doch das stimmte nicht. Nicht so wie er. Denn sie riskierte nichts, auch weil sie sich auf nichts einließ. Deswegen konnte sie jeden Mann so leicht verlassen. Sie hatte so viele Schutzwälle und Mauern um ihr Herz errichtet, dass sie sich nicht mal mehr daran erinnerte, wann sie zum letzten Mal echte Gefühle für irgendjemanden gehegt hatte, geschweige denn Liebe empfunden. Nach dem, was Lewis ihr angetan hatte, war sie dazu vermutlich gar nicht mehr in der Lage.

»Das wird übel ausgehen«, flüsterte sie. »Du denkst, in mir wäre etwas verborgen, das herauswill. Du denkst, ich würde etwas zurückhalten oder ich wäre fähig, bedingungslos zu lieben – und deswegen willst du warten, bis ich so weit bin. Ich sage dir, du vertust dich. Mehr ist da nicht, Harding. Mehr habe ich dir nicht zu geben und an mehr bin ich auch nicht interessiert.«

Er nahm ihre Hand und küsste ihre Fingerknöchel. »Meine Eltern sind nächste Woche in der Stadt. Wenn du magst, komm doch mit uns essen. Ashley und Seth werden ebenfalls da sein, wir wären also zu sechst.«

Nun küsste er ihre Handinnenfläche.

»Nur fürs Protokoll. Ich habe gehört, was du gerade gesagt hast«, fuhr er fort. »Ich weiß nicht, wie ich darauf antworten soll, daher werde ich es nicht tun. Es sei denn, du zählst meine Einladung zum Abendessen.«

»Essen mit deinen Eltern.«

»Genau.«

»Ich habe noch nie die Eltern von jemandem kennengelernt.«

Er starrte sie an. »Das kann nicht sein. Die meisten Menschen haben Eltern. Nicht mal, als du zur Schule gingst? Du hast doch gesagt, du warst mit der Familie einer Freundin in Urlaub? Da hast du doch Eltern kennengelernt.«

Sie nahm ihre Hand weg. »Du weißt genau, was ich meine.«

Er tat irritiert, dann grinste er. »Ach so, die Eltern eines Freundes.«

»Lewis' Eltern waren schon lange tot.«

»Ist keine große Sache, weißt du. Kannst dich ja im Internet informieren, wie so was geht. Bedeutet deine Antwort ein Ja?«

Noch vor fünf Minuten hatte sie schlechte Laune gehabt und wollte sich ein für alle Mal von Harding verabschieden. Noch vor vier Minuten wollte sie unbedingt mit ihm ins Bett gehen, und vor drei Minuten wollte sie wieder alles hinschmeißen. Sie musste sich langsam mal für ein Gefühl entscheiden und dann zumindest für die nächste halbe Stunde dabei bleiben oder sich professionelle Hilfe suchen.

»Ich liebe dich, Bree«, sagte er. »Ich weiß, ich habe dir versprochen, das nie zu sagen, aber das Versprechen war eine Lüge. Ich liebe dich nämlich wirklich. Ich weiß, dass diese Worte für dich der Horror sind, doch ich weiß auch, dass du mich ebenfalls gerne lieben würdest. Du weißt nur noch nicht, wie du das anstellen sollst.« Er lächelte wieder. »Darauf verwette ich übrigens mein Herz.«

»Was, wenn ich dir dein Herz breche?«

»Dann steht es Unentschieden zwischen uns. Also – Ja zum Essen mit meinen Eltern?«

Sie nickte zögerlich.

»Hervorragend.« Er ließ den Motor an. »Und jetzt fahre ich dich nach Hause und habe keinen Sex mit dir.«

Und daran hielt er sich. Er brachte sie bis zur Haustür, küsste sie zum Abschied auf die Wange und ging dann, ohne sich noch einmal umzusehen. Bree schlüpfte ins Haus und zog die Schuhe aus. Im Schlafzimmer entkleidete sie sich, zog ihr Nachthemd an und wusch sich das Gesicht. Als sie im Bett lag, starrte sie die Decke an.

Bilder des Abends tauchten vor ihrem geistigen Auge auf, zu schnell, um sie analysieren zu können. Ein Gespräch ging ihr nicht aus dem Sinn. Lächelnd griff sie nach ihrem Handy.

Kein Spielzeug, nur meine Finger. Und du hast recht– ich liege auf dem Rücken, die Beine gespreizt.

Sie schickte die Nachricht ab und wartete. Wenig später sah sie drei Punkte.

Nackt?

Grad das Nachthemd angezogen.

Du machst mich fertig.

War nicht geplant. Und jetzt?

Sie hörte praktisch, wie er laut lachte.

Du weißt, was. In fünf Minuten?

Sie lächelte.

Echt? Du brauchst fünf Minuten?

Nein, ich wollte dich nur beeindrucken. Sag Bescheid, wenn du fertig bist.

Sie legte das Handy weg und schloss die Augen. Ihre Hand glitt auf ihren Bauch und dann zwischen ihre Beine. Sie war sehr erregt und feucht. Bereit. Sie dachte an Harding und daran, was *er* gerade tat.

In weniger als zwei Minuten war sie gekommen. Sie wartete weitere zwei Minuten, bevor sie sich bei ihm meldete.

Fertig?

Ja. Fürs Erste.

Sie lachte laut.

Wie war's?

Nicht so gut, wie es mit dir wäre. Hast du an mich gedacht?

Klar.

Überrascht, wie groß er ist?

Wieder musste sie lachen.

Sehr beeindruckend. Nacht, Harding.

Nacht, Bree. Ich werde es nicht wieder sagen, aber du weißt, was ich denke.

Ja, das wusste sie. Und allein bei dem Gedanken daran wollte sie schreiend weglaufen. Nur heute Abend nicht mehr.

Mikki überlegte, ob sie an diesem Morgen wirklich zum Müllsammeln an den Strand gehen sollte. Sie wollte eigentlich nicht noch mehr Zeit mit Perry verbringen. Aber irgendwie fühlte es sich falsch an, nicht hinzugehen. Also machte sie sich auf den Weg.

Insgesamt waren sie zehn Freiwillige. Sie staffierten sich mit allem Nötigen aus, dann stiegen sie in Perrys Wagen und fuhren zu dem ihnen zugeteilten Strandabschnitt.

»Ich war mir nicht sicher, ob du kommen würdest«, eröffnete Perry ihr, während er ein paar leere Bierdosen aufsammelte.

»Wieso nicht? Wir sind Freunde. Wir sammeln jede Woche Müll zusammen. Also was soll's?«

Interessant, dass ich das selbst vor einer Dreiviertelstunde noch ganz anders gesehen habe, dachte sie.

»Bist du nicht mehr sauer?«

»Ich war nie sauer.« Sie zögerte. »Nur auf deine Mutter.«

»Und jetzt?«

»Sie hat es nicht noch mal erwähnt, aber es fühlt sich immer noch seltsam an. Ich nehme an, das wird schon wieder.« Hoffentlich. Denn Lorraine war eine tolle Kraft.

Ein paar Minuten lang arbeiteten sie schweigend.

»Ich dachte, du wärst sauer auf *mich*«, sagte Perry.

Mikki griff mit der Greifzange nach einem Fetzen Papier und steckte ihn in ihre Abfalltüte.

»Du willst die Regeln ändern. Wir haben beide unser Leben und sind einfach nur gute Freunde, und plötzlich knallst du mir aus heiterem Himmel an den Kopf, dass du mich immer noch liebst und mich zurückgewinnen möchtest. Was soll das? Du hast mich damit schlichtweg überrumpelt. Das ist nicht fair, und es hat nichts mit dem zu tun, wo wir stehen.«

»Aber genau das möchte ich ja ändern.«

»Ich aber nicht.« Sie sah ihn an. »Perry, ich habe einen neuen Partner.«

Er machte ein langes Gesicht. »Immer noch? Ich dachte, ihr trefft euch nicht mehr.«

»Falsch. Wir sehen uns, und daran wird sich auch nichts ändern. Du und ich, wir kommen nicht mehr zusammen.«

Er sah an ihr vorbei. »Ich dachte, du würdest uns wenigstens eine Chance geben.«

»Wir hatten unsere Chance.«

»Nein. Wir haben uns auseinandergelebt. Wir hatten zu viel um die Ohren. Aber wir haben uns nie wirklich hingesetzt und darüber gesprochen, was schiefgelaufen ist und was wir besser machen könnten. Wir haben unsere Ehe einfach auslaufen lassen. Hast du dich denn nie gefragt, was passiert wäre, wenn wir uns beide ein bisschen mehr um unsere Ehe bemüht hätten?«

Er hatte recht mit dem, was er sagte. Tatsächlich hatte Mikki sich diese Frage nie gestellt. Sie hatten es wirklich nicht versucht, keine Eheberatung, kein Gespräch untereinander. Das musste etwas zu bedeuten haben.

»Ich habe mich geändert«, fügte er hinzu. »Nimm dir die Zeit und versuch, dich davon zu überzeugen.« Er lächelte. »Das klang jetzt vielleicht etwas komisch.«

Sie war erstaunt. »Verdammt, Perry. Was soll das eigentlich? Nerv mich nicht mit diesem Kram. Ganz sicher, dass du mich wirklich zurückhaben willst? Liegt es nicht eher daran, dass ich endlich einen neuen Partner habe? Ich finde dein Timing ziemlich verräterisch, weißt du. Drei Jahre hattest du Zeit, dir über deine Gefühle klar zu werden, und ausgerechnet jetzt, wo ich Duane kennengelernt habe, kommst du mir damit?«

»So ist es nicht. Ich habe schon eine Weile mit dem Gedanken gespielt. Als ich von Duane erfahren habe, musste ich reagieren und es dir sagen. Das Haus hatte ich ja längst gekauft. Und du musst zugeben, es gefällt dir.«

»Ja, es ist schön – für dich.«

»Aber der Anbau ist für uns.« Er kam einen Schritt auf sie zu. »Die Kinder sind ja nicht komplett ausgeflogen, sie kommen in den Semesterferien immer noch nach Hause. Deswegen brauchen wir ein drittes Schlafzimmer.«

Er zögerte, als wäre diese Information von Bedeutung.

»Als Gästezimmer?«, fragte sie. Für wen denn? Ihre Verwandtschaft wohnte in der nächsten Umgebung.

»Nein, für das Baby, das du dir immer gewünscht hast. Wir könnten noch ein Kind bekommen, Mikki. Ich bereue es wirklich sehr, dass ich damals nicht Ja gesagt habe.«

Mikki ließ vor Schreck ihren Greifer fallen. Sie öffnete den Mund und schloss ihn wieder. Auf gar keinen Fall, dachte sie. Sie war völlig schockiert.

»Was stimmt nicht mit dir?«, fragte sie viel zu laut. »Ein Baby? Ich bin fast vierzig. Ich will kein Kind mehr. Im Ernst – was stellst du dir eigentlich vor? Noch ein Kind?«

»Du wolltest doch immer ein drittes.«

»Vor acht Jahren wollte ich ein Kind. Aber jetzt nicht mehr. Unsere Kinder sind inzwischen fast erwachsen. Ich will endlich mein Leben als unabhängiger Mensch genießen, verreisen, ausgehen und alles das tun, was man nicht tun kann, wenn man ein Baby hat.«

Sie hob ihren Greifer auf und marschierte davon. »Ein Baby! Ich glaube, es hackt. Auf gar keinen Fall.« Sie hob eine Flasche auf und warf sie in die Tüte. »Bei dir stimmt ernsthaft irgendwas nicht, Perry Bartholomew. Geh mal zum Arzt.«

»Ich schwöre es – diese Mall ist jedes Mal, wenn ich herkomme, noch größer!«, sagte Joy Burton lachend, als sie vollbepackt mit Tüten zusammen mit Ashley das Nordstrom at Del Amo Fashion Center verließ.

»Größer ist immer gut, wenn es um Shopping geht«, meinte Ashley und schlug den Weg Richtung Parkhaus ein, in dem ihr Wagen stand. »Wir haben super Schnäppchen gemacht.«

Ihre Eltern waren nur kurz in der Stadt. Ein paarmal im Jahr kamen sie aus Portland nach Kalifornien zu Besuch, und Ashley flog zu ihnen. Der Flug dauerte ja zum Glück keine zwei Stunden.

»Ja, und ich bin sehr stolz auf meine Schnäppchen«, sagte ihre Mutter. »Aber ich weiß nicht, ob dein Vater das auch so sieht.«

»Oh Mom. Das ist ihm doch egal.«

»Stimmt. Trotzdem zieht er mich immer damit auf.«

Sie stellten die Einkaufstüten in den Kofferraum.

»Zum Hotel?«, fragte Ashley.

»Gern. Ich muss ein bisschen die Füße hochlegen. Dein Vater bestimmt auch, wenn er zurückkommt.«

Während sie mit ihrer Mutter zum Shoppen unterwegs war, war Harding mit ihrem Vater im Griffith Park Observatory.

Ashley fuhr auf den Pacific Coast Highway. Um diese Uhrzeit war man hier genauso schnell wie auf dem Freeway, und die Strecke war schöner. Ihre Eltern wohnten in einem Hotel in Santa Monica, direkt am Strand.

»Du siehst gut aus, Schatz«, sagte ihre Mutter. »Ein bisschen müde vielleicht, aber glücklich.«

»Das bin ich auch«, schwindelte Ashley. »Hab viel zu tun mit Arbeit und Ehrenamt.«

Wenn ihre Mutter dachte, dass sie glücklich war, wollte sie sie in diesem Glauben lassen. Sie schwindelte zwar nicht gern, aber die Situation mit Seth zu besprechen, ohne emotional zu werden, erschien ihr ausgeschlossen. Unglücklich in dem Sinne war sie ja tatsächlich nicht, nur verwirrt.

»Deinem Bruder scheint es ebenfalls gut zu gehen«, fuhr ihre Mutter fort. »Er sagt, sein Buch macht Fortschritte.«

»Hat er mir auch gesagt, aber ich habe noch keine einzige Zeile zu lesen bekommen«, stellte Ashley fest.

Ihre Mutter lachte. »Du weißt, wie fleißig er ist. Ich mache mir diesbezüglich keine Sorgen.« Sie lehnte sich entspannt zurück. »Er hat es wirklich weit gebracht. Wenn ich nicht genau wüsste, dass er diesen Unfall gehabt hat, würde ich es kaum glauben.« Sie sah Ashley an. »Manchmal habe ich immer noch Albträume.«

»Ich auch. Ich hatte damals solche Angst, dass er sterben würde.«

Ihre Mutter drückte ihren Arm. »Du warst sehr mutig.«

»Ich hab nur danebenstehen und zusehen können. Er war es, der gesund werden und wieder gehen lernen musste.«

»Du hast mehr für ihn getan, als dir bewusst ist. Du warst für uns alle da. Du hast auf dich selbst aufgepasst, damit wir für Harding da sein konnten. Und du hast dich nie beschwert.«

Ashley blieb an einer roten Ampel stehen und lächelte ihre Mom an. »Ist mein Heiligenschein verrutscht? Sag schnell.«

»Ich mein's ernst.« Ihre Mutter lachte.

»Ich auch, Mom. Ich war vielleicht ziemlich cool damals. Aber der Held der Geschichte ist und bleibt Harding. Und obwohl es für uns alle eine schreckliche Zeit war, sind wir als Familie dadurch enger zusammengewachsen.«

»Ja, wir haben unsere Lektion gelernt. Du hast dich zu einer wunderbaren jungen Frau entwickelt. Sieh dich an – du bist unter dreißig und schon eine erfolgreiche Geschäftsfrau. Ich bin so stolz auf dich!«

»Danke, Mom. Ich bin sehr zufrieden damit, wie *Muffins to the Max* läuft.«

»Ich bin auf meine beiden Kinder stolz«, wiederholte ihre Mutter. »Und auch ein bisschen auf deinen Vater und mich. Man hatte uns gewarnt, dass viele Ehen eine so stressige Zeit nicht überstehen – Kind im Krankenhaus, Zukunft ungewiss. Deshalb waren dein Vater und ich sehr bewusst immer füreinander da. Und heute ist unsere Ehe stärker denn je zuvor, denke ich.« Joy schüttelte den Kopf. »Aber genug davon. Lass uns über was anderes reden. Wie geht's Seth?«

»Gut. Viel zu tun. Er arbeitet gerade am neuen Johnny-Blaze-Film.«

»Oh, Johnny Blaze. Ein sehr gut aussehender Mann.«

Ashley grinste. »Stehst du neuerdings auf jüngere Männer? Du weißt aber schon, dass er glücklich verheiratet ist und Kinder hat …«

»Ich hab nur gesagt, dass er gut aussieht.«

Sie quatschten ein bisschen über Prominente und wer mit wem zusammen war, und Ashley gelang es sogar, sich auf die Unterhaltung zu konzentrieren. Aber nachdem sie ihre Mutter am Hotel abgesetzt hatte, hätte sie am liebsten eine Runde geheult.

Wie lächerlich, sagte sie sich. Mit ihrem Leben war alles in Ordnung. Ihr Geschäft lief gut. Sie hatte Freunde und einen Mann, der sie vergötterte. Das hörte sich alles toll an. Nur geriet darüber eins außer Acht, sie und Seth hatten unterschiedliche Ziele im Leben. Nein, nicht in der Mehrzahl. In der Einzahl.

Sie fuhr nach Hause. Seth würde erst in zwei Stunden kommen, also hatte sie noch lange genug Zeit für ein bisschen Selbstmitleid.

Sie rollte sich auf dem Bett zusammen und ließ endlich den Tränen freien Lauf. Wieso musste Seth so sein, wie er war? Warum verstand er nicht, wie wichtig er ihr war und wie falsch er damit lag, sie nicht heiraten zu wollen?

Sie wurde von einem Weinkrampf geschüttelt und verbrauchte eine ganze Packung Taschentücher. Dann dachte sie daran, wie furchtbar sie aussehen würde, wenn sie nicht damit aufhörte. Also setzte sie sich auf und befahl sich, ruhig zu atmen. Aber davon musste sie nur wieder heulen. Sie musste …

»Ashley?«

Sie schluckte den Rotz herunter und wischte sich eilig übers Gesicht, doch bevor sie ihre Tränen wegwischen konnte, stand Seth im Schlafzimmer.

»Ist was passiert?«, fragte er erschrocken. Er setzte sich zu ihr und nahm sie in den Arm. »Bist du krank? Hattest du einen Unfall? Was ist denn los?«

Sie wollte sich an seiner Schulter ausheulen. Vielleicht war sie danach für eine oder zwei Sekunden in der Lage, stark zu sein.

»Es ist nichts passiert«, flüsterte sie. »Mir geht's gut. Ich bin nur traurig.«

»Weswegen?« Er sah sie an. »Schatz, was ist denn? Was kann ich tun?«

Er sah sie besorgt an, verwirrt und so voller Liebe. Das war die reinste Hölle für sie – weil sie wusste, dass er sie liebte.

»Ich gebe mir wirklich Mühe«, begann sie. »Wirklich. Ich lese alles, was du mir gibst, und ich denke sehr viel über unsere Zukunft nach. Aber dann passieren Dinge. Mom hat eben davon gesprochen, wie schrecklich es für uns alle war, als Harding im Krankenhaus lag, und dass sie und Dad sich damals bewusst dazu verpflichtet haben, sich darüber nicht zu verlieren. Sie wollten nicht, dass ihre Ehe zerbricht.«

»Und das ist ihnen gelungen.« Er streichelte ihre Wange. »Was ist daran so traurig?«

»Genau das wünsche ich mir auch. Ich möchte, dass wir jedes Jahr, das wir zusammen sind, gemeinsam stärker werden. Ich wünsche mir, dass wir immer verliebt sein werden.«

»Das wünsche ich mir auch, das weißt du ja.«

»Aber ich habe das Gefühl, ich müsste mich sozusagen dauernd neu um deine Gunst bewerben. Du hast Angst davor, dass ich mich gehen lasse, und ich weiß nicht, was das überhaupt bedeuten soll. Heißt das, wenn ich zehn Kilo zunehme oder die Wäsche mal nicht mache, verlässt du mich? Ich will nicht mein Leben lang Zweifel haben, ob ich deinen Ansprüchen genüge oder nicht.«

Er zog sie an sich. »Ashley, nein. Das meine ich nicht. Es ist keine Bewerbung. Es ist einfach ein Für-Immer. Die Tatsache, dass wir uns zueinander bekennen.« Er ließ sie los. »Ich habe auch nachgedacht. Und langsam wird mir klar, warum Menschen heiraten wollen.«

Sie schluckte. »Ja?«

»Schon der Akt als solcher stellt sozusagen ihren Zukunftsplan dar. Es ist ihr Moment, der Welt kundzutun, dass sie sich gemeinsam auf eine Reise begeben. Und alle sollen als Zeugen dabei sein.«

In Ashley keimte Hoffnung auf. »Und was hat das mit uns zu tun?«

»Wir sollten es auch so machen.«

Sagte er gerade wirklich das, was sie glaubte? »Heiraten?«

Er wischte ihre Frage mit einer ungeduldigen Geste weg. »Nein, natürlich nicht. Eine Bekenntnis-Zeremonie. Wir bekennen vor all unseren Freunden unsere Liebe zueinander.« Er lächelte. »Ohne Stuhlhussen allerdings. Die Dinger finde ich scheußlich.«

Ashley verließ der Mut. All ihre Hoffnung war dahin. Sie schloss die Augen und dachte daran, wie dieser Tag aussehen würde. Kein Brautkleid, kein Ehegelübde, keine Eheurkunde. Nur sie beide, vor ihren Familien und Freunden, denen sie mit der ganzen Zeremonie zu verstehen geben würden: Heiraten ist nichts für uns.

Er küsste sie auf die Stirn. »Du kannst ja mal drüber nachdenken.«

Sie nickte zögerlich. Wenn sie jetzt etwas sagte, würde sie ihn anschreien und Dinge von sich geben, die besser ungesagt blieben. Denn sie würden alles zerstören, was sie hatten.

»In einer Stunde müssen wir los«, sagte er. »Kann ich dir noch bei irgendwas helfen?«

»Nein«, flüsterte sie und lehnte sich an ihn. Er hielt sie fest.

Wenigstens habe ich diesmal nicht gelogen, dachte sie. Seth

verstand sie absolut nicht. Und was noch schlimmer war, sie hatte keine Ahnung, wie sie erreichen sollte, dass er seine Überzeugung änderte – oder wie sie ihre ändern könnte. Sie steuerten auf einen Abgrund zu.

20. Kapitel

»Das ist so eine schlechte Idee«, stellte Bree fest, als sie nach draußen trat und die Tür schloss.

Harding lächelte sie an. »Du lässt mich wirklich nicht rein, was?«

»Nein.«

Wo war das Problem? Es gab keinen Grund dafür, dass er ihr Haus betrat – sie waren auf dem Weg zu einem Abendessen. Obwohl sie eigentlich gar nicht mit ihm essen gehen wollte …

»Du unterdrückst mal wieder deine Gefühle«, sagte er und küsste sie.

»Ach, fällt dir das jetzt erst auf? Ich habe ein echtes Problem damit, und du bist der Auslöser dafür, falls du es noch nicht wusstest. Ich will mir nicht eingestehen, dass wir ein Paar sind und du mich deinen Eltern vorstellst. Allein der Gedanke daran ist der absolute Horror für mich. Eltern und ich, das war noch nie eine gute Idee.«

Vor allem, wenn es um ihre eigenen Eltern ging, aber das tat jetzt nichts zur Sache.

Sie hatte sich schon den ganzen Tag wegen dieses Abendessens gestresst, weil sie nicht wusste, was von ihr erwartet wurde. Hoffentlich waren Hardings Eltern nett. Doch was, wenn sie sie über ihre Vergangenheit ausquetschen würden? Wenn sie sie durchschauten und ihr vor Ashley und Harding den Spiegel vorhielten? Was, wenn …

»Hey«, sagte er. »Jetzt entspann dich mal.«

»Du weißt doch gar nicht, woran ich gedacht habe. Vielleicht habe ich gerade überlegt, mir eine Katze anzuschaffen.«

Er sah sie skeptisch an. »Meine Eltern werden dich lieben.«

»Du bist wirklich furchtbar, weißt du das? Sehe ich gut aus? Ich wusste nicht, was ich anziehen soll.«

Sie hatte ein ärmelloses, eng anliegendes Sommerkleid in Zitronengelb gewählt, das ihre Sonnenbräune und ihre braunen Augen betonte. Da sie extra zur Pediküre gewesen war, trug sie schicke Riemchensandalen.

»Du siehst toll aus. Und deine Sandalen sind sehr sexy.«

»Gab's im Schlussverkauf.«

Er lachte, legte ihr eine Hand auf den Rücken und führte sie zu seinem Wagen. Als sie auf dem Beifahrersitz Platz genommen hatte, beugte er sich zu ihr und sah ihr tief in die Augen.

»Du bist wunderschön, witzig, klug und liebevoll, Bree. Du bist ein toller Fang, und auch wenn ich nicht weiß, was du in mir siehst, bin ich froh, dass du fast dazu bereit bist, mit mir auszugehen.«

Sie kannte ihn gut genug, um zu wissen, dass er es ernst meinte. Aber warum wollte er partout nicht sehen, wie sie wirklich war? Warum hatte er immer noch nicht begriffen, dass sie nicht in der Lage war, andere Menschen zu lieben, und deswegen auch keine Liebeserklärungen hören wollte?

»Ich verletze dich nur ungern«, erwiderte sie. »Aber ich bin kein toller Fang.«

Sein liebevoller Blick blieb fest auf sie gerichtet. »Dann eben nicht.«

»So einfach ist das nicht, versteh doch.«

»Könnte es aber sein.« Er küsste sie erneut, schloss die Wagentür und ging zur Fahrerseite.

Sie erreichten das Restaurant in Santa Monica. Zu schnell für Bree, denn sie spürte, dass sie noch nicht so weit war. Beim Aussteigen zwang sie sich, tief durchzuatmen und zu lächeln und nicht gleich vom Schlimmsten auszugehen.

Im Eingangsbereich trafen sie auf Ashley und Seth.

»Wir haben extra auf euch gewartet, damit wir alle zusammen reingehen können. Ich dachte mir, dass so ein Treffen mit unseren Eltern nicht ganz so dein Ding sein könnte«, sagte Ashley zur Begrüßung.

Wie aufmerksam. Bree war überrascht, fühlte sich aber auch ein bisschen ertappt. Sie wollte sich gerade bei ihrer Freundin bedanken, als ihr auffiel, dass Ashley traurig aussah. »Alles okay bei dir?«

»Alles super. Ich hab den Tag mit Mom verbracht, das war toll. Harding war mit Dad im Observatorium, hat er dir davon erzählt?«

Harding nahm ihre Hand und grinste. »Nein, ich möchte nicht, dass sie jetzt schon von dieser Neigung von mir erfährt. Sie soll sich noch eine Weile an meinem Charme und meinem guten Aussehen ergötzen.«

»Seit wann ist er charmant?«, fragte Seth an Ashley gewandt. »Ist mir bisher gar nicht aufgefallen.«

Sie lachten alle, bis auf Ashley. Bree musterte ihre Freundin. War das gerade ein geschicktes Ausweichmanöver gewesen? Bree wünschte, Mikki wäre hier. Sie wäre in der Lage zu sagen, ob mit Ashley tatsächlich etwas nicht stimmte oder ob sie sich nur was einbildete.

Da wandte sich Seth an sie: »Ich kenne Ashleys Eltern jetzt schon ein bisschen länger. Sie sind sehr nett. Du kannst dich entspannen.«

»Na wunderbar. Man merkt also, dass ich nervös bin.«

Sie betraten das Restaurant. Ashley winkte einem älteren Paar zu, das im hinteren Bereich an einem Tisch saß. Bree drückte instinktiv Hardings Hand, als sie sich ihnen näherten.

Seine Eltern wirkten auf den ersten Blick sympathisch. Sie mussten Ende fünfzig sein. Joy und Ashley sahen sich sehr ähnlich, beide hatten rote Haare und große blaue Augen. Kevin Burton hatte dieselbe Statur und dasselbe freundliche Lächeln wie sein Sohn. Seine Haare waren dunkler und wurden hier und da schon weiß.

Joy und Kevin erhoben sich. Sie küssten Ashley zur Begrüßung, umarmten Seth und Harding und wandten sich dann ihr zu.

»Wir freuen uns sehr, dich kennenzulernen«, sagte Joy und schenkte ihr ein warmes Lächeln. »Ashley schwärmt von dir, und Harding ist bis über beide Ohren in dich verliebt.«

Wie, verliebt? Bree sah ihn besorgt an. Hoffentlich hatte er seinen Eltern gegenüber nicht das L-Wort benutzt.

Harding beugte sich zu ihr. »Sie meint damit, dass ich die ganze Zeit von dir rede. Aber dein Tattoo habe ich nicht erwähnt.«

Joy sah zwischen ihnen beiden hin und her. »Welches Tattoo? Ich hab übrigens eine kleine Taube auf der Schulter. Ich habe es mir an dem Tag stechen lassen, als Harding endlich das Krankenhaus verlassen durfte. Als Zeichen der Hoffnung.«

»Entzückend«, murmelte Bree. »Harding versucht nur, witzig zu sein. Ich habe keine Tattoos.«

Sie nahmen Platz. Bree saß zwischen Harding und Seth, gegenüber von Kevin.

»Ich habe mir erlaubt, erst mal eine Flasche Champagner zu bestellen«, kündigte Hardings Vater an. »Ich hoffe, das ist okay für euch.«

Ashley warf Bree einen Blick zu. »Keine Ahnung, Dad. Unsere Geschäftspartnerin Mikki hat uns sozusagen zu Champagner-Snobs gemacht. Seitdem haben wir gewisse Erwartungen an die Qualität.«

Ihr Vater lachte. »Dann bin ich mal gespannt, ob wir Glück mit unserer Wahl haben.«

Joy wandte sich an Seth: »Ashley hat mir erzählt, dass du am neuen Johnny-Blaze-Film mitarbeitest. Ich finde es so aufregend, dass du ihn triffst.«

»Produktionsleiter halten sich relativ selten am Set auf, Joy. Ich bezweifle, dass Johnny und ich uns überhaupt begegnen werden.«

»Wenn nicht, tu einfach so und erzähl mir davon.«

»Das krieg ich hin.«

Die Unterhaltung plätscherte dahin. Bree gelang es, sich zu entspannen und mit den anderen zu lachen. Kevin und Joy schienen Seth zu mögen und er sie. Ihr fiel auf, dass er Ashley sehr glücklich und liebevoll ansah. Jeder konnte sehen, dass er total verrückt nach ihr war. Wieso also sträubte er sich dagegen, sie zu heiraten?

Das war jedoch kein Thema für diesen Abend. Ganz sicher hatte Ashley mit ihren Eltern noch nicht darüber gesprochen.

Der Champagner kam. Kevin bat Ashley und sie um ihre Einschätzung.

»Ich enthalte mich einer Bewertung«, sagte Bree. »Ich freue mich einfach, dass wir miteinander anstoßen.«

»Sehr diplomatisch«, stellte Joy lobend fest, als Kevin ihnen einschenkte.

Harding berichtete, dass die Spendensumme auf der Benefizveranstaltung bei OAR die Zwei-Millionen-Marke geknackt hatte, die ihr Ziel gewesen war.

»Wir möchten unser Spektrum erweitern«, erklärte er. »Ein Studium ist nicht unbedingt für jeden was, aber irgendwie sind Universitätsstipendien beliebter als finanzielle Unterstützung für angehende Klimaanlagentechniker oder Elektriker. Deswegen möchten wir Stipendien für Auszubildende einführen, inklusive Unterbringungskosten.«

»Ein ehrgeiziges Ziel«, meinte Joy.

»Aber den Versuch wert. Eine Firma, die Schiffscontainer recycelt, ist unlängst auf mich zugekommen. Die recycelten Container werden Non-Profit-Organisationen zur Verfügung gestellt, die versuchen, die Wohnungsnot zu lindern. Vielleicht kann ein richtiges Dorf für unsere Kids entstehen, als Übergangswohnheim. Ein Grundstück hat man uns dafür schon in Aussicht gestellt. Noch ist das alles in Planung, aber Dave und ich denken, es könnte funktionieren – auch wenn es ein ziemlich ehrgeiziger Plan ist.«

Bree war überrascht. Von den Containern hatte Harding ihr gar nichts erzählt.

»Und wie viel kostet so ein umgebauter Container?«, wollte Joy wissen.

»Kommt drauf an. Die Container selbst werden gespendet, eventuell auch weiteres Material. Und vermutlich werden die Jugendlichen ihre Miete abarbeiten können, wenn sie beim Umbau helfen.«

»Vielleicht solltet ihr für die Spender eine Art Einkaufsliste anlegen für alles, was gebraucht wird«, schlug Bree vor. »Fenster oder Einrichtungsgegenstände, damit das Projekt greifbarer für sie wird. Manche Leute wissen gern, wofür ihr gespendetes Geld verwendet wird. Ein paar Hundert Quadratmeter Fußboden wäre zum Beispiel eine klare Ansage.«

Harding sah sie an. »Gute Idee. Sachgebundene Spenden machen so ein Projekt interessanter und zeigen den realistischen Bedarf auf.«

Der Kellner kam und betete die Tageskarte herunter, dann nahm er ihre Bestellung auf. Joy wollte von Ashley alles über ihre neuesten Muffin-Kreationen wissen, danach sprach man über die Wetterunterschiede in Los Angeles und Portland. Bree beteiligte sich kaum an der Unterhaltung, sondern hörte lieber entspannt zu. Sie fühlte sich an ihre Urlaube mit ihren Freundinnen aus dem Internat erinnert. Manche Familien waren recht förmlich gewesen, andere dagegen sehr relaxt und umgänglich, so wie Hardings Eltern.

Wie wäre es ihr ergangen, wenn ihre Erzeuger normale, liebevolle Eltern gewesen wären? Wie hätte es sich angefühlt, im Schoß der Familie geborgen zu sein? Was man nie erlebt hat, kann man nicht vermissen, klar. Trotzdem bedauerte Bree, was ihr entgangen war.

»Wie lange seid ihr beide jetzt eigentlich zusammen?«, fragte Joy da unvermittelt.

Bree brauchte einen Moment, um zu begreifen, dass die Frage an sie gerichtet war.

»Ungefähr zwei Monate«, antwortete Harding und legte einen Arm um sie. »Seit ich in ihrer Buchhandlung eine Signierstunde gegeben habe.« Er zwinkerte ihr zu. »Sie fand mich gleich unwiderstehlich charmant.«

Bree lächelte. »Und selbst wenn dem nicht so gewesen wäre, wäre ihm das kaum aufgefallen. Waren Sie mal auf einer solchen Veranstaltung mit ihm? Viele, viele Frauen stehen stundenlang an, um ihn zu sehen. Gut für mich – ich habe an diesem Tag sehr viele Bücher verkauft.«

»Ja, ich weiß. Es ist beeindruckend und wirklich ziemlich erstaunlich«, gab Joy zu. »Und manche dieser Frauen können auch richtig unangenehm werden.«

Kevin bedachte seinen Sohn mit einem stolzen Blick. »Harding kommt aber mit solchen Situationen zurecht. Das hat er im Krankenhaus und in der Reha gelernt. Dort musste er jeden Tag auf neue Gegebenheiten reagieren.«

»Ich hatte auch schlimme Tage«, gab Harding zu bedenken.

»Nicht allzu viele.«

Joy sah Bree an. »Stimmt es, dass du verheiratet warst?«

»Ja. Ich bin verwitwet.«

»Oh, das tut mir leid.«

»Danke. Ist schon ein paar Jahre her.«

»Aber du hast keine Kinder?«, erkundigte Joy sich freundlich, jedoch neugierig. »Wolltest du keine?«

Mit dieser Frage hatte Bree nicht gerechnet. Sie erstarrte, wusste nicht, was sie antworten sollte. Das Thema Kinder war ambivalent bei ihr. Wenn ihre Kinder nicht dasselbe ihr gegenüber empfinden würden, was sie für ihre Mutter empfand – okay. Natürlich war sie ein anderer Mensch als ihre Mutter Naomi. Wenigstens wusste sie aus eigener Erfahrung, wie man es als Mutter nicht machen sollte. Damals war das größere Problem eigentlich Lewis gewesen.

»Mein verstorbener Mann war nicht sonderlich begeistert von der Vorstellung, Kinder zu haben«, erklärte sie.

»Aber du hättest gern eins oder zwei bekommen?«

»Mom, ich glaube, das reicht«, mischte Harding sich ein. »Du kennst Bree seit einer Stunde, das ist vielleicht ein bisschen zu privat.«

Ashley sah sie mitleidig an. »Mom und ich haben heute ein paar echte Schnäppchen gemacht«, sagte sie schnell.

Joy sah ihre Tochter an. »Sollen wir der Runde mal von den Schuhen erzählen, die wir gekauft haben?«

Harding nahm unter dem Tisch ihre Hand. Als Bree ihn ansah, formulierte er stumm das Wort »sorry«. Sie zwang sich zu einem Lächeln.

Kinder. Nach Lewis' Tod war sie viel zu beschäftigt damit gewesen, sämtliche Spuren ihres früheren Lebens auszulöschen, als dass sie Zeit gehabt hätte, sich über nicht vorhandene Kinder Gedanken zu machen.

Vielleicht wird es ja was mit einem anderen Mann, dachte sie. Aber ich müsste wenigstens halb so viel elterliches Gespür mitbringen wie Mikki.

Sie sah Harding an, der gerade über einen Scherz von Ashley lachte. Er wünscht sich bestimmt eine Familie. Eine Frau und Kinder und Haustiere. Die übliche Normalitätsfalle. Große Essen im Familienkreis und gemeinsame Sommerurlaube und jedes Jahr dieselben Traditionen.

Hoffentlich wünschte er sich das nicht mit ihr. Was für ein abschreckender Gedanke. Sie war nicht geschaffen für diese Art von normalem Leben. Sie wollte keinen Mann in ihr Haus lassen. Wie sollte sie da jemals ein Weihnachtsessen veranstalten? Oder ein Kind bekommen und Teil einer Familie werden?

Irgendwann hatte sie das alles auch mal gewollt, aber das war lange her – bevor Lewis ihr Vertrauen in andere Menschen zerstört und ihr Herz geschreddert hatte. Harding behauptete, dass er dieses Kaputte an ihr mochte, weil es zu dem passte, was bei ihm kaputt war.

Sie hatte gedacht, sie hätte das alles längst hinter sich gelassen, wäre stärker, nicht mehr so verwundbar, was ihre Vergangenheit anging. Doch das stimmte nicht. Sie war wie eine gesprungene Glasscheibe. Die geringste Spannung konnte dafür sorgen, dass sie in viele Tausend Teile zersprang, und das wäre nicht mehr zu kitten. Wenn sie Harding zugestand, ein Teil ihres Lebens zu sein, riskierte sie, ihn mit in den Abgrund zu reißen.

Die Vorspeisensalate trafen ein. Während Kevin eine Flasche Wein für alle bestellte, gestattete sich Bree für einen Moment, so zu tun, als wäre alles gut. Dann wäre sie in der Lage anzunehmen, was Harding ihr zu geben bereit war – Babys mit haselnussbraunen Augen und einen liebenden, starken Mann an ihrer Seite. Aber, und damit verabschiedete sie sich von dieser Fantasie, sie hatte schon sehr früh gelernt, dass ein Wunsch nichts bedeutete. Es stand fest, in welche Richtung ihr Leben sich entwickelte, und daran war nichts mehr zu ändern.

»Ich verstehe ja die Argumente, aber ich bin nicht einverstanden«, sagte Duane und lächelte. »Vielleicht sollten wir einfach besser nicht über Politik reden. Am Ende streiten wir uns noch.«

»Wegen des Brexit?« Mikki lachte. »Diese Entscheidung sehe ich mir aus weiter Ferne an. Du hast anscheinend vergessen, dass mein trauriges, reiseloses Leben nicht darin besteht, rund um den Globus zu fliegen, um über Wirtschaftspolitik zu sprechen. Ich habe nur meine kleine bescheidene To-do-Liste von Orten, die ich gerne sehen würde, und hoffe, dass mein Geld dafür reicht.«

Sie hielt kurz inne. »Das klingt erbärmlich, oder? Ich glaube, ich muss öfter raus.«

»Flieg mit mir um die Welt.« Duane verschränkte seine Finger mit ihren. »Äh … ist das nicht aus irgendeinem Disney-Lied?«

»Aladdin«, sagten sie gleichzeitig und lachten.

»Die Lieblingssongs unserer Kleinen«, meinte Mikki. »Die Lieder ihrer Kindheit werden uns wohl nie verlassen.«

»Ich bin so froh, dass meine Kinder schon zu alt waren, um sich ›Frozen‹ siebenundachtzigmal anzusehen. Ich mag zwar den Song ›Lass jetzt los‹, aber den kenne ich nur, weil ich ihn mal woanders gehört habe.«

»Mir gefällt ›Willst du einen Schneemann bauen‹.« Mikki sah sich um. »Ich wusste gar nicht, dass es so viele Palmenarten gibt, vor allem nicht gleich vor der Haustür.«

Duane war mit ihr in den UCLA Mildred E. Mathias Botanical Garden gefahren.

»Ich bin oft hier«, erklärte er. »Wenn ich Freistunden habe, komme ich gern zum Nachdenken her.«

Er hatte einen komplett anderen Tagesablauf als sie. Sie hatte keine Ahnung von Wirtschaft oder Politik und hatte sich deshalb für einen Onlinekurs eingeschrieben, der jedoch erst im September begann. Aber das verriet sie ihm nicht.

Sie hatte immer nur ihre Ausbildung gut abschließen wollen, ein Studium hatte sie nie in Betracht gezogen. Sie wusste auch nicht, ob sie für ein BWL-Studium überhaupt klug genug war. Tatsächlich ging es in ihrem anstehenden Kurs um Makroökonomie. Die Kursunterlagen hatte sie sich bereits heruntergeladen. Falls es ihr gelang, diesen Kurs erfolgreich abzuschließen, ohne den Verstand zu verlieren, wollte sie als Nächstes das Thema Mikroökonomie angehen.

Sie wollte ein bisschen besser verstehen, womit Duane sich beschäftigte, und nicht mehr ganz so dumm dastehen. Aber das Thema Geld war kompliziert. Sie erinnerte sich an eine Folge der Serie »The Crown«, als der britische Premier von der Abwertung des Pfunds sprach und sie keinen Schimmer davon gehabt hatte, was damit gemeint war.

»Wir müssen noch in den Habitat Garden«, schlug Duane vor. »Zu den Kolibris und Schmetterlingen.«

»Die übrigens zu den wenigen akzeptablen Insektenarten gehören«, ergänzte Mikki. »So wie Marienkäfer und Bienen.«

»Magst du Bienen?«

»Wenn sie mir nicht zu nahe kommen. Ich mag sie vor allem wegen ihrer wichtigen Rolle im Ökosystem. Weltweit sind die

Wildbienenpopulationen gefährdet. In manchen europäischen Städten werden jetzt extra Wildblumenwiesen angelegt, auf Verkehrsinseln, am Straßenrand, sogar auf den Dächern von Bushaltestellen.« Sie seufzte. »Ich wünschte, hier würde so was auch mal gemacht. Es gibt so viele ungenutzte Flächen, die man in Bienenweiden verwandeln könnte.«

Duane lächelte sie an, und sie stemmte eine Hand in die Hüfte. »Du wolltest dich gerade darüber lustig machen, oder? Du findest das albern.«

»Ich finde, du hast vollkommen recht, und ich würde mich nie über dich lustig machen. Ich necke dich höchstens ein bisschen.«

Sie betrachtete ihn. Irgendwas war mit ihm. »Ist da was, das du mir sagen willst?«

Überraschenderweise wandte er den Blick ab. »Alles in Ordnung, Mikki. Komm, wir gehen zu den Schmetterlingen.«

Sie machte sich von ihm los. »Irgendwas hast du doch. Das spüre ich.«

Fand er ihre Idee mit den Bienen bescheuert? Fand er sie langweilig? Oder zu dick? Sollte sie sich mit intellektuelleren Themen beschäftigen und anfangen, Sport zu machen?

Er blieb stehen und drehte ihr den Rücken zu, die Schultern angespannt. Sie fing an, sich ernsthaft Sorgen zu machen. Hoffentlich irrte sie sich.

Als er sich wieder zu ihr umdrehte, war sein Gesicht verzerrt.

»Es ist alles in Ordnung«, wiederholte er.

»So siehst du aber nicht aus.«

»Ich will einfach kein Idiot sein. Ich verbringe gern Zeit mit dir. Es macht Spaß und ist unbeschwert, und ich bin gern mit dir zusammen.«

Oh nein! Er wollte Schluss machen! Sie wusste es. Aber wieso? Was hatte sie falsch gemacht? Eigentlich war alles sehr schön. Sie lachten viel. Sie schrieben sich täglich jede Menge Nachrichten. War es vielleicht das? Hielt er sie für notgeil?

»Ich verstehe nicht«, flüsterte sie. »Ich dachte, du findest das mit uns beiden auch gut.«

»Was?« Er sah sie fragend an. »Das habe ich doch gerade gesagt.«

»Und trotzdem willst du Schluss machen.« Sie kämpfte gegen Tränen an. Auf keinen Fall würde sie jetzt anfangen zu heulen! »Ich dachte …« Sie räusperte sich. »Ist vermutlich egal, was ich denke.« Sie lächelte gezwungen. »Alles okay. Danke, dass du es mir sagst.«

Duane gab einen erstickten Laut von sich. Dann zog er sie an sich und küsste sie innig und leidenschaftlich. Sie schlang die Arme um ihn und erwiderte seinen Kuss. Eng an eng standen sie da, und sie spürte seine gewaltige Erektion.

Moment mal. Sie machte sich los. »Ich verstehe nicht.«

Er grinste. »Ja, das scheint mir auch so. Mikki, ich will nicht Schluss machen. Im Gegenteil, ich will mehr. Manchmal habe ich mein Verlangen nur schwer unter Kontrolle, ich muss mich regelrecht zusammenreißen – und das ist es, was dir gerade an meinem Verhalten aufgefallen ist. Wenn ich in deiner Nähe bin, dich berühre, dich ansehe …« Er deutete auf ihre Brüste. »Dann brauche ich manchmal einen Moment, bis ich wieder klar denken kann. Du hast gesagt, du brauchst noch Zeit, und deshalb will ich dich nicht drängen.«

Hallo? »Geht es hier gerade um Sex?«, fragte sie erleichtert. Er wollte mit ihr schlafen, das war alles?

Er berührte ihre Hüfte. »Ja, Sex. Ich denke oft daran.«

»Wieso glaubst du, wir müssen damit noch länger warten?«

Er grinste sie verführerisch an und ließ seine Hände auf ihren Hintern gleiten.

»Du meintest doch, du müsstest erst wieder lernen, wie das alles geht. Seit Perry hattest du keinen Mann mehr.« Er lächelte. »Earl mal ausgenommen.«

Sie wischte seine Bemerkung weg. »Den gab es nur in den ersten Monaten nach der Scheidung. Und es war schrecklich.« Viel zu schnell und irgendwie deprimierend.

Sie drängte sich an ihn, spürte wieder seine Erregung. Er knetete ihren Po, was ihr gefiel.

»Du hast einen Harten«, flüsterte sie und merkte, dass sie rot wurde.

»Immer, wenn ich in deiner Nähe bin.«

»Ist mir noch nie aufgefallen.«

»Ich versuche, diskret zu sein.«

Ihr Blick ging nach unten. »Das nennst du diskret?«

Er lachte, dann küsste er sie. »Okay, jetzt weißt du Bescheid. Ich will nicht Schluss machen, und ich hoffe, du auch nicht.«

»So ist es.«

Er nahm ihre Hand. »Wir sollten uns am besten noch ein bisschen im botanischen Garten umsehen und warten, bis sich die Lage entspannt hat.«

Was für ein erstaunlicher Mann, dachte sie. Er wollte sie nicht bedrängen. Wie aufmerksam und rücksichtsvoll.

»Vielleicht sollten wir lieber zu dir fahren«, meinte sie.

»Statt Abendessen?«

Nun war *er* begriffsstutzig. Dabei versuchte sie nur, genauso mutig zu sein wie er. Sie sah sich kurz um, ob sie allein waren, dann legte sie seine Hände auf ihre Brüste.

»Nicht statt Abendessen. Zumindest nicht als Erstes.«

Jetzt begriff er. Er knetete ihre Brüste, und ihre Nippel wurden sofort hart.

»Bist du sicher?«, fragte er.

Sie wurde von ihrem eigenen Begehren überwältigt.

»Sehr sicher. Aber auf dem Weg müssen wir noch Kondome besorgen. Ich habe keine dabei.«

Duane legte einen Arm um sie, und sie gingen schnellen Schrittes Richtung Parkplatz.

»Ich dachte, wir wollen es langsam angehen lassen«, sagte sie mit einem Augenzwinkern.

»Keine Sorge. Und Kondome hab ich im Haus.«

21. Kapitel

Es war gegen Mitternacht, als Mikki wieder in ihre Garage fuhr. Duane hatte sich zwar gewünscht, dass sie die Nacht mit ihm verbringt, doch sie fühlte sich unwohl bei dem Gedanken, weil sie den Kindern nicht gesagt hatte, wo sie war. Diese Woche waren sie bei Perry und warteten deshalb nicht zu Hause auf sie. Aber manchmal kamen sie früher zurück oder zwischendurch vorbei, weil sie etwas bei ihr vergessen hatten.

Als sie die Wagentür öffnete, war sie kurz unsicher, ob sie die paar Schritte zum Haus schaffen würde. »Wackelpudding« war das Wort, das ihr in den Sinn kam. Bisher hatte sie sich selbst nie damit in Zusammenhang gebracht. Erst seit heute.

Sie zwang sich, aufzustehen, und musste lachen, weil ihre Beine so stark zitterten. Sie schaffte es so eben nach oben in ihr Schlafzimmer, wo sie sich rasch auszog und unter die Dusche ging. Während sie darauf wartete, dass das Wasser warm wurde, betrachtete sie sich im Spiegel. Normalerweise fand sie den Anblick ihrer Hängebrüste und ihres Bauchs mit den verblassten Schwangerschaftsstreifen zum Wegschauen, jedoch nicht heute Abend.

Sie konnte sich nicht erklären, wieso – aber Duane liebte jeden Millimeter ihres Körpers. Ihre Brüste und ihren Po und ihre wabbeligen Schenkel. Er hatte ihren Körper erkundet, an ihr geknabbert, sie geleckt und gestreichelt, und sie war mehrfach gekommen.

Als nun das warme Wasser auf sie herabprasselte, musste sie an seine Zunge zwischen ihren Beinen denken. Zum ersten Mal in ihrem Leben hatte sie sich geschämt, dass sie schon nach einer halben Minute gekommen war. Und er hatte nicht aufgehört. Sie war wieder und wieder gekommen, hatte ihre Lust herausgeschrien und um mehr gebettelt.

Sie wusch sich Haare und Körper und trat aus der Dusche.

Duane war nackt beeindruckender, als sie erwartet hatte. Sein Schwanz war perfekt und schien wie für sie gemacht. Wieso sie so lange auf Earl geschworen hatte, verstand sie plötzlich nicht mehr. Ein echter Mann – oder vielleicht nur Duane? – war um Längen besser.

Mikki trocknete sich die Haare ab und schlüpfte in ihren Pyjama. Mit einem glücklichen Lächeln schlief sie ein.

Um fünf Uhr siebenundzwanzig wachte sie plötzlich mit einem überaus schlechten Gewissen auf. Sie setzte sich hin und sah sich verwirrt um, schlaftrunken und aufgewühlt.

Sie griff nach ihrem Handy und schrieb:

Ich brauche jemanden zum Reden. Kannst du heute früh vorbeikommen? Bitte? Ich mach uns Kaffee und vielleicht auch Zimtschnecken.

Sie sah auf die Uhr und fügte hinzu: Ist es zu früh?

Nervös wartete sie, bis sie die drei Pünktchen sah. Kurz darauf war Brees Antwort da.

Alles okay bei dir?

Ich blute nicht. Hab nur einen Schock. Ich muss reden.

Alles klar. Bin schon unterwegs. Wehe, das mit den Zimtschnecken war eine Lüge.

Mikki zog sich an und ging runter in die Küche, um die Zimtschnecken zu machen. Als sie im Ofen waren, setzte sie Kaffee auf und wanderte dann rastlos durch den Flur, bis sie einen Wagen auf die Einfahrt biegen hörte. Sie öffnete ihrer Freundin die Tür.

Bree sah sie argwöhnisch an. »Muss ich mir Sorgen machen?«

»Nein. Alles gut. Mir geht's super.«

»Und wieso dann diese Textnachricht morgens um halb sechs?«

Mikki ließ sie ins Haus. »Hab ich dich geweckt?«, fragte sie beklommen.

»Nein, ich war schon auf. Ich wollte eigentlich zum Spinning oder joggen gehen.« Bree folgte dem Duft von Zimt und Butter in die Küche. »Aber das hier ist besser.«

Mikki bedeutete ihr, Platz zu nehmen. Sie goss ihnen Kaffee ein und stellte Milch auf den Tisch. Die Glasur für die Zimtschnecken hatte sie schon vorbereitet und musste sie nur noch darüber gießen, sobald das Gebäck ein bisschen abgekühlt war.

»Möchtest du Eier?«, fragte sie. »Oder Obst? Ich hab …«

»Stopp.« Bree nahm sich ihren Kaffee. »Hör auf, mich mästen zu wollen. Erzähl mir einfach, was los ist. Und fang vorne an.«

Mikki setzte sich und trank schnell einen Schluck Kaffee. Zum Glück schrillte in diesem Moment der Timer, und sie musste die Zimtschnecken aus dem Ofen nehmen. Als sie sie zum Abkühlen hingestellt hatte, sah Bree sie an. Jetzt musste sie mit der Sprache herausrücken.

Mikki holte tief Luft und sagte: »Ich war mit Duane im Bett.«

Bree grinste. »Freut mich. Und, wie war's? Kann er mit Earl mithalten?«

»Es war wunderschön. Er ist toll und hat's echt drauf. Ich wusste gar nicht mehr, wie schön es ist, fremde Haut auf der eigenen zu spüren. Ich kann gar nicht sagen, wie oft wir es getan haben.«

Bree lächelte verschwörerisch. »Glaub ich dir nicht.«

Mikki gab sich geschlagen. »Okay, du hast recht.«

Sie nahm die Zimtschnecken vom Blech und verteilte die Glasur darauf. Dann holte sie zwei Teller aus dem Schrank und setzte sich wieder hin.

»Er hat brav jedes Mal ein Kondom benutzt«, erklärte sie und wurde rot dabei. »Er wollte gar nicht mehr aufhören. Ich bin quasi nach Hause geschwebt, so unfassbar war es.«

»Und jetzt hast du Schuldgefühle.«

Mikki sah sie an. »Woher weißt du das?«

Bree nahm sich ein Gebäckstück. »Na ja. Du hattest seit deiner Scheidung kein Date mehr, jedenfalls kein richtiges. Da waren zwar vielleicht mal irgendwelche Typen, aber die haben dir nichts bedeutet. Und selbst wenn du mit denen im Bett warst, kann man das nicht vergleichen. Denn Duane magst du und er dich. Und obwohl alles so toll ist, fühlt es sich für dich irgendwie nicht richtig an.«

»Ganz genau«, gestand Mikki. »Ich war so glücklich, als ich schlafen ging, und plötzlich bin ich aufgewacht und habe mich obermies gefühlt. Ich hasse das. Ich hab niemanden betrogen. Perry hat kein Anrecht mehr auf mich.« Sie beugte sich zu ihrer Freundin hinüber. »Ich glaube, es liegt daran, dass Perry zurück zu mir will. Und obwohl ich nicht im Geringsten daran interessiert bin, hat er mir diesen Gedanken in den Kopf gepflanzt und ich muss dauernd daran denken. Ich meine – er ist der Vater meiner Kinder, und wir sind noch befreundet.«

»Ich bin auch mit dir befreundet, und ich finde, du brauchst kein schlechtes Gewissen zu haben wegen Duane. Ich bin voll und ganz dafür, dass du das ab jetzt öfter tust.«

»Was stimmt nicht mit mir? Wieso muss ich aus allem immer ein Problem machen? Und was soll das mit Perry? Will er wirklich zu mir zurück? Ich habe vielmehr den Eindruck, dass er nicht will, dass ich mit jemand anderem zusammen bin.«

Bree verschlang den Rest ihrer Zimtschnecke und leckte sich die Finger ab. »Köstlich. Jede einzelne Kalorie wert. Wieso interessiert es dich überhaupt, was Perry denkt? Es ist dein Leben,

Mikki, und deine Entscheidung. Also, was willst du? Mehr von Duane?«

»Oh ja, bitte! Ich mag ihn wirklich. Es ist nur so, dass Perry …«

Bree schüttelte den Kopf. »Hör auf damit. Wie gesagt, du bist Perry nichts schuldig. Ihr beide seid Geschichte. Was auch immer ihn zu seiner Idee bewegt hat, es ist nicht deine Baustelle. Vergiss es. Du hast ihm erklärt, dass daraus nichts wird, also leb dein Leben.«

Ein guter Ratschlag, dachte Mikki. Wirklich klug.

»Er will, dass wir noch ein Kind kriegen.«

Bree verschluckte sich fast an ihrem Kaffee. »Perry und du?«

»Ja. Vor acht Jahren habe ich mir ein drittes Kind gewünscht, aber weil Perry total dagegen war, kam es nicht dazu. Und jetzt fängt er plötzlich damit an. Ich bin richtig geschockt. Natürlich hab ich ihm gesagt, dass es nun zu spät ist. Unsere Kinder sind fast erwachsen, ich fang doch nicht noch mal von vorne an.«

»Will Duane auch ein Kind?«

»Ich glaub nicht. Über das Thema haben wir bisher nicht gesprochen. Wenn wir über die Zukunft reden, dann geht es um mögliche Reiseziele und neue Erfahrungen. Ich glaube, das Thema Kinder ist für ihn durch.«

»Und für dich?«

»Wie gesagt.«

Bree sah sie unverwandt an. »Ganz ehrlich?«

Mikki knabberte an ihrer Zimtschnecke und dachte nach. »Ich will kein Kind mehr. Es war eine schöne Erfahrung, aber jetzt bin ich bereit für andere Dinge und bin glücklich mit meinem Leben.«

»Und mit Duane.«

Mikki lächelte. »Vor allem mit Duane. Letzte Nacht war ein Traum. Nicht nur der Sex, sondern alles. Was er in mir sieht und was er über mich denkt.«

»Na bitte. Ich hab's doch gewusst. Er hält dich für Sex auf zwei Beinen.«

»Scheint so.«

»Aber wieso schockiert es dich so, was Perry gesagt hat?«

»Keine Ahnung«, musste sie zugeben. »Das wüsste ich selbst gern. Sobald ich die Antwort darauf weiß, weiß ich vermutlich auch, wie ich weitermachen will.«

»Und mit wem.«

»Ich hab noch nie erlebt, dass Bree nervös ist«, murmelte Mikki. »Das fühlt sich nicht gut an.«

Ashley nickte. Sie beobachtete Bree, die durch den Laden ging. »Anscheinend gibt es nichts mehr, auf das man sich noch verlassen kann. Wie soll das nur weitergehen?«

Mikki sah sie an. »Was ist das denn für ein verquerer Vergleich? Was meinst du damit?«

»Für mich war Bree immer so standfest und stark. Unverrückbar in ihren Positionen. Jemand, der nie und vor niemandem zurückweicht.«

»Du bist echt schräg.«

»Kann sein.« Ashley lachte und sah auf die Uhr.

In wenigen Stunden begann die Signierstunde. Die Stühle waren aufgestellt, das Podest mit Mikrofon und der Büchertisch mit dem letzten Meisterwerk von Naomi Day waren vorbereitet. Ashley hatte zwar nicht das Buch, aber einige Rezensionen und eine Werkbesprechung für eine Buchclub-Diskussion gelesen. Offensichtlich ging es in dem Buch um eine ganz normale Frau, die aus heiterem Himmel verrückt wird. Am Ende steckt sie sich selbst in Brand und stirbt. Nicht gerade ein Happy End.

»Wann wird sie hier sein?«, erkundigte sie sich.

»Die Autorin?« Mikki kräuselte die Nase. »Ich meine, Brees Mom? Keine Ahnung. Ich habe schon nach ihr Ausschau gehalten, aber noch niemanden entdeckt, der ihr ähnlich sieht.«

Bree sah zu ihnen rüber und kam dann auf sie zu. »Hört auf, über mich zu reden.«

»Woher willst du wissen, dass wir über dich reden?«, fragte Ashley.

»Weil ihr dauernd zu mir rüberguckt und quatscht. Sehr unauffällig.«

»Wir machen uns einfach Sorgen um dich«, sagte Mikki. »Du sollst wissen, dass wir für dich da sind.«

Bree schenkte ihr ein angespanntes Lächeln. »Mir geht's gut.«

»Eben nicht«, widersprach Ashley. »Aber das wird schon. Du bist stärker, als du denkst.«

»Schön wär's.« Bree ließ die Schultern hängen. »Wieso habe ich bloß eingewilligt? Ich will meine Mutter nicht sehen. Wir haben nichts miteinander zu besprechen. Sie wird nur wieder irgendeine Möglichkeit finden, mir mitzuteilen, wie unwichtig ich ihr bin, und dann zieht sie ab und verlässt mich.«

»Wenn sie gemein zu dir wird, schreite ich ein.« Ashley ballte die Hände zu Fäusten. »Ich beherrsche Selbstverteidigung.«

»Du willst nicht im Ernst eine Frau Mitte fünfzig schlagen?«, sagte Mikki.

»Quatsch. Natürlich nicht. Aber ich werde eingreifen.«

Brees Miene erhellte sich. »Du bist sehr mutig. Doch niemand muss handgreiflich werden. Ich halte sie schon mein ganzes Leben aus. Da werde ich wohl eine Autogrammstunde überstehen.«

»Wir sind hier«, versicherte ihr Ashley. »Wenn du magst, sorgen wir dafür, dass du nie allein mit ihr bist.«

Bree sah sie verwirrt an. »Ich verstehe nicht ganz.«

Ashley tauschte einen Blick mit Mikki. Jetzt verstand *sie* nicht.

»Eine von uns wird immer in der Nähe sein«, erklärte sie. »Mikki, ich, Rita oder Lorraine. Wir haben uns was überlegt.«

»Ich kann wirklich gut selbst auf mich aufpassen.«

Mikki lächelte. »Ja, ist aber nicht nötig. Du wirst uns nicht los, akzeptier's einfach.«

»Keine Ahnung, was ich mit dieser Info anfangen soll«, murmelte Bree und fing wieder an, auf und ab zu tigern.

Ashley betrachtete sie. »Ich übernehme die erste Runde«, sagte sie. »Ich habe das dringende Bedürfnis, sie zu beschützen.«

»Schon klar, notfalls mit Gewalt. Das passt so gar nicht zu dir.«

»Ich weiß. Keine Ahnung, wo das herkommt. Aber es ist ernst gemeint.«

Sie würde ihre Freundin um jeden Preis beschützen. Denn Bree lag ihr am Herzen, wie ihr einmal mehr auffiel.

Sie machte sich Sorgen um Bree und würde alles dafür tun, dass es ihr gut ging. Ohne eine Gegenleistung zu erwarten. Das war selbstverständlich für sie. Sie tat das aus Liebe.

War es das, was Seth meinte, wenn er von einer Partnerschaft sprach, in der beide füreinander da waren, weil sie es aus freien Stücken wollten – und nicht, weil man es von ihnen erwartete? War es diese Geisteshaltung, die er ihr klarzumachen versuchte? Wenn dem so war, waren ihre Positionen ja doch nicht so weit voneinander entfernt wie gedacht. Denn dieser Gedanke war für sie vollkommen nachvollziehbar. Jeden Tag aufs Neue versuchen, die partnerschaftliche Bindung zu verstärken und sich voll und ganz auf den anderen einlassen und für ihn einstehen.

Darüber sollte ich mal nachdenken. Später, wenn sie ihre Freundin vor ihrer kaltherzigen Mutter beschützt hatte.

Bree musste feststellen, dass Ashley es ernst gemeint hatte. Lorraine lungerte am Eingang herum. Rita murmelte: »Manche Leute wissen nicht, wie man mit seinem eigenen Kind umgeht.« Und Ashley und Mikki scharwenzelten auch dauernd um sie herum.

Dabei war doch alles in Ordnung. Es gelang ihr nur nicht, ihren Freundinnen das klarzumachen. Nein.

Das war gelogen. Sie war völlig durch den Wind.

Natürlich war ihr bewusst, dass diese ganze Veranstaltung vollkommen bedeutungslos war. Ihrer Mutter waren sowohl ihre Buchhandlung als auch sie selbst total egal. Sie wollte ihren

Freundinnen nur sagen können, dass sie endlich hier gewesen war. Sie, Bree, spielte dabei nur eine untergeordnete Rolle.

In ihrem Innern empfand sie jedoch anders. Da war sie immer noch die Zwölfjährige, die sich allein gelassen und verstoßen fühlte von ihren Eltern, die sie nie gewollt hatten.

Vorne an der Tür begann Lorraine herumzuzappeln und riss die Arme hoch. Die Stunde der Wahrheit war da.

Bree wappnete sich für die Begegnung mit ihrer Mutter und ging zum Eingang. Schon rauschte Naomi herein, eine jüngere Frau an ihrer Seite. Das musste Idalina sein, ihre PR-Frau. Naomi reiste selbstverständlich nicht allein.

Bree wartete, bis ihre Mutter stehen geblieben war und sich umgesehen hatte. Ob ihr die hohen Decken aufgefallen waren, die liebevollen Auslagen, der verführerische Duft nach Schokolade und Orangen von den frischen Cupcakes? Bree empfand Stolz, wenn sie ihren Laden mit den Augen einer Fremden betrachtete. Sie und ihre Freundinnen machten ihre Sache gut.

Sie konzentrierte sich wieder auf ihre Mutter. Naomi sah aus wie immer – gut angezogen in maßgeschneiderter Hose und Seidenbluse. Sie hatte sich die Locken glätten und einen eleganten Bobschnitt verpassen lassen. Der Schmuck, den sie trug, war geschmackvoll, ihre Schuhe teuer und von zeitloser Eleganz. Alles an ihr strahlte Detailversessenheit aus und verriet, dass sie nichts anderes gelten ließ.

Ihre Mutter sah sich weiter im Laden um, und ihre Miene verdüsterte sich zusehends. Sie murmelte Idalina etwas zu, bevor sie schließlich sie entdeckte.

»Ach, gut. Da bist du ja.« Naomi kam auf sie zu. »Hallo, Bree. Das ist meine PR-Lady Idalina. Ihr habt telefoniert. Ist alles vorbereitet, oder braucht ihr noch etwas?«

Idalina sah irritiert zwischen ihr und ihrer Mutter hin und her. Bree wusste, wieso. Ein Wiedersehen von Mutter und Tochter nach über einem Jahr – und das war alles?

Sie hatte damit gerechnet, dass die Gefühlskälte ihrer Mutter ihr mehr ausmachen würde. Aber da war nichts. Die fehlende Nähe war ihr vertraut.

»Alles ist vorbereitet«, antwortete sie.

»Wollen wir's hoffen.«

Bree warf Ashley einen Blick zu. Lorraine war bereits auf dem Weg zu ihnen. Doch bevor eine der beiden einschreiten konnte, tauchte plötzlich Harding auf. Er zwinkerte ihr zu und lächelte ihre Mutter an.

»Mrs. Days, wie schön, Sie kennenzulernen«, sagte er. »Ich bin Harding Burton. Der Freund Ihrer Tochter.«

Freund? Bree unterdrückte ein Stöhnen. Ihr Privatleben ging ihre Mutter nun wirklich nichts an.

»Sagen Sie bitte Naomi. Und das ist Idalina, meine Pressefrau.« Naomi runzelte die Stirn. »Wieso kommen Sie mir so bekannt vor?«

»Ich bin auch Schriftsteller«, erklärte Harding. »Aber selbstverständlich spiele ich nicht in Ihrer Liga. Ich schreibe Non-Fiction.«

Ihre Mutter sah erfreut aus. »Natürlich! Die Memoiren. Hab ich gelesen. Eine sehr fesselnde Geschichte und gut geschrieben. Ihre Prosa könnte allerdings besser sein. Vielleicht sollten Sie ein paar Kurse für Poesie belegen, um Ihre Fertigkeiten in Metaphorik und Ausdruck zu schulen.«

Naomi wandte sich an sie: »Du hast also einen Freund.«

»Scheint so.«

»Interessant. Wollen wir dann mal?«

Bree führte sie durch die Stuhlreihen zum Podium. Ihre Mutter inspizierte alles und nickte schließlich.

»In Ordnung. Dann warte ich wohl jetzt in deinem Büro, bis es losgeht.«

»Ich zeige dir den Weg.«

Rasch zog Harding sie an sich. »Ich bin hier, falls du moralische Unterstützung brauchst.«

Hinter ihm stand Ashley, und Rita hatte damit begonnen, Bücherstapel neu zu ordnen. Bree entspannte sich etwas.

»Da musst du dich vermutlich hinten anstellen«, sagte sie neckisch.

»Wir machen uns eben alle Sorgen um dich.«

Bisher hatte sie so etwas nicht gekannt. Fühlte sich aber gut an, so ein Back-up.

Sie brachte ihre Mutter zu ihrem Büro. Erst als die Platz genommen hatte, fiel Bree auf, dass Idalina nicht mitgekommen war. Also würde sie sich wohl oder übel mit ihrer Mutter unterhalten müssen. »Wie war der Flug?«, erkundigte sie sich.

Ihre Mutter seufzte. »Und gleich fragst du vermutlich nach dem Wetter an der Ostküste. Ich hoffe, du hast nicht geplant, uns hinterher zum Essen auszuführen?«

Seit Lewis' Tod hatte sie ihre Mutter nicht mehr gesehen. Sie hatten also sehr lange nicht mehr miteinander gesprochen, und so lag es eigentlich nahe, dass es einiges zu erzählen gab. Aber dem war nicht so. Naomi interessierte sich nicht für das Leben ihrer Tochter und umgekehrt. Bis auf ihre biologische Verbindung gab es keine Gemeinsamkeit zwischen ihnen beiden. Sie waren zwei Fremde.

Bree erinnerte sich, dass sie sich früher so sehr gewünscht hatte, mit ihrer Mutter schöne Unterhaltungen führen zu können. Sie hatte als Kind immer wieder den Versuch gestartet, hatte – wie sie fand – interessante Dinge zur Sprache gebracht. Sie hatte sich mit manchen Themen intensiv beschäftigt, aber ihre Mutter ging kaum auf sie ein, ihr Interesse hielt sich sehr in Grenzen. Und nach kurzer Zeit entschuldigte sie sich jedes Mal, sie müsse zurück an die Arbeit, und dann war Bree wieder allein. Bis sie ins Internat kam, war sie sich verloren und klein vorgekommen.

Das war inzwischen jedoch anders. Sie hatte Freunde. Und laut Harding hatte sie angeblich sogar einen Partner. Die Spielchen, die ihre Mutter früher mit ihr gespielt hatte, waren irrelevant.

»Vergiss das Abendessen. Du kannst den frühen Flieger zurück nach New York nehmen.«

Ihre Mutter lächelte sie an. »Das wäre mir lieber.«

»Dann soll sich Idalina darum kümmern, dass eure Tickets umgebucht werden. Ich geh mal nachsehen, ob schon Publikum da ist. Ich hol dich, sobald es Zeit ist.«

Sie verließ ihr Büro und schloss die Tür hinter sich. Prompt stieß sie mit Harding zusammen.

»Hast du etwa gelauscht?«, flüsterte sie.

Er zog sie von der Tür weg. »Ich wollte nur wissen, wie's läuft.«

»Wie kitschig.« Sie lehnte sich an ihn. »Danke.«

»Wie geht's dir?«

»Ganz okay, wenn man bedenkt, dass es sich um meine Mutter handelt. Ich hatte damit gerechnet, dass ich mich schlimmer fühlen würde, aber irgendwie empfinde ich gar nichts. Das halte ich für eine positive Entwicklung.«

»Das glaube ich auch.« Er sah ihr in die Augen. »Sie ist emotional verkrüppelt. Dafür hast du dich sehr gut hingekriegt. Kannst stolz auf dich sein.«

»Du bist voreingenommen.«

»Nein, ich bin Schriftsteller. Ich bin ein guter Beobachter.«

»Aber nicht unfehlbar.«

»Nein. Aber unverschämt hübsch.«

Sie musste lachen. »Das stimmt. Und jetzt muss ich arbeiten.«

Bree zählte etwa dreißig Personen, die sich für die Signierstunde eingefunden hatten. Nicht gerade ein durchschlagender Erfolg, aber sie war ja auch keine typische Literatur-Buchhandlung. Damit es voller aussah, räumte sie mehrere Stuhlreihen weg. Um Punkt vierzehn Uhr klopfte sie an ihre Bürotür.

»Wir können anfangen.«

Ihre Mutter folgte ihr und wartete, bis Bree ihre kurze Anmoderation beendet hatte.

Naomi las aus ihrem neuesten Buch und beantwortete im Anschluss ein paar Fragen. Bree hatte nicht darauf hingewiesen, dass es sich bei dieser Autorin um ihre Mutter handelte, und auch ihre Mutter erwähnte diese Tatsache nicht. Erst als die Leute sich für die Autogramme anstellten, kam die Sprache darauf.

»Sie sind doch bestimmt sehr stolz auf Ihre Tochter«, sagte Rita, als sie Naomi ihr Buchexemplar hinhielt.

Naomi starrte sie überrascht an. »Wie kommen Sie denn darauf?«

Ashley machte sofort einen Schritt auf sie zu, aber Harding hielt sie zurück. Lorraine verzog gequält das Gesicht, Mikki stöhnte leise.

»Weil sie diese Buchhandlung sehr erfolgreich führt.«

»Wir reden von einem Einzelhandelsgeschäft.«

Rita nahm ihr das Buch wieder weg und klappte es zu. »Ich hab's mir anders überlegt. Ich möchte doch kein Autogramm.« Hocherhobenen Hauptes ging sie davon.

Bree sah ihr hinterher und fühlte sich in diesem Moment richtig geliebt. Und ihr fiel auf, dass ihre Freundinnen sie besorgt ansahen.

»Alles gut«, sagte sie und schob die nächste Kundin nach vorne. Und das stimmte tatsächlich.

Eine Stunde später war alles vorbei. Bree hatte ihre Mutter noch zehn Buchexemplare unterzeichnen lassen, so was kam immer gut an und war ein begehrtes Geschenk.

Naomi holte ihre Handtasche und sagte: »Also dann. Unser Flug geht in zwei Stunden. Wir fahren auf direktem Wege zum Flughafen.« Sie zögerte für einen Moment. »Danke für die Signierstunde. Ich weiß, dass meine Art Bücher nicht dein Ding sind.«

»Ich bin sicher, meine Kundinnen und Kunden haben sich über die Abwechslung gefreut.« Bree begleitete sie noch zur Tür. »Gute Reise.«

»Danke. Ich werde deinem Vater berichten, dass es dir gut geht.«

Sie sahen einander an. Bree fragte sich, ob ihre Mutter in diesem Augenblick auch ein bisschen traurig war oder ob ihr jegliche Gefühlsregung abging, wenn es nicht um ihren Ehemann oder eine ihrer Romanfiguren ging. Verstand ihre Mutter überhaupt, was zwischen ihnen verlorengegangen war?

Unwahrscheinlich, dachte Bree, als Idalina mit dem Mietwagen vorfuhr.

»Auf Wiedersehen, Mutter«, sagte sie.

»Bree.«

Ihre Mutter ging zum Auto, stieg ein, und dann fuhren sie davon.

Harding kam zu ihr und legte einen Arm um ihre Hüfte. »Alles okay?«

»Überwiegend schon. Ich bin jedenfalls nicht so fertig wie sonst. Vorhin habe ich gar nichts gefühlt, aber jetzt bin ich traurig. Wir hätten eine Familie sein können.«

»Möchtest du das denn immer noch?«

»Ich kann weder sie noch meinen Vater irgendwie erreichen. Die ersten zwölf Jahre meines Lebens habe ich mir krampfhaft Dinge ausgedacht, um herauszufinden, ob ich ihnen etwas bedeute. Aber sie haben nie Interesse an mir gehabt, und mittlerweile bin ich es leid, es zu versuchen. Ich wünsche ihnen alles Gute, doch ich muss nichts mit ihnen zu tun zu haben. Nicht mehr.«

Sie sah sich um. Rita war gerade einer Kundin behilflich, Mikki unterhielt sich mit Lorraine, Ashley gab eine Bestellung durch.

Ihre Freundinnen waren für sie da gewesen, hätten sich schützend vor sie geworfen, falls nötig. Genau wie Harding.

»Und? Schon für einen Poesie-Kurs angemeldet?«, fragte sie.

Er grinste. »Das mache ich vielleicht tatsächlich. Dann kann ich ein Sonett über dich verfassen.«

»Keinen schmutzigen Limerick?«

Er lachte. »Den hab ich schon. Willst du hören?«

»Ein andermal. Ich muss weitermachen.« Sie legte kurz eine Hand an seine Brust. »Danke, dass du da warst.«

Er sah ihr in die Augen. »Für dich immer, Bree. Jederzeit.«

22. Kapitel

Mikki saß im Schneidersitz auf Duanes Bett. Sein Schlafzimmer war riesig, samt Sonnenterrasse mit Blick auf den Pazifik. Die bodentiefe Dusche im angrenzenden Badezimmer war groß genug für zwei, es gab eine Wanne und ein Doppelwaschbecken. Eigentlich war sie kein Fan von Eigentumswohnungen, aber seine war wirklich schön. Und passend für einen alleinstehenden Mann, der beruflich viel unterwegs war.

Sie sah zu, wie er Socken und Unterwäsche in einen kleinen Rollkoffer packte.

»Wie machst du das nur?«, fragte sie. »Du bist doch vier Tage weg – wie kann man bloß mit so wenigen Sachen auskommen? Dieser winzige Koffer käme schon bei meinem Schminkzeug an seine Grenzen.«

Er lachte. »Dabei braucht eine wunderschöne Frau wie du eigentlich kein Make-up.«

»Schön wär's. Also sag, was ist das Geheimnis? Ein paar Hemden und die Hose, die du anhast – die natürlich nicht schmutzig werden darf.«

»Genau. Und falls doch, kaufe ich einfach eine neue. Aber die Konferenz dauert ja nur vier Tage.« Er hielt eine dunkle Hose hoch. »Für den Abend.«

»Schick.«

Duane musste für eine Wirtschaftskonferenz nach Madrid. Er hatte sie gefragt, ob sie mitkommen wollte. Aber als er ihr den Zeitplan gezeigt hatte, war ihr aufgefallen, dass er Zehn-Stunden-Tage haben würde, und sie hatten die Idee verworfen. Sie war schon mal in einer fremden Stadt allein unterwegs gewesen, und es hatte ihr wenig Freude bereitet.

»Noch mal danke, dass du mich mitnehmen wolltest«, sagte sie.

Er sah sie verständnislos an. »Ja klar. Wieso denn nicht? Ich werde dich vermissen. Im Oktober muss ich nach Japan. Dann versuche ich mal, den Ablauf früher zu bekommen, und wir können sehen, ob es sich für dich lohnt, mitzukommen. Ich hoffe wirklich sehr, dass der Zeitplan dort nicht ganz so eng gestrickt ist.«

Japan? Sein Ernst? »Das ist aber ein langer Flug.«

»Wir sind an der Westküste der USA – von hier ist alles ein langer Flug. Habt ihr eigentlich eure Weihnachtsbestellungen schon erledigt?«

»Krasser Themenwechsel.«

»Das Wintersemester beginnt in weniger als einem Monat. So kam ich drauf. Ich weiß, dass du frühzeitig bestellen musst, um die Nachfrage befriedigen zu können.«

Sie lachte. »Ja, Duane. Ich habe die Weihnachtsbestellungen schon durchgegeben. Möchtest du die Bestätigungen sehen?«

Er lächelte verschmitzt. »Ich sehe mir gern alles an, was du mir zeigen willst.«

Eine verlockende Einladung, aber leider waren sie etwas in Zeitnot. Sie deutete auf den Rollkoffer. »Weiterpacken.«

Jetzt war sein Rasierset dran. Er packte effizient – man sah, dass er Übung hatte. Auch die Kleinigkeiten waren mit einem Handgriff erledigt.

»Warst du eigentlich ein guter Ehemann?«, wollte sie wissen.

Er sah sie an. »Ich hab's zumindest versucht.« Seine Miene zeigte Bedauern. »Je mehr Erfahrung, desto besser gelang es mir, denke ich. Ich glaube, ich war auf jeden Fall ein guter Vater. Das war mein Ding. Manchmal wünsche ich mir, die Kinder würden mich immer noch so brauchen wie damals.«

»Ich hab auch Angst vor der nächsten Phase«, musste sie zugeben. »Sydney studiert ja schon, und Will hat nur noch ein Jahr bis zu seinem Abschluss. Es wird nicht leicht, sie ziehen zu lassen.«

Sie betrachtete die Bettdecke, dann sah sie Duane an. »Hast du mal darüber nachgedacht, ob du noch mehr Kinder möchtest?«

Seine schockiert aufgerissenen Augen waren Antwort genug.

Er sagte: »Ich vermisse meine Kinder zwar hin und wieder, aber noch mal das ganze Trara brauche ich nicht. Wie sieht's bei dir aus?«

»Nein, ich bin auch durch mit dem Thema. Hat mich nur einfach interessiert.« Sie hatte viel über die Frage nachgedacht, ausgelöst von Perrys schwachsinnigem Vorschlag.

Er packte zu Ende, anschließend setzte er sich neben sie. »Ich hab übrigens schon vor Jahren eine Vasektomie vornehmen lassen.«

»Ach ja? Und wieso dann noch Kondome?«

Er streichelte ihre Wange. »Um uns zu schützen. Vielleicht sollten wir uns irgendwann mal testen lassen, damit wir in Zukunft die Kondome weglassen können.« Er zögerte. »Oder zumindest ich sollte mich testen lassen. Earl dürfte kein großes Risiko darstellen.«

Ein Test auf Geschlechtskrankheiten. So lief das heutzutage. Das war neu für sie.

»Das bedeutet natürlich im Gegenzug, dass wir uns zu einer monogamen Beziehung bekennen«, fügte er hinzu. »Bist du bereit?«

Ach du Scheiße! »Ich finde das sehr süß von dir und bin vollkommen deiner Meinung. Aber ich bin auch etwas schockiert, dass du glaubst, ich könnte mit zwei Männern gleichzeitig was haben. So bin ich nicht. Nicht nur, weil ich es für moralisch falsch halte, sondern weil ich totalen Schiss davor hätte. Im Ernst. Das könnte ich nicht.«

Er lachte. »Alles klar. Ich war ebenfalls nie ein Fremdgeher. Dann lasse ich mich also testen und wir wagen den nächsten Schritt.«

Was auch immer das heißen sollte – sie würde es herausfinden. Ihre Beziehung mit Duane war schon jetzt viel mehr, als sie sich erhofft hatte.

»Ich bin dabei«, sagte sie. »Und danke, dass du ein Kondom benutzt.«

»Du liegst mir am Herzen.«

»Du mir auch.« Sie sah ihm in die Augen. »Es sind zwar nur vier Tage … Du wirst mir fehlen.«

»Geht mir genauso.« Er küsste sie. »In fünfundvierzig Minuten muss ich los zum Flughafen. Willst du mir vielleicht noch zeigen, wie sehr du mich vermissen wirst?«

Sie zog sofort ihr T-Shirt aus und öffnete ihren BH. »Ich dachte schon, du fragst nie.«

Bree beobachtete, wie Harding an Land paddelte. Es war ihm zweimal gelungen, auf dem Brett aufzustehen, und er hatte tatsächlich eine Welle gesurft. Aber sogar vom Strand aus sah sie, dass er fror und völlig erschöpft war.

Sie wäre am liebsten aufgesprungen und hätte ihn aus dem Wasser gezogen. Er mutete sich zu viel zu, und das Ergebnis war jedes Mal, dass er vor Erschöpfung zitterte. Der Gute war einfach kein Morgenmensch. Meistens ging er erst um zwei Uhr nachts ins Bett – wieso also tat er sich jede Woche diesen Surfkurs im Morgengrauen an?

Als er endlich aus dem Wasser getaumelt kam, hatte sie sich total in ihre Sorge hineingesteigert. Sie lief zu ihm, ging vor ihm in die Hocke, machte die Leine los und nahm ihm das Brett ab.

»Was ist los mit dir?«, fragte sie. »Wieso tust du dir das an? Surfen ist ganz klar nicht deine Sportart. Du bist knallblau vor Kälte und bibberst wie blöde. Setz dich besser wieder aufs Fahrrad. Du musst mir nichts beweisen. Wir sind so gut wie ein Paar. Verbuch es unter gewonnen, damit ich mich nicht jede Woche aufs Neue ängstigen muss.«

Er lächelte schwach. »Ich bin nicht deinetwegen hier. Surfen macht mir Spaß.«

»Du weißt genauso gut wie ich, dass das Schwachsinn ist.«

»Schlaf mit mir, und ich gebe das Surfen auf.«

Fast hätte sie ihm das Board an den Kopf geknallt. »Machst du Witze? Das soll ein Angebot sein? Wenn ich Sex mit dir habe, benimmst du dich nicht mehr wie ein Idiot?«

»Doch, schon. Aber anders.«

Männer sind so bescheuert, dachte Bree – und dennoch überwog ihre Sorge um ihn. Sie öffnete den Reißverschluss seines Neoprens und pellte ihn aus dem nassen Ding. Dann schnappte sie sich ein großes Handtuch und begann, ihn trocken zu rubbeln.

Beim letzten Mal hatte er noch protestiert und sich beschwert, er sei kein Baby mehr, aber heute ließ er sie gewähren. Sie rubbelte seine kräftigen Arm- und Rückenmuskeln ab. Um aus dem Anzug zu schlüpfen, musste er sich an sein Auto lehnen. Dabei klapperten ihm die Zähne, und seine Lippen waren blau.

»Du bist ein Wrack«, stellte sie fest.

»Aber sexy, oder? Perfekte Männer sind so langweilig.«

Sie sah ihn an. Egal, wie mies es ihm ging – für sie hatte er immer ein Lächeln übrig. Und er war jeden Donnerstag nur ihretwegen da. Das musste sie ihm zugutehalten. Harding war geduldig und sexy und witzig und aus irgendwelchen Gründen verliebt in sie.

»Kannst du überhaupt fahren?«, erkundigte sie sich.

»Hallo? Ich hab bereits mit sechzehn den Führerschein gemacht. Okay, in dem Jahr, in dem ich den Unfall hatte, musste ich pausieren, aber mittlerweile fahre ich schon seit Längerem wieder.«

»Sehr witzig. Ich meinte, kannst du *in diesem Zustand* überhaupt fahren?«

»Keine Sorge.« Er wurde ernst. »Fährst du jetzt nach Hause?«

»Ja. Und zwar mit dir.« Sie beobachtete seine Reaktion. Aus Verwirrung wurde Verwunderung.

Er sah sie fragend an. »Um was zu tun?«

Sie lud sein Surfbrett in den Kofferraum und ging zu ihrem Mini.

»Ich muss erst unter die Dusche und mir das Salzwasser abspülen. Sieh zu, dass das Wasser heiß ist, wenn ich bei dir ankomme.«

Harding raste mit knapp über der erlaubten Höchstgeschwindigkeit davon. Sie folgte ihm etwas langsamer. Es war trotz allem unnötig, sich blitzen zu lassen.

Sie parkte hinter seinem Wagen auf der Einfahrt und folgte ihm ins Haus. Nachdem sie die Eingangstür geschlossen hatte, schlüpfte sie aus den Sandalen und ging mit ihrer Tasche nach oben.

Sie hatte es nicht unbedingt geplant, aber durchaus mit dem Gedanken gespielt. Frische Unterwäsche hatte sie dabei, Jeans und T-Shirt – und eine Packung Kondome. Manchmal vergaßen die Männer das Wichtigste.

Auf dem Weg ins Schlafzimmer hörte sie im Badezimmer schon Wasser laufen. Sie nahm ihr Shampoo aus der Tasche, zog ihr Strandkleid und ihr Bikinioberteil aus und hängte alles über den Schreibtischstuhl. Dann betrat sie das Bad.

Harding stand in Boardshorts neben der dampfenden Dusche. Seine Erektion zeichnete sich deutlich ab. Er zitterte immer noch, wirkte aber nicht mehr so durchgefroren wie eben.

Wenn sie jetzt mit ihm schlief, war die Grenze überschritten. Und dann geschah das, was sie eigentlich zu vermeiden versucht hatte. Harding war für sie auf eine Weise gefährlich, wie es noch kein Mann je gewesen war – jedenfalls keiner seit Lewis. Ihr verstorbener Mann hatte dafür gesorgt, dass sie niemals mehr einem männlichen Wesen vertrauen wollte. Und doch war sie hier. Weil sie an Harding glaubte.

Eine glitschige Straße zur Hölle, dachte sie.

»Ich muss mir kurz die Haare waschen«, sagte sie. »Nicht sonderlich sexy, ich weiß, und es dauert ein bisschen. Danach bin ich bereit zu allem, was du gern mit mir tun möchtest.« Sie küsste ihn auf den Mund. »Und dann bin ich dran. Falls du hinterher noch dazu in der Lage bist, können wir zusammen brunchen.«

Ihm versagte kurz die Stimme. »Du willst mir Brunch machen? Kannst du kochen?«

Sie lachte. »Wenn die Umstände es zulassen.«

Als sie die Duschkabine öffnete, warf sie ihm rasch einen Blick zu. »Du darfst gerne zugucken. Nur lass mich in Ruhe meine Haare waschen.«

Schon hatte er seine Hose ausgezogen. Die Dusche war ziemlich groß und der Wasserdruck gut. Bree weichte ihre Haare ein und wusch mit ihrem sündhaft teuren Shampoo das Kokosöl heraus, das sie sich vor dem Surfen einmassiert hatte.

Ihr war bewusst, dass Harding ihr zusah. Er betrachtete ihren Körper – und hielt an den richtigen Stellen inne. Natürlich riskierte auch sie einen Blick. Seine breiten Schultern, der flache Bauch, die enorme Erektion. Gleich würden sie übereinander herfallen. Der Gedanke machte sie heiß. Sie spürte, wie sie feucht wurde und ihre Brüste sich anspannten.

Sie ahnte, dass der Sex mit ihm himmlisch sein würde. Harding würde es sich nicht nehmen lassen, sie zu befriedigen, und umgekehrt war sie seine willfährige Gespielin für alles, was er sich wünschte.

Sie spülte das Shampoo aus. Kaum war sie fertig damit, spürte sie seine Hand auf ihrem Schenkel. Harding kniete auf den Kacheln, und kurz darauf berührte er mit seiner Zunge ihren Kitzler. Instinktiv spreizte sie die Beine.

Sie war ausgehungert. Seit Monaten hatte sie keinen Sex mehr gehabt, und anders als Mikki besaß sie keinen Earl. Wenn sie geil war, brauchte sie echten Sex. Als sie Harding kennengelernt hatte, war sie von ihrem üblichen Spielchen, sich einen Mann für eine oder zwei Nächte zu suchen, abgerückt. Daher war sie jetzt geil und mehr als bereit.

»Mach nicht so lang rum«, sagte sie. »Leg mal richtig los.«

Und er legte los. Sie keuchte vor Lust. Zu seiner Zunge gesellten sich zwei Finger, die er ihr tief reinschob und wieder rauszog. Zunge und Finger sorgten dafür, dass Bree sich an den Wänden der Dusche festhalten musste, weil ihre Beine zu zittern begannen.

Harding liebte sie mit seiner Zunge, saugte an ihr, reizte sie und saugte erneut. Er fand ihren G-Punkt und bearbeitete ihn gekonnt, passte das Tempo der Bewegung seinem Zungenschlag an, bis sie laut aufschrie und einen so unerwartet intensiven Höhepunkt erlebte, dass sie fast umgefallen wäre.

Sie erschauerte und flehte ihn an, nicht aufzuhören. Ihr Orgasmus nahm gar kein Ende, ihre Muskeln spannten sich um seine Finger an, ihre Klitoris reagierte und reagierte – bis sie nicht mehr konnte und langsam in die Realität zurückkehrte.

Harding erhob sich und sah sie an. Er lächelte zufrieden. »Ich mag es, wenn du dir die Haare wäschst.«

Bree schwieg. Es gehörte dazu, dass beide Partner kamen. Natürlich liebte sie es, einen Orgasmus zu haben. Nur waren ihre Orgasmen normalerweise nicht so … explosiv und erweckten bei ihr nicht diese Unersättlichkeit.

Sie drehte sich um, sodass jetzt Harding unter dem Wasserstrahl stand. Kurz überlegte sie, ob sie es ihm gleichtun und auf die Knie gehen sollte, aber sie war zu egoistisch dafür. Sie wollte ihn in sich spüren. Ihm einen blasen konnte sie immer noch.

Das Wasser ergoss sich über ihn, und sie presste sich an ihn und legte seine Hände auf ihre Brüste. Sie küssten sich. Ihre Zungen verschmolzen. Er begann, ihre Brustwarzen zu kneten und zu kneifen, so, wie es ihr gefiel. Gerade so fest, dass sie keuchte, aber nicht so fest, dass es wehtat.

Sein gewaltiger Ständer drückte gegen ihren Bauch. Sie hielt es nicht mehr aus und schob ihn sich rein.

»Ich will dich«, flüsterte sie.

Harding sah sie an. Sein lüsterner Blick machte sie scharf. Sie drehte das Wasser ab und stieg aus der Dusche, ihn im Schlepptau. Auf dem Weg ins Schlafzimmer griff sie zwei Handtücher.

Eins wickelte sie um ihre Haare, das andere legte sie auf die Bettdecke und sich selbst darauf.

Harding blieb kurz neben dem Nachttisch stehen und fingerte ein Kondom heraus, das er sich überstreifte. Im nächsten Moment kniete er zwischen ihren gespreizten Schenkeln. Sie schlang die Arme um ihn und küsste ihn. Mit ihren Lippen auf seinen murmelte sie: »Besorg's mir.«

Er stieß in sie, schön hart. Er war weit in ihr – zog sich zurück und drang erneut in sie. Bree stöhnte, legte die Beine um seine Lenden und zog ihn tief in sich hinein.

Harding stützte sich ab und sah ihr in die Augen. »Komm für mich«, sagte er. »Ich will sehen, wie du kommst.«

Mit seinen rhythmischen Bewegungen brachte er sie sehr nahe an einen Orgasmus, doch Bree war sich nicht sicher, ob sie beobachtet werden wollte. Beim Höhepunkt beobachtet zu werden, war das Maximum an Intimität. Der Höhepunkt der Lust ließ ihr keinen Raum, sich zu verstecken. Normalerweise ließ sie das nicht zu, aber bei Harding konnte sie nicht Nein sagen.

Er erhöhte das Tempo, brachte sie an den Rand des Wahnsinns. Ihn zu spüren, seinen großen Schwanz, seine Berührung – Bree kam. Sie krallte sich an ihn und erbebte so stark, dass sie fast aus dem Bett gefallen wäre.

»Augen auf.«

Sie gehorchte und erlebte ihren Orgasmus mit geöffneten Augen und rief seinen Namen, während er sie beobachtete. Sie verging schier vor Lust und sank atemlos ins Kissen zurück. Noch einmal stieß er fest in sie hinein und kam dann in ihr. Seine haselnussbraunen Augen verdunkelten sich, als er sich ihrem Körper hingab.

Nachdem sie beide wieder zu Atem gekommen waren, streifte Harding das Kondom ab, rollte sich auf den Rücken und fing an zu lachen.

»Ich glaub, ich kann nicht mehr laufen«, sagte er. »Meine Beine zittern immer noch vom Surfen heute Morgen – und vermutlich auch von dem, was wir gerade getan haben.«

Bree stand auf und deckte ihn zu. »Schlaf ein bisschen. Ich weck dich in einer Stunde.«

Er nahm ihre Hand. »Du fährst doch nicht, oder?«

»Nein.« Sie lächelte. »Ich hab doch versprochen, dass ich dir Brunch mache.«

»Ich will nicht, dass du weggehst.«

»Ich bleib ja da.«

Bree holte ihre Sachen und ging nach unten. Als sie angezogen war, machte sie erst mal Kaffee. Sie schenkte sich einen Becher ein, setzte sich auf die Terrasse und genoss für einen Augenblick die wärmende Morgensonne.

Es ging ihr gut. Dass sie mit Harding Sex haben würde, war unausweichlich gewesen. Und nun wunderte sie sich, warum sie im Vorfeld so ein Ding daraus gemacht hatte. Sie fühlte sich zum Positiven verwandelt. Sie hatte mit jemandem geschlafen, an dem ihr etwas lag. Sie waren jetzt ein richtiges Paar. Und der Gedanke war nicht etwa unerträglich, sondern absolut okay. Wirklich.

Warum nur fühlte sie sich dann so mies? In ihrem Körper brummten die angenehmen Hormone, und doch kroch schon ein erstes Gefühl von Unbehagen in ihr hoch. So, wie man wusste, dass ein Sturm aufzog, auch wenn gerade noch die Sonne schien und der Himmel blauer als blau war. Wie schlimm würde der Sturm werden?

Sie trank einen Schluck Kaffee und versuchte, sich zu entspannen, aber sie konnte nichts gegen die Anspannung tun, die nach und nach von ihr Besitz ergriff. Ihr erster Impuls war, die Flucht zu ergreifen. Sie könnte ihm vielleicht einen Zettel schreiben und dann einfach ins Auto steigen und abhauen. Wieso nicht? Andererseits – wohin sollte sie flüchten? Und was würde sie tun, wenn sie dort angekommen war?

Bree ging zurück in die Küche. Manuskriptseiten lagen, nach Kapiteln geordnet, auf dem Küchentresen, viele waren mit handschriftlichen Notizen übersät. Sie nahm ein beliebiges Kapitel zur Hand und begann zu lesen.

Nach zweiunddreißig gemeinsamen Ehejahren verlor Maggie Trujillo ihren Ehemann. Zum ersten Mal in ihrem Erwachsenenleben war sie allein und musste lernen, sich zurechtzufinden in dem, was sie als ihr »krasses neues Normal« bezeichnet.

Maggie erklärt: »Schlimmer als die Traurigkeit ist die Hoffnungslosigkeit. Im ersten Jahr nach seinem Tod war ich traurig, und dann verlor ich die Hoffnung. Wozu noch weiterleben? Ich weiß, es hört sich verrückt an, aber ich kam aus diesem tiefen, dunklen Loch nur heraus, weil meine Nachbarin mich bat, auf ihre kleine Katze aufzupassen.

Sie war ungefähr vier Monate alt, ein temperamentvolles, dürres Wesen, das mich überhaupt nicht mochte. Wenn ich versuchte, sie zu füttern, fauchte sie mich an und hieb mir ihre Krallen in die Hand. Meine Nachbarin war zwei Wochen im Urlaub - und mir blieb nichts anderes übrig, als dortzubleiben. Also hab ich mich im Internet schlaugemacht, wie ich es am besten anstelle, dass die Katze mich mag. Wie mir klar wurde, hatte sie einfach Angst und war gar nicht böse. Ich versuchte es dann mit einer anderen Methode, bewegte mich langsamer, ließ die Kleine zu mir kommen, statt forsch auf sie zuzugehen.

Als es mir zum ersten Mal gelang, sie zu streicheln, und sie zu schnurren anfing, weinte ich. Albern, ich weiß, aber ihr Schnurren berührte mich so sehr. Dann rollte sie sich auf meinem Schoß zusammen und schlief ein, und ich konnte nicht mehr aufhören zu weinen.

Ich weinte um alles, was ich verloren hatte. Nicht nur um Rob, sondern auch um die verlorene Zeit mit meinen Kindern und Enkelkindern, für die ich in der Phase meiner Trauer nicht da war. Auch sie haben unter dem Tod meines Mannes gelitten, das weiß ich, aber ich habe es nicht geschafft, mich mit ihnen auseinanderzusetzen.«

Trauer ist ein natürlicher Vorgang, aber sie darf nicht überhandnehmen. Denn sie sorgt dafür, dass man die Hoffnung verliert und zumacht, niemanden mehr in sein Leben lässt. Die Wände, die man um sich herum errichtet, werden höher – das habe ich auch in meiner Trauergruppe gesehen. Einige schaffen es, ihre Traurigkeit mit der Zeit hinter sich zu lassen, und andere bleiben für immer in ihrem Schmerz verhaftet.

Bree legte die Seiten weg. Interessant, aber das hatte zum Glück nichts mit ihr zu tun.

»Hey.«

Harding betrat die Küche. Er trug Jeans, und sein Haar war verwuschelt. Er sah verschlafen und verführerisch sexy aus. Sie wollte sich ihm sofort in die Arme werfen. Stattdessen tippte sie mit dem Finger auf das Manuskript.

»Ich bin nicht in Trauer gefangen.«

Er goss sich einen Kaffee ein. »Okay.«

»Ich mein's ernst. Ich bin nicht traurig. Über das Thema brauchen wir zwei also nicht zu reden.«

Harding sah sie an und lehnte sich an den Küchentresen. »Du hast recht, das machen wir nicht. Ich hätte dich nie darum bitten sollen. Ich entschuldige mich.«

»Gut. Denn ich empfinde einfach keine Trauer. Kein bisschen.«

»Jeder Mensch trauert um etwas, Bree. Manchmal um große, manchmal um kleine Dinge. Das ist so.«

»Nicht bei mir. Du glaubst also, ich war traurig, als Lewis gestorben ist?« Sie warf ihm einen feurigen Blick zu. »War ich nicht. Ich habe ihn am Ende gehasst und verachtet. Er hat mich aufs Übelste verarscht, und dafür hasste ich ihn.«

»Weil er von seiner Krebserkrankung wusste und nur deshalb zu dir zurückwollte«, sagte Harding leise und sah sie dabei an.

»Ganz genau. Plötzlich stand er vor mir und behauptete, er hätte einen schrecklichen Fehler gemacht. Er würde mich immer noch lieben.« Sie erinnerte sich daran, was sie in diesem Moment empfunden hatte. »Ich war so dankbar. Dieser Idiot. Und ich glaubte ihm. Zum ersten Mal nach langer Zeit war ich wieder glücklich. Bis ich von seiner erneuten Diagnose erfuhr.«

»Verständlich.«

»Es war so unfair. Wir hatten endlich wieder zueinandergefunden, und dann das. Ich begleitete ihn zu jedem Arzttermin und zu jeder Behandlung. Ich kochte ihm die Gerichte, die er noch vertrug, ich wischte seine Kotze weg. Ich habe ihn geliebt.«

Mit jeder Faser ihres Körpers. Mit Herz und Seele, mit Haut und Haaren. Bis sie kapiert hatte, dass er nur so tat, als ob er sie liebte. Seine ehrliche Liebe zu ihr war nicht mehr da.

Sie hatte sich damals eingeredet, dass sie nur darauf aus war, ein Haar in der Suppe zu finden. Doch das merkwürdige Gefühl ließ sich nicht abschütteln, und einige Monate später fand sie dann heraus, was der wahre Grund für seine Rückkehr zu ihr war.

»Er wollte einfach nicht allein sterben«, sagte sie schließlich. »Das war der einzige Grund. Er wusste, dass ich ihn immer noch liebte und so sehr auf eine zweite Chance hoffte. Und er wusste genau, dass ich ihn nie verlassen würde – selbst wenn ich die Wahrheit erfahren sollte. Und er hatte recht damit. Ich blieb bis zum Ende bei ihm, hasste ihn und sah ihm beim Sterben zu. Und trotzdem habe ich es nicht über mich gebracht, diesen Mistkerl einfach zu verlassen.«

Sie sah Harding an. »Ich war nicht traurig, als er starb. Ich habe mir allerdings geschworen, dass ich nie wieder jemanden lieben, mich nie wieder so sehr auf jemanden einlassen würde. Dass ich nie wieder mein Herz aufs Spiel setzen werde. Und du bildest da keine Ausnahme, Harding. Wenn du mit mir vögeln willst, gerne. Aber wenn du mehr willst, stehe ich nicht zur Verfügung.«

Harding sah sie eher traurig als überrascht an. Sie hatte damit gerechnet, dass er laut werden würde, sie beschuldigen würde, ihm etwas vorgemacht zu haben. Dass sie verkorkst war und alles andere als liebenswert, völlig anders, als er gedacht hatte. Ganz klar würde da noch was kommen.

Er stellte seinen Kaffee ab. »Mich hat deine Stärke von Anfang an beeindruckt. In deinem Leben hast du viel Schmerz erlebt und viele Enttäuschungen. Und trotzdem bist du da, wo du bist. Tough. Lebendig. Weißt du, nach meinem Unfall lag ein langer Weg bis zur Genesung vor mir. Das war eine schwere Zeit, aber ich war nie allein. Meine Familie war für mich da. Die Ärzte und das Pflegepersonal waren für mich da. Es gab sogar Fremde, die für mich gebetet haben, und Kinder, die mir Genesungskarten geschickt haben. Und immer, wenn ich aufgeben wollte und keine Kraft mehr hatte, war jemand da, der mir wieder Mut gemacht hat. Ich war nie auf mich allein gestellt.«

Er überlegte einen Moment. »Bei dir war es völlig anders. Du warst nicht prominent, hattest keine Fans. Deine Familie hat dich anscheinend nicht geliebt. Im Gegensatz zu mir hattest du keine Unterstützung. Und trotzdem hast du nicht aufgegeben. Du hast beschlossen, dass es im Internat besser sein würde für dich, also bist du aufs Internat gegangen. Du hast dich nicht unterkriegen lassen. Du hast Resilienz entwickelt, bist furchtlos geworden – und ich bin dankbar, dich in meinem Leben zu haben.«

»Dankbar«, wiederholte sie. »Das ist doch Unsinn. Ich bin niemand, den man bewundern muss. Mehr als Sex bekommst du von mir nicht. Du wünschst dir vermutlich ein normales Leben. Man verliebt sich, heiratet und bekommt Kinder. Du wünschst dir, dass ich dich liebe, und willst Weihnachten schön kuschelig im Kreise der Familie verbringen.«

»Und du wünschst dir dasselbe.«

»Ja, das stimmt. Aber ich kann es trotzdem nicht. Ich kann dir nicht vertrauen, und vor allem kann ich mir selbst nicht trauen. Ich werde nie mehr mein Herz verschenken. Nie mehr. Durch das, was Lewis mir angetan hat, wäre ich fast gestorben. Ich würde es nicht überleben, wenn mir das Gleiche noch mal passierte.«

»So etwas würde ich dir nie antun.«

»Das sagst du jetzt«, widersprach sie scharf. »Aber du möchtest ja, dass ich dir auch in Zukunft vertraue. Du verlangst von mir, dass ich mein Herz auf dich setze – und das mache ich nicht. Ich kann das nicht noch mal. Das weiß ich, und ich habe gelernt, mich davor zu schützen. Ich will in der Lage sein, einfach wegzugehen, in dem Wissen, dass ich keinen Fehler gemacht habe. Du wirst niemals diesen Stellenwert für mich einnehmen, weil ich es nicht zulasse. Du bist und bleibst mir egal. Und daran wird sich nichts ändern.«

Sein Gesicht fiel in sich zusammen. Er sah aus, als hätte sie ihn geohrfeigt. Ihn so zu sehen, schmerzte sie unfassbar.

»Ich weiß ja, dass du Angst hast«, sagte er. »Damit kann ich umgehen. Aber was mir nicht klar war, ist, dass du einfach kein Interesse an mir hast.« Er sah zu Boden. »Du bist gar nicht in mich verliebt.«

»Nein.«

»Und es ist dir auch egal, ob ich dich liebe.«

»Es ist mir unangenehm, wenn du mir das sagst.«

»Und das eben? War das einfach nur Sex?«

»Guter Sex«, gab sie zu. »Aber emotional bedeutungslos.«

Lügen, nichts als Lügen, dachte sie. Doch sie fühlte sich sicherer so. Sie konnte ihre wahren Gefühle nicht offenbaren, sich nicht preisgeben. Es war besser so, denn das schützte sie vor Verletzung. Es war ihre Sache, auf sich selbst aufzupassen, und nur ihre.

»Ich hab es dir gesagt«, flüsterte sie. »Ich habe dir von Anfang an gesagt, dass ich dir wehtun würde.« *Ich weiß, dass ich es nicht wert bin.*

Da überraschte er sie, indem er um den Küchentresen herumkam und sie in die Arme nahm. Einen Moment lang ließ sie es zu, denn es fühlte sich gut an, in seinen Armen zu liegen.

»Gleich wirst du vor mir fliehen«, flüsterte er in ihr Haar. »Wahrscheinlich ist es besser so, denn ich bin kurz davor loszuheulen, und ich möchte nicht, dass du das siehst. Ich glaube aber, dass du dich selbst und mich belügst, keine Ahnung. Ich liebe dich aus vollem Herzen, und ich meine es ernst, Bree. Du hast recht – ich wünsche mir das ganze Paket. Ich möchte dich heiraten, Kinder mit dir haben und die Feiertage mit dir bei meiner Familie verbringen. Und ich möchte einen Hund. Einen Hund wünsche ich mir wirklich sehr.«

Er küsste sie. »Deswegen sage ich dir, sieh zu, dass du das irgendwie hinkriegst, und dann komm zu mir zurück. Denn es wäre dumm von dir, mich gehen zu lassen. Männer wie mich findet man selten. Das sage ich nicht, weil ich so toll bin, sondern weil wir beide ein tolles Team sind. Ich liebe dich. Ich lege mein Leben in deine Hände. Und wenn du mich wegschickst, wirst du dir das niemals verzeihen.« Er deutete mit dem Kopf zur Decke. »Und was wir gerade da oben erlebt haben, war nicht einfach nur Sex. Das war kein notgeiles Vögeln. Wir haben uns geliebt. Du mich und ich dich. Und es war alles andere als bedeutungslos.«

Tränen brannten in ihren Augen. Bree drehte sich weg, bevor er sie sehen konnte. Dann rannte sie aus der Küche und nach oben, wo sie ihre Tasche schnappte.

Harding blieb in der Küche, unternahm keinen Versuch, sie aufzuhalten.

Bree rannte zu ihrem Wagen und raste davon. Und redete sich ein, sie sei gerade noch mal davongekommen, und verschloss die Augen vor der Tatsache, dass sie sich eben das Beste in ihrem Leben kaputt gemacht hatte.

23. Kapitel

»Das ergibt keinen Sinn«, sagte Ashley und versuchte zu verstehen, was ihr Bruder ihr gerade erzählt hatte. »Ihr zwei gehört zusammen. Wie konntest du sie gehen lassen?«

»Sie hat Angst, und das ist ihre Art, auf ihre Angst zu reagieren.« Harding nahm sein Bier. »Ich versuche zumindest, es mir so zu erklären. Hoffentlich habe ich recht, denn sonst wird es ein langer, kalter Winter.«

Ashley hatte spontan die Idee gehabt, bei Harding vorbeizufahren. Sie war extra bei seinem Lieblingsdeli gewesen und hatte Sandwiches geholt. Doch als sie bei ihm ankam, sah sie, dass er vollkommen fertig war. Er stand mit hängenden Schultern vor ihr, in seinen Augen las sie schmerzhafte Enttäuschung.

Dann erzählte er ihr, was vorgefallen war. Mit allem hatte sie gerechnet, nur nicht damit.

»Bree ist seit ein paar Tagen nicht mehr im Laden gewesen«, berichtete sie ihm. »Angeblich Magen-Darm.«

»Ja. Garantiert.«

Ashley konnte es nicht fassen. »Aber sie mag dich, das weiß ich. Und du liebst sie.«

Sie saßen auf der Terrasse, die Sandwiches lagen unberührt auf dem Tisch.

»Du musst um sie kämpfen«, fand Ashley, nur um sich sofort zu korrigieren. »Das klingt bescheuert, entschuldige. Ich weiß nicht, was ich da rede. Ich bin wohl zu schockiert.«

»Ich auch. Obwohl ich es eigentlich hätte wissen müssen. Ich wusste, dass sie Probleme damit hat, anderen Menschen zu vertrauen. Es war also von Anfang an ein Glücksspiel.«

Ashley drückte mitfühlend seine Hand. »Ich bin für dich da. Sag mir, wie ich dir helfen kann. Wenn ich sie hassen soll, mach ich das.«

Harding schluckte. »Nein, das sollst du nicht. Sie braucht jetzt ihre Freundinnen. Du musst für sie da sein.«

Ashley nahm ihre Hand weg. »Was ist los? Diese Schlampe ist mir doch nicht mehr wert als mein Bruder. Sie hat dir wehgetan. Apropos … Hatte ich dich nicht davor gewarnt, dass das passieren würde?«

Er sah sie an. »Lass sie in Ruhe. Sie kann ja nichts dafür.«

»Schwachsinn. Natürlich kann sie das.«

»Sie hat mich x-mal gewarnt, dass Beziehungen nichts für sie sind und dass sie nicht auf der Suche nach der Liebe ist. Ich bin derjenige, den die Schuld trifft, weil ich sie in die Enge getrieben habe.«

»Wie kannst du in deinem Zustand so rational sein? Sie hat dir wehgetan, es geht dir nicht gut.«

Er zuckte mit den Schultern. »Das Risiko musste ich eingehen.« Er stellte sein Bier ab. »Ich vermisse sie jede Sekunde. Ich war öfter verliebt, aber nie so sehr wie in Bree. Ich dachte ja schon, irgendwas stimmt nicht mit mir. Wieso finde ich bloß nicht die Richtige? Liegt es daran, dass ich berühmt bin? Hat mich der Unfall zu einem emotionalen Krüppel gemacht?«

»Mit dir ist alles in bester Ordnung, Harding. Du hast bisher eben noch nicht die richtige Frau getroffen.«

Er starrte den Tisch an. »Aber jetzt habe ich sie getroffen. Sie ist unglaublich, und ich liebe sie. Ich möchte sie heiraten und den Rest meines Lebens mit ihr verbringen – als der glücklichste Mann auf diesem Planeten. Nur wird das leider nie passieren – denn sie wird nicht bereit sein, mir diese Chance zu gewähren. Ich kann es nicht erzwingen. Sonst riskiere ich es, sie für immer zu verlieren.« Er nahm sein Bier. »Das ist echt ein Riesending.«

Ich möchte sie heiraten und den Rest meines Lebens mit ihr verbringen – als der glücklichste Mann auf diesem Planeten.

Die Worte hallten in Ashleys Kopf nach. Harding liebte Bree. Er wollte sie heiraten. Denn das war es, was man in einem solchen Fall normalerweise tat.

Sie zwang sich, sich wieder auf ihren Bruder zu konzentrieren. »Also, wie kann ich helfen?«

»Du hast Sandwiches mitgebracht, das reicht mir.«

»Wirst du denn was essen?«

»Vielleicht später.«

Sie stellte die Sandwiches in den Kühlschrank und holte frisches Obst und Milch heraus. Im Küchenschrank fand sie Proteinpulver und bereitete einen Proteinshake mit Beeren und Schokolade zu und starrte Harding so lange an, bis er ihn ausgetrunken hatte. Sie saßen noch eine Stunde zusammen, bis er sie schließlich rauswarf.

»Du hast dein eigenes Leben«, sagte er zum Abschied. An der Tür umarmte er sie. »Ich krieg das schon hin.«

»Du siehst beschissen aus.«

Er lachte schwach. »Vielen Dank. Das wollte ich hören.«

Wie sehr wünschte sie sich, sie könnte etwas für ihn tun. »Ich sag Mom und Dad nichts. Vielleicht kommt ja alles wieder ins Lot.«

»Ja, vielleicht.« Er klang nicht gerade hoffnungsvoll. »Bitte gib Bree nicht die Schuld. Sie kann wirklich nichts dafür.«

»Ich werde sie nicht direkt anschreien, aber ich werde auch nicht mehr so nett zu ihr sein wie vorher. Das brauche ich jetzt.«

Sie fuhr mit schwerem Herzen zurück zum Laden. Sie machte sich Sorgen um Harding. Sie hatte sich so sehr gewünscht, dass es mit ihrem Bruder und Bree klappen würde. Doch leider konnte sich ihre Freundin anscheinend nicht ändern. Selbst die Liebe eines tollen Mannes half nicht.

Die Liebe verändert die Menschen nicht, dachte sie, als sie ihren Wagen parkte. Die Liebe ist kein Allheilmittel. Auch wenn die Liebe dafür sorgen konnte, dass ein Mensch das Beste aus sich herausholen will – seine Prinzipien zu ändern für die Liebe, stand offensichtlich auf einem anderen Blatt.

Ashley war sich ziemlich sicher, dass Bree in ihren Bruder verliebt war, aber ihre Angst war stärker. Und ganz egal, wie sehr Seth sie liebte, und egal, wie viele Bücher, Artikel und sonst was er zum Thema las – er würde sie niemals heiraten.

Diese Erkenntnis verfolgte sie den gesamten Nachmittag bei allem, was sie machte. Dazu kam, dass sie wegen Harding unbeschreiblich traurig war.

Kurz nach achtzehn Uhr fuhr sie zu OAR, um dort einen Workshop zum Thema Berufswahl durchzuführen. Zum Glück hatte sie das schon mal gemacht und konnte auf ihre Notizen zurückgreifen.

Ungefähr ein Dutzend Jugendliche waren gekommen. Sie erklärte ihnen die Unterschiede zwischen College und Handelsschule und redete über die Finanzierung der Ausbildung. Sie wies darauf hin, dass sich der Berufswunsch auch noch mal ändern konnte und dies völlig legitim sei.

»Wie war das bei dir? Wolltest du schon immer Konditorin werden?«, fragte ein Mädchen namens Tyra.

»Oh nein. Ich habe selbst alles über den Haufen geworfen. Ursprünglich habe ich eine Ausbildung zur Physiotherapeutin gemacht, weil mein Bruder damals diesen schweren Unfall hatte. Tatsächlich bin ich dann aber im Labor gelandet, und die Arbeit dort hat mir überhaupt keinen Spaß gemacht. Ich war dreiundzwanzig und hatte einen Job, den ich ätzend fand.«

»Hattest du keine Angst, was anderes zu machen?«, wollte das Mädchen wissen.

»Schon«, gab Ashley zu. »Und ich schämte mich auch. Denn ich hatte so viel Zeit und Mühe in meine Ausbildung gesteckt – nur um am Ende festzustellen, dass dieser Beruf nichts für mich ist. Aber Kochen und Backen habe ich immer geliebt, also beschloss ich, eine weitere Ausbildung zu machen. Ich sparte ein

Jahr lang, zog in eine WG und nahm einen Ausbildungskredit auf. Schon vor meinem Abschluss verkaufte ich meine selbst gebackenen Muffins und Cupcakes in einem Supermarkt am Santa Monica Pier. Und mittlerweile führe ich mein eigenes Geschäft ganz in der Nähe vom Strand.«

Die Teenager beäugten das Tablett mit Cupcakes, das sie mitgebracht hatte.

»Ja«, sagte sie lachend. »Ihr dürft ruhig zugreifen. Und wenn es Fragen gibt – nur zu.«

Eine weitere halbe Stunde verging, in der sie die Jugendlichen ausführlich darauf hinwies, dass OAR ihnen finanzielle Unterstützung anbieten konnte. Gegen zwanzig Uhr machte sie Schluss. Sie packte zusammen und wollte gerade gehen, als sie auf dem Weg zum Ausgang an Daves Büro vorbeikam. Obwohl es schon so spät war, saß er immer noch am Computer.

»Mal wieder ein Vierzehn-Stunden-Tag?«, erkundigte sie sich.

Er sah auf und lächelte sie an. »Ich erledige nur ein paar E-Mails. Wie lief der Workshop?«

»Gut. Ich weise die Kids immer gerne auf die Finanzierungsmöglichkeiten durch OAR hin.«

»Deshalb sind wir hier.« Er bedeutete ihr, Platz zu nehmen. »Danke für deinen unermüdlichen Einsatz als Freiwillige.«

»Das mach ich gern.«

Sie dachte wieder an Harding, aber sie wusste nicht, ob sein Freund und Geschäftspartner auf dem Laufenden war. Deswegen schnitt sie das Thema gar nicht erst an. Doch Seth und seine Ansichten zum Thema Ehe waren noch so ein Ding, das sie belastete.

»Sag mal – willst du eigentlich eines Tages heiraten?«, fragte sie Dave.

»Ups.« Dave sah sie überrascht an. »Wie kommst du denn jetzt darauf? Klar können wir heiraten. Und – falls du dir die Frage schon gestellt haben solltest – untenrum ist bei mir alles in Ordnung.«

Sie lachte. »Ich fass es nicht, dass du das gerade gesagt hast.«

»Reden wir jetzt darüber, dass ich deinen Heiratsantrag angenommen habe, oder meinst du das mit untenrum?«

»Das war kein Heiratsantrag. Ich wollte nur wissen, ob du irgendwann heiraten willst.«

»Und zu der anderen Sache sagst du gar nichts?«

»Das wusste ich doch eh schon. Eine deiner Ex-Freundinnen hat sich mal ziemlich explizit darüber ausgelassen.«

»Hat sie von meiner Potenz geschwärmt?«

»Dave! Ich mein's ernst.«

»Ich auch.« Er lachte. »Okay, alles klar. Wieso fragst du mich das? Klar möchte ich eines Tages heiraten, und zwar mit allem Drum und Dran. Und eine Familie gründen möchte ich auch.« Er überlegte kurz. »Moment mal. Hier geht's nicht um mich, oder? Worauf willst du hinaus?«

»Gar nichts. Obwohl … Nein, das stimmt nicht ganz. Ist aber keine große Sache.« Sie spürte, wie ihr die Tränen in die Augen schossen. »Es ist nur … Seth glaubt nicht an die Ehe.« Sie hielt eine Hand hoch, damit Dave sie nicht unterbrach. »Er liebt mich und sagt, er bekennt sich zu mir. Inklusive Haus und gemeinsamen Kindern. Nur eben, ohne zu heiraten.«

Dave schwieg.

»Wir versuchen gerade, unsere gegensätzlichen Positionen zu verstehen. Ich meine, ich plane nicht seit meinem sechsten Lebensjahr meine Hochzeit. Aber irgendwie war es schon immer ein Traum von mir, zu heiraten.«

Sie hielt inne und schüttelte den Kopf. »Wieso fühle ich mich so jämmerlich, wenn ich davon anfange? Ich bin nicht jämmerlich. Ach, ich weiß auch nicht. Ich finde, eine Hochzeit gehört einfach dazu, wenn man sich liebt. Das stärkt die Beziehung. Aber vielleicht ist das Unsinn. Ich habe versucht, mir vorzustellen, nie eine Ehefrau zu sein, doch das kriege ich irgendwie nicht hin. Ich finde es einfach nicht okay, ohne zu heiraten. Warum auch immer.«

»Interessiert dich, was ich zu diesem Thema denke?«

»Sehr.« Sie wusste, dass Dave kein Blatt vor den Mund nehmen würde.

»Das ist Schwachsinn. Ich weiß nicht, was Seth' Problem ist, aber er erzählt dir einen vom Pferd, wenn du mich fragst. Er behauptet, dass er dich liebt und sein Leben mit dir teilen möchte, und im selben Atemzug verweigert er dir diese eine Sache, die dir das Zusammenleben mit ihm möglich macht. Du möchtest ihn heiraten. Entweder er zieht mit oder er ist ein Trottel.«

Er beugte sich zu ihr. »Und du hast deshalb keine Erklärung für dein Verhalten, weil es sich für dich schlicht nicht richtig anfühlt. Du brauchst die Sicherheit, die du dir von einer Ehe versprichst.«

»Eine Ehe bietet auch keine Sicherheit in Sachen Beziehung, das ist mir schon klar. Wie viele Leute lassen sich wieder scheiden.«

»Ja, aber das kann man vorher nun mal nicht wissen. Außerdem wünschst du es dir, zu heiraten. Du hast es verdient, dass man dir diesen Wunsch erfüllt.«

Da hat er recht, dachte sie. Und wenn Dave tatsächlich recht hatte, sah es für sie und Seth nicht gut aus.

»Ich könnte versuchen, mich zu ändern.«

»Wieso solltest du das tun? Du verlangst ja nichts Unvernünftiges. Ich finde eher, Seth ist unvernünftig. Ich hoffe, er weiß es zu schätzen, wie sehr du ihn liebst, denn anscheinend verhält er sich nicht angemessen.«

»Ich werde klug sein und mich in Geduld üben.«

»Du lässt ihm zu viel durchgehen.«

»Und du hast eine ziemlich klare Auffassung von all dem.«

Er grinste. »Das wusstest du doch, bevor du mich um Rat gefragt hast.«

»Stimmt auch wieder.«

Er wurde ernst. »Gib dich nicht damit zufrieden. Besteh darauf, dass er dir zuhört, und setz dich durch.«

»Im Stark-Sein bin ich nicht so gut«, musste Ashley zugeben.

»Dann ist dies der richtige Zeitpunkt, um das zu üben.«

»Kommst du mir jetzt mit OAR-Weisheiten?«

Er lachte. »Das würde ich nie tun.«

Sie stand auf. »Danke fürs Zuhören. Jetzt fühle ich mich besser und gleichzeitig schlechter, falls das irgendwie Sinn ergibt.«

»Ich stehe dir gerne jederzeit zur Verfügung mit meinen Ratschlägen. Du weißt ja, wo du mich findest. Oh, und nur damit du eins weißt, ich wünsche mir eine kirchliche Trauung. Wo dann der Empfang abgehalten wird, ist mir egal. Aber ich möchte vor Gott und den Menschen den Bund der Ehe schließen.«

»Sehr traditionell«, bemerkte sie. »Hätte ich jetzt nicht gedacht.«

»Keine Überraschungen hinterher.«

Sie lachte. »Behalte ich im Hinterkopf.«

Mikki fühlte sich hin- und hergerissen und machte sich Gedanken um Bree und um das, was mit Harding passiert war. Offiziell wusste sie zwar von nichts, denn Bree hatte ihr und Ashley nichts erzählt, allerdings hatte Harding sich Ashley anvertraut, die die Sache dann ihr erzählt hatte. Nach zwei Tagen angeblich krankheitsbedingter Abwesenheit war Bree wieder im Laden aufgetaucht. Sie sah blass, mager und angeschlagen aus. Unter anderen Umständen hätte Mikki ihr die Geschichte mit der Magen-Darm-Grippe vermutlich abgenommen.

Sie war mit Ashley übereingekommen, dass sie das Thema Harding von sich aus nicht ansprechen würden. Mittlerweile war sie sich jedoch nicht sicher, ob das wirklich eine gute Idee war. Bree brauchte jemanden zum Reden. Man merkte doch, was mit ihr los war. Aber Bree war niemand, der sich schnell öffnete. Wenn sie sie dazu drängten, ihr Innerstes preiszugeben, würde sie sich vermutlich noch mehr in sich zurückziehen. Vertrackt.

Was ihr eigenes Privatleben anging, war sie Strohwitwe. Duane war noch unterwegs. Der britische Premierminister hatte ihn nach der Konferenz in Madrid nach London eingeladen, wo er irgendwelche wichtigen finanziellen Dinge mit der britischen Regierung besprechen musste. Duane hatte sie gestern Abend sehr spät angerufen und sich vielmals entschuldigt, und er hatte ihr Rosen geschickt. Außerdem versorgte er sie quasi rund um die Uhr mit Textnachrichten, fast wie ein Teenager. Das war entzückend, und sie fand es süß, aber sie vermisste ihn trotzdem.

Natürlich verbrachten sie sonst nicht jede freie Minute miteinander, doch es machte sie traurig, dass er so weit weg von ihr war und länger als geplant wegblieb. Sie hatte sich schon so auf ihr Wiedersehen gefreut, ganz gespannt, was er über die Konferenz erzählen würde. Und sie freute sich auch auf alles andere.

Das musste nun warten. Wenigstens hatte er aus London einen Direktflug zurück, neun Stunden.

Sie schnupperte an den Rosen, die sie auf den Tresen gleich neben die Kasse gestellt hatte. Erst hatte sie kurz überlegt, sie in ihr Büro zu stellen, um blöden Fragen aus dem Weg zu gehen. Aber dann hatte sie beschlossen, dass jeder wissen konnte, dass sie von Duane, ihrem Freund, waren. Auch wenn Lorraine vielleicht andere Pläne für sie hatte.

Ein Paketbote betrat den Laden, sein Karren war übervoll. Sie und ihre Kolleginnen sorgten immer für viel Arbeit bei den Jungs von den Lieferdiensten.

»Hoffentlich ist das Backpapier dabei, Grant«, sagte Ashley zur Begrüßung.

»Ich weiß es nicht, ich liefere nur aus.«

Ashley studierte die Pakete. »Bücher, Bücher, Tassen, Bilderrahmen, Bücher. Und mein aromatisierter Zucker, hurra!«

Mikki wollte gerade ihre Freundin wegen ihres Interesses an den Paketen anderer Leute rügen, als aus dem hinteren Bereich des Geschäfts ein schriller Schrei zu hören war. Lorraine wankte ihnen entgegen, totenblass und mit dem Handy am Ohr.

»Nein! Wann? Wohin bringen Sie ihn?« Tränen liefen über ihre Wangen. »Ich komme. Sagen Sie ihm, dass ich komme.«

Mikki eilte zu ihrer Schwiegermutter. »Was ist passiert?«

Lorraines Mund zitterte. »Chet ist zusammengebrochen. Verdacht auf Herzinfarkt. Er ist auf dem Weg ins Krankenhaus.« Sie nahm Mikkis Arm. »Er darf nicht sterben!«

Mikki versuchte, ruhig zu bleiben. Lorraine brauchte sie jetzt. Sie selbst konnte später die Fassung verlieren.

»Welches Krankenhaus?«

»City General.«

Eins der besten, dachte Mikki, weil Teil des UCLA Medical Centers. »Da ist er gut aufgehoben. Komm, ich fahr dich hin.«

Lorraine sah sie verwirrt an. »Ich versteh das nicht. Heute Morgen ging es ihm noch gut. Ich hab ihm ein Omelette gemacht.«

Sie legte den Arm um ihre Ex-Schwiegermutter. »Lass uns erst mal hinfahren, dann wissen wir bald mehr. Vielleicht ist es ja doch was anderes.« Etwas weniger Schlimmes als ein Herzinfarkt, dachte sie verzweifelt.

Ashley fragte: »Kann ich irgendwas tun?«

Mikki und ihre Schwiegermutter waren an diesem Morgen allein. Jemand musste kommen. »Könntest du eine von unseren Teilzeitkräften anrufen? Keine Ahnung, wann wir wieder da sind.«

Bree und Rita hatten inzwischen ebenfalls mitbekommen, dass etwas nicht stimmte.

»Was ist denn los?«, fragte Rita ihre Freundin.

»Chet«, schluchzte Lorraine und klammerte sich an Rita. »Vermutlich ein Herzinfarkt.«

Mikki hoffte inständig, ihre Mutter würde diesmal keinen unangebrachten Spruch loslassen. *Garantiert stirbt er*, wäre so ein typischer Satz von ihr. Doch ihre Mutter murmelte: »Das wird wieder, du wirst schon sehen.«

»Wir fahren jetzt ins Krankenhaus«, informierte Mikki sie.

»Dann kümmere ich mich um die Geschenkabteilung, bis jemand von eurem Personal hier ist«, sagte Rita zu ihrer Überraschung. »Ich glaube, ich weiß, worauf es ankommt.«

»Vielen Dank.«

Bree sah auch ganz traurig aus. »Wie kann ich helfen?«

»Im Moment gar nicht, fürchte ich. Ich melde mich, wenn wir mehr wissen.«

Lorraine und Mikki holten ihre Handtaschen, dann fuhren sie zum Krankenhaus. Mikki parkte in der Nähe der Notaufnahme. Lorraine brach auf dem Weg zum Eingang wieder in Tränen aus. Mikki legte einen Arm um sie, und so betraten sie das Krankenhaus.

Sie suchte nach dem Informationsschalter und entdeckte Perry, der mit einer Krankenschwester sprach. Eine Welle der Erleichterung durchflutete sie. »Perry ist auch hier«, sagte sie.

Sie gingen zu ihm. Er nickte der Schwester zu, dann nahm er sie beide in den Arm. Mikki wusste, dass er stark war. Egal, welche Krise sich zutrug, Perry war ihr Fels in der Brandung.

»Dad ist stabil«, berichtete er. »Er hat keine großen Schmerzen. Jetzt wird er erst mal gründlich untersucht. Danach dürfen wir zu ihm.«

Lorraine begann wieder zu schluchzen. Perry nahm seine Mutter in den Arm. Er sah sehr besorgt aus.

»Wir sollten es noch nicht den Kindern sagen«, meinte Mikki. »Erst mal warten wir jetzt ab, was die Ärzte herausfinden. Wir müssen ihnen nicht unnötig Angst machen.«

Perry nickte.

»Ist im Büro alles okay?«, fragte sie. »Soll ich mich um irgendwas kümmern?«

»Alles unter Kontrolle. Ich melde mich nachher im Büro.«

»Nein, ich mach das«, sagte Mikki. »Kümmere du dich um deine Mutter.« Sie deutete auf ein paar Stühle im Wartebereich. »Kommt, setzen wir uns erst mal.«

Sie beschloss, ihnen allen einen Kaffee zu holen. Als sie in der Schlange vor dem Kiosk wartete, schickte sie Rita eine Nachricht mit einem Update.

Wir beten für ihn, schrieb ihre Mutter zurück.

Mehr können wir nicht tun, dachte Mikki. Warten und beten.

Vier Stunden später sah Mikki überrascht, dass ihre Mutter in den Wartebereich des Krankenhauses rauschte, gefolgt von einem muskulösen, glatzköpfigen Mann mit vielen Tattoos und grimmiger Miene. Rita steuerte auf sie zu, den Mann im Schlepptau.

»Mom, da bist du ja.« Mikki stand auf und umarmte ihre Mutter. »Hi«, begrüßte sie den Mann.

»Ich hab Sandwiches für Sie«, sagte er und stellte einen Karton auf den Tisch. »Getränke und Cupcakes. Ashley schickt mich.«

»Das ist Oscar«, stellte Rita ihn vor. »Meine Tochter Mikki. Oscar ist ein ehemaliger Sträfling.«

Mikki war ihre Mutter wieder einmal peinlich. »Freut mich. Ich hoffe, meine Mutter hat sich nicht allzu sehr danebenbenommen.«

Oscar lächelte. »Sie hat eine gewisse Art, aber das kann ich respektieren. Das mit Ihrem Schwiegervater tut mir leid. Ich hoffe, es geht ihm bald wieder gut.«

»Wir hoffen es. Gerade wird ihm ein Stent gesetzt.«

Eine Krankenschwester hatte sie mittlerweile auf den neuesten Stand gebracht. Sie warteten noch darauf, mit dem Arzt sprechen zu können.

Rita musterte sie. »Sagst du das jetzt nur aus Höflichkeit?«

»Nein, das ist es, was man uns mitgeteilt hat. Wenn Chet ein paar Dinge anders macht in Zukunft, sollte er sich wieder komplett erholen.«

»Ich bin dann mal wieder weg«, sagte Oscar.

»Ashley hat bei OAR angerufen, damit sie uns Aushilfen schicken«, sagte Rita. »Bree hat sich darum gekümmert, sie einzuweisen. Wie geht's Lorraine?«

Mikki deutete in den Wartebereich. Dort waren inzwischen Sydney und Will zu Lorraine und Perry gestoßen.

»Sie ist erschüttert. So wie wir alle.«

Rita sah Oscar an. »Ich bleibe auch hier, mich kann dann später jemand mit zurücknehmen. Vielen Dank für Ihre Hilfe.«

»Gern geschehen.« Oscar nickte ihnen zu und ging.

Mikki umarmte ihre Mutter noch mal. »Danke für das Essen. Ich bin sicher, dass alle Hunger haben.« Ihr selbst war allerdings nicht nach Essen, aber die Kinder und Perry wollten sicher etwas.

»Ich hoffe, Chet überlebt es.«

»Es hieß, er wird es überstehen.«

»Was sollen die Ärzte denn auch sonst sagen? Dass sein Leben am seidenen Faden hängt? Das Herz ist ein kompliziertes Organ.« Rita schniefte und wischte sich die Augen. »Lorraine liebt ihn immer noch. Es wäre ein schwerer Schlag für sie.« Sie räusperte sich. »Aber keine Sorge. Ich werde stark sein und nicht sagen, dass er sterben könnte.«

Sie ging rüber zu den anderen. Die beiden älteren Frauen umarmten sich. Sydney machte Platz für Rita, und Perry kam zu ihr herüber.

»Es gibt was zu essen«, erklärte sie. »Hat Ashley geschickt.«

Statt ihr zu antworten, nahm er sie einfach in den Arm – und sie fühlte sich sofort geborgen.

»Ich kann es nicht glauben«, sagte er, während sie in ihrer Umarmung verharrten. »Dad war doch die ganze Zeit vollkommen okay. Total gesund. Wie kommt so was?«

»Chet ist nie zum Arzt gegangen. Du weißt doch, dass deine Mutter ihn dauernd wegen seines zu hohen Blutdrucks ermahnt hat. Aber er hat nie was dagegen unternommen.«

Sie machte sich los und sah Perry an. »Du hast gehört, was die Schwester gesagt hat. Er wird wieder. Vielleicht war es eine lehrreiche Erfahrung für ihn, und er krempelt sein Leben um. Vielleicht läuft er nächstes Jahr um diese Zeit einen Marathon.«

Perry lachte, dann ließ er sich auf einen Stuhl fallen und bedeckte sein Gesicht mit den Händen. »Er hätte auch sterben können«, sagte er mit tränenerstickter Stimme.

Mikki setzte sich neben ihn und legte tröstend einen Arm um ihn. »Ist er aber nicht. Chet schafft das. Wir alle schaffen das.«

Perry wischte sich die Tränen ab. »Du bist immer so stark.

Wenn was Schlimmes passiert, bist du ein Fels in der Brandung.« Er nahm ihre Hand. »Ich liebe dich, Mikki. Und das meine ich ganz einfach so, wie ich es sage. Ich liebe dich und danke dir, dass du hier bist. Auch wenn du nur wegen Dad gekommen bist, wünsche ich mir, dass wir bald wieder eine Familie sein können.«

In diesem Moment kam Sydney zu ihnen herüber und kuschelte sich an sie. »Ich hasse diese Warterei«, sagte sie. »Diese Sorge. Ich hab euch lieb, wisst ihr das? Bitte werdet nie krank.«

Mikki zog ihre Tochter an sich. »Wir tun unser Bestes.«

Will kam jetzt auch zu ihnen und setzte sich auf den niedrigen Tisch. »Oma Lorraine geht's echt mies. Ich bin froh, dass Oma Rita da ist und ihr beisteht. Ich weiß nämlich nicht, was ich sagen soll.«

»Da drüben gibt's Sandwiches«, sagte Mikki. »Von Ashley und Bree, außerdem was zu trinken und natürlich Cupcakes.«

»Keinen Hunger.« Sydney rieb sich den Bauch. »Ich bin zu aufgewühlt.«

»Ich sterbe vor Hunger.« Will stand auf, um sich was zu essen zu nehmen.

Sydney streckte die Hand nach ihrem Vater aus. »Dad, du musst unbedingt mit Sport anfangen. Und mehr Gemüse und Salat essen.«

»Jetzt klingst du wie deine Mutter«, sagte er und zwinkerte ihr zu.

»Ich hab nie an dir rumgenörgelt«, protestierte Mikki. »Ich bin viel subtiler vorgegangen.«

»Veggie Day«, sagten Sydney und Perry wie aus einem Mund.

»Die Bohnen-Tacos, von denen wir alle so dermaßen Blähungen bekommen haben«, erinnerte sich Perry.

»Oder die Zucchini-Puffer, die nach grüner Erde geschmeckt haben.«

»Aber ein paar Sachen waren doch lecker.«

»Die Portobello-Burger«, sagte Perry. »Da hat nur das Fleisch gefehlt, dann wären sie perfekt gewesen.«

Sie lachten immer noch, als die Chirurgin das Wartezimmer betrat. Sofort verstummten alle und standen auf.

»Es geht Ihrem Mann gut«, sagte sie. »Er erholt sich jetzt.« Ihr Blick fand Lorraine, die sich an Rita klammerte. »Sie können ihn bald besuchen. Fürs Erste muss er ein paar Tage hierbleiben, zur Überwachung, dann darf er nach Hause. Wenn alles gut läuft, kann er in zehn Tagen wieder durchstarten.«

Nachdem die Ärztin Perry einige Fragen beantwortet hatte, verabschiedet sie sich. Sydney und Will umarmten ihre Großmütter.

»Wir werden ihn nicht verlieren«, sagte Perry überwältigt.

Mikki lächelte. »Noch lange nicht.«

Die Kinder waren erleichtert und konnten gar nicht aufhören, alle zu umarmen. Wie schön war es, mit der ganzen Familie hier zu sein. Mikki genoss diesen Augenblick.

Nur eine Sache war anders. Sie und Perry waren nicht mehr Mann und Frau. Sie blieben eine Familie, aber sie gingen getrennte Wege.

Sie sah den Mann an, mit dem sie einen Großteil ihres Lebens verbracht hatte, und fragte sich, ob ihr neues Leben wirklich das war, was sie wollte – oder ob sie ihre Ehe vielleicht doch zu schnell aufgegeben hatten.

24. Kapitel

Bree würde es Mikki gegenüber natürlich niemals zugeben, aber insgesamt war sie froh über die Ablenkung wegen Chets Herzinfarkt. Nun hatte sie keine Zeit zum Nachdenken, sondern konnte die freiwilligen Helfer für den Laden organisieren. So kam sie leichter durch den Tag.

Zusammen mit Oscar hatten sie die beiden Kassen auf einem Tresen aufgebaut, sodass sie nicht vom einen Ende des Ladens zum anderen rennen mussten, wenn jemand etwas bezahlen wollte. Mikki, Rita und Lorraine fehlten, das machte sich bemerkbar. Also übernahm Bree das Einräumen der Regale, das Überprüfen der Lieferungen und die Bestellungen, während Ashley sich um das Kundengeschäft kümmerte.

Sie arbeiteten Hand in Hand und sprachen nicht darüber, was passiert war. Ashley fragte sie nicht nach ihrem Bruder, und dafür war sie ihrer Freundin dankbar.

Wenn sie allein war – im Lager zum Beispiel –, konnte sie vor sich selbst zugeben, dass sie Harding schrecklich vermisste. Die Trennung von ihm bereitete ihr regelrecht körperliche Schmerzen. Der Gedanke an ihn verfolgte sie bis in den Schlaf. Sie träumte von seinem Lachen, von seinen Berührungen, von seinem lächelnden Gesicht. Wie gern würde sie ihm sagen, dass sie ihre Meinung geändert hatte, dass sie all das für ihn sein wollte, was er sich vorstellte, und dass es ihnen gut gehen würde.

Aber sie kannte sich – sie war nicht in der Lage, ihm das zu schenken, was er am meisten von ihr erwartete: Vertrauen. Und zwar nicht das Vertrauen in ihn, sondern das in sich selbst. Sie konnte nicht daran glauben, dass sie überleben würde, wenn es zwischen ihnen schiefginge. Und deswegen wollte sie das Risiko gar nicht erst eingehen. Dann lieber gar nichts.

Obwohl sie wusste, dass das rational die richtige Entscheidung war, fiel es ihr schwer, es auszuhalten. Sie war erschöpft, aß kaum etwas, funktionierte nur noch mit Mühe. Und doch zwang sie sich weiterzumachen, auch weil Mikki sie jetzt brauchte. Zum Glück gab diese Krise ihr die Chance, sich unsichtbar zu machen.

Sie schob einen Rollwagen mit Büchern in den Laden und machte sich daran, sie einzusortieren, als sie plötzlich eine vertraute Stimme hörte.

»Hallo Bree.«

Sie drehte sich um. Sad Guy stand vor ihr. Wie üblich war sein Haar durcheinander, und er trug ein knallbuntes Hawaiihemd. Sie wünschte sich, er würde verschwinden, denn es war ihr immer noch peinlich, was bei ihrem letzten Besuch bei ihm vorgefallen war. Erst hatte sie sich ihm angeboten und dann alles vollgekotzt. Es war wohl an der Zeit, sich bei ihm zu entschuldigen.

Zum Glück kam sie nicht zu Wort, denn er sagte: »Ich wollte dir nur Bescheid sagen. Ich hab meinen Surf-Shop verkauft und ziehe nach Maui. Da wohnen Freunde von mir, bei denen ich unterkommen kann.«

»Glückwunsch.«

Er ignorierte sie. »Ich kann nicht länger hierbleiben und dich täglich sehen, jetzt, wo ich die Wahrheit kenne.« Er schüttelte den Kopf. »Ich hab dich immer für eine tolle Frau gehalten, wunderschön, aber nicht greifbar. Ich dachte, eines Tages würde ich dich verstehen und könnte dann dafür sorgen, dass du dich in mich verliebst. Doch nach dem, was neulich passiert ist, weiß ich, dass du nur eine leblose Hülle bist, die vorgibt, ein Mensch zu sein. Ich kann gar nicht fassen, wie viel Zeit ich damit vergeudet habe, etwas zu wollen, das sich am Ende als nicht existent erwiesen hat.« Er drehte sich um und verließ den Laden, ohne sich noch einmal umzusehen.

Bree starrte ihm hinterher, ihr Herz klopfte heftig, und plötzlich war ihr kalt. Sie hatte das Gefühl, sich übergeben zu müssen, aber nach ein paar tiefen Atemzügen erholte sie sich wieder.

Ashley kam herbeigeeilt. Sie sah wütend aus.

»Was war das denn? Ich hab nur den letzten Satz gehört, was sollte der Scheiß? Was für ein Arschloch! Der spinnt wohl. Bist du okay? Dem Typen würde ich gern mal eine knallen oder ihm Oscar auf den Hals schicken. Der sollte sich mal um Sad Guy kümmern.«

»Ich empfinde gerade gar nichts«, sagte Bree. »Mir geht's gut.«

»Wie kannst du das sagen?«

Weil es stimmte. Weil Sad Guy einer der wenigen Menschen war, die sie erkannt hatten. Es überraschte sie und war ihr ein bisschen unangenehm, aber sie wusste selbst am besten, wer und wie sie war.

»Es geht mir gut«, wiederholte sie. »Er zieht nach Hawaii. Hoffentlich wird er dort glücklich.«

Ashley verschränkte die Arme vor der Brust. »Wie kannst du so ruhig bleiben? Der Typ war unverschämt. Er hat dich beleidigt.«

»Er hat mich nicht beleidigt. Das kann er gar nicht. Ich empfinde nichts für ihn. Er kann mich weder verletzen noch mich traurig machen. Es berührt mich nicht, was er sagt.«

Sie rechnete damit, dass Ashley ihr eine Ohrfeige geben würde, stattdessen lächelte ihre Freundin.

»Du redest so eine dermaßene Scheiße. Echt jetzt? Du fühlst nichts? Du vermisst meinen Bruder doch so sehr, dass du vor meinen Augen vergehst. Außerdem schickst du Mikki alle Viertelstunde eine SMS und fragst, ob sie irgendwas braucht. Du erkundigst dich nach Seth, übernimmst fürs Erste Mikkis Laden und hast ein verkorkstes Verhältnis zu deiner Mutter. Das sind alles keine Beispiele dafür, dass man nichts fühlt. Das Gegenteil ist der Fall. Du fühlst sehr viel und weißt nicht, wie du damit umgehen sollst.«

Ashley sah sie einen Moment lang an, dann fiel sie ihr spontan um den Hals.

»Bree, ich mach mir Sorgen um dich. Wieso kannst du dich selbst nicht so sehen, wie wir alle dich sehen? Wir sind doch jetzt quasi eine Familie. Es wird seltsam sein mit Harding, ich weiß, und irgendwann müssen wir darüber reden, wie dumm du dich benimmst, aber auch das kriegen wir hin.«

Bree machte sich los. »Wir sind keine Familie. Wieso sagst du so was? Wir sind Arbeitskolleginnen, das war's. Mach daraus bitte nicht mehr. Das ist doch lächerlich.«

»*Du* bist lächerlich. Du hältst dich für die einzig Coole hier. Aber ich bin auch cool.«

»So cool, dass du deinem Freund nicht mal sagen kannst, er soll sich verpissen, wenn er dir keinen Antrag macht?«

Noch im selben Moment bereute Bree ihre Worte, denn sie erkannte, wie sehr sie Ashley damit verletzt hatte. Doch sie entschuldigte sich nicht, sondern hielt sich zurück. Es ging jetzt darum, die eigene Position zu vertreten, und das war wichtiger als die Gefühlswelt ihrer Freundin.

»Du hast recht«, sagte Ashley da zu ihrer Überraschung. »Du hast vollkommen recht. Ich habe es immer wieder und immer wieder versucht, aber ich will nicht mehr. Ich möchte nicht länger so tun, als wäre alles okay, obwohl es das nicht ist.«

Bree konnte nicht anders, sie nahm Ashley in den Arm. »Ich bin so eine blöde Bitch, entschuldige bitte. Es tut mir leid, das hätte ich nicht sagen sollen. Du hast mich in die Ecke gedrängt, und das war nur meine dämliche Reaktion darauf. Ich weiß einfach nicht, wohin mit meinen Gefühlen. Irgendwie fühlt sich alles falsch an.«

Ashley sah sie an. »Nein. Nur eine Sache ist falsch. Du bist in Harding verliebt und entweder zu dumm oder zu feige, um es zuzugeben.« Sie lächelte schwach. »Und dass du dumm bist, wäre mir neu.«

»Du bist wirklich krass drauf heute.«

»Ich habe von einer Expertin gelernt.«

Bree trat einen Schritt zurück und schloss die Augen. »Ich kann das nicht. Ich kann nicht mit ihm zusammen sein. Du hattest recht, ihn vor mir zu warnen. Irgendwann ist immer der Punkt erreicht, an dem es nicht mehr weitergeht und ich die Flucht ergreifen muss, weil ich solche Angst bekomme. Deswegen lasse ich mich nie auf eine Beziehung ein. So ist es einfach leichter.«

»Aber du liebst ihn doch.«

Bree öffnete die Augen. »Ich möchte ihn aber nicht lieben, und der Gedanke daran, dass ich es doch tun könnte, ist das absolute Grauen für mich. Bitte romantisiere die Sache nicht, Ashley. Und denk bitte nicht, dass ich etwas an meiner Entscheidung ändern werde. Das werde ich nicht. Lieber zerstöre ich das, was zwischen Harding und mir ist, völlig – weil ich weiß, was Verletzung bedeutet. Der Schmerz ist etwas, auf das ich mich verlassen kann, etwas, an das ich glaube. Aber ans Glücklichsein kann ich nicht glauben.«

Das stimmt so nicht, korrigierte sie sich stumm. Vor allem glaube ich nicht an das, was nach dem Glück kommt, wenn sie einen Moment lang Schwäche zeigen und Harding diesen Moment ausnutzen würde, um sie zu vernichten. So, wie es ihre Eltern immer und immer wieder getan hatten und danach auch Lewis. Sie hatte nichts anderes gewollt, als ihn zu lieben – und er hatte sie nur benutzt. Hatte ihr vorgegaukelt, alles wäre wieder so wie früher. Von wegen.

»Du bist echt verkorkst«, sagte Ashley. »So verlierst du ihn, weißt du. Irgendwann ist er über dich hinweg und geht neue Wege.«

»Genau darauf hoffe ich. Er hat was Besseres verdient als mich.«

Ashley stöhnte. »Ich möchte dich am liebsten schütteln. Und was hast du verdient? Verdienst du nicht ein tolles Leben mit einem wunderbaren Mann, der dich vergöttert?«

Bree schüttelte den Kopf. »Nicht mehr in diesem Leben. Vielleicht im nächsten.«

»Sei doch nicht so defätistisch.«

»Ich bin realistisch. Ich weiß, wozu ich in der Lage bin und wozu nicht. Ich weiß, dass Harding momentan leidet, auf lange Sicht wird er jedoch dankbar sein, dass ich ihn freigegeben habe.«

»Das klingt wie eine blöde Ausflucht.«

»Mag sein. Aber es ist auch die Wahrheit.«

Ashley sah auf die Uhr. Sie wartete darauf, dass Seth von der Arbeit nach Hause kam. Ihre Unterhaltung mit Bree hatte dafür gesorgt, dass sie endlich begriffen hatte, was sie wollte und zu welchen Kompromissen sie bereit war.

Sie mochte das Leben mit Seth. Sie verfolgten dieselben Werte und Ziele, hatten denselben Humor. Sie liebten beide thailändisches Essen, hatten gewissen Respekt vor Affen, mochten Hunde lieber als Katzen und Bücher lieber als E-Reader, und sie waren beide Familienmenschen. Bei der Suche nach einem geeigneten Haus hatte sich herausgestellt, dass sie höchstens bei Kleinigkeiten wie der Wandfarbe mal uneins waren, aber grundsätzlich dieselben Vorstellungen hatten. Eine geräumige, offene Küche und ein luxuriöses Bad. Zwei Kinder wären für sie beide fürs Erste okay. Alles andere war verhandelbar.

Seth hatte sich außerdem schon mal schlaugemacht, wie sie *Muffins to the Max* konzessionieren könnte, und hatte auch eine Idee für einen Investor. Er bastelte ganz konkret mit ihr an ihrer gemeinsamen Zukunft.

Nur diese Sache mit der Ehe stand ihnen im Weg. Er war dagegen, sie dafür. Er liebte sie, das wusste Ashley, aber zu diesem Schritt war er partout nicht bereit.

Die Haustür ging auf, und Seth kam rein.

»Hey«, begrüßte er sie lächelnd. »Schon zu Hause?« Schlagartig wurde er ernst. »Oje, was machst du denn für ein Gesicht?! Ist es wegen Chet? Wie geht's ihm?«

»Den Umständen entsprechend. Er wurde entlassen und bekommt jetzt zu Hause eine Sonderbehandlung.«

Seth setzte sich zu ihr aufs Sofa. »Hast du dich mit Bree gestritten? Ich weiß, dass du dich über sie geärgert hast.«

Dachte er im Ernst, es ginge um Bree?

»Nein, mit ihr ist alles gut«, antwortete sie und fragte sich, wieso er es nicht begriff. »Sie leidet und ist verwirrt, aber sie wollte nicht gemein zu Harding sein. Sie kommt mit ihren Gefühlen nicht klar und traut sich selbst nicht über den Weg in emotionalen Dingen. Harding hat schon mehrfach versucht, es mir zu erklären, doch ich hab's erst heute richtig gecheckt, als Sad Guy da war.«

»Ich verstehe. Aber was hast du denn dann?«

Sie zögerte. Sollte sie ihm sagen, was sie dachte? Die Wahrheit war eigentlich immer das Beste.

»Ich bin zu dem Schluss gekommen, dass es für mich keine Alternative zur Ehe gibt«, erklärte sie.

Er fiel in sich zusammen. »Ashley«, sagte er gequält.

Sie bedeutete ihm, zu schweigen. »Lass mich ausreden. Ich liebe dich, und ich weiß, du liebst mich. Ich habe Verständnis für deine Zurückhaltung – die Gründe dafür hast du mir ja genannt –, aber es geht nicht nur um dich. Es geht auch um mich. Ich möchte mich auf unsere Beziehung verlassen können, und das fällt mir leichter, wenn wir verheiratet sind. Mir reicht es nicht, dass du mir versprichst, immer für mich da zu sein. Ich möchte eine Hochzeit und vor allen unseren Freunden und vor unseren Familien Ja zu dir sagen. Es muss kein rauschendes Fest sein, aber dieser Akt ist mir wichtig. Eheurkunde, Ring am Finger, ein paar schöne Hochzeitsfotos. Ich brauche diese rechtliche Absicherung für mein Seelenheil.«

»Und was, wenn ich Nein sage? Stellst du mir dann ein Ultimatum?«

Sofort hatte sie den Impuls nachzugeben. Wieso? Wieso reagierte sie immer so defensiv?

»Ich habe keine Antwort darauf«, sagte sie. »Ich wollte dich nur wissen lassen, worum es mir geht und dass es so für mich nicht laufen wird.«

»Und wenn ich auch auf meinem Standpunkt beharre?«

Ihr wurde übel. Ja, was dann? Wenn sie sich nicht auf einen Kompromiss einigen konnten, mussten sie sich trennen. Oder?

Tränen stiegen ihr in die Augen. »Darüber möchte ich jetzt nicht nachdenken.«

Er zog sie an sich. »Ich auch nicht. Aber irgendwie müssen wir eine Lösung finden, Ashley.«

Dann heirate mich, verdammt noch mal. Natürlich sagte sie das nicht, denn ihn zu zwingen, war Unsinn. Das würde nichts an seiner Auffassung ändern, der Gedanke an ihre gemeinsame Zukunft machte ihr jedoch Angst.

»Ich liebe dich«, flüsterte Seth und küsste sie. »Vergiss das nicht.«

»Ich weiß ja.« Sie zwang sich zu einem Lächeln. »Ich liebe dich auch.«

»Ich bin mir sicher, dass wir eine Lösung finden werden. Ganz bestimmt.«

Das klang sehr überzeugt. Trotzdem hatte Ashley Bedenken, dennoch lehnte sie sich an ihn und sagte sich, dass er wahrscheinlich recht hatte. Zweifel legte sich jedoch wie ein schwerer Mantel um ihr Herz.

»Wie geht das?«, fragte Mikki.

Bree zog ihr T-Shirt aus und zeigte sich in einem Sport-BH. »Beim Spinning sitzt man auf einem Fahrrad und strampelt. Die heutige Einheit dauert nur eine halbe Stunde. Ist ganz gut für den Einstieg.«

»Schon klar. Mich interessiert eher, ob ich mithalten kann und ob ich irgendwas sagen muss oder so, wenn ich nicht mehr hinterherkomme.«

»Dir ist doch bewusst, dass es feststehende Räder sind, oder? Sie bewegen sich nicht von der Stelle. Du kannst also nicht zurückfallen.«

»Du weißt, was ich meine.«

Bree war immer noch blass und hatte dunkle Ringe unter den Augen. Aber sie lächelte. »Wir nehmen zwei Räder ganz hinten. Mach einfach das, was alle tun, dann klappt das schon.«

Mikki bereute bereits ihre impulsive Textnachricht, in der sie Bree gefragt hatte, ob sie nicht mal beim Spinning mitmachen könnte. In den vergangenen Tagen hatte sie es kaum geschafft, sich zu konzentrieren, und nachts nur schlecht geschlafen. Deswegen wollte sie es mal mit Sport versuchen. Angeblich reinigte das ja den Kopf. Das wollte sie mal ausprobieren.

Immerhin hatte sie keinen Rückzieher gemacht, das war doch schon mal was.

Sie folgte Bree in den Spinning-Raum. Wie versprochen, wählten sie zwei Bikes ganz hinten. Bree stellte das Fahrrad für sie ein. Der Sattel war hart und extrem ungemütlich.

»Dadrauf soll ich eine halbe Stunde sitzen?«, moserte Mikki und versuchte, eine bequeme Position zu finden.

»Allzu viel wirst du nicht sitzen.«

»Auf einem Fahrrad sitzt man doch immer.«

Bree grinste. »Die Berge bezwingst du nur im Stehen.«

Fünfunddreißig Minuten später kippte Mikki fast von diesem Foltergerät. Sie war klitschnass geschwitzt, ihre Oberschenkel zitterten wie blöde, und sie bezweifelte, dass ihr Herzschlag sich jemals wieder normalisieren würde.

»Das hast du gut gemacht«, lobte Bree sie amüsiert.

»Ich hasse dich ab jetzt«, murmelte Mikki nur und hielt sich am Bike fest, bis sie sich davon überzeugt hatte, dass sie selbstständig stehen konnte. »Wie kann man sich so was nur freiwillig antun?«

»Weil's Spaß macht.«

»Das ist absolute Schinderei. Man schwitzt. Ich hasse es, zu schwitzen. Deswegen mag ich Pilates. Da macht man alles schön langsam. Ist auch anspruchsvoll, aber ohne Schwitzen.«

»Schwitzen ist gesund.«

Mikki machte sich mit wackligen Beinen auf den Weg in die Umkleide. »Ich mein's ernst. Ich fand's schrecklich.«

»Jetzt komm schon, ich lad dich auf einen Milchshake ein.«

Mikki sah sie misstrauisch an. »Du willst mich wohl veräppeln. Das ist garantiert kein normaler Milchshake. Wir gehen in irgend so einen veganen Laden, wo man mir Kokoswasser unterjubeln will.«

Bree lachte. »Nein. Ich verspreche dir, der Shake wird mit echter Sahne, Zucker und Schokolade zubereitet.«

Bree machte ihr Versprechen wahr und fuhr mit ihr zu In-N-Out Burger. Sie bestellten beide einen Milchshake und teilten sich eine Portion Pommes frites, die sie draußen an einem Tisch im Schatten aßen. Mikki versuchte, den Schmerz in ihren Oberschenkeln zu ignorieren. Wie schlimm würde ihr Muskelkater morgen wohl sein?

»Also«, sagte Bree, als sie ihren Strohhalm aus der Verpackung nahm. »Wie ist die Lage?«

Mikki erwog kurz, so zu tun, als wüsste sie nicht, was Bree meinte, aber das zögerte die Sache nur unnötig hinaus.

»Ich bin durcheinander«, gestand sie. »Chets Herzinfarkt hat mich irgendwie aus der Bahn geworfen.«

»Aber du hast doch gesagt, es war nicht so schlimm.«

»Das stimmt. Es geht mir auch weniger um ihn als um die ganze Situation. Perry, die Kinder, ich. Es war wie früher, wir waren alle zusammen. Als Familie. Und Perry war wie üblich der Fels in der Brandung für mich. Und ich der für ihn. Wir waren wieder das alte Team.«

Bree sah sie an. »Denkst du etwa darüber nach, doch zu ihm zurückzukehren?«

»Nicht wirklich.« Sie nahm eine Pommes. »Ich stelle mir nur dauernd diese eine Frage.«

»Und das ist was anderes als ›darüber nachdenken‹?«

Mikki ignorierte Brees Zwischenfrage. »Ich mag Duane sehr. Ich bin supergern mit ihm zusammen, und der Sex mit ihm ist sensationell. Er ist ein toller Mann. Ich könnte mich absolut in ihn verlieben.«

»Wo ist dann das Problem? Hast du etwa schon vorher daran gedacht, dass du und Perry es noch mal versuchen solltet?«

»Nein. Ich finde es gut, wie es ist. Aber seit das Thema zur Sprache gekommen ist, kreisen meine Gedanken permanent darum. Und die Begegnung mit ihm und den Kindern im Krankenhaus hat das alles verstärkt. Perry wirkt inzwischen viel reifer. Er hat ernsthaftes Interesse daran, dass es zwischen uns gut läuft. Wenn er sich vor drei Jahren so verhalten hätte, hätte es keinen Grund gegeben, sich von ihm scheiden zu lassen. Von meinen Fehlern mal abgesehen.«

Bree hörte einfach nur zu.

»Ich denke halt dauernd, wenn ich mich von Perry abwende, ist es so, als würden wir uns noch einmal trennen.«

»Liebst du ihn denn noch?«

»Keine Ahnung«, musste sie zugeben. »Ich mag ihn und ich mag uns in dieser neuen Konstellation. Und ich will definitiv nicht zurück zu ihm.«

»Nur?«

»Nur was, wenn es kein Zurückgehen wäre, sondern ein Nach-vorn-Gehen? Wir haben zwanzig Jahre zusammengelebt. Kann so was jemals vorbei sein? Wieso habe ich drei Jahre gebraucht, bis ich bereit war, mich mit anderen Männern zu treffen? Habe ich so lange gebraucht, um mit meiner Ehe abzuschließen? Habe ich mich versteckt, weil ich heimlich gehofft habe, Perry und ich würden wieder zusammenkommen?«

»Das kann ich dir nicht sagen.«

»Wer dann?«

Bree trank einen Schluck. »Nur du selbst.«

»Kannst du mir nicht raten, was ich machen soll?«

»Eigentlich ist das nicht nötig, aber gut, ich will mal nicht so sein. Was, wenn du Duane nicht kennengelernt hättest? Würdest du dann zu Perry zurückwollen?«

Interessante Frage, dachte Mikki. »Ich weiß es nicht. Vermutlich hätte ich mich in dem Fall etwas intensiver mit diesem Gedanken befasst.«

»Weil du einsam warst und nicht enden willst wie deine Mom.«

»Das klingt ja furchtbar, wenn du das so sagst.«

»Aber das ist die Frage, die du dir stellen musst.«

»Würde ich lieber zu Perry zurückkehren, als weiter alleine zu sein?«

Bree zuckte die Achseln. »Das kannst nur du beantworten.«

»Ich bin ja wohl nicht so oberflächlich«, sagte Mikki, obwohl sie nicht ganz überzeugt war, dass das auch wirklich stimmte. »Ich habe aktiv nach einem neuen Mann Ausschau gehalten. Und Perry hat explizit nach mir Ausschau gehalten.«

»Spielt das eine Rolle?«

»Keine Ahnung. Was meinst du?« Mikki aß noch eine Pommes. »Okay, wie wär's damit: Hätte ich überhaupt einen Gedanken an Perry verschwendet, wenn er nicht davon angefangen hätte? Würde es mir etwas ausmachen, wenn er mit einer anderen Frau zusammen wäre?« Sie dachte kurz nach. »Es würde sich schon komisch anfühlen, glaube ich. Vermutlich käme ich mir irgendwie ausgemustert vor. Aber es würde mich nicht zerstören.«

»Und was, wenn Perry nicht dazwischengefunkt hätte? Hättest du dich nicht längst in Duane verliebt?«

»Ja.«

»Willst du es denn nicht?«

Mikki stöhnte. »Doch. Er ist wirklich toll.«

»Mein Rat wäre: Halt sie dir beide warm.«

Mikki lachte. »Das ist ein typischer Bree-Tipp. Leider bin ich nicht wie du.«

»Ich hatte nie gleichzeitig was mit zwei Männern.«

»Apropos … was ist denn mit dem einen?«

»Wir reden hier gerade nicht über Harding.«

Mikki beugte sich zu ihr. »Aber du vermisst ihn.«

»Es ist aus. Wie ich mit meinen Gefühlen umgehe, ist meine Sache.«

»Du liebst ihn.«

Brees Miene verhärtete sich. »Nein, tue ich nicht.«

»Ach komm. Man sieht euch doch an, wie gut ihr einander tut.«

»Zurück zu Perry und Duane.«

Mikki seufzte. »Na gut.«

»Könnte es sein, dass du Perry die ganze Zeit immer noch geliebt hast, es dir aber nicht eingestehen wolltest?«

»Diese Frage würde ich gerne mit ›nein‹ beantworten, doch leider bin ich mir nicht sicher.«

Das wäre natürlich eine Antwort darauf, wieso seine Annäherungsversuche nicht einfach an ihr abgeperlt waren. Und es würde auch erklären, warum die Vorstellung, noch ein Kind mit ihm zu bekommen, ihr nach wie vor im Kopf herumgeisterte.

»Ich glaube, darüber muss ich mir erst mal selbst klar werden«, stellte Mikki fest und griff nach ihrem Milchshake.

»Nicht unbedingt heute oder morgen. Aber grundsätzlich solltest du das tun, ja.«

»Ganz sicher, dass du mir keinen Rat geben willst?«

Bree lachte. »Ich könnte, mach ich jedoch nicht.«

»Du bist wirklich anstrengend. Aber trotzdem eine gute Freundin.«

25. Kapitel

Ashley versuchte, so zu tun, als wäre alles in Ordnung – und Seth auch. Sie kochten gemeinsam, plauderten beim Essen, gingen am Samstag zusammen wandern und besichtigten am Sonntag einige Häuser. Für einen Außenstehenden wirkten sie wie ein glückliches, verliebtes Paar, so wie immer. Nur waren sie das nicht mehr.

Ashley wusste nicht, wie es Seth ging, aber sie litt körperlich und seelisch unter der Situation. Sie hatte schlechte Laune, war unausgeglichen und traurig und rechnete jeden Tag mit dem Schlimmsten. So machte das Leben wenig Spaß.

Deswegen erhöhte sie ihren Freiwilligeneinsatz bei OAR, nur um beschäftigt zu sein. Außerdem kreierte sie neue Muffin-Rezepte und tat dabei die ganze Zeit so, als wäre sie fröhlich und entspannt. Sie lud Harding zum Mittagessen ein, und seine Traurigkeit lenkte sie kurzzeitig von ihrer eigenen ab. Aber sobald sie wieder zu Hause war, musste sie sich wohl oder übel mit der ausweglosen Situation beschäftigen, in der sie sich befand.

Am Mittwoch schickte Seth ihr eine Nachricht, dass er Abendessen mitbringen würde. Als er nach Hause kam, tischte er verschiedene Leckereien von ihrem Lieblingsthai auf, außerdem hatte er ein Dutzend roter Rosen und eine kleine blaue Tasche dabei, auf der der verräterische Schriftzug »Tiffany's« stand.

»Ich halte das nicht mehr aus«, sagte er, nachdem er alles auf den Küchentisch gestellt hatte. »Und du schätzungsweise auch nicht.«

Ashley zwang sich, den Blick von der kleinen blauen Tasche abzuwenden und sich auf Seth zu konzentrieren. Aber es fiel ihr schwer, und sie hatte ein ganz seltsames Gefühl in der Magengrube. Es war weder Valentinstag noch ihr Geburtstag. Es gab also keinen Grund, ihr Schmuck zu schenken. Und soweit sie wusste, hatte Seth das Tiffany's bisher nie betreten.

Eine Welle der Erleichterung durchflutete sie. Endlich, dachte sie, endlich hat er verstanden, was ich brauche, und tut den nächsten Schritt.

»Ja, ich fand es auch schlimm«, gestand sie ihm. »Denn du bist mir sehr wichtig.«

»Und du mir. Ich liebe dich, Ashley. Du bist die Frau, mit der ich mein Leben verbringen möchte.«

Er griff nach der Tasche und zog eine kleine Schachtel heraus. Als er sie öffnete, funkelte darin ein wunderschöner Diamantring.

»Du hast deine Meinung geändert?«, platzte sie heraus. »Du willst doch heiraten.«

Er runzelte die Stirn. »Nein. Aber du hast letzte Woche von einer Zeremonie und einem Ring gesprochen, und da dachte ich, wenn ich dir einen Ring schenke, ist dir das genug.«

Sie brauchte einen Moment, um zu verstehen, was gerade geschah. Und die Erkenntnis war wie ein Schlag ins Gesicht. All ihre Hoffnung war auf einen Schlag dahin. Sie wurde wütend und unterdrückte nur schwer ihre bittere Enttäuschung.

»Du dachtest, es geht mir um den Ring?«, fragte sie ungläubig. »Du glaubst allen Ernstes, wenn du mir Schmuck schenkst, würde das unser Problem lösen?«

Seth war kein grausamer Mensch, das wusste sie. Er tat das nicht absichtlich, um ihre Gefühle zu verletzen oder sie vorzuführen. Es war seine Art, einen Kompromiss anzubieten – seiner Meinung nach.

»Du bist sauer.«

»Natürlich bin ich sauer. Wieso soll ich mich über einen Ehering freuen, wenn der Mann, der ihn mir schenkt, mich gar nicht heiraten will?«

Ihr kurzer Ausbruch war so schnell vorbei, wie er gekommen war. Nun empfand sie nur noch bleierne Leere. Die Leere, die sie schon die ganze Zeit gespürt hatte, aber nicht hatte wahrhaben wollen.

Seth würde sie niemals heiraten. Er hatte es ernst gemeint damit.

Sie kannte seine Argumente. War ihr denn das Heiraten als solches wichtiger als der Mann, den sie liebte? Würde sie sich nach einer Trennung von Seth jemals wieder verlieben können? *Bla, bla, bla.*

»Ich mache anscheinend alles falsch«, sagte er zutiefst niedergeschlagen. »Es tut mir leid. Ashley, bitte hilf mir, das irgendwie hinzukriegen.«

»Du hast nichts falsch gemacht«, sagte sie beschwichtigend. »Du hast einfach nur andere Ansichten als ich. Keiner von uns wird seine Meinung ändern.«

Sie sah ihn an, sein so vertrautes Gesicht, der Mund, den sie so gerne küsste, die Augen, mit denen er sie immer voller Liebe ansah. Er war ein toller Mann, und sie würde ihn unendlich vermissen, aber diese Beziehung weiterzuführen, war keine Option für sie.

»Ich gehe jetzt«, sagte sie. »Du kannst hier wohnen bleiben.«

»Was?« Er wurde kreidebleich. »Nein! Geh nicht. Ashley, wir lieben uns doch. Was zwischen uns ist, ist so groß. Du kannst nicht einfach alles hinschmeißen.«

Plötzlich hatte er Tränen in den Augen. Er ließ das Kästchen mit dem Ring fallen und streckte die Arme nach ihr aus. Sie lehnte sich an ihn, spürte seinen warmen Körper, die Geborgenheit, die von ihm ausging.

Er streichelte sie. »Bitte verlass mich nicht. Ich liebe dich.«

»Ich liebe dich auch. Aber das reicht nicht. Es tut mir leid.« Sie machte sich los und wunderte sich selbst, wie ruhig sie blieb. Wahrscheinlich würde der Schmerz sie später wie eine Keule treffen, doch im Moment musste sie tun, was getan werden musste.

»Ich nehme jetzt nur ein paar Sachen mit und hole den Rest, wenn du auf der Arbeit bist. Ich denke, ich werde einige Tage brauchen, um mir darüber klar zu werden, wie es weitergehen soll.«

Er wischte sich die Tränen ab. »Bitte geh nicht.«

»Es tut mir leid.«

Er ließ sich aufs Sofa fallen, schlug die Hände vors Gesicht und wurde von einem Weinkrampf geschüttelt. Ashley wollte ihn instinktiv trösten, doch sie hielt sich zurück. Es war Zeit zu gehen.

Rasch packte sie einen Koffer mit dem Nötigsten, dann verließ sie die gemeinsame Wohnung ohne ein weiteres Wort. Sie stieg in ihr Auto, schloss die Augen und versuchte sich einzureden, dass alles gut war. Natürlich war das Unsinn.

Plötzlich fing sie an zu schluchzen. Immer heftiger. Sie bekam kaum noch Luft, so sehr schüttelte es sie. Sie liebte Seth so sehr. Wieso hatte sie ihn verlassen? Was stimmte nicht mit ihr?

Am liebsten wäre sie wieder ausgestiegen, doch sie blieb sitzen. Tränen liefen ihr über die Wangen, ihr Herz tat weh, ihre Kehle brannte. Schluchzend kramte sie nach ihrem Handy, um ihren Bruder anzurufen, stattdessen wählte sie jedoch eine andere Nummer.

»Hi Ashley«, meldete Bree sich, die nach dem ersten Klingeln ranging.

Ashley brachte keinen Ton heraus.

»Ashley? Alles in Ordnung? Was ist denn los?«

»Ich hab ihn verlassen.«

Sollte sie den Ring erwähnen? Nein, sie wollte nichts erklären. Sie wischte sich übers Gesicht und wiederholte. »Ich hab ihn verlassen.«

»Wo bist du jetzt?«

»Auf dem Parkplatz vor unserer Wohnung. Ich wollte eigentlich bei meinem Bruder unterkommen.« Sie schluckte. »Oder darf ich zu dir kommen?«

Was für eine alberne Frage. Mikki und sie hatten sich mehrfach über Brees Wunsch nach absoluter Privatsphäre unterhalten. Keine von ihnen war jemals bei Bree gewesen.

»Natürlich«, sagte Bree jedoch sofort. »Ich mache dir das Bett im Gästezimmer. Bist du in der Lage zu fahren oder soll ich dich abholen?«

»Nein, das schaffe ich schon. Ich brauche nur deine Adresse. Und – bist du ganz sicher? Du magst es doch nicht, wenn andere Leute bei dir sind.«

»Für dich mache ich eine Ausnahme.«

»Danke.« Ashley wischte sich wieder übers Gesicht. »Es tut so weh.«

»Es wird immer erst schlimmer, bevor es besser wird.«

»Sehr aufmunternd.«

»Ist aber so.«

»Ich weiß. Bis gleich.«

Ashley legte auf und startete den Motor. Kurz darauf leuchtete im Display ihres Handys Brees Adresse auf. Sie verließ den Parkplatz. Ob sie richtig handelte oder nicht – jetzt gab es kein Zurück mehr. Jetzt nicht mehr.

»Und dann fingen sie an, mit den Hufen zu scharren«, sagte Will breit grinsend. »Die Kids …«

»Menschliche Jungtiere«, warf Sydney ein.

Er sah seine Schwester an und lachte. »Genau. Die menschlichen Jungtiere sind total ausgeflippt, kreischten und rannten in alle Richtungen davon, wodurch die Ziegen noch wilder wurden. Sie sprangen herum und rammten die Schülerinnen und Schüler. Und die Lehrerin war nur am Schreien.«

Mikki musste lachen. Sie erinnerte sich gut an den Vorfall. »Wieso erzählt ihr das jetzt? Ich komme dabei nicht gut weg …«

Will schüttelte den Kopf. »Mom, du hast uns gerettet.« Er sah Duane an. »Sie hat ihr Sweatshirt zerrissen …«

»Ich hatte zum Glück noch was drunter«, sagte Mikki schnell.

»… und rannte mit dem Sweatshirt auf die Ziegen zu. Dabei

schwenkte sie es wie ein Stierkämpfer sein Tuch und schrie: Los, holt mich doch! Holt mich doch!«

Duane lachte. »Und? Haben sie sie geholt?«

»Jap. Sie haben sie ans andere Ende der Weide gejagt. In der Zeit hat unsere Klassenlehrerin uns in Sicherheit gebracht, und einer der Mitarbeiter des Streichelzoos kam mit Mais an oder irgendwas anderem zu fressen, sodass schließlich auch Mom den wild gewordenen Ziegen entkommen konnte.«

Mikki seufzte und griff nach ihrem Weinglas. »Es war grauenvoll. Seitdem hab ich nichts mehr für Streichelzoos übrig.«

Duane lächelte sie an. »Du hast dich heldenhaft und mutig für die Kinder geopfert.«

»Ich wusste mir nicht anders zu helfen. Die Lehrerin war zu nichts zu gebrauchen, stand nur da und kreischte. Was geht sie mit den Kindern auch am Wandertag in den Streichelzoo? Kann sie nicht mit ihnen ins Museum gehen, wo nichts Lebendiges eine Bedrohung darstellt?«

»Zumindest nicht tagsüber«, scherzte Sydney und spielte damit auf den Film »Nachts im Museum« an, einen Lieblingsfilm der ganzen Familie.

Duane grinste. »Jetzt habe ich ein Bild im Kopf, das ich nicht mehr vergessen kann.«

»Bitte nicht«, meinte Mikki. »Ich möchte nicht, dass das deine Erinnerung an mich sein wird.«

»Zu spät. Ich kenne deine Vorzüge.«

Sie sahen einander an. Mikkis Magen zog sich wohlig zusammen. Natürlich würden sie sich vor den Kindern beherrschen. Das war auch absolut okay so. Duane war vor zwei Tagen zurückgekommen, und sie hatten eine ausgiebige nächtliche Freudenfeier in seinem Bett abgehalten. Die Erinnerung daran sorgte dafür, dass sie es noch ein paar Stunden aushalten konnte.

»Und jetzt – das Dessert«, verkündete sie und stand auf. »Ich kann Eis und Brownies anbieten. Und im Eisschrank sind Kekse, die brauchen aber zwanzig Minuten zum Aufbacken.«

»Wir gehen eh gleich rüber zu Grandma«, informierte Sydney sie und nahm die Salatschüssel. »Grandpa möchte mit Will irgendein Videospiel zocken, und Grandma und ich werden uns ›Das große Backen‹ anschauen. Gegen zehn sind wir zurück.«

»Die beiden gehen ja eh früh ins Bett«, gab Will grinsend von sich.

»Genau, weil wir schon so alt sind«, erwiderte Duane. »Was will man machen.«

»Eben«, meinte Will. »Aber wir mögen alte Leute zum Glück.«

Zusammen hatten sie schnell den Tisch abgeräumt und die Küche wieder in Ordnung gebracht, dann machten sich Will und Sydney auf den Weg. Mikki und Duane gingen ins Wohnzimmer. Er zog sie an sich und küsste sie.

»Ich hab dich so vermisst«, murmelte er.

»Wir haben uns doch gestern Abend schon gesehen.«

Er grinste. »Und genau so möchte ich dich heute wieder sehen. Aber vermutlich wird daraus nichts, wenn deine Kinder jeden Moment nach Hause kommen könnten.«

»Sehr verständnisvoll von dir«, sagte Mikki. »Ich hab dich übrigens auch sehr vermisst. Schön, dass du wieder da bist.«

Sie setzten sich aufs Sofa. Duane legte einen Arm um sie und nahm ihre Hand.

»Du hattest einiges um die Ohren, während ich weg war«, sagte er. »Gut, dass es Chet wieder besser geht.«

»Er macht sich hervorragend. Die Ärzte haben ihm sogar gestattet, zu arbeiten. Und nächste Woche fängt er mit einem Kurs über Herzgesundheit an. Lorraine macht mit, dann lernen sie beide, worauf sie achten müssen.«

Sie lehnte sich an Duane. »Es war hart, als er plötzlich ins Krankenhaus musste. Den Kindern hat das einen Riesenschrecken eingejagt. Als mein Vater gestorben ist, war es auch schlimm und traurig für sie, aber es war anders. Nach der Scheidung von meiner Mom lebte Dad sein eigenes Leben und machte all das, was er mit ihr nicht hatte machen können. Wir haben ihn nicht oft gesehen, und meistens fielen die Besuche nur kurz aus. Aber bei Lorraine und Chet sind die Kinder wirklich oft.«

»Ist doch schön. Meine Kinder standen ihren Großeltern auch sehr nahe, das fand ich immer toll. Apropos meine Kinder – sie sind dieses Jahr über Thanksgiving bei mir.«

Sie sah ihn an. »Die beiden sind doch schon volljährig. Habt ihr immer noch einen Elternplan?«

Er lächelte. »Die Kinder möchten es so. Sie entscheiden jedes Jahr, wo und mit wem sie was feiern wollen. Dieses Jahr kommen sie an Thanksgiving zu mir und verbringen dafür Weihnachten mit ihrer Mutter. Ich dachte, vielleicht könntest du sie bei der Gelegenheit kennenlernen.«

»Ja, gerne«, sagte Mikki, obwohl der Gedanke sie nervös machte. Was würden sie von ihr halten und sie von ihnen? *Kreisch!*

»Und«, fuhr er fort, ohne den Blick abzuwenden, »vielleicht hättest du ja Lust, über Weihnachten mit mir nach Paris zu fahren. Ich weiß, dort wird es um diese Jahreszeit nicht gerade warm sein, aber die Stadt ist auch im Winter wunderschön, und es gibt unendlich viel zu sehen.«

»An Weihnachten nach Paris? Das geht nicht. Ich meine – es klingt verlockend, doch Weihnachten ist bei mir Familie angesagt. Wir haben unsere Tradition mit Weihnachtssocken und Truthahn und Christmette. Und am ersten Feiertag mache ich immer einen leckeren Braten. Weißt du, Will macht nächstes Jahr seinen Schulabschluss. Ich weiß nicht, wie oft wir noch Weihnachten mit den Kindern feiern werden.«

Sie konnte nicht aufhören zu plappern. Außerdem spürte sie, wie ihr die Tränen kamen. Wie lächerlich! Wieso? Ein toller Mann lud sie an Weihnachten nach Paris ein – was gab's da zu heulen? Und trotzdem saß sie da und war am Schniefen.

»Ich bin nicht cool genug, um über Weihnachten nach Paris zu fahren, tut mir leid. Ist leider so. Ich brauche meine liebgewonnenen Traditionen, meine Weihnachtsdeko, Plätzchen backen, hässliche Weihnachtspullis und übers Wetter meckern. Das gehört alles für mich dazu.«

»Hey, schon okay.« Duane hob sanft ihr Kinn, sodass sie ihn ansehen musste. »Ich hab verstanden. Weihnachten ist was Besonderes für dich. Ich hätte ja vorher mal fragen können, bevor ich dir so einen Vorschlag mache. Du bist eine tolle Mutter und kümmerst dich gern um deine Lieben. Ich ziehe das Angebot zurück.«

Sie wischte sich die Tränen ab. »Das heißt, du willst nicht mit mir nach Paris fahren?«

Er lachte und zog sie an sich. »Mikki, du bist echt der Hammer! Wie soll ich dir nur jemals widerstehen können? Natürlich möchte ich mit dir nach Paris. Wie sieht's denn über Silvester aus?«

Silvester in Paris? Sie lächelte ihn an. »Das klingt super. Das fände ich großartig.«

»Prima. Dann verbringen wir Weihnachten mit deiner Familie, und am Siebenundzwanzigsten steigen wir ins Flugzeug nach Paris. Ich kenne ein schönes Hotel mit großen Zimmern samt eigenem Kamin.«

Er sagte so viele tolle Dinge, aber sie hörte nur: Wir verbringen Weihnachten mit deiner Familie. Natürlich lag dieser Schluss nahe, zumal sie mehr oder weniger zugesagt hatte, Thanksgiving mit ihm und seinen Kindern zu verbringen. Sie war sich jedoch unsicher, wie das im umgekehrten Fall funktionieren sollte.

Sollten alle bei ihr feiern? Zuletzt hatten sie abwechselnd bei Perry und bei ihr gefeiert, aber zusammen mit Duane bei Perry zu feiern, fände sie schon sehr seltsam. Und was würden Lorraine und Chet dazu sagen? Zwar hatte Lorraine dieses Thema nicht mehr angeschnitten – trotzdem wusste Mikki, dass ihre Ex-Schwiegermutter immer noch darauf hoffte, dass sie und Perry wieder zusammenkamen. Und seit Chets Herzinfarkt …

»Du bist nicht mehr bei mir«, sagte Duane da. »Was ist los?«

»Tut mir leid. Ich hab mir gerade Gedanken gemacht, wie wir das machen könnten. Seit der Scheidung haben wir immer abwechselnd entweder bei Perry oder bei mir gefeiert. Aber jetzt wohnt er nicht mehr bei seinen Eltern, sondern in seinem eigenen Haus, und wäre es nicht irgendwie krass, wenn du dort mit uns feiern würdest? Es wäre wohl besser, es hier zu machen.«

»Bin ich das Problem dabei? Ich dachte, Perry hat an den Feiertagen auch schon Freundinnen mitgebracht.«

»Nicht wirklich. Wir haben zwar ein paar seiner Freundinnen kennengelernt, aber zu Familienfesten hat er sie nie mitgebracht.«

Duane rutschte ein Stück von ihr ab. »Du findest, ich soll nicht mit euch feiern?«

»Nein«, sagte sie ein wenig zu heftig. »Das ist doch Unsinn. Wir sind ein Paar, das wissen alle. Lorraine hat dich sogar schon mal gesehen, und Perry hab ich schon mehrfach von uns erzählt. Ich denke nur, seit Chets Herzinfarkt …« Moment mal. Wie war das? »Lorraine findet, manche Feste sind Familiensache, und da…«

Sie zögerte. Wie auch immer sie darzustellen versuchte, was sie meinte, es klang bescheuert. Als hätte sie noch was mit Perry – was ja nicht der Fall war.

»Mikki, was ist los? Das ergibt alles keinen Sinn.«

Sie war ratlos. Irgendwie gab es keine gute Art, es ihm zu sagen. Vielleicht sollte sie nicht länger um den heißen Brei herumreden und stattdessen darauf bauen, dass er sie verstand.

»Perry wünscht sich, dass er und ich wieder zusammenkommen. Er glaubt, wir hätten zu schnell aufgegeben. Dummerweise hat er das auch seiner Mutter gesagt, die mich darauf angesprochen hat. Und jetzt hatte sein Vater einen Herzinfarkt. Irgendwie ist das alles kompliziert.«

Duane rutschte noch weiter weg von ihr und starrte sie an. War er sauer? Oder verletzt? Oder beides? Jedenfalls wirkte er nicht gerade glücklich.

»Hast du denn noch was mit Perry?«

»Was? Nein! Niemals! Ich treffe ihn nur zum gemeinsamen Müllsammeln am Strand und wenn wir mit der Familie etwas unternehmen. Ich hab ihm zwar auch ein bisschen beim Renovieren geholfen, aber das war nicht …« Sie verstummte. Gerade redete sie sich um Kopf und Kragen.

»Und er will zurück zu dir?«, fragte Duane leicht gereizt.

»Er sagt, dass er mich immer noch liebt. Aber das stimmt nicht«, ergänzte sie schnell. »Das ist nur eine pragmatische Entschuldigung dafür, dass er sich nicht weiterentwickeln möchte.«

»Und wieso rückst du erst jetzt damit heraus? Ist dir nicht vielleicht in den Sinn gekommen, dass dieser Wunsch deines Ex-Mannes für mich relevant sein könnte?«

»Ich hab dem nicht so viel Bedeutung beigemessen.«

Er stand auf und sah sie wütend an. »Dann irrst du dich mit deiner Einschätzung.«

Sie sprang auf. »Duane, es tut mir leid. Zwischen mir und Perry ist nichts, ich hab mich nur blöd ausgedrückt.«

»Da bin ich mir nicht so sicher. Seit wann besteht dieses plötzliche Interesse denn? Seit wir zusammen sind? Benutzt du mich nur, um Perry eifersüchtig zu machen?«

»Was?«, kreischte sie, um sofort in normalem Ton fortzufahren: »Nein! Wie kommst du auf so was? Du weißt doch, dass du seit der Scheidung der erste Mann für mich bist. Ich war jahrelang nicht mal daran interessiert, jemanden kennenzulernen. Dann kamst du, und alles ist super. Natürlich hätte ich dir das mit Perry sagen sollen, das ist mir jetzt auch klar. Aber für mich hatte das wirklich überhaupt keine Relevanz, weil ich es für so abwegig halte. Und dann fing er damit an, dass er mich immer noch liebt und dass er noch ein Kind mit mir haben will …«

Verdammt! Mikki verstummte augenblicklich, doch es war zu spät. Duane sah sie misstrauisch an.

»Das wird ja immer besser. Jetzt will er auch noch ein Kind. Deswegen haben wir uns also neulich über das Thema unterhalten. Und? Was ist dein Plan? Du machst mit uns beiden eine kleine Probefahrt und entscheidest irgendwann, mit wem von uns du zusammen sein willst?«

»So ist es nicht, Duane. Und das tue ich natürlich nicht.«

»Dann erklär mir das alles bitte mal.« Er sah plötzlich traurig aus. »Ich habe dir vertraut, Mikki. Ich habe dir geglaubt. Noch vor zwei Wochen haben wir einander versprochen, dass wir monogam sein wollen. Und jetzt muss ich herausfinden, dass du dich nebenher auch noch mit Perry triffst. Ich hatte zwar von Anfang an damit gerechnet, dass das mit uns nicht funktionieren könnte, aber dass du mich betrügst, das hätte ich dir nicht zugetraut. Ich bin so ein Trottel.«

Er ging zur Tür. Mikki rannte ihm hinterher. »Nein! Duane, bitte hör mir zu. So ist es nicht. Ich hab nichts mit Perry.«

Er blieb stehen und sah sie an. »Und wieso macht er dir dann Liebeserklärungen und will dich zurückhaben? Hast du es etwa nicht in Betracht gezogen, dass ihr es noch mal versucht?«

Sie öffnete den Mund – und schloss ihn wieder. »In Betracht gezogen wäre zu viel gesagt …«

Er wandte sich ab, aber sie ergriff schnell seinen Arm.

»Warte! Das kam alles ein bisschen plötzlich. Und dann auch noch Chets Herzinfarkt. Auf einmal waren wir wieder eine Familie. Ich wusste nicht, wie ich damit umgehen soll.«

»Schläfst du mit ihm?«

»Nein! Das würde ich niemals tun.«

»Wieso denn nicht? Alles andere kriegst du ja offensichtlich auch hin.«

Wieder kamen ihr die Tränen, und diesmal hatte es nichts mit Weihnachten zu tun.

»Duane, ich bitte dich. Ich möchte es dir gern erklären.«

»Ich glaube, wir sind uns einig, dass du bereits mehr als genug gesagt hast. Ich dachte, das zwischen uns wäre was Besonderes und wir hätten eine gemeinsame Zukunft.« Sein Mund zuckte. »Ich wollte dir heute eigentlich mitteilen, dass meine Tests alle negativ waren. Ich bin safe. Und das wollte ich mit dir feiern.«

Jetzt heulte sie so sehr, dass sie ihn kaum sehen konnte. »Duane, es tut mir so leid. Ich hab's verbockt. Ich hab nichts mit Perry.«

»Oh, ich denke schon – ob du es zugibst oder nicht. Ich glaube, du liebst ihn immer noch und brauchtest nur einen neuen Partner, um dir darüber klar zu werden. Vielleicht wolltest du mich nicht absichtlich verarschen, trotzdem hast du's getan. Also leb wohl, Mikki.«

Und damit verließ er sie. Kurz darauf hörte sie, wie er davonfuhr.

Mikki hockte sich auf den Fußboden und zog die Knie an die Brust. Wenn sie sich ganz klein machte, würde sie vielleicht verschwinden, und das alles hätte nie stattgefunden. Aber leider funktionierte das Leben so nicht, und so saß sie da, allein gelassen, und heulte sich die Augen aus dem Kopf. Sie hatte gerade einen tollen Mann verloren, und das nur, weil sie so eine Idiotin war. Dieser Gedanke würde sie die nächsten vierzig Jahre begleiten.

26. Kapitel

Bree kam aus der Dusche und trocknete sich ab. Heute Morgen war es beim Surfen nicht gut gelaufen. Sie hatte sich nicht konzentrieren können und mehr Zeit im Wasser als auf dem Brett verbracht. Sie hatte mehrere Wochen den Kurs schleifen lassen, bis Dalton ihr eine Nachricht geschickt und sie darüber informiert hatte, dass Harding den Kurs abgebrochen hatte. Als sie heute schließlich wieder aufgetaucht war, hatte Dalton sie gefragt, ob sie jemanden zum Reden brauchte. Sie hatte abgelehnt, und das war es gewesen. Und deswegen war sie so mies gesurft.

Sie föhnte sich die Haare und zog sich an, und als sie nach unten kam, stellte sie erstaunt fest, dass Ashley am Küchentisch saß. Ihre neue Mitbewohnerin war normalerweise immer schon weg, wenn sie runterkam. Seit sie bei ihr eingezogen war, hatte Ashley sich ohnehin ziemlich rar gemacht.

In der ersten Nacht hatte sie auf dem Sofa gehockt und geschluchzt, aber nicht viel gesagt. Bree wusste, dass etwas Gravierendes vorgefallen sein musste, sonst hätte ihre Freundin Seth nie verlassen. Doch sie kannte keine Details. Im Geschäft machte Ashley ihren Job wie üblich, blieb jedoch auch dort überwiegend für sich. Bree hätte gern mit Mikki über die Situation gesprochen, aber die musste ganz plötzlich Inventur machen und hatte sich deswegen ein paar Tage freigenommen. Und sie hatte nicht auf ihre Textnachrichten reagiert.

»Hey«, sagte Bree zur Begrüßung und steckte eine Kaffeekapsel in die Maschine. »Wie geht's dir?«

»Schlecht. Und ich bin müde.«

Ashley war blass und hatte dunkle Ringe unter den Augen. Ihr sonst glänzendes rotes Haar war stumpf und ihre Miene verdrießlich.

»Trinkst du genug Wasser? Isst du anständig?«

Ashley musste lächeln. »Jetzt klingst du wie meine Mom.«

»Hast du mit ihr gesprochen?« Das wären gute Nachrichten. Mit irgendjemandem musste sie reden.

»Nein, aber genau dasselbe hätte sie zu mir gesagt, wenn ich mit ihr gesprochen hätte.«

»Wann hast du zum letzten Mal was gegessen?«

Ashley machte eine vage Geste. »Keine Ahnung. Vor ein paar Tagen. Ich hab keinen Hunger.«

»Kaffee ist aber nicht gerade gut auf leerem Magen.«

Bree ging zum Kühlschrank und holte Eier, geriebenen Cheddar, Bananen und alles an Gemüse heraus, was sie dahatte. Im Eisfach lagen Bagels.

Sie stellte die Bagels auf den Tresen, um sie aufzutauen, und machte sich daran, das Gemüse zu schnippeln.

Ohne Ashley anzusehen, sagte sie: »Jetzt erzähl mal, was passiert ist.«

Ashley starrte aus dem Fenster. »Nichts. Alles.« Ihr Mund zuckte. »Es war so romantisch. Seth kam nach Hause. Er hatte was von meinem Lieblingsthai geholt, Blumen gekauft und einen Ring von Tiffany. Die kleine blaue Tüte, du weißt schon.«

Bree ließ fast das Messer fallen. »Er hat dir einen Antrag gemacht?«

»Machst du Witze? Seth? Wie kommst du denn auf das schmale Brett? Natürlich nicht. Nein, die Ehe ist nur eine Ausflucht für Leute, die keine Lust haben, sich um ihre Beziehung zu bemühen. Das Leben muss ein konstantes Casting bleiben. Bist du gut genug, dass er bei dir bleibt? Gibst du dir jeden Tag genügend Mühe? Was ist mit den zehn Pfund, die du nach dem dritten Kind zugelegt hast? Versuchst du wirklich, die wieder loszuwerden? Wenn du's nicht schaffst – tschüs! Ich frage dich: Was, wenn wir Kinder bekämen und eins hätte vielleicht einen angeborenen Herzfehler? Wäre das ein Grund für ihn zu gehen? Würde das auch unter die Kategorie ›du gibst dir nicht genug Mühe‹ fallen, denn wenn ich mich ernsthaft bemüht hätte, wäre unser Kind ja gesund.«

»Du redest dich in Rage.«

»Das trifft es nicht mal halbwegs. Ich bin stinksauer! Und wie sauer ich bin. Er geht extra zu Tiffany's und schenkt mir den schönsten Ring, den ich je gesehen habe. Und ich Doofe habe – weil ich ja so gern eine kleine Prinzessin wäre – gedacht, er hätte seine Meinung geändert. Aber leider war dem nicht so. Er wollte mir einfach das geben, was ich offensichtlich unbedingt haben will. Aber eben nicht das Ja-Wort. Nein, dann müsste er ja seine Prinzipien über Bord werfen. Keine Ehe, aber ein Ring. Damit wollte er mich beschwichtigen.«

Bree sautierte die Pilze. »Du solltest den Ring als Ehering tragen.«

»Ohne verheiratet zu sein, genau. Was hat er sich nur dabei gedacht? Ich hab ihn angesehen und den Ring, und dann hab ich jede Hoffnung verloren. In diesem Moment wusste ich, es wird nie passieren. Ich liebe einen Mann, der mich einfach nicht heiraten möchte. Nie. Und er kann seine Meinung nicht ändern, genauso wenig wie ich meine. Also scheiß auf ihn und den ganzen Zinnober, den er veranstaltet.«

»Wow. Ich hab dich noch nie so reden hören.«

»Ich weiß, das ist eher dein Ding. Tut mir leid, wenn ich dir gerade den Rang ablaufe, aber ich bin einfach stinkwütend. Auf Seth, auf mich selbst. Auf die ganze Welt. Ich fühle mich ausgenutzt und lächerlich und schwach und dumm. Ich hab's versucht, wirklich. Ich hab mich so sehr bemüht, seinen Standpunkt zu verstehen. Ich hab alle diese Artikel und was weiß ich was für Bücher gelesen. Ich hab mir überlegt, wie es gehen könnte. Aber weißt du, was? Er hätte einfach vor mir auf die Knie fallen und mich bitten sollen, seine Frau zu werden. Denn ich bin das Beste, was ihm je passiert ist.«

Bree bereitete weiter das Frühstück zu. Sie wusste, dass Ashleys Wut irgendwann abebben und sie dann mit gebrochenem Herzen vor ihr stehen würde. Denn ganz egal, wie wütend sie gerade war, sie liebte Seth, und die Trennung würde nicht leicht für sie werden. Bree kannte sich diesbezüglich leider ein bisschen aus.

Auch ihr war es nicht leichtgefallen, mit Harding Schluss zu machen, aber dass es sie so hart treffen würde, hatte sie nicht gedacht. Sie vermisste ihn mit jedem Atemzug. Ihr Schmerz war sogar stärker geworden. Sie war so verzweifelt, dass sie überlegt hatte, so zu tun, als wäre sie ein ganz normaler Mensch und zu echten Gefühlen fähig, nur, um noch ein bisschen länger mit ihm zusammen zu sein. Bis er selbst herausfinden würde, wie gestört sie war, und sie dann von sich aus verlassen würde.

Aber sie konnte nun mal nicht so tun, als wäre sie jemand anderes, und sie hatte auch keine Lust, ihr Herz zu riskieren. Und somit war sie wieder am Anfang. Sie musste ihnen beiden wehtun, damit er sich erholen und einen Neuanfang wagen konnte.

Sie schlug die Eier auf und steckte die Bagels in den Toaster.

»Was du getan hast, war richtig«, sagte sie. »Das mit Seth hätte nicht funktioniert.«

»Was sagst du da?« Ashley war empört. »Du warst es doch, die mir geraten hat, sich in seine Perspektive zu versetzen. Du hast mir dazu geraten, damit zu rechnen, nicht zu heiraten.«

»Genau. Es bestand ja auch die Möglichkeit, dass du zu dem Schluss kommst, dass du die Ehe doch nicht unbedingt brauchst. Aber so ist es eben nicht, und weil sich daran nichts ändern wird, war die Trennung unvermeidlich.«

Ashley streckte die Arme auf dem Tisch aus und ließ den Kopf darauf sinken. »Ich hasse mein Leben.«

»Nein, du hasst es, zu leiden. Wut ist was Positives. Wut verleiht dir Energie. Aber darunter verborgen liegt der Schmerz.«

Sie teilte das Omelette in zwei Hälften und ließ eine Hälfte auf einen Teller gleiten, legte einen Bagel und eine Banane dazu.

»Iss.« Sie schob ihrer Freundin den Teller hin und setzte sich zu ihr.

Ashley stocherte in ihrem Omelette herum und nahm schließlich einen Bissen. Erst kaute sie nur widerwillig, dann sagte sie: »Das schmeckt echt lecker. Ich wusste nicht, dass ich anscheinend doch Hunger habe.«

Auch Bree begann zu essen. »Kannst du dir heute Morgen freinehmen?«

»Ja klar, wieso?«

»Wir machen einen Paintball-Kurs im Valley.«

»Wovon redest du? Paintball? Nein danke.«

»Doch. Ist eine tolle Möglichkeit, um seine Wut loszuwerden. Man darf Sachen abknallen. Und wenn man möchte, kann man sogar auf menschliche Silhouetten schießen. Dann könntest du so tun, als wäre es Seth.«

»Eine Therapiestunde also.« Zum ersten Mal seit ihrem Einzug lächelte Ashley. »Ich bin dabei.«

Mikki nahm zwei Flaschen Larmandier-Bernier Latitude Extra Brut aus dem Kühlschrank im Pausenraum, steckte sie in eine Tragetasche, überlegte kurz – und packte noch eine dritte ein. Es war eine zu aufreibende Woche voller Emotionen gewesen. Traurigkeit, Depressionen, Selbstgeißelung wegen ihrer Dummheit und Gedankenlosigkeit. Und in der kommenden Woche würde sich daran nichts ändern.

Schnell packte sie noch Gläser und eine Decke ein, dann ging sie zu Ashley und Bree, die schon vor dem Laden warteten. Beide hatten eine Tasche von einem Restaurant dabei, das ihr nichts sagte.

»Essen«, erklärte Ashley und hielt die Tasche hoch. »Wir finden, das haben wir uns diese Woche verdient.«

Mikki tätschelte ihre Tasche. »Und ich habe für den Fall der Fälle lieber mal drei Flaschen Schampus dabei. Anscheinend ticken wir gleich.«

Sie suchten sich ein ruhiges Plätzchen am Strand. Am Morgen war es noch bewölkt gewesen, und jetzt war es nicht allzu warm, perfekt also für einen gemütlichen Sonnenuntergang. Der Himmel färbte sich bereits in allen Regenbogenfarben, die Wolken glühten rot und gelb. Kaum hatten sie sich hingesetzt, machte sich Mikki daran, die erste Flasche zu öffnen. Ashley und Bree kümmerten sich ums Essen.

»Brathähnchen mit drei verschiedenen Dips«, sagte Bree. »Blätterteiggebäck mit Pancetta, Birne und Pekannuss, Obst-und-Käse-Spießchen und rohes Gemüse mit Dillsoße. Du weißt schon – Gemüse.«

Mikkis Magen knurrte.

Ashley zeigte auf die anderen Gerichte. »Mit Käsekuchen gefüllte Erdbeeren und Lemon Meringue Pie mit Aprikose.«

»Auf einmal hab ich richtig Hunger«, stellte Mikki fest.

Bree warf ihr einen Blick zu. »Gut, denn du hast nicht anständig gegessen in letzter Zeit.«

»Woher willst du das wissen?«

»Du siehst so blass aus.«

»Aber nicht dünn, oder? Das würde mir besser gefallen.«

»Sorry. Dazu hast du zu viele Kurven. Aber du weißt ja – du solltest deinen Körper lieben.«

»Das würde ich lieber Duane überlassen.« Kaum hatte sie das gesagt, brach sie in Tränen aus. »Ich bin so bescheuert«, jammerte sie und wischte sich mit einer Serviette das Gesicht ab. »Dümmer als dumm.«

Sie spürte, dass ihre Freundinnen Blicke tauschten.

»Wir wussten, dass irgendwas nicht stimmt«, sagte Ashley leise. »Aber wir wussten nicht, was. Möchtest du darüber reden?«

»Ob du möchtest oder nicht, ist uns egal«, sagte Bree gnadenlos. »Du hältst diese Sache schon zu lange zurück. Das tut dir nicht gut.«

Mikki schniefte. »Ich dachte, ich wäre nur blass.« Sie seufzte, denn sie wusste, dass ihre Freundin recht hatte. Sie hatte noch mit niemandem geredet, weil alles so schrecklich war. Aber irgendwann musste es mal raus.

»Ich hab's vermasselt mit Duane«, gestand sie. Und erzählte den beiden von dem katastrophalen Abend.

»Er war so verletzt«, sagte sie. »So enttäuscht. Sein Blick – es war einfach nur schrecklich. Ich wollte nie, dass so was passiert. Zumal ich nichts mit Perry laufen habe.«

»Oh bitte«, zischte Ashley. »Natürlich läuft da was zwischen euch. Du hast dein Verhältnis zu ihm benutzt, um die ganze Zeit nicht aktiv werden zu müssen. Gib's zu. Gemeinsam die Feiertage verbringen? Müll sammeln am Strand? Gemütliches Abendessen in seinem neuen Haus und Tipps, welche Tapete er kleben soll? Wie würdest du das sonst bezeichnen?«

Diese Attacke kam unerwartet. »Ich hab ihm keine Tapetentipps gegeben«, murmelte Mikki. »Ich steh nicht so auf Tapeten.«

Überraschenderweise lachte Ashley. »Okay, dann von mir aus Fliesen-Tipps. Aber du verstehst, worauf ich hinauswill. Du hast ihn für alles benutzt – außer für Sex. Deine Beziehung mit Earl ist gesünder als die mit Perry.«

»Wir haben das alles nur für die Kinder gemacht.«

Bree trank einen Schluck Champagner. »Wenn das stimmen würde, hättest du dich nicht mit Duane in die Haare gekriegt.«

»Wir haben uns nicht in die Haare gekriegt«, stellte Mikki klar. »Er hat mit mir Schluss gemacht.«

Die beiden anderen starrten sie an. »Ich dachte, er wäre nur sauer«, sagte Ashley.

»Leider nicht.« Mikki setzte sich anders hin. »Wir hatten uns versprochen, einander treu zu sein.« Von den Bluttests sagte sie nichts. »Ich war dabei, mich in ihn zu verlieben. Und ich hab alles vermasselt wegen Perry.«

»Weil du nicht weißt, was du für ihn empfindest«, brachte Bree es auf den Punkt.

»Ich bin so schlecht in solchen Dingen«, musste Mikki zugeben. »Dates und Männer überhaupt. Ich hab keine Ahnung, was mit mir und Perry ist. Aber ich muss dauernd daran denken, dass er wieder zu mir zurückwill. Und ich weiß nicht, was das bedeutet.«

»Oh, mir kommen die Tränen.« Ashley schwenkte ihr Glas. »Du Armes! Zwei tolle Kerle wollen unbedingt mit dir zusammen sein, das ist ja schrecklich. Wie kannst du das nur ertragen? Gib doch einfach zu, dass du dich über die Aufmerksamkeit freust und dass das der wahre Grund dafür ist, dass du dich nicht für einen von ihnen entscheidest. Es macht eben mehr Spaß mit beiden.«

Das saß. Mikki spürte, dass sie rot anlief. Sie sah Ashley an. »So ist es nicht. So bin ich nicht.«

Bree hielt einen Karton mit Essen hoch. »Etwas Gebäck?«

Mikki ignorierte sie. »Ashley, meinst du das im Ernst?«

»Ja, weil es genau so ist. Damit will ich nicht sagen, dass ich mich anders verhalten würde. Es ist schön, beliebt zu sein. Tu nur bitte nicht so, als würdest du nicht raffen, worum es hier wirklich geht.«

Die ehrlichen Worte waren für Mikki nur schmerzvoll zu ertragen. Sie wollte protestieren oder am liebsten einfach gehen. Doch sie zwang sich, sitzen zu bleiben und sich mit dem Gedanken auseinanderzusetzen, ob sie an ihrer misslichen Lage nicht vielleicht selbst schuld war, weil sie so egoistisch war. Keine Eigenschaft, auf die man stolz sein konnte.

»Ich weiß nicht, was ich sagen soll«, flüsterte sie. »Ich bin ein furchtbarer Mensch.«

»Bist du nicht«, widersprach Bree ihr. »Es war einfach eine blöde Aktion von dir. Aber das Leben geht weiter.«

Ashley schenkte ihnen noch mal nach. »Du bist wohl nicht die Richtige, um genau das zu sagen.«

Bree wirkte unbeeindruckt. »Wer sich darauf einlassen kann, für die ist es so. Und die, bei denen es nicht so ist, erteilen anderen gute Ratschläge.«

Mikki dachte immer noch über Ashleys Vorwurf nach. Hatte sie wirklich nur so getan, als wäre sie unsicher, weil sie die Aufmerksamkeit genoss? War sie so primitiv?

Sie wollte es vor sich selbst nicht zugeben, obwohl eine leise Stimme in ihr flüsterte: *Ashley hat recht.* Sie hatte sich geschmeichelt gefühlt und war auch ein bisschen stolz gewesen und hatte dadurch mehreren Menschen sehr wehgetan.

»Ich hasse mich«, murmelte sie.

»Sag so was nicht«, sagte Ashley. »Du bist wunderbar. Anstrengend, aber wir lieben dich trotzdem. Und zu welchem Schluss bist du gekommen?«

»Ich bin nicht in Perry verliebt.« Mikki war selbst überrascht über ihre klaren Worte. »Er ist ein guter Mann und wir haben zwei tolle gemeinsame Kinder, doch ich bin durch mit ihm. Es ist vorbei. Ich will keinen Rückschritt machen.«

Bree hielt ihr ihr Glas hin. »Glückwunsch. Jetzt bist du sehr klar in deiner Entscheidung.«

»Ich wünschte nur, das wäre schon vor zwei Monaten so gewesen – bevor ich die Nummer mit Duane in den Sand gesetzt habe.«

»So ist es nun mal«, meinte Bree. »Sprich doch noch mal mit ihm.«

»Erst muss ich mit Perry reden.« Und das würde sie auch tun, sobald sie ihre Gedanken geordnet hatte. Das war ihre Zukunftsperspektive. Nur so und nicht anders konnte sie wieder glücklich sein. »Okay, so viel zu mir. Wer von euch macht weiter?«, fragte sie.

»Ich will mich auch endlich wieder gut fühlen«, meldete sich Ashley zu Wort. Sie knabberte an einem Stück Hähnchen. »Ich vermisse Seth, und ich möchte so gern mit ihm zusammen sein. Und ich wünsche mir nichts sehnlicher, als dass er mir endlich einen Heiratsantrag macht.«

»Hast du noch mal was von ihm gehört?«

Ashley schüttelte den Kopf. »Nicht wirklich. Ich habe ihm

eine SMS geschickt, bevor ich mit Harding in die Wohnung fuhr, um meine restlichen Sachen abzuholen. Seth meinte, das sei in Ordnung, und das war's.« Sie atmete tief durch. »Aber ich bereue nichts. Ich weiß, dass ich das Richtige getan habe. Ich wünschte nur, es würde nicht so elend wehtun.«

Mikki hätte ihrer Freundin so gern einen guten Rat gegeben, doch sie war genauso ratlos wie Ashley. Ihrer Meinung nach lag Seth mit seiner Einstellung völlig daneben. Aber wahrscheinlich rieten ihm seine Kumpels dazu, hart zu bleiben. Es war eine ausweglose Situation.

»Es tut mir so leid«, sagte sie.

»Danke, das weiß ich zu schätzen. Und den Champagner auch.« Ashley wandte sich an Bree. »Und du warst einfach nur großartig. Ich will dich jetzt mit meiner Dankbarkeit nicht überstrapazieren, weil ich weiß, dass du das nicht magst, aber es ist so – du warst großartig.«

Bree fühlte sich sichtlich unwohl, als sie das hörte. Doch sie riss sich zusammen, nahm sich einen Obstspieß und seufzte. »Ich hab irgendwie was Mütterliches in mir. Auch wenn ich versuche, es zu verbergen, bricht es wohl hin und wieder mal durch.«

»Überreste aus deiner Zeit mit Lewis?«, tippte Mikki.

»Ich denke nicht. Ashley ist ein völlig anderer Mensch. Ich bin gerne für sie da. Lewis war ein echtes Ekel.« An Ashley gewandt, fuhr sie fort: »Das mit Harding tut mir leid, wirklich. Du hattest ja vorausgesagt, dass ich ihm wehtun würde – und das hab ich auch getan.«

»Du bist wie der Skorpion aus der Fabel ›Der Skorpion und der Frosch‹«, meinte Ashley.

Bree verzog das Gesicht. »Das ist nicht sehr schmeichelhaft.«

»Niemand will gern der Skorpion sein«, stellte Mikki fest, die die alte Geschichte ebenfalls kannte. »Aber auch nicht der Frosch, denn er ist am Ende tot. Vielleicht sollten wir in Zukunft Vergleiche mit Amphibien und Insekten lassen.«

»Seit wann sind Skorpione Insekten?«, murmelte Bree.

»Was ich damit sagen will«, fuhr Ashley fort und verdrehte genervt die Augen, »du hast genau das getan, was du angekündigt hattest. Und du bist sehr klar in deiner Einschätzung.« Sie knuffte ihre Freundin. »Erst war ich sauer auf dich, aber jetzt nicht mehr. Denn du leidest genauso sehr wie er. Ich weiß, dass du meinen Bruder liebst, doch ich weiß auch, dass du das niemals zugeben würdest. In ungefähr drei Sekunden wirst du außerdem vehement abstreiten, dass du überhaupt Gefühle für ihn hegst.«

Bree presste die Lippen zusammen, um dann herauszuplatzen: »Ich liebe deinen Bruder nicht.«

»Wir hätten eine Wette darauf abschließen sollen«, meinte Mikki.

»Ich hab vorher nicht dran gedacht.«

»Ich liebe ihn nicht«, wiederholte Bree trotzig. »Ich liebe niemanden.«

»Und hier wäre der Gegenbeweis«, sagte Mikki und prostete Ashley zu. Dann legte sie einen Arm um Bree. »Wir lieben dich auch. Obwohl du ein so trauriges kleines Menschenwesen bist.«

»Ach, sei still.«

Mikki lachte. »Du klingst immer so tough, aber wir nehmen dir das nicht mehr ab. Und jetzt – lasst uns essen.«

Ashley machte die unterschiedlichsten Empfindungen durch. Manchmal dachte sie, sie hätte alles gut verarbeitet, und manchmal war sie felsenfest davon überzeugt, nie wieder dieser furchtbaren Traurigkeit entkommen zu können, die von ihr Besitz ergriffen hatte.

Mit der Hilfe ihres Bruders räumte sie ihre Sachen aus der Wohnung. Sie hatte ihren Eltern erzählt, was passiert war, woraufhin ihre Mutter sofort für drei Tage zu ihr nach Los Angeles geflogen war. Sie versuchte, sie mit Mitgefühl, schicken Abendesseneinladungen, vielen Umarmungen und Shoppingtouren wieder aufzumuntern. Ashley riss sich zusammen und stand Tag für Tag in ihrem Laden, ging ihrer Freiwilligenarbeit bei OAR nach und ging jetzt donnerstags mit Bree zum Surfen.

Tatsächlich war die größte Überraschung für sie, wie sich ihre Beziehung zu Bree in den letzten Wochen entwickelt hatte. Eine Woche nach ihrem Einzug bei ihr hatte Bree zu ihrem Erstaunen den alten Futon entfernt, auf dem sie geschlafen hatte, und ihn durch ein neues Bett ersetzt. Und ein paar Tage darauf hatte Bree ihr in schroffem Tonfall gesagt, sie könne so lange bleiben, wie sie wolle. Sie hatten ursprünglich vereinbart, dass Ashley nur drei Monate bleiben würde, und das änderten sie jetzt. Außerdem bestand Ashley darauf, Miete zu zahlen, aber Bree wollte nichts von ihr haben, auch keine Kaution.

»Wofür sollst du eine Kaution hinterlegen? Was hast du denn vor? Im Hinterzimmer Meth kochen?«

Sie hatten lachen müssen bei der Vorstellung und waren dann sofort beide in Tränen ausgebrochen. Ihr Privatleben war ein einziger Scherbenhaufen.

Ashley stürzte sich in die Arbeit. Ihre neuesten Kreationen waren Mandel-Cupcakes mit Salzkaramell-Glasur und Karotten-Cupcakes mit einer Glasur aus weißer Schokolade und Frischkäse, passend zur Jahreszeit. Der Herbst stand vor der Tür. Am kommenden Montag, dem ersten Montag im September, war Labor Day.

»Die sehen aber gut aus.«

Sie lächelte, als sie Dave erkannte, der auf der anderen Seite des Tresens in seinem Rollstuhl saß. »Hi! Was führt dich her?«

Er zuckte mit den Schultern. »Ich war in der Gegend und dachte mir, ich schau mal vorbei. Zeit für einen kleinen Spaziergang?«

Sie sah ihn misstrauisch an. »Du willst mir einen Vortrag halten, stimmt's? Ich bin aber nicht eins von deinen Spezialprojekten.« Sie hatte Dave nicht erzählt, was mit ihr und Seth los war. Garantiert hatte ihr Bruder gequatscht.

»Nein. Ich wollte dir nur eine Schulter zum Anlehnen bieten, wie das unter Freunden so üblich ist.«

»Kein Vortrag?«

Er lächelte. »Würde ich dir jemals einen Vortrag halten?«

»Ohne zu zögern. Na gut. Ich komme mit.«

Schnell packte sie ein paar Cupcakes in eine To-go-Box, dann sagte sie ihrer Kollegin an der Kasse, dass sie in spätestens einer Stunde zurück sein würde. Dave und sie gingen die Strandpromenade entlang, bis sie eine leere Bank im Schatten fanden.

Sie hielt ihm einen Mandel-Cupcake hin. »Die Glasur aus Salzkaramell macht süchtig.«

»Warnhinweis verstanden. Also, jetzt sag mal, wie geht's dir?«

»Traurig. Resigniert. Auch wenn ich weiß, dass ich die richtige Entscheidung getroffen habe. Ich bin einfach das kleine Mädchen, das gern geheiratet werden möchte. Findest du das bescheuert?«

Dave verschlang den Cupcake mit drei Bissen. »Sehr lecker. Und nein, ich finde dich nicht bescheuert. Weißt du, was ich denke?«

Sie seufzte. »Dass Seth einen großen Fehler macht und er kompromissbereiter sein sollte. Aber wieso er? Ich bin doch genauso stur.«

»Ist es nur Sturheit oder steckt mehr dahinter?«

Puh. Musste sie diese Frage beantworten? »Ich kann mir einfach keine Zukunft mit Seth vorstellen, wenn wir nicht verheiratet sind.«

Eigentlich wollte sie das näher ausführen, doch stattdessen brach sie in Tränen aus. »Wieso will er mich nicht? Was stimmt nicht an mir?«

Dave zog sie an sich. Sie legte ihren Kopf an seine Schulter.

»Gar nichts. Seth ist ein Arschloch. Er wird es für den Rest seines Lebens bereuen, dass er dich hat gehen lassen.«

»Ich wünschte, das könnte mich trösten«, flüsterte sie. »Ich vermisse ihn so sehr, das ist dumm. Aber ich habe ihn wirklich geliebt.«

»Das weiß ich, Ashley. Du hast ihm alles gegeben. Es ist nicht deine Schuld.«

Vielleicht nicht. Doch dieses Wissen half ihr auch nicht. Weder konnte es den Schmerz vertreiben noch die Selbstzweifel.

»Ich dachte, er würde mich zurückholen«, gestand sie. »Ich dachte wirklich, er würde seine Meinung ändern, wenn ich erst mal weg wäre. Saublöd, was?«

»Nur von seiner Seite.«

»Ich wünschte, ich wäre stärker«, sagte sie. »Dann könnte ich das abhaken und würde ihn nicht mehr vermissen.«

»Du kriegst das alles gut hin. Sei nicht so streng mit dir.«

Sie schniefte, hob den Kopf und sah Dave an. »Vielleicht brauche ich jetzt doch einen klugen Rat von einem OAR-Spezialisten. Irgend so was wie, sich wieder aufs Pferd schwingen und durchstarten.«

»Den Spruch hab ich nie kapiert. Aber ich könnte dir anbieten, dich zu deinem Arbeitsplatz zurückzufahren.«

Sie rang sich ein Lächeln ab. »Nein, ich laufe lieber. Ich möchte keinen Ärger mit deiner momentanen Freundin bekommen.«

»Ich habe gerade keine Freundin.«

»Ach so? Soll ich dir vielleicht eine Single-Freundin von mir vorstellen?«

Er schüttelte den Kopf. »Ich kann mir schon selbst eine Freundin suchen.«

Wieder kamen Ashley die Tränen. »Ich weiß. Und dann heiratest du sie mit allem Drum und Dran und in der Kirche. Anders als Seth, der mich niemals heiraten wird.«

Dave fluchte leise. Und bevor sie wusste, wie ihr geschah, setzte er sie sich auf seinen Schoß und schloss die Arme um sie. Und das fühlte sich überhaupt nicht seltsam an. Im Gegenteil. Sie kam sich sicher und geborgen vor.

Nun ließ sie ihren Tränen freien Lauf. So viel zu Seth' Spruch, er würde sie für den Rest seines Lebens lieben. Er hatte sie einfach ziehen lassen und nicht mal den geringsten Versuch gestartet, sie zurückzuholen. Hatte er sie überhaupt jemals wirklich geliebt? Eines Tages würde sie über ihn hinweg sein, aber im Moment wollte sie noch ein bisschen in ihrer Trauer und in ihrem Schmerz schwelgen.

27. Kapitel

Mikki wartete einige Tage ab, bevor sie sich per SMS bei Perry meldete und ihn um ein Gespräch bat. Sie wollte sich ihrer Gefühle erst ganz sicher sein, um ihm sagen zu können, wie sie ihre gemeinsame Zukunft sah. Und sie hatte sich lange überlegt, wo sie sich mit ihm treffen sollte. Bei ihm, bei ihr oder besser auf neutralem Boden? Eigentlich spielte es keine große Rolle. Hauptsache, sie waren ungestört. Deswegen schlug sie ihm vor, dass er zu ihr kam.

Perry war überpünktlich. Mikki bemerkte, dass sie plötzlich feuchte Hände hatte, und wischte sie sich schnell an der Hose ab. Dann öffnete sie ihrem Ex-Mann die Tür.

Er lächelte, als er das Wohnzimmer betrat. Alles an ihm war ihr so vertraut – seine Augen, sein Körper, sein Gang. Einst war dieser Mann ihre Welt gewesen. Er, der Vater ihrer Kinder.

Sie bedeutete ihm, sich zu setzen, und nahm selbst auf einem Sessel Platz.

»Wir müssen reden«, begann sie.

Sein Lächeln blieb. »Das dachte ich mir. Worum geht's?«

Sie holte tief Luft und sagte sich noch einmal, dass diese Unterhaltung schon lange fällig war.

»Perry, wir sind geschieden, und das aus gutem Grund. Wir haben uns bemüht, aber es hat nicht gereicht. Wir sind beide schuld daran, dass unsere Ehe nicht funktioniert hat. Es war gut, dass wir uns getrennt haben. Die Kinder haben die Trennung ohne gravierende Folgen überstanden, wir sind Freunde geblieben und kommen mit unseren jeweiligen Schwiegereltern nach wie vor gut aus. Das ist alles äußerst positiv.«

Allmählich verschwand sein Lächeln.

»Und jetzt ist es Zeit für den nächsten Schritt«, fuhr sie fort. »Ich bin stolz darauf, dass wir uns so gut verstehen, aber gleichzeitig glaube ich, dass wir uns gegenseitig ein bisschen dafür benutzen, um in unserem Leben nichts verändern zu müssen. Wir sind uns emotional immer noch so nah, dass wir eigentlich niemand anderen brauchen. Und das möchte ich ändern.«

»Du willst, dass wir keine Freunde mehr sind?« Er klang verletzt.

»Unsinn, darum geht es nicht«, sagte sie. Bloß nicht auf die falsche Spur lenken lassen. »Es geht um alles andere. Wir werden nicht wieder zusammenkommen. Das war nie der Plan, und es tut mir leid, dass du für dich diese Richtung eingeschlagen hast. Wir sind nicht verliebt, Perry. Es noch mal zu versuchen, wäre einfach nur praktisch. Wenn wir jetzt wieder zusammenkämen, wäre das für keinen von uns gut.«

»Das meinst du doch nicht im Ernst. Mikki, wir können es schaffen. Das weiß ich.«

»Nein, können wir nicht. Und ich will auch nicht zurück zu dir. Es tut mir leid, wenn ich das so harsch sagen muss, aber ich liebe dich nicht. Schon länger nicht mehr. Und ich glaube auch nicht, dass du mich noch liebst. Deine Zukunft mit *mir* zu planen, ist schlichtweg einfacher, als sich auf etwas Neues einzulassen. Glaub mir, ich weiß aus eigener Erfahrung, wie beängstigend das ist. Doch es gibt kein Zurück. Die Scheidung war richtig.«

Perry sank in den Sessel, er sah schockiert und traurig aus. »Aber ich liebe dich.«

Mikki bemühte sich, keine Schuldgefühle aufkommen zu lassen. »Es tut mir leid, falls es so sein sollte. Ich liebe dich nicht mehr, jedenfalls nicht auf romantische Weise. Du bist ein guter Mann und der Vater meiner Kinder, für beides werde ich mein Leben lang dankbar sein. Aber sonst ist da nichts mehr zwischen uns. Und zu glauben, da wäre noch etwas, ist nicht gesund.«

Sie zwang sich, weiterzusprechen: »Ich denke, wir sollten uns nicht mehr so häufig sehen. Keine gemeinsamen Mittagessen mehr, keine Einladungen nach Hause und kein Müllsammeln mehr am Strand. Nicht, solange wir nicht beide ein neues Leben begonnen haben.«

»Du willst mich nicht mal mehr sehen?«

»Wir brauchen einen sauberen Schnitt. Über die Kinder sind wir ohnehin miteinander verbunden, aber wir brauchen mehr Abstand zueinander.« Mit sanfterer Stimme sagte sie: »Perry, lass den Gedanken an dich heran, dir eine Freundin zu suchen. Du bist ein toller Fang. Das meine ich ernst. Du musst wieder ausgehen.«

Er stand auf und sah sie zornig an. »Ich liebe dich, also erzähl mir nicht, dass ich mir eine andere suchen soll. Ich will keine andere. Ich will dich und ich will wieder mit dir zusammen sein.«

Sie stand ebenfalls auf. »Das wird nicht passieren.«

Er wandte den Blick ab. »Okay, ich hab's kapiert. Du hast deine Position sehr deutlich gemacht. Ich werde dich nicht mehr behelligen.«

Da war er wieder, sein verletzter Stolz und der Schmerz in seinem Blick. Sie wusste, dass sie ihn verletzt hatte, sie beide verletzt hatte. Seine Traurigkeit würde bald in Wut umschlagen, und in der Folge würde in den kommenden Wochen Funkstille zwischen ihnen herrschen. Und dann kapierte er hoffentlich, dass sie recht hatte. Oder zumindest würde er nicht mehr ganz so wütend auf sie sein.

Ohne ein weiteres Wort rauschte er an ihr vorbei und knallte die Tür hinter sich zu. Als er weg war, ließ Mikki sich aufs Sofa fallen und versuchte, ruhig durchzuatmen. Wenn sie recht behielt, würde er rasch feststellen, dass ein Leben ohne sie nicht so schwierig war, wie er glaubte. Mit ein bisschen Glück würde er sich schon bald nach einer neuen Partnerin umsehen, und dann konnten sie wieder Freunde sein.

Aber wenn sie falschlag … Nein, darüber wollte sie gar nicht nachdenken. Sie war vielleicht nicht verliebt in Perry, trotzdem wollte sie ihm nicht das Herz brechen. Unterm Strich lief es ohnehin auf dasselbe hinaus – sie wollte nicht mehr zu ihm zurück. Doch was es genau bedeutete, neu durchzustarten, wusste sie auch noch nicht wirklich. Immerhin hatte sie jetzt den Weg für sich frei gemacht, um sich auf den Mann zu konzentrieren, dem ihr Herz gehörte. Sie konnte nur hoffen, dass er ihr eine zweite Chance geben würde.

Bree paddelte raus. Der warme Morgen ließ einen heißen Tag erahnen. Der Himmel hatte das perfekte kalifornische Blau, die Möwen kreisten träge. Auch sie schienen die letzten Sommertage zu genießen.

Neben ihr paddelte Ashley mit heiligem Ernst und hochkonzentrierter Miene. Sie war erst seit ein paar Wochen dabei, doch sie hatte gleich beim ersten Versuch auf dem Brett gestanden und machte schnell Fortschritte. Bree war sich zwar nicht sicher, ob sie wirklich Spaß am Surfen hatte, aber jeden Donnerstagmorgen um halb sechs stand sie mit ihrem Surfbrett vor dem Haus.

Eine Mitbewohnerin zu haben, gefiel ihr überraschenderweise gut. Es war irgendwie tröstlich. Sie hingen natürlich nicht jede Minute zusammen, doch zu wissen, dass noch jemand da war, fühlte sich einfach gut an, vor allem, wenn sie ein Tief hatte. Sie waren übereingekommen, das Thema Harding nicht zu erwähnen, und bis jetzt hielten sie sich daran. Ab und zu erkannte Bree ihn in seiner Schwester wieder. Ihr Lächeln, eine Geste, eine bestimmte Wortwahl. Und darauf folgte immer schnell die Erkenntnis, dass das, was sie mit Harding hätte haben können, niemals sein würde.

Manchmal fragte sie sich jedoch, ob sie nicht all ihren Mut zusammennehmen und es einfach riskieren sollte. War sie ein solcher Feigling, dass sie sich nicht einmal das traute? Doch allein der Gedanke daran, wieder einem Menschen zu vertrauen, sorgte dafür, dass sie es sich anders überlegte. In einer Beziehung mit Harding riskierte sie den emotionalen Tod. Ihr Selbsterhaltungstrieb siegte jedes Mal.

Sie wendete das Brett und wartete auf eine gute Welle, die sie an der Bewegung des Wassers unter ihrem Board erkannte. Wenige Sekunden später begann sie in Richtung Ufer zu paddeln, begab sich in die Hocke und richtete sich auf. Instinktiv hielt sie die Balance und ritt die Welle. Ein Glücksgefühl erfüllte sie, ihre Gedanken klärten sich.

Sie blieb bis zum letzten Moment stehen, dann paddelte sie zum Strand zurück. Im seichten Wasser ließ sie sich vom Brett gleiten und trug es auf den Sand.

Dalton stand neben ihrem Handtuch. »Super Ride.«

»Die Wellen sind heute perfekt.«

Er warf einen Blick nach links. »Keine Ahnung, was mit dir und Harding los ist, aber ich wollte dir einfach mal sagen: Kopf hoch. Er ist hier und wartet an deinem Wagen.«

Ein Wechselbad der Gefühle machte sich bei ihr breit. Sie drehte sich um und sah seine vertraute Silhouette neben ihrem Mini. Sie erkannte auf die Entfernung nicht seinen Gesichtsausdruck, doch allein die Tatsache, dass er da war, löste bei ihr den Drang aus, zu ihm zu rennen – und gleichzeitig in die entgegengesetzte Richtung abzuhauen.

Wollte sie ihn sehen? Mit ihm reden? Ihn berühren? Ihr Herz rief ein lautes Ja, aber ihr Bauchgefühl und ihr Verstand waren vorsichtiger. Angst rang mit Freude.

»Kriegst du das hin?«, fragte Dalton.

Sie griff nach ihrem Handtuch. »Alles gut.«

»Ich bin hier, falls du mich brauchst.«

»Danke.«

Bree machte sich auf den Weg zu ihrem Auto. Harding blieb stehen, wo er war, den Blick auf sie geheftet. Je näher sie kam, desto schneller wurde sie instinktiv und verlangsamte daraufhin ganz bewusst ihren Schritt. Ihre Brust war plötzlich wie zugeschnürt, ihre Atmung beschleunigte sich.

Er sah gut aus. Etwas dünn vielleicht, aber immer noch muskulös und sonnengebräunt. Sie versuchte, seine Miene zu deuten, doch er ließ nichts erkennen. Nur ein schwaches Lächeln verriet ihr, dass er sich wohl freute, sie zu sehen.

»Du siehst gut aus da draußen«, sagte er und nahm ihr Brett.

»Die Wellen sind super heute.«

Während sie sich aus ihrem Neopren schälte und sich abtrocknete, befestigte er ihr Board auf dem Dach des Minis. Sie schlüpfte in ihr Strandkleid und schob sich die Haarsträhnen aus dem Gesicht.

»Ashley surft jetzt mit mir. Habt ihr zwei das hier vielleicht geplant?«

Harding sah sie an. »Nein. Bis vor ungefähr zehn Sekunden wusste sie nicht, dass ich hier bin.«

Noch vor einem halben Jahr wäre Bree davon ausgegangen, dass er sie anlog. Sie hätte ihm niemals geglaubt. Aber jetzt war das anders – Harding hatte sie bisher nie belogen, und Ashley war immer auf ihrer Seite.

Sie sahen einander an. Jede Zelle ihres Körpers schrie danach, ihn zu berühren, sich dem Unausweichlichen hinzugeben und es zuzulassen, dass dieser Mann sie liebte. Doch diese Liebe würde sie am Ende zerstören, das wusste sie. Aber … gab es einen schöneren Tod?

Wäre da nur nicht ihre Angst vor dem Glück, die genauso stark war. Ihr Überlebensinstinkt war in ihrer DNA verankert und nur noch stärker geworden durch das, was Lewis ihr angetan hatte. Ja, sie wollte Harding, aber ihr Herz konnte sie ihm nicht anvertrauen.

»Ich hab dich vermisst«, sagte er.

»Ich dich auch.«

»Ja?«

Der plötzliche Funken Hoffnung in seinen Augen traf sie unvorbereitet, aber bevor sie ihm einen blöden Spruch reindrücken konnte, sprach er schon weiter.

»Ich habe dir Zeit gelassen«, sagte er. »Ich weiß, dass das nicht leicht für dich ist. Ich liebe dich immer noch, Bree. Du bist die

Frau meines Lebens. Ich werde so lange auf dich warten, bis du selbst erkennst, dass es wahr ist. Ich möchte von dir nur wissen, ob du dir vorstellen kannst, dass wir eine gemeinsame Zukunft haben können.«

Haha. Wieso verlangte er nicht gleich einen halben Lungenflügel von ihr?

»Tu das nicht«, erwiderte sie und wandte sich ab. »Harding, ich bitte dich. Ich kann nicht die sein, die du dir wünschst, und ich werde es auch nicht sein. Ich will es einfach nicht riskieren. Bitte versteh das doch.«

Er stellte sich so hin, dass er sie wieder ansehen konnte. »Ich werde dir aber nicht wehtun. Ich werde immer für dich da sein. Ich bin einer von den Guten – das weißt du. Kannst du nicht wenigstens ein kleines bisschen an mich glauben?«

Sie hob den Blick und sah ihn an. Er wirkte so verletzt. »Nein. Es tut mir leid. Ich möchte dich nicht noch mehr verletzen. Ich …« Sie schluckte. »Du bist mir sehr nahegekommen, das habe ich zugelassen. Näher als jeder andere. Wenn ich glauben würde, dass es mir möglich wäre, dir zu vertrauen, würde ich sofort Ja sagen. Doch das wird nie der Fall sein. Ich gehe dieses Risiko nicht mehr ein.«

Es fühlte sich an, als würde sie sich selbst das Herz herausreißen. Aber sie musste hart bleiben, damit er endgültig begriff, dass da nichts mehr war zwischen ihnen. Dass da nie etwas gewesen war.

»Du verschwendest deine Zeit mit mir«, sagte sie leise. »Ich bin es nicht wert.« Sie dachte an Sad Guys Worte. »Ich bin nur eine leere Hülle, keine echte Person. Finde jemanden, den du wirklich lieben kannst und der deine Liebe erwidern wird.«

»Ich möchte niemand anderen, Bree. Ich möchte dich. Ich liebe dich.«

Seine Worte trafen sie wie Schläge. Ihre Knie drohten nachzugeben, und sie musste sich an ihrem Auto festhalten, um nicht umzukippen.

»Bitte geh«, flüsterte sie und wandte sich von ihm ab.

Keine Antwort. Kein Nichts. Nach einer Weile drehte sie sich um. Er war weg. Er hatte getan, worum sie ihn gebeten hatte.

Sie sank zu Boden. Dann fing sie an zu schluchzen, laut und animalisch. Sie kämpfte gegen den Schmerz an, in dem sie zu ertrinken drohte. Dieser Schmerz saß so tief und war so heftig, wie sie es noch nie zuvor erlebt hatte. Das werde ich nicht überleben, dachte sie verzweifelt. Kein Mensch konnte das ertragen und einfach so weitermachen.

»Oh Bree!«

Ashley war da. Ihre Freundin zog sie auf die Füße und umarmte sie fest.

»Wie schlimm war es?«

Bree gelang es mühsam, ihr zu antworten: »Du kennst mich. Ich war furchtbar.«

»Ich sollte dich eigentlich hassen, doch du tust mir einfach zu leid.«

Bree klammerte sich an sie. »Du solltest mich wirklich hassen. Ich hasse mich selbst. Ich kann aber nicht tun, was er sich wünscht. Ich kann es nicht riskieren. Ich habe solche Angst, ihn zu zerstören. Ich schwör's dir.«

»Das weiß ich. Es ist zwar dumm von dir, ihn gehen zu lassen, doch das weißt du ja selbst.« Ashley streichelte ihr den Rücken. »Komm, wir fahren nach Hause. Ich fahre. Du brauchst jetzt dringend eine heiße Dusche und was zu essen.«

»Ich hab keinen Hunger. Ich möchte lieber kotzen.«

»Dann mache ich dir einen Smoothie. Den behältst du bei dir.«

Bree ließ sie nur widerwillig los. »Wieso bist du so nett zu mir?«

»Weil du meine Freundin bist und ich dich liebhabe. Ich lasse dich nicht allein. Harding kann sich überall Trost holen, aber du hast doch niemanden außer mir und Mikki.«

»Das stimmt, ich hab niemanden«, flüsterte Bree. Es stimmte. »Absolut niemanden.«

»Du hast Lorraine das Herz gebrochen.«

Mikki musste sich beherrschen, um ihre Mutter nicht anzufauchen.

»Sie ist am Boden zerstört«, führte Rita aus. »Sie kommt kaum noch aus dem Bett.«

»Hör auf«, sagte Mikki. »Das hilft ihr auch nicht. Außerdem hast du mir geraten, dass ich nicht zu Perry zurückgehen soll. Ich dachte eigentlich, dich würde meine Entscheidung freuen.«

»Aber damit hast du Lorraine wehgetan.«

»Wie soll das anders funktionieren?«

Ihre Mutter schniefte. »Keine Ahnung. Ich will ja nur, dass du weißt, was los ist. Wie du das wieder in Ordnung bringst, ist deine Sache.«

»Okay. Danke für das Update.«

Mikki verließ den Lagerraum und ging zurück in den Laden. Sie hasste diese Endzeitstimmung, die um sie herum verbreitet wurde. Sie hatte gewusst, dass ihre Ex-Schwiegermutter nicht erbaut sein würde, aber vielleicht steckte auch mehr dahinter als nur reine Enttäuschung.

»Nie wieder Angestellte aus dem engsten Familienkreis«, murmelte sie. »Nur noch Fremde, am besten Menschen, die ich nicht mag.«

Zum Glück war Kundschaft da, und sie konnte sich ablenken. Ein Mutter-Tochter-Gespann kaufte acht Tragetaschen mit passenden Flipflops für die Brautjungfern auf der bevorstehenden Hochzeit der Tochter. Eine ältere Dame verbrachte eine geschlagene Stunde bei den Teekannen und ging schließlich, ohne etwas zu kaufen. Dann tauchte Lorraine unvermutet auf. Mikki fing sie vor dem Pausenraum ab.

»Hi«, begrüßte sie sie fröhlich. »Hast du mal eine Minute?«

Lorraine nickte, und Mikki folgte ihr in den Pausenraum. Nachdem sie ihre Handtasche in ihrem Spind verstaut hatte, sah ihre Ex-Schwiegermutter sie an.

Mikki unterdrückte nur mühsam ein Stöhnen. Vielleicht hatte Rita recht. Vielleicht war die Situation schlimmer als gedacht. »Du bist traurig«, stellte sie fest, ohne vorwurfsvoll zu klingen. »Können wir darüber reden?«

»Mir geht's gut.«

»Das stimmt nicht. Du hast dich diese Woche schon zweimal krankgemeldet, sprichst nur das Nötigste mit mir, und jetzt kannst du mir nicht mal ins Gesicht sehen.« Mikki könnte tausend Dinge zu ihrer Verteidigung vorbringen, aber das würde ohnehin nichts bringen. »Es tut mir furchtbar leid, dass es mit mir und Perry nicht geklappt hat. Unsere Beziehung ist seit über drei Jahren beendet. Daran hätten wir uns besser mal gleich erinnert.«

Ihre Ex-Schwiegermutter sah sie an. Sie hatte Tränen in den Augen. »Ich hätte mich einfach gefreut, wenn ihr zusammengekommen wärt. Perry liebt dich doch immer noch. Jetzt ist wieder alles wie damals bei der Scheidung.«

»Das wollte ich nicht. Ich hätte von Anfang an klarer sein sollen Perry gegenüber.« Sie wurde sanfter. »Es hätte nicht funktioniert, Lorraine. Wir sind nicht mehr die, die wir mal waren. Wir haben uns verändert.«

»Aber er liebt dich.«

Da war sich Mikki nicht so sicher. »Ich vermute, dass er sich schneller davon erholen wird, als du es erwartest. Es wäre hilfreich, wenn du ihn dazu überreden könntest, sich nach einer anderen Partnerin umzusehen.«

»Aber er möchte keine andere.«

Langsam begann Lorraines Sturheit sie zu nerven. »Wenn das so weitergeht, müssen wir überlegen, ob du noch länger hier arbeiten kannst.« Plötzlich hatte sie einen schlimmen Verdacht. »Oder wolltest du von dir aus kündigen?«

»Was? Nein, natürlich nicht. Ich liebe diese Arbeit. Ich dachte nur, ihr zwei kriegt das hin.«

»Wir kriegen es nicht hin. Das musst du akzeptieren.« Wenn

schon ehrlich, dann richtig, beschloss Mikki. »Du weißt ja, dass ich einen Freund habe?«

Lorraine nickte traurig. »Ja, diesen Duane. Seid ihr noch zusammen?«

Die Sache war kompliziert, deswegen sagte Mikki nur: »Ja, und wenn alles klappt, wird es auch dabei bleiben. Es geht also nicht nur um die Arbeit, es geht um unser Leben. Er wird bald auch Zeit mit den Kindern verbringen und an den Feiertagen bei mir sein. Wir werden alle eine große Patchwork-Familie sein.«

Lorraine schlug sich die Hand vor den Mund. »Was? Weihnachten auch?«

»Ja. Geburtstage, Picknicks, was eben anfällt.«

Lorraine kullerte eine Träne über die Wange. »Ich wollte doch nur die ganze Familie wieder zurückhaben.«

»Wir sind alle noch da, Lorraine. Deine Familie ist hier. Ich bin immer für dich da, nur eben nicht mehr als Perrys Frau.«

Lorraine ließ den Kopf hängen. »Du lässt dich also nicht umstimmen?«

»Nein. Ich hab dich sehr lieb und ich respektiere dich, aber ich tue nicht so als ob, nur damit es dir besser geht. Das ist nicht gut für mich und ganz sicher auch nicht für Perry.«

Lorraine nickte. »In Ordnung. Ich verstehe. Ich werde das Thema nicht mehr anschneiden. Ich wünschte nur …« Sie schniefte, dann sagte sie unvermittelt: »Was ich mir wünsche, spielt keine Rolle.« Sie holte ihre Schürze aus dem Spind. »Sind diese Glasuhren inzwischen gekommen?«

Mikki zögerte. »Bist du okay?«

Lorraine tätschelte ihr den Arm. »Ja. Ich werde eine Weile brauchen, bis ich das alles verdaut habe, aber das krieg ich schon hin. Und ich werde Perry ermuntern, jemanden kennenzulernen. Er hat sich so lange auf dich konzentriert, dass er das völlig verlernt hat. Und jetzt sag, was ist mit den Uhren?«

Mikki fühlte sich absolut mies, doch sie wollte sich nicht beschweren – sie gestand Lorraine eine gewisse Trauerphase zu.

»Die Uhren sind ein bisschen enttäuschend. Sie sehen ziemlich kitschig aus.«

»Oje. Ich seh sie mir mal an. Vielleicht wirken sie in einer gut gemachten Auslage besser.«

»Wenn das jemand hinkriegt, dann du.«

»Das ist doch völlig übereilt«, gab Oscar zu bedenken, als er die Tüten mit Candy Corn sah, einer Süßigkeit, die traditionell vor allem im Herbst gegessen wird. »Es ist zu früh, um jetzt schon Herbst-Törtchen zu backen.«

Ashley ignorierte seinen Einwand. »Wir fangen immer in der ersten Septemberwoche damit an.«

»Nein, wir starten zwei Wochen später. Du hättest gern, dass die Zeit schneller vergeht wegen der Sache mit Seth, aber so funktioniert das Leben nicht. Das alles ist ein langwieriger Prozess, verstehst du. Erst kommt der Schmerz, dann die Phase der Verarbeitung, und dann hast du's überstanden. Und wenn du dich nicht an diese Reihenfolge halten willst, wirst du nie über ihn hinwegkommen.«

Es war noch vor sechs Uhr morgens. Ashley war früh erschienen, um sich einen Überblick über den Warenbestand zu verschaffen und die Cupcakes und Muffins für den Laden abzuholen. Sie war übellaunig und hungrig, und sie hatte ihren Kaffee zu Hause stehen lassen.

»Dass ich Candy Corns mitgebracht habe, hat nichts mit meiner Trennung von Seth zu tun.«

»Hat es wohl.«

Sie und Oscar funkelten sich an – wobei Ashley geflissentlich ignorierte, dass Oscar gut einen halben Kopf größer und dreißig Kilo schwerer war und dass er tatsächlich jemanden umgebracht hatte.

»Du kotzt mich an«, schrie sie ihn an.

»Und du bist auch nicht gerade der Charme in Person in letzter Zeit. Halt dich an die Reihenfolge, Ashley.«

Sie wandte als erste den Blick ab und gab nach. »Wie auch immer.« Doch ihre Lippen zitterten.

»Drama-Queen.«

»Knacki.«

Oscar lachte. »Hurra. Dir geht's besser.«

»Ein bisschen, stimmt.« Sie warf einen Blick auf die Süßigkeiten und seufzte. »Du hast ja recht. Es ist zu früh. Ich pack das Zeug in die Speisekammer.«

»Oder in den Pausenraum. In zwei Wochen brauchen wir eh neue, wir können keine abgelaufene Ware verwenden.«

Sie wollte ihm gerade erklären, dass das ja wohl lächerlich war, da hörte sie, dass jemand ihren Namen rief. Ihr Herz blieb fast stehen, als Seth die Küche betrat.

Er sah schrecklich aus. Bleich, mit dunklen Ringen unter den Augen. Seine Klamotten waren völlig zerknittert und hingen an ihm herunter, als gehörten sie nicht ihm. Ihre erste Reaktion war ein regelrechter Schock, gefolgt von Schmerz. Seth' Zustand war schlimm. Als wäre er …

»Bist du krank?«, fragte sie panisch. Sie musste daran denken, was Bree von Lewis erzählt hatte. Dass man bei ihm Lungenkrebs festgestellt hatte, obwohl er nie geraucht hatte. Hatte Seth etwa auch Lungenkrebs? Oder vielleicht Leukämie? Er durfte nicht sterben.

»Können wir uns unterhalten?«

Oscar trat zwischen sie. Er sagte kein Wort, aber seine Erscheinung war Drohung genug. Ashley schüttelte den Kopf in seine Richtung, dann zog sie Seth mit sich auf den Gang. Als sich die Tür hinter ihnen geschlossen hatte, sagte sie: »Was willst du?«

Er berührte ihren Arm. »Es ist schön, dich zu sehen. Du siehst toll aus. Ich hab dich so vermisst.«

»Seth, rede mit mir. Bist du krank?«

»Nein. Jedenfalls nicht so, wie du denkst.« Seine Lippen bebten. »Ich kann es nicht. Ich habe es versucht, aber ich komme nicht von dir los. Ich liebe dich, Ashley, von ganzem Herzen.

Ich habe mein Leben lang auf dich gewartet. Erst dachte ich, ich krieg das hin, doch das stimmt nicht. Ich brauche dich und ich liebe dich.«

Schön, das zu hören, aber wovon redete er überhaupt?

»Möchtest du dich setzen?«, fragte sie.

»Nein. Ich möchte dich bitten, meine Frau zu werden.«

Das kam so unerwartet, dass Ashley zunächst dachte, sie hätte sich verhört. Doch dann zog er einen kleinen Diamantring aus seiner Hemdtasche und reichte ihn ihr.

»Ich möchte, dass du glücklich bist«, sagte er und sah ihr in die Augen. »Ich möchte, dass wir zusammen sind, so, wie wir es besprochen haben. Mit Kindern und einem Haus und einem Hund. Ich liebe dich, Ashley, und wenn es wirklich sein muss, dass ich dich heirate, damit ich dich behalten kann, werde ich dich heiraten.«

Was? Sie fuhr mit den Fingern über den Ring. Ihr wurde erst heiß, dann kalt, und ihr stockte kurz der Atem.

»War das gerade ein Antrag?«

»Ja. Bitte heirate mich. Sag, dass wir wieder zusammen sein werden. Ich will es. Ich will uns.«

Sie hörte an seiner Stimme, dass er es ehrlich meinte, sah es auch in seinem Blick. Er hatte seine Meinung geändert – er wollte sie heiraten.

Sie wartete auf ein Gefühl der Erleichterung, auf den Moment, in dem sich alles zusammenfügte und richtig anfühlte. Sie wartete darauf, dass sie Glück verspürte und all die anderen Empfindungen, die sie in seine Arme treiben würden, um ihr gemeinsames Leben zu beginnen. Sie wartete auf das Gefühl von Gewissheit, von Freude, von …

»Es geht nicht«, flüsterte sie. »Ich kann dich nicht heiraten.«

Seth verstand die Welt nicht mehr. »Wieso sagst du das? Ich habe dir gerade einen Antrag gemacht. Das wolltest du doch immer. Also los. Lass es uns tun. Wir können sofort durchbrennen. Das ist es doch, was du dir wünschst.«

Das war immer ihr Traum gewesen.

»Ja, das stimmt. Das habe ich mir gewünscht«, antwortete sie. »Aber jetzt nicht mehr. Es tut mir leid, aber irgendwas ist schiefgelaufen zwischen uns. Vor ein paar Wochen wäre der richtige Zeitpunkt gewesen. Das hätte damals passieren müssen, doch es ist nicht passiert. Und nun ist dieser besondere Moment vorbei.«

»Du bestrafst mich dafür, dass ich dich jetzt erst bitte, meine Frau zu werden?«, fragte er ungläubig.

»Nein, darum geht es nicht. Bitte denk das nicht.« Sie wusste nicht, wie sie es ihm erklären sollte. »Aber ich werde immer diejenige von uns beiden sein, die sich diese Ehe gewünscht hat, und du wirst immer derjenige sein, der sich von mir zu diesem Schritt gezwungen gefühlt hat. So wird das nichts. Ich hätte die ganze Zeit ein blödes Gefühl, und du würdest es mir zeit meines Lebens nachtragen. Und am Ende würde genau das unsere Beziehung crashen.«

Sie sah ihm einen Moment in die Augen. »Du willst doch eigentlich gar nicht heiraten. Du tust das nur für mich.«

»Was spielt das für eine Rolle? Du bekommst, was du willst!«

»Es tut mir leid.«

»Was heißt, es tut dir leid? Bin ich dir denn gar nicht wichtig?«

»Natürlich.« Sie betrachtete den Ring in ihrer Hand und wünschte, alles wäre anders gelaufen. Dann hielt sie ihm den Ring hin. »Wie gesagt – es wird nicht funktionieren. Nicht mehr.«

Sie wartete darauf, dass er sie anbrüllte, ihr Vorwürfe machte. Er schnappte sich jedoch nur den Ring, drehte sich auf dem Absatz um und ging. Ashley blieb stehen, wo sie war, und sah ihm hinterher. Der Schock schützte sie in diesem Moment vor dem Schmerz, der – das wusste sie – sie bald erbarmungslos treffen würde.

»Du hast recht.«

Sie drehte sich um und sah Oscar, der in der Tür stand.

»Du hast uns belauscht?«

»Natürlich. Hättest du dir das entgehen lassen?«

»Vermutlich nicht.«

Er zuckte mit den Schultern. »Wie gesagt – ich finde, du hast alles richtig gemacht. Er ist doch nur zurückgekommen, damit er sich nicht mehr so mies fühlt. Aber mit der Zeit würde er dich dafür hassen, wie du richtig erkannt hast. Das hätte euer Schicksal besiegelt.«

»Schön formuliert.«

»Traurig, aber wahr.« Er winkte sie in die Küche. »Komm jetzt, Boss. Ich mach dir erst mal einen Kaffee.«

»Alles klar. Und wann lädst du Carrie mal auf einen Kaffee ein? Ihr zwei wärt ein süßes Paar.«

»Halt die Klappe.«

»Du weißt, dass ich recht habe.«

Er murmelte etwas in seinen Bart und machte sich an der Kaffeemaschine zu schaffen. Als er ihr wenig später einen Becher reichte, legte er ihr kurz eine Hand auf die Schulter und drückte sie mitfühlend.

»Echt, das hast du gut gemacht. Erst wird es scheiße wehtun, aber der Schmerz macht dich stärker, um das Richtige zu tun.«

Sie umklammerte den Becher. »Ein Schritt nach dem anderen, was?«

»Ganz genau so.«

28. Kapitel

»Sag ihm, du hattest eine Kopfverletzung und kannst nichts dafür«, schlug Bree hilfreich vor.

»Das ist doch Schwachsinn.« Ashley streckte sich auf der Couch aus. »Jetzt mal ehrlich. Du wolltest diesen ganzen Mist nicht. Du hast dich in einer Situation wiedergefunden, die du nicht kanntest. Es ist immer besser, bei der Wahrheit zu bleiben.«

»Wie gesagt, ich bin für die Kopfverletzung.«

Mikki saß in einem bequemen Liegestuhl auf Brees Terrasse und lauschte auf den Rat ihrer Freundinnen in Bezug auf Duane. Sie hatten mehrere Optionen diskutiert, wie sie vorgehen sollte. Ihm einen langen Brief schreiben, einfach bei ihm vorbeifahren. Aber die fairste und vermutlich am wenigsten idiotische Option war wohl, ihn anzurufen.

»Garantiert täusche ich keine Kopfverletzung vor«, widersprach sie.

»Ich könnte dir eine Kopfseite rasieren«, bot Bree grinsend an. »Das wirkt authentischer.«

»Ignorier sie einfach.« Ashley trank von ihrem Eistee.

Es war einer der warmen, sonnigen Sonntagnachmittage, wie es sie nur im September gab. Mikki hatte eigentlich jede Menge zu tun, mit ihren Freundinnen abhängen machte jedoch mehr Spaß. Und es half, sich über die eigenen Sorgen auszutauschen.

»Ich rufe ihn an«, sagte sie und stand auf, das Handy in der Hand. »Ich bezweifle zwar, dass er rangeht, aber wenn doch, frage ich ihn, ob wir uns treffen können. Und wenn ich ihn nicht erreiche, spreche ich ihm eine Nachricht aufs Band.«

»Klingt nach einem Plan.« Bree lächelte sie an. »Schön. Und denk dran, du hast es nur vermasselt, weil du keine Erfahrung mit Dates hast.«

»Du meinst, ich kann Unbedarftheit als Argument anführen?«

»So was in der Art.«

Mikki ging ins Haus und scrollte auf dem Handy durch ihre Kontakte. Als sie seinen Namen sah, holte sie tief Luft und drückte auf das Anrufsymbol. Kurz darauf klingelte es, exakt fünf Mal, dann sprang die Mailbox an.

»Das ist die Mailbox von Duane. Bitte hinterlass eine Nachricht.«

Allein der Klang seiner Stimme machte sie nervös. Wie konnte sie nur so dumm gewesen sein und …

Piep.

»Ähm, hi. Ich bin's, Mikki. Ich dachte, wir könnten mal reden. Am liebsten Auge in Auge, wenn das okay für dich ist. Ich würde dich gerne sehen, und, na ja, ich …« Verdammt. Wieso hatte sie sich nicht vorher überlegt, was sie sagen wollte? »Ich fände es schön, wenn du mir die Chance geben könntest, dir ein paar Dinge zu erklären. Ich freue mich, von dir zu hören.«

Sie beendete den Anruf und ging wieder nach draußen. Bree und Ashley sahen sie erwartungsvoll an.

»Hab ihn nicht erreicht«, erklärte sie. »Aber irgendwie ist mir übel.«

»Ashley ist schwanger«, sagte Bree fröhlich.

»Bin ich nicht!«, quietschte Ashley. »Wieso sagst du so was?«

»Ich wollte Mikki nur ablenken.«

Ashley presste eine Hand auf ihren Bauch. »Darüber macht man keine Witze. Zum Glück hatte ich letzte Woche meine Periode. Ich bin also definitiv nicht schwanger. Mit dir stimmt wirklich was nicht, Bree.«

Bree grinste immer noch. »Darin sind wir uns alle einig.«

In diesem Moment vibrierte Mikkis Handy. Sofort waren alle still, Mikki starrte aufs Display.

Bin um vier zu Hause, falls du vorbeikommen möchtest.

Das mulmige Gefühl in ihrem Magen war sofort wieder da, doch diesmal gepaart mit etwas Hoffnung.

»Er schreibt, ich kann heute Nachmittag vorbeikommen.« Sie drückte das Handy an ihre Brust. »Ich weiß gar nicht, was ich ihm sagen soll.«

Bree hob den Kopf. »Sei ehrlich. Sag ihm, dass du es vermasselt hast und gern eine zweite Chance hättest. Und wenn du dich mutig genug fühlst, sag ihm, dass du dabei bist, dich in ihn zu verlieben.«

»Nein, sag bloß nichts von Liebe«, sagte Ashley. »Das könnte er für eine Falle halten. Entschuldige dich einfach und erklär ihm alles, dann warte ab und lass ihn reden. Wenn du immer weiterplapperst, kommt er sich nicht ernstgenommen vor.«

Beide sahen sie Ashley an. Die zuckte die Achseln. »Ich hab ein paar Selbsthilfebücher gelesen und mit einer Therapeutin von OAR gesprochen. Rein zufällig, versteht sich.«

»Ich vermute, ich brauche auch eine Therapie«, murmelte Bree.

»Schaden könnte es nicht«, pflichtete Mikki ihr bei. »Aber darum kümmern wir uns später.« Sie sah auf die Uhr. »Es ist ja erst elf. Wie soll ich nur die nächsten fünf Stunden überstehen?«

Mikki powerte sich beim Sport richtig aus und traf dann ihre Freundinnen auf einen kleinen Snack beim Taco-Foodtruck. Auf dem Heimweg machte sie noch ein paar Besorgungen und war kurz vor drei wieder zu Hause. Die Tacos hatte sie inzwischen verdaut, aber sie machte sich Gedanken und malte sich alle möglichen Horrorszenarien aus, was gleich passieren könnte, eins schlimmer als das andere.

Sie ging unter die Dusche, föhnte sich die Haare und überlegte lange, was sie anziehen und wie stark sie sich schminken sollte. Sie wollte nett aussehen, aber nicht verzweifelt wirken.

Also nichts zu Verführerisches und nichts zu Cooles. Am Ende entschied sie sich für eine Lightwash-Jeans und ein schlichtes pinkfarbenes T-Shirt, dazu Ballerinas. Ein bisschen wasserfeste Wimperntusche und Lipgloss, und um halb vier stieg sie in ihren SUV und fuhr zu Duane.

Ihr schlug das Herz bis zum Hals, und sie fragte sich alle paar Minuten, ob sie wohl eine Panikattacke erleiden würde. Um sich abzulenken, suchte sie im Radio nach einem Sender, der Oldies spielte, und drehte die Lautstärke voll auf. Dann schmetterte sie zusammen mit den Beach Boys »Barbara Ann«.

Natürlich war sie zu früh und blieb hyperventilierend bis Punkt sechzehn Uhr im Wagen sitzen. Auf dem kurzen Weg zu Duanes Wohnung ermahnte sie sich erneut, dass es das Wichtigste war, sich zu entschuldigen. Alles andere war unwichtig. Hoffentlich wollte er reden, nachdem sie zu Kreuze gekrochen war. Sie hatte sich sogar ein paar Punkte notiert, die sie eben noch einmal durchgelesen hatte. Aber ob diese Art von Vorbereitung in Herzensangelegenheiten hilfreich war?

Sie klopfte an seine Tür. Kurz darauf öffnete er ihr. Sie musterten sich.

Er sieht gut aus, dachte Mikki und bemerkte, dass ihre Knie zitterten. So groß und hübsch und breitschultrig. Er trug ein kurzärmeliges Hemd und Jeans. Sein Blick war undurchdringlich und sein Mund nicht mehr als ein schmaler Strich.

Ohne etwas zu sagen, ließ er sie herein. Null zugewandt, mit geradem Rücken stand er vor ihr, und ihre Hoffnung sank. Offensichtlich war er bereit, sie anzuhören, doch er schien sich nicht im Mindesten zu freuen, sie zu sehen.

Schluss, sagte sie sich. Sie war hier, um das Richtige zu tun und ihn danach zu fragen, was er sich wünschte. Er war ihr nichts schuldig. Sie würde erwachsen und ruhig und ehrlich sein. Wenn ihr das gelang, konnte sie stolz auf sich sein.

Er deutete auf einen Clubsessel im Wohnzimmer und setzte sich aufs Sofa.

Immerhin erwartet er nicht, dass ich stehen bleibe, dachte sie und versuchte, ihre Atmung zu verlangsamen. Das war schon mal gut. Also … vielleicht.

»Es tut mir leid«, sagte sie. »Ich möchte mich bei dir entschuldigen dafür, dass ich in Sachen Perry nicht mit offenen Karten gespielt habe. Es war absolut falsch, dir nichts davon zu erzählen. Ich hoffe, du glaubst mir, wenn ich dir sage, dass ich nichts zu verbergen hatte. Ich bin nur wirklich nicht darauf gekommen, weil es für mich keinerlei Bedeutung hatte. Für mich war zwischen Perry und mir alles wie immer. Als er mir vorschlug, wieder zusammenzukommen, war ich eher sauer als begeistert.«

Sie verschränkte die Finger und zwang sich, Duane anzusehen. »Ich treffe mich mit niemand anderem. Das weißt du. Ich hatte wohl vergessen, dass man mit dem Menschen, an dem einem etwas liegt, besonders ehrlich und respektvoll umgehen sollte. Ich hätte es dir sofort sagen sollen, als Perry mit dem Thema anfing. Ich hätte ihm nicht bei der Renovierung seines Haues helfen sollen und auch nicht weiter mit ihm Müll sammeln sollen. Was nicht heißen soll, dass ich nicht mehr mit Perry befreundet sein kann, wenn du und ich zusammen sind. Wenn ich die Sache rückblickend betrachte, war ich nicht ganz unbefangen. Geschieden von ihm, emotional jedoch nicht völlig getrennt. So etwas hatte ich vorher noch nie. Erst jetzt bin ich mir darüber klar geworden.«

Sie verstummte in der Hoffnung, er würde etwas sagen, doch er schwieg und sah sie nur an.

»Ich vermute mal, dass ich diese Art ›Mittelweg‹ gewählt habe, um nicht auf Partnersuche gehen zu müssen. Aber als ich dich kennengelernt habe, war es mir ein Leichtes, mich von Perry zurückzuziehen.« Sie beugte sich zu Duane. »Ich schwöre es dir – ich hätte nie im Traum daran gedacht, dass du mein Verhalten als Betrug oder fehlenden Respekt werten würdest. Ich war einfach unachtsam und dumm diesbezüglich.«

»Der Mann will noch ein Kind mit dir.«

Sie presste die Lippen zusammen. »Ja, das hat er gesagt. Und ja, das hat mich kurzzeitig aus der Bahn geworfen, weil es mich so verwirrt hat. Dabei hätte ich es sofort besser wissen müssen.« Sie zog den Kopf ein. »Nach über zwanzig Jahren als Mutter und Ehefrau hat es mir schon gefallen, dass sich plötzlich gleich zwei Männer für mich interessierten. Ein Luxusproblem, ich weiß, und nicht sonderlich erwachsen von mir.«

Sie atmete tief durch und sah Duane direkt an. »Es war primitiv und gedankenlos. Und es fällt mir schwer, das zuzugeben, denn ich habe mich nie für einen schlechten Menschen gehalten. Aber vielleicht bin ich in gewisser Weise einer.«

Wieder verstummte sie und wartete.

»Ich möchte dich um Entschuldigung bitten. Und ich möchte, dass du weißt, dass Perry und ich nicht mehr ständig aufeinanderhocken. Wir unternehmen nichts mehr zusammen und gehen auch nicht mehr zusammen essen. Wir reden über die Kinder und sehen uns künftig nur noch bei Familienfesten. Das ist alles. Denn alles andere war und ist nicht gut für uns. Als die Kinder kleiner waren, mussten wir ihretwegen ein Team sein, aber jetzt nicht mehr. Das habe ich einfach nicht kapiert. Erst du hast mir die Augen geöffnet. Es tut mir leid, dass ich dich in meine Co-Abhängigkeit hineingezogen habe.«

Sie räusperte sich. »Ich mag dich wirklich sehr, Duane. Es hat solchen Spaß gemacht, dich immer besser kennenzulernen. Ich mag es, wie wir zusammen lachen und reden können. Du bist ein wunderbarer Mann, und ich bin sehr dankbar für unsere gemeinsame Zeit. Ich möchte all das mit dir erleben, über das wir gesprochen haben. Ich möchte gerne weiter mit dir zusammen sein. Und zwar nur mit dir, exklusiv.«

Er erstarrte für den Bruchteil einer Sekunde, doch es fiel ihr auf. In diesem Moment wusste sie, dass es keine zweite Chance für sie geben würde. Es kostete sie sehr viel Mut und Kraft, ruhig sitzen zu bleiben. Aber sie hatte sich vorgenommen, das Richtige zu tun, ganz egal, wie er reagierte.

»Ich möchte gern dein Vertrauen zurückgewinnen. Denn ich finde, was zwischen uns ist, erlebt man nicht häufig. Es ist was Besonderes. Es tut mir leid, dass ich es versaut habe, und ich hoffe sehr, dass du uns eine Chance gibst.«

Sie wollte ihm noch sagen, dass sie mit Lorraine über Weihnachten gesprochen hatte, aber das kam ihr jetzt zu beliebig vor. Deswegen sagte sie nichts weiter.

Er sah sie kurz an, dann wieder weg. »Du hast mich verletzt.«

Sie nickte und bemühte sich, nicht loszuheulen. Sie wollte nicht, dass er dachte, sie würde ihn mit Tränen zu manipulieren versuchen.

»Ich habe dir vertraut, Mikki. Ich habe an uns geglaubt. Ich war dabei, mich in dich zu verlieben.«

Nun zuckte sie zusammen. War das wirklich so? Hatte sie alles zerstört? Diese Erkenntnis tat furchtbar weh, und trotz aller Bemühungen fing sie nun doch an zu weinen. Verärgert wischte sie sich über die Augen und unterdrückte das Bedürfnis, ihm noch mal alles zu erklären, ihn erneut anzuflehen. Es gelang ihr aber offensichtlich nicht, ihn zu überzeugen, egal, was sie sagte. Und sie wollte ihn ja auch nicht bedrängen.

»Ich muss erst nachdenken über das, was du gesagt hast«, sagte er.

Die Tränen versiegten, und sie sah ihn an. »Du wirfst mich nicht auf die Straße?«

»Wie könnte ich das tun? Meine Wohnung geht nicht zur Straßenseite.«

Wollte er lustig sein? Und wenn ja, war das ein gutes Zeichen?

Er stand auf und stellte sich vor sie. »Verdammt, Mikki. Dein Ex-Mann? Wer tut so was? Hast du mit ihm geschlafen?«

»Nein. Ich habe seit meiner Scheidung mit niemandem geschlafen, außer dieses eine Mal, das so schrecklich war. Ich hatte Earl.«

Duane ging ans andere Ende des Zimmers und sah sie wütend an. »Hast du ihn geküsst?«

»Ein Mal.« Sie überlegte kurz. »Ja, ein Mal.« Und dann fügte sie hinzu: »Aber Earl und ich küssen uns nicht.«

»Vermutlich redet ihr auch nicht allzu viel.« Er rieb sich den Nacken. »Du schreist nach Ärger, Mikki Bartholomew. Das war mir von Anfang an klar. Nur wie sehr, das haut mich gerade ein bisschen aus den Schuhen.«

»Ich wollte nicht nuttig erscheinen. Ich wusste einfach nicht, was ich da tat. Und ich nehme zur Kenntnis, dass ich mich falsch verhalten habe, aber es war wirklich keine Absicht.«

Sie entschied sich, das mit Weihnachten doch anzusprechen. »Ich habe mit Lorraine geredet. Ich habe ihr gesagt, dass du ein Teil meines Lebens bist und dass wir ab jetzt die Feiertage zusammen begehen. Das heißt, wenn du das immer noch möchtest.«

»War bestimmt kein leichtes Gespräch.«

»Sie ist eine starke Frau. Sie kommt klar. Meine Kinder mögen dich, und ich freue mich darauf, deine bald kennenzulernen.«

Sie wollte zu ihm gehen und ihn in den Arm nehmen, doch sie spürte, dass er noch keine endgültige Entscheidung getroffen hatte. Er war es, der zu ihr kommen musste.

Er sagte ernst: »Ich hab dich vermisst. Ich wollte dich so oft anrufen. Ich bin sogar zweimal bei dir vorbeigefahren. Einmal war ich kurz davor, anzuhalten und zu klingeln, aber ich war noch nicht so weit und wusste auch gar nicht, ob du überhaupt da bist. Ich dachte, du wärst vielleicht mit Perry abgehauen.«

»Davon war nie die Rede. Ich bin froh, dass du auf mich gewartet hast. Ich musste mir über eine Menge Dinge klar werden. Nicht, was meine Gefühle für dich angeht. Das war mir immer klar. Aber wieso mir alles andere so entglitten ist. Ich brauchte Zeit, um mich selbst wiederzufinden und zu erkennen, dass ich falsche Entscheidungen getroffen habe. Dadurch habe ich viele Menschen verletzt. Ich war gedankenlos, und das ist nicht gerade etwas, auf das ich stolz bin.«

Er grinste schief. »Entschuldigen kannst du dich jedenfalls super.« Er kam einen Schritt auf sie zu. »Allerdings wirst du dir mein Vertrauen wieder erarbeiten müssen.«

Sie erstarrte. Hieß das, er gab ihnen eine zweite Chance?

»Das will ich gerne tun«, sagte sie leise. »Aber ich weiß nicht, wie. Vielleicht kannst du mir einen kleinen Hinweis geben? Vermutlich wäre es nicht schlecht, wenn du Perry mal kennenlernen würdest. Ihr müsst ja nicht die dicksten Freunde werden, aber wenn ihr euch wenigstens mal begegnet seid, ist eher klar, was Sache ist. Die Kinder könnten dabei sein oder Bree und Ashley. Je mehr Leute, desto besser.«

»Ich möchte deinen Ex eigentlich gar nicht kennenlernen, aber das Argument ist nicht schlecht. Lass uns nur noch ein bisschen damit warten, okay? Bis wir beide wieder da sind, wo wir schon mal waren.«

Sie presste die Hände aneinander. »Zweite Chance also?«

Sein bezauberndes Lächeln erschien. »Zweite Chance. Mit Regeln.«

»Absolut. Regel Nummer eins: Exklusivität. Total und komplett. Nur du und ich. Und niemand anderer.«

»Einverstanden.« Er hielt inne. »Ich hab dich vermisst.«

Bevor sie etwas erwidern konnte, zog er sie an sich und hielt sie so fest, dass sie kaum noch Luft bekam. Aber das war ihr egal. Sie klammerte sich an ihn, atmete seinen Duft ein und spürte seinen Herzschlag.

Und schließlich küsste er sie.

»Ich hab dich vermisst«, wiederholte er und sah ihr in die Augen. »Du bist in mein Leben getreten und hast dich in meinen Kopf geschummelt, und jetzt komme ich ohne dich plötzlich nicht mehr zurecht.«

»Ich hab dich auch vermisst. Sehr sogar. Und es tut mir leid. Wirklich.«

»Ich weiß. Und nun ist gut mit dem Entschuldigen. Lassen wir das hinter uns, okay? Die Zukunft beginnt jetzt.«

»Sehr gut. Also – Thanksgiving mit deinen Kindern und Weihnachten mit meinen Ex-Schwiegereltern?«

»Ja«, flüsterte er. »Und über Silvester nach Paris.«

Sie sah ihn an. »Ich liebe dich, Duane. Mein Herz gehört dir. Ich liebe dich.«

Sie hatte nicht vorgehabt, ihm das zu sagen, und sie wusste nicht, wie er reagieren würde, doch in seinen Augen las sie nur Verwunderung und Freude.

»Ich liebe dich auch«, erwiderte er flüsternd. »Mehr, als du dir vorstellen kannst.«

Sie war so glücklich, dass sie das Gefühl hatte zu schweben. Aber da war noch etwas, das sie ihm sagen wollte.

»Wo wir gerade bei Geständnissen sind … Ich habe mit Earl gebrochen. Schon seit wir beide zum ersten Mal im Bett waren.«

Er sah sie überrascht an. »Das war vor gut einem Monat.«

»Ich weiß, aber irgendwie fand ich es nicht mehr angemessen, ihn zu benutzen.«

»Interessant. Denn nach allem, was ich gehört habe, erleben Frauen in deinem Alter ihre sexuelle Blütezeit.«

»Ja, das hab ich auch gelesen.«

»Diesen Umstand sollte man nicht ungenutzt lassen.«

»Stimmt, das wäre tragisch.«

Er legte einen Arm um sie und führte sie in Richtung Schlafzimmer. »Dich könnte das Ergebnis meines neuesten Bluttests interessieren.«

Plötzlich war sie erregt. »Keine Kondome mehr? Das sollten wir ausprobieren.«

»Finde ich auch.«

Bree folgte Mikki und Ashley ins OAR-Gebäude. Sie hatte sich überreden lassen, ein Freiwilligen-Projekt zum Thema Lese- und Schreibfähigkeit zu übernehmen. Grundsätzlich hätte es dazu keine Überredung gebraucht, doch wegen Hardings Verbindung zu OAR war sie unschlüssig gewesen.

Sie hätte sich am liebsten ein weiteres Mal bei den beiden vergewissert, dass er wirklich nicht da war. Aber sie hatten es ihr bereits mehrfach versichert, also glaubte sie ihnen.

»Wie alt sind die Kinder denn eigentlich?«, erkundigte sie sich. »Das habt ihr mir noch gar nicht gesagt.«

Ashley und Mikki tauschten einen Blick.

»Erste bis dritte Klasse.«

»Noch keine Teenager.«

Sie hatten gleichzeitig gesprochen. Mikki verdrehte die Augen. »Verschiedene Altersgruppen also.«

»Das ist aber nicht sehr sinnvoll«, meinte Bree, als sie nach oben gingen. »Die älteren Kinder schüchtern die jüngeren doch ein.«

Sie blieben vor einer Tür stehen. Bree las das dort angebrachte Schild und wusste sofort, dass ihre Freundinnen sie unter einem falschen Vorwand hierhergelockt hatten. Zu ihrer Enttäuschung gesellte sich Wut.

»Beratung?«, fragte sie. »Es gibt also gar kein Projekt für mich?«

Mikki positionierte sich rasch so, dass Bree nicht einfach wegrennen konnte. »Nein. Wir haben dich angeflunkert, damit du überhaupt mitkommst.«

»Wir versuchen, dir zu helfen«, ergänzte Ashley.

»Vergesst es.«

Bree wandte sich um, um zu gehen, aber Ashley packte sie am Arm und drängte sie in Richtung Beratungszimmer, während Mikki rasch die Tür öffnete. Sie blieb vor der Tür stehen, damit Bree nicht abhauen konnte.

»Eine halbe Stunde«, sagte Ashley. »Mehr nicht.« Sie klang wieder sanfter. »Wir haben dich lieb und möchten, dass du glücklich sein kannst.«

Bree war angewidert von dieser Aktion, die sie als Verrat empfand. »Ihr habt mich ausgetrickst.« Sie konnte es nicht fassen. »Ich habe euch vertraut.«

»Dieses Risiko war uns bewusst«, erwiderte Ashley und nahm ihre Hand. »Es war uns auch nicht wirklich wohl dabei. Aber wir sehen doch, wie du leidest, und wir wissen nicht, wie wir dir sonst helfen könnten.«

»Auf diese Art von Hilfe kann ich jedenfalls verzichten.« Bree machte sich von ihr los. »Ich gehe jetzt.«

»Moment!« Mikki bedeutete Ashley, sich zu ihr zu stellen. »Hör dir doch wenigstens an, was die Frau zu sagen hat. Eine Stunde deines Lebens, okay? Danach kannst du gehen.«

»Ich dachte, eine halbe Stunde?«

Bree wollte gerade ihre Freundinnen von der Tür wegdrängen, da trat eine Frau in den Wartebereich. Sie war Mitte fünfzig, hatte graue Locken und ein freundliches Gesicht.

»Ashley, haltet ihr Bree die Tür zu, damit sie nicht gehen kann?«

»Schon möglich.«

»Haltet ihr das für klug? Wir haben letzte Woche doch darüber gesprochen. Ich arbeite nur mit Patientinnen, die freiwillig zu mir kommen.«

Die Frau wandte sich an sie und streckte ihr die Hand hin. »Hallo. Ich bin Kimberley.«

Es war ein surrealer Moment. Ihre »Entführung« durch ihre Freundinnen, die Therapeutin, alles.

»Freut mich, Sie kennenzulernen«, fügte Kimberley hinzu. »Ashley, bitte mach jetzt die Tür frei.«

Ashley und Mikki reagierten sofort. Mikki stellte sich der Therapeutin vor, dann standen sie alle da und sahen sich an.

Kimberley schenkte ihr ein Lächeln. »Ich schätze mal, Sie haben kein Bedürfnis, hier zu sein.«

»Genau. Ich wurde unter der Vorspiegelung falscher Tatsachen hergelockt.«

Kimberley gab einen Laut der Missbilligung von sich. »Ihre Freundinnen haben es gut gemeint. Aber ich denke, ich wäre auch nicht begeistert. Obwohl es mich freuen würde, dass man sich so um mich sorgt.«

»Für mich ist es ein Vertrauensmissbrauch«, murmelte Bree.

Ashley und Mikki blickten niedergeschlagen zu Boden.

Kimberley deutete auf ihr Büro. »Ich habe mir die Stunde freigenommen. Von mir aus können wir reden – jetzt, wo Sie schon mal hier sind. Aber selbstverständlich können Sie auch gehen. Es ist nur ein Angebot.«

Zu gehen erschien Bree die beste Idee. Sie wusste ja, dass bei ihr was nicht stimmte, und damit konnte sie leben, auch wenn sie es nicht berauschend fand – wie zuletzt bei ihrer Trennung von Harding. Aber das war nun mal der Preis, wenn es um ihren Selbstschutz ging.

»Es bringt sowieso nichts«, sagte sie resigniert.

Zu ihrer Überraschung lächelte Kimberley sie an. »Ich weiß. Sie sind kein Schrank, bei dem man nur mal wieder die Schrauben anziehen muss, damit nichts mehr klappert. Wir reparieren keine Menschen. Aber Sie sehen offensichtlich selbst, dass Sie ein Problem haben.«

Bree nickte. »Ich empfinde nicht so, wie andere Menschen empfinden. Ich lasse niemanden an mich heran.«

»Das ist in Ordnung«, erklärte Kimberley. »Eine typische Verhaltensweise von Menschen, die Missbrauch erfahren haben. Jemandem zu vertrauen, bedeutet, sich zu öffnen. Und das ist nicht leicht.«

Bree sah sie verständnislos an. »Ich habe keinen Missbrauch erlitten. Hat Ashley das behauptet? Meine Eltern haben mich nicht geschlagen oder mich sexuell missbraucht.«

Sie sah sich um und musste feststellen, dass Ashley und Mikki den Raum verlassen hatten. Sie hatte nichts davon mitbekommen. Aber da sie jetzt allein mit Kimberley war, konnte sie auch kurz mit ihr in ihr Büro gehen.

»Wie gesagt, ich bin kein Missbrauchsopfer«, wiederholte sie, nachdem sie in einem bequemen Ledersessel Platz genommen hatte.

»Missbrauch hat viele Gesichter«, erklärte Kimberley. »Emotionaler Missbrauch ist genauso zerstörerisch wie körperliche oder sexuelle Gewalt. Aber vielleicht können Sie mit dem Begriff Vernachlässigung mehr anfangen.«

»Ja, das trifft es besser.«

»Wir Menschen sind dazu in der Lage, uns an so gut wie alles anzupassen. Je jünger wir sind, desto schneller geht das. So kann Schmerz zu einer Empfindung werden, die wir nicht nur als etwas Normales annehmen, sondern die wir verstehen und nach der wir regelrecht suchen. Aus diesem Grund suchen sich Kinder von Alkoholikern häufig Partner, die ebenfalls ein Alkoholproblem haben. Auch wenn sie selbst nicht an dieser Krankheit leiden, wissen sie, wie sie funktioniert und wie damit umzugehen ist. Für diese Menschen kann es komplizierter sein, sich mit jemandem zusammenzutun, der kein Alkoholiker ist. Denn dann gelten andere Regeln, und sie fühlen sich nicht in der Lage, darauf angemessen zu reagieren und der Norm entsprechend zu handeln.«

Kimberley sah sie kurz an und lächelte. »Natürlich verallgemeinere ich gerade, aber ich denke, Sie verstehen, was ich damit sagen will.«

Bree blinzelte. »Sie wollen sagen, dass ich in meinen Beziehungen nach gewissen Mustern suche, damit ich mich wohlfühle. Und wenn diese Muster nicht da sind, ist es schwerer für mich.«

Das klang irgendwie einleuchtend, auch wenn sie sich das selbst nie so klargemacht hatte. »Mein Mann Lewis war tatsächlich wie meine Eltern. Als ich mich in ihn verliebte, dachte ich, das wird großartig. Ich dachte, er liebt mich – im Gegensatz zu meinen Eltern, von denen ich mich nie geliebt gefühlt habe. Aber auch bei ihm irrte ich mich.«

Sie hielt inne. »Alle diese Männer, mit denen ich im Bett war – ich habe sie immer auf Distanz gehalten. Ich habe mich ihnen gegenüber so verhalten wie meine Eltern sich mir gegenüber. Ich war immer diejenige, die alle Entscheidungen traf.«

Hatte Kimberley vielleicht recht? Kam der Schmerz daher,

dass sie versuchte, dieses Muster aufzubrechen? »Es fiel mir auch schwer, Mikki und Ashley zu vertrauen.« Ihre Mundwinkel zuckten. »Und jetzt haben die beiden mein Vertrauen tatsächlich enttäuscht.«

»Das Verhalten der beiden ist nicht vergleichbar mit dem Verhalten anderer Menschen in Ihrem Leben, denke ich. Aber ich merke, Sie haben sich schon selbst Gedanken gemacht. Das klingt alles sehr schlüssig.«

»Ja, ein bisschen.« Bree wandte sich ab. »Ashley liest immer diese Ratgeber-Bücher. Ich hab mal aus Neugierde in dem einen oder anderen geblättert.«

Und manchmal hatte sie sich auch gefragt, wie es wohl wäre, so »normal« zu sein wie alle anderen. Sie sehnte sich einerseits nach dieser Normalität, andererseits wusste sie nicht, welchen Preis sie dafür würde zahlen müssen.

»Ich kann es einfach nicht riskieren«, sagte sie laut. »Noch mal so ein Reinfall, und ich gehe daran zugrunde.«

Kimberley nickte. »Das klingt nachvollziehbar. Sie haben viel durchgemacht. Nur eine Frage noch, bevor Sie gehen, was wäre, wenn es Sie nicht zerstören würde?«

Bree erstarrte. »Was soll das heißen?«

Wieder dieses freundliche Lächeln. »Mist passiert. Die ganze Zeit. Dem kann man sich nicht entziehen. Aber man kann Fertigkeiten entwickeln, die einem helfen, damit umzugehen. In Ihrer Zukunft werden schlimme Dinge passieren, Bree. Niemand weiß, was oder wann, doch sie werden passieren. Es geht auch nicht darum, diese Dinge zu vermeiden, es geht darum, sie zu überleben. Im Moment haben Sie das Gefühl, dass Sie mit emotionalem Schmerz nicht umgehen können. Dass Ihr Herz zu brüchig und zu geschunden ist und in tausend Teile zerspringen würde, wenn Sie Schmerz erfahren. Aber das stimmt nicht. Es gibt Methoden, wie Sie Ihr Selbstempfinden stärken können, eine Art Werkzeugkasten für Gefühle – damit Sie wissen, wie Sie im Notfall reagieren müssen. Und wenn Sie gelernt haben, dass Ihr Herz nicht in tausend Teile zerbricht, werden Sie wieder in der Lage sein, eine Beziehung einzugehen, die Sie glücklich macht.«

Das überzeugte sie nicht. »So leicht ist das nicht.«

»Das hat auch niemand behauptet. Es ist mit Arbeit verbunden, aber es ist machbar. Sie werden Fertigkeiten lernen, die man Ihnen nicht beigebracht hat, als Sie klein waren. Dazu gehört, sich aus ungesunden Mustern zu lösen. Was wir zusammen erarbeiten würden, ist ein langer und mitunter frustrierender Prozess.«

Bree sah die Therapeutin an. Wie gerne würde sie ihr glauben, dass das möglich war, aber sie wollte sich nicht bequatschen lassen. »Woher wollen Sie wissen, dass ich mich ändern kann?«

»Weil Sie eine starke Frau sind. Weil Sie motiviert sind. Weil Sie emotionale Unterstützung haben. Das ist viel mehr als das, was andere Menschen haben. Natürlich kann ich keine Garantien abgeben, aber ich denke schon, dass wir beide erfolgreich zusammenarbeiten könnten.« Kimberley sah sie an. »Wir könnten uns erst mal für einen Monat probeweise einmal pro Woche treffen und dann sehen, wie es läuft. Wenn Sie unzufrieden sind, gehen wir getrennte Wege.«

Bree sah sich in dem kleinen Zimmer um, betrachtete die Blumentapete und den Schreibtisch in der Ecke. »Ich möchte aber auf keinen Fall Harding über den Weg laufen.«

»Meine Praxis ist nicht weit von hier. Sie können auch gerne dahin kommen.«

»Glauben Sie wirklich, Sie kriegen mich wieder hin?«

»Ich bin sicher, ich kann Ihnen dabei helfen, ohne diese Angst zurechtzukommen, die Sie am Leben hindert. Wie sieht's aus – wollen Sie es versuchen?«

Bree wusste, dass sie an einem Wendepunkt angelangt war. Das hier war wichtig. Es war ihre Chance, sich von ihrem mickrigen, verhuschten Leben zu verabschieden. Sad Guy hatte recht. Sie war ein Nichts, das war die Wahrheit.

»Ja, ich wäre gern stärker.«

»Dann sollten wir das zu unserem ersten Ziel machen. Wie wäre es nächsten Dienstagabend?«

29. Kapitel

»Hast du dich entschieden?«, fragte Ashley ihren Bruder.

Harding begutachtete die Plätzchen. »Einen Chocolate Chip und zwei Peanutbutter.«

Sie warf ihm einen wütenden Blick zu. »Du weißt, was ich meine.«

»Hey, wieso interessiert dich nicht, welche Plätzchen ich haben möchte?«, fragte Dave.

Die drei hatten sich bei OAR zum Lunch getroffen. Ashley freute sich, dass Harding inzwischen etwas besser aussah als zuletzt. Offensichtlich aß und schlief er wieder mehr. Er war zwar immer noch traurig, aber wenigstens gesund.

Sie wusste, dass dasselbe auch auf sie zutraf. Mit jedem Tag ging es ihr besser. Sie hatte mit Yoga angefangen – sie fühlte sich da wie die unbeweglichste Person auf dem ganzen Planeten, doch die Bewegung tat ihr gut. Sie ging außerdem regelmäßig zum Surfen und konzentrierte sich voll auf ihr Geschäft.

Sie reichte den beiden Männern die Plätzchen. »Es gibt auch noch eine Variante mit Hafer und Rosinen.«

Dave schüttelte sich. »Eklig. Rosinen.«

»Aber Wein und Trauben magst du.«

»Ja und?«, fragte er schelmisch. »Wo ist da der Zusammenhang?«

Ashley lachte und wandte sich an Harding: »Also.«

»Ich habe meinen Mietvertrag verlängert«, sagte er. »Ich möchte vorerst in L. A. bleiben.«

»Schön. Das freut mich, bereitet mir aber gleichzeitig auch etwas Sorge«, gestand sie. Sie hatte halb damit gerechnet, dass ihr Bruder sich nach der Sache mit Bree wieder aus dem Staub machen würde.

»Meine Entscheidung hat nichts mit Bree zu tun«, erklärte er. »Los Angeles ist mein Zuhause.« Er grinste. »Außerdem ist der Flughafen nicht weit weg.«

»Gehst du etwa auf Tour?«

Er nickte. »Mein Verlag schickt mich los. Ich werde die Tour mit weiteren Recherchen für mein Trauer-Buch verbinden. Es gibt ein paar Leute, die ich interviewen möchte. Ich werde jeweils für einige Wochen am Stück weg sein.«

Ashley musterte ihn. »Alles okay?«

»Es wird langsam besser. Ich vermisse sie immer noch, aber ich kann sie ja nicht zwingen, mich zu lieben.« Er starrte auf den Tisch, dann sah er wieder sie an. »Ich wüsste gern, wie es ihr geht.«

»Wir hatten ausgemacht, nicht davon anzufangen.«

»Ich weiß. Aber ihr geht's gut, oder?«

Ashley dachte darüber nach. Bree arbeitete viel, ging jeden Donnerstag surfen, zweimal die Woche zum Spinning – und tatsächlich nach wie vor zu Kimberley zur Therapie.

»Harding, bring mich nicht in eine unangenehme Situation.«

Ihr Bruder lächelte traurig. »Entschuldige.« Er nahm sich ein paar Plätzchen. »Ich geh dann mal. Tschüs, ihr zwei.« Er küsste sie zum Abschied auf den Kopf und nickte Dave kurz zu.

Ashley sah ihm hinterher. »Er leidet immer noch«, murmelte sie.

»Er hat sein Herz an Bree verloren. Es dauert, bis er darüber hinweg ist. Apropos Herz – wie geht es dir denn?«

»Besser«, sagte sie. »Ich werde nicht mehr wütend, und ich heule auch nicht mehr. Natürlich vermisse ich manches, anderes dafür nicht. Ich halte mich an dem Gedanken fest, dass ich nichts falsch gemacht habe. Es hat lange gedauert, bis ich so weit war, das zu verstehen, doch ich habe die richtige Entscheidung getroffen, und ich bin stark geblieben. Ich werde vermutlich nie erfahren, was Seth für ein Problem hat, aber das ist okay. Ich muss mich um mich selbst kümmern, und gegen Ende unserer Beziehung habe ich das nicht mehr getan.«

Sie nahm sich ein Plätzchen. »Das ist natürlich ein Prozess.«

»Ich finde dich bewundernswert«, sagte Dave. »Du gehst das richtig proaktiv an.«

»Muss ich mir jetzt wieder eine dieser OAR-Plattitüden anhören?«

Er spielte kurz den Beleidigten. »Plattitüden? Das sind Perlen der Weisheit.«

»Na klar. Das kannst du einer anderen erzählen.«

»Na gut. Sag mal … was machst du am Samstag nach Thanksgiving? Hast du da was vor?«

Sie sah ihn an. »Am Samstag nach Thanksgiving? Das ist in zwei Monaten. Was sollte ich denn da schon vorhaben?«

»Na ja, es ist ein langes Wochenende. Vielleicht verreist du oder bist auf einem Konzert.«

Lag es an ihr, oder war Dave irgendwie seltsam? »Harding und ich fliegen über Thanksgiving zu unseren Eltern. Harding bleibt übers Wochenende dort, aber ich muss am Freitagmorgen zurück wegen der Arbeit. Du weißt schon, Black Friday. Und am Tag darauf Small Business Saturday.«

»Würdest du an diesem Samstag mit mir essen gehen?«

»Wieso? Steht ein OAR-Event an? Wenn es nicht zu früh losgeht, kann ich dabei sein. Bree, Mikki und ich haben uns gegenseitig versprochen, dass wir an den Wochenenden keine Überstunden machen, und wir machen samstags um siebzehn Uhr zu. Nur im Winter schon eher, weil es da früher dunkel wird.«

»Nein, da ist kein OAR-Event.«

Irgendwas an seinem Tonfall hatte sich verändert. Was war denn los? Sie sah ihn an, konnte seinen Blick jedoch nicht deuten.

»Jetzt bin ich verwirrt. Du möchtest an dem Samstag mit mir ausgehen, aber es ist kein OAR-Event an dem Tag?«

»Genau.«

»Was denn dann?«

»Du und ich. Ein Date.«

Sie legte das Plätzchen, das sie sich gerade genommen hatte, wieder hin und wischte sich sorgfältig die Hände an einer Serviette ab. Ihr schwirrte der Kopf, und sie wusste nicht, was sie denken sollte.

»Ein Date«, wiederholte sie langsam, als fragte sie sich, was dieser Begriff überhaupt bedeutete.

»Wie du gesagt hast, das ist in zwei Monaten. Ich weiß nicht, ob du bis dahin völlig über Seth hinweg bist, aber zumindest wird es dir dann schon besser gehen. Mein Timing ist vielleicht nicht das beste. Ich wünsche dir natürlich, dass du diese Sache gut hinter dir lassen kannst. Gleichzeitig möchte ich vermeiden, dass du jemand Neuen kennenlernst.«

Okay, langsam kapierte sie, worauf er hinauswollte. Dave wollte mit ihr essen gehen. In zwei Monaten. Ein Abend zu zweit.

»Du willst mit mir ausgehen«, stellte sie fest.

»Erraten.«

»So ein Jungs-Mädchen-Ding?«

»Ich würde Mann-Frau-Ding bevorzugen. Aber ja.«

»Ein Abend zu zweit.«

Er lachte. »Eigentlich hatte ich dich für schlauer gehalten.«

»Sei nicht so überheblich. Ich war vor Jahren übelst in dich verknallt. Damals hab ich es dir gestanden, und du hast bloß meinen Kopf getätschelt, als wäre ich ein Welpe. Du hast gesagt, ich sei Hardings kleine Schwester, und etwas anderes würde ich nie für dich sein. Das hat mir das Herz gebrochen.«

Nun lachte Dave nicht mehr. »Hey, das hat dein Ego aber nicht unwiederbringlich zerstört. Damals warst du noch ein Kind, Ashley.«

»Hallo? Ich war siebzehn.«

»Sag ich ja. Du hattest dein ganzes Leben noch vor dir, und ich saß gerade frisch im Rollstuhl. Ich wollte nicht, dass du zu einem Kollateralschaden wirst.« Er wandte kurz den Blick ab. »Ich wollte nicht, dass du dich in irgendeiner Weise verpflichtet fühlst.«

Okay. Spannend. »Und wieso jetzt?«

»Schlechtes Timing. Vor fünf oder sechs Jahren hätte ich einen Versuch starten wollen, aber da warst du mit jemandem zusammen. Dann hatte ich eine Freundin. Dann kam Seth, der absolute Albtraum! Das ist nun aus, und auch wenn ich genau weiß, dass du noch nicht wieder bereit für eine Beziehung bist, will ich es nicht darauf ankommen lassen. Ich möchte verhindern, dass du irgendwann zwischen jetzt und November jemanden kennenlernst.« Er grinste sie an. »Du bist emotional schon ein sehr flatterhafter Typ.«

Sollte sie ihm etwas an den Kopf werfen oder sich auf seinen Schoß setzen und ihn küssen? Verdient hätte er beides.

»Ich bin ein bisschen sprachlos«, gestand sie und versuchte, seine Worte zu verarbeiten.

»Ja wäre für den Anfang ganz gut.«

Sie sah ihn an. »Ja, Dave. Ich würde sehr gern am Samstag nach Thanksgiving mit dir essen gehen.«

»Dann haben wir also ein Date.«

»So ist es.«

»Ich könnte übrigens verstehen, wenn du dich noch mit anderen Männern treffen möchtest. Du sollst dich nur bitte nicht verlieben.«

»Versprochen.«

Sie sah ihn an und fühlte sich plötzlich so glücklich und aufgedreht und auch ein bisschen eingeschüchtert. Er kam zu ihr herübergerollt.

»Okay, dann sollten wir kurz etwas klären. Ich will mir nicht anmaßen, vorherzusagen, was passieren wird. Aber falls es zwischen uns gut läuft, wirst du dich sicher irgendwann fragen, wie das alles gehen soll. Dazu kann ich dir versichern, bei mir funktioniert untenrum noch alles. Und das ist eine große Sache. Die Ausstattung ist in bestem Zustand.« Er grinste sie an. »Wie bereits besprochen.«

Ashley schluckte. »Stimmt. Du warst ziemlich beeindruckt von dir.«

»Wirst du auch sein.« Sein Grinsen verschwand. »Es gibt allerdings Dinge, die ich nicht tun kann. Vieles hat mit Hebelkraft und Stärke und Kontrolle zu tun. Ich werde nie wieder laufen können, Ashley. Auf mich wartet kein Wunder. Aber ich bin durchaus in der Lage, all das zu sein, was du dir von einem Mann wünschst.«

Er streichelte ihr Gesicht. »Ich schick dir mal eine Bücherliste. Da wirst du die Antworten auf die meisten deiner Fragen finden. Und wenn es etwas gibt, das du zusätzlich wissen willst, wende dich einfach an mich. Falls dir allerdings beim Lesen klar wird, dass das nicht das Richtige für dich ist, habe ich absolutes Verständnis dafür. Kein Thema.«

Seine Ehrlichkeit rührte sie. Er spielte mit offenen Karten. Wie konnte man dem widerstehen? Oder ihm?

»Ich werde jedes Buch lesen«, versprach sie. »Und dich alles fragen.«

»Ich bin da.«

Das wusste sie. Dave würde für sie da sein, egal was geschah. Er war klug, entschlossen, loyal, freundlich und stark. Und er wollte gern in einer Kirche heiraten.

»Ich muss wieder zurück zur Arbeit«, murmelte sie und hätte ihn am liebsten geküsst. Aber er hatte recht – sie brauchte noch Zeit.

»Ich auch.«

Sie stand auf und ging zur Tür, dort wandte sie sich um und sagte: »Wir können ja heute Abend mal telefonieren.«

»Passt es dir um neun?«

»Neun ist super.«

Bree hatte Mühe, mit dem Tippen hinterherzukommen, zu schnell waren ihre Gedanken. Den Computer benutzte sie eigentlich sonst nur für die Arbeit oder fürs Online-Shopping. Schreiben war neu für sie. Kimberley hatte vorgeschlagen, dass sie ein Tagebuch führen könnte. Drei Wochen lang hatte Bree sich geweigert, bis sie schließlich doch nachgegeben hatte. Inzwischen setzte sie sich jeden Morgen zwanzig Minuten lang hin und schrieb nieder, was sie beschäftigte.

Es war lästig und nervte sie, aber nachdem sie die erste Woche hinter sich gebracht hatte, freute sie sich mittlerweile auf das allmorgendliche Ritual, ihre Gedanken zu ordnen. Zusätzlich hatte sie sich angewöhnt, sich auch am Abend für eine halbe Stunde hinzusetzen und andere Dinge aufzuschreiben. Dabei ging es um ihre Eltern und um Lewis. Und nach einer weiteren Woche auch um Harding.

Er fehlte ihr nach wie vor, aber mittlerweile hatte sie sich an dieses Gefühl gewöhnt. Es war so alltäglich geworden wie Atmen. Natürlich würde sie gern Ashley nach ihm ausfragen, doch sie hielt sich zurück. Das gebot der Respekt vor ihrer Mitbewohnerin. Sie wollte ihr gutes Verhältnis nicht zerstören, daher hielten sie sich beide an ihre Abmachung, Harding nicht zu erwähnen. Ashley traf sich mit ihrem Bruder auch nie bei ihr, und er kam nie im Laden vorbei. Dass sie manchmal zu der Straßenecke fuhr, von der aus sie sein Haus sehen konnte, erzählte Bree niemandem. Aber sie schrieb es auf.

An den meisten Tagen löschte sie alles, was sie geschrieben hatte. Sie wollte ja keinen Roman verfassen. Nein, das sollte niemand zu lesen bekommen. Sie wusste, dass dieses Schreiben allein gut für sie war, dass es ihr half – und nur darum ging es und um nichts anderes. Hin und wieder speicherte sie allerdings gewisse Abschnitte, und Ende Oktober hatte sie fünf Seiten zum Thema Trauer zusammen.

Sie las sie noch einmal durch.

Offene Wunden zu entdecken, viele Jahrzehnte, nachdem sie entstanden sind, heißt nicht, dass sie nicht immer noch das Zeug dazu hätten, zu schwären und zu eitern. Deswegen muss man sich um sie kümmern und sie behandeln. Sie verdienen Aufmerksamkeit, denn sonst heilen sie nie. Der Schmerz mag bleiben, aber zumindest weiß man, warum es wehtut und warum man tut, was man tut. Diese Erkenntnis ist Gold wert.

Für mich ist Trauer etwas Lebendiges. Eine kaltherzige, erbarmungslose Drecksau, die im Schatten lauert. Wenn ich müde oder gestresst bin, droht sie mich zu packen, will mich schwächen und mich außer Kraft setzen. Manchmal erschreckt sie mich damit, wie groß sie ist. Aber ich habe gelernt, wie ich mich ihr widersetzen kann. Und wenn sie jetzt angreift, habe ich das Gefühl, dass sie nicht mehr so übermächtig ist wie früher.

Gesund zu werden, zu heilen ist eine Option. Ich habe mich entschieden, dass ich wieder »ganz« sein möchte. Das war nicht einfach, und es war auch keine freiwillige Entscheidung, aber die Alternative wäre ein Leben in nicht endendem Schmerz – und das wollte ich nicht mehr. Schmerz trocknet mich aus, raubt mir alle meine Lebensgeister. Über kurz oder lang wäre ich verdorrt und eingegangen.

Deswegen fasse ich jeden Morgen den Entschluss, dass es mir besser gehen soll. Natürlich gelingt mir das an einigen Tagen überhaupt nicht, doch dann versuche ich es noch mal. Zum Beispiel, indem ich eine Freundin einfach in den Arm nehme. Für die meisten Menschen ist das keine große Sache, aber mich kostet es unglaubliche Überwindung. Ein kleiner Schritt nach dem anderen – so zumindest ist der Plan.

Man muss die Entscheidung bewusst treffen, dass man »trotz allem« gesunden möchte. Und eines Tages, wenn man mal unaufmerksam ist, erlebt man überraschend einen Moment des Glücks. Ganz kurz, und dann kehrt der Schmerz zurück. Dann bezahlt man für diesen kleinen

Moment, aber irgendwann stellt man fest, dass es immer mehr von diesen Momenten gibt. Bis man merkt, dass die Trauer nicht mehr ganz so groß und schrecklich ist und man sogar vielleicht ein bisschen Mitleid mit ihr haben kann.

Bree speicherte die Datei, dann klickte sie auf »Drucken«. Als alle Seiten ausgedruckt waren, steckte sie sie in einen Umschlag und ging nach unten.

Es war schon spät, kurz nach Mitternacht. Sie schnappte sich ihre Handtasche und ging zu ihrem Wagen.

Der Himmel war wolkenlos, aber Sterne sah man natürlich trotzdem nicht – Los Angeles eben. Die Lichter der Stadt waren zu grell. Nur die Flugzeuge blinkten am Himmel, und sie waren fast genauso hell wie ein Stern.

Es war nicht weit zu Harding. In mehreren Zimmern brannte dort wie erwartet Licht. Der Mann war eine Nachteule. Sie stellte das Auto in einiger Entfernung ab und ging zu seinem Haus.

Liebend gern hätte sie ihn gesehen, wenigstens für ein paar Sekunden. Sie wollte ihm in die Augen schauen und ihn lächeln sehen. Sie wünschte sich, er würde sie in die Arme nehmen, sie an sich ziehen und sie nie mehr loslassen. Sie wollte, dass er mit ihr ins Bett ging und all die wunderbaren Dinge mit ihr tat, die sie schon einmal getan hatten.

Schnell hatte sie die Haustür erreicht und legte eine Hand auf das Holz. Natürlich klingelte oder klopfte sie nicht. Das brachte sie nicht über sich. So weit war sie noch nicht, und ihre Anwesenheit würde ihn nur verletzen. Sie musste erst stärker werden.

Trotz aller Sehnsucht und allen Schmerzes tat sie nur eins, sie legte den Umschlag auf die Fußmatte und ging dann leisen Schrittes davon.

»Nimm eine Jacke mit«, sagte Mikki in Mutter-Manier.

Ashley verzichtete darauf, die Augen zu verdrehen, und sagte nur: »So kalt ist es nicht.«

»Wir haben nicht mal zwanzig Grad. Du wirst eine Jacke oder ein Hoodie brauchen.«

Inzwischen war es Oktober. Die Tage wurden kürzer, und am Strand war es unter der Woche längst nicht mehr so voll. Aber zum Glück hatte das keine Auswirkungen auf ihr Geschäft – sie hatten nach wie vor gut zu tun.

Wie geplant, hatten sie Räumlichkeiten bei OAR angemietet. Die Organisation vor Ort hatten Ashley und Mikki übernommen, um Bree die Anwesenheit dort zu ersparen. An den Tagen, an denen Bree dort war, sorgte Ashley dafür, dass Harding sich fernhielt – momentan kein großes Problem, weil er ja wieder auf Tour war.

Ashley gab nach und zog sich ein Sweatshirt über. Dann schnappte sie sich die Flasche Piper-Heidsick Brut, die sie für heute Abend ausgewählt hatte. Sie waren übereingekommen, dass eine Flasche jeden Freitagabend genug war, und auch Snacks gab es keine mehr. Sie waren zur Normalität zurückgekehrt.

Ihre Freundinnen warteten schon vor dem Laden. Mikki war inzwischen offiziell mit Duane zusammen und strahlte vor Glück. Sie trug ihre Haare wieder länger und wirkte insgesamt quirliger. Sie studierte das Etikett der Flasche.

»Der wird uns schmecken«, verkündete sie. »Wollen wir los?«

Ashley lief neben Bree her. »Irre ich mich, oder ist Mikki besser drauf als sonst?«

»Absolut«, pflichtete Bree ihr bei. »Das nehme ich mal nicht persönlich.«

»Frisch verliebt halt. Schade, dass es nur bei ihr so ist.«

»Deine neue Liebe wartet doch schon, also beschwer dich nicht.«

Ashley grinste. »Noch ist das nicht sicher.«

Bree stöhnte. »Ach nein? Der Mann hängt jeden Tag bei dir ab. Ihr seid die ganze Zeit zusammen, tut aber trotzdem so, als wärt ihr kein Paar.«

»Sind wir ja auch nicht. Wir lernen uns erst mal kennen. Wir haben uns noch nicht mal geküsst bis jetzt.«

Mikki legte einen Arm um sie. »Dann solltet ihr mal damit anfangen. Es gibt nichts Besseres.«

»Wir wollen noch warten. Dave meint, ich muss erst Seth vergessen haben.«

»Und? Ist es schon so weit?«, fragte Bree.

Ashleys gute Laune erhielt einen Dämpfer. »Überwiegend ja. Er fehlt mir nicht mehr, aber ich habe hin und wieder das Gefühl, dass ich etwas bereuen muss. Wer von uns hat wann was falsch gemacht. Und dieser Prozess hält an.«

»Er hat alles falsch gemacht«, meinte Mikki. »Daran solltest du denken.«

»Ich finde, euch trifft beide eine gewisse Schuld«, warf Bree ein. »Beziehungen sind selten einseitig. Auch du hast dir etwas vorzuwerfen.«

»Da hast du wohl recht, und ich muss sagen, das nervt.«

Bree lachte.

Sie setzten sich an ihrem üblichen Platz hin. Um diese Jahreszeit waren nicht mehr so viele Menschen unterwegs, und das Meer schien lauter zu sein. Ashley öffnete die Flasche, wie sie es von Mikki gelernt hatte, und schenkte ihnen ein. Sie fachsimpelten über das sanfte Ingwer-Aroma und den weichen Abgang.

»Laut ›Ladies Know Wine‹ eignet sich dieser Champagner besonders gut für ein erstes Date«, sagte Mikki.

»Na, dann muss es ja stimmen«, lästerte Bree.

»Hallo? Willst du etwas gegen meinen bevorzugten Wein-Blog sagen?«

Bree umarmte sie. »Das würde ich niemals wagen.«

Sie sprachen über die Arbeitswoche, die hinter ihnen lag, und stritten kurz darüber, wie viele Weihnachtsbäume sie im Laden aufstellen sollten.

»Die Kunden müssen sich noch bewegen können«, kam als Hinweis von ihr.

»Find ich auch«, sagte Bree und trank einen Schluck. »Maximal fünf Bäume, mehr nicht.«

»Einverstanden«, meinte Ashley.

»Na gut, ihr Geizkrägen.« Mikki sah sie an. »Und ganz sicher, dass du nicht mit Dave ins Bett gehst?«

»Nein. Wir loten unsere Freundschaft aus. Bis zum Samstag nach Thanksgiving.«

»Na gut.« Mikki holte aus ihrer Jackentasche ein Kästchen hervor. »Für euch. Von uns beiden.«

Ashley sah ihre Freundinnen an. »Ein Geschenk für mich? Wofür?«

Bree und Mikki grinsten.

»Mach auf«, forderte Mikki.

Ashley riss das hübsche geblümte Geschenkpapier auf und starrte ungläubig auf das Bild, das das Kästchen zierte. Ein rosafarbenes Plastikkaninchen war an etwas befestigt, das wie ein Baum aussah, und in schnörkeliger Schrift stand darauf »endlose Lust und Freuden«.

»Ich glaub's nicht! Ein Vibrator!«

Mikki und Bree schütteten sich aus vor Lachen.

»Das ist kein Vibrator. Es ist dein eigener Earl. Auf der Website hieß es, dieses Modell sei sehr beliebt bei der jüngeren Generation.«

Bree grinste. »Zur Überbrückung. Bis es mit Dave zur Sache geht.«

Ashley wurde knallrot. »Was habt ihr euch nur dabei gedacht?«

»Jede Frau hat Bedürfnisse. Earl hat mir durch schwere Zeiten geholfen.«

Mikki und Bree hielten ihre Gläser hoch, und Ashley stieß mit ihnen an.

»Danke«, sagte sie. »Vermutlich.«

»Du wirst schon sehen«, meinte Mikki augenzwinkernd.

Bree schüttelte den Kopf. »Ich hoffe nur, du schreist nicht so laut. Das wäre nämlich für mich ein bisschen doof.«

30. Kapitel

»Hab ich nur den Eindruck oder ist das mehr Geschenkpapier als noch heute Morgen?«, fragte Mikki lachend.

Bree hielt den Müllsack hoch, der von Geschenkpapier überquoll. »Wo kommt das alles her? Ich war schon zwei Mal im Familienzimmer.«

»Ich glaube, es vermehrt sich, wenn wir nicht hier sind. Bitte nicht aufräumen, wir haben Weihnachten!«

»Ich bringe gern Ordnung ins Chaos«, sagte Bree. »Ein Durchgang noch, dann höre ich auf. Versprochen.«

Mikki hielt sich mit weiterem Protest zurück. Bree wusste, dass der heutige Tag ein Test für ihre Freundin war. Sie hatte den Tag mit einem Dutzend freundlicher Menschen verbracht, die in Weihnachtsstimmung waren. Eigentlich hatte sie zu Hause bleiben wollen, aber sie wusste, dass ihr das hier guttat. Es war gesünder für sie. Und auch schöner, als allein zu Hause zu hocken.

In der kleinen Ruhephase zwischen Bescherung und Abendessen waren die meisten von ihnen draußen. Lorraine und Rita sahen bei dem Volleyballspiel zu, Chet gab den Schiedsrichter. Perry spielte in einer Mannschaft mit seiner neuen Freundin, einer hübschen Blondine, die zwölf Jahre jünger war als er.

Bree fragte sich, ob sie die Einzige war, der auffiel, wie ähnlich diese Frau Mikki sah. Doch sie sagte nichts. Perrys neue Freundin war nett und ihre zwei kleinen Töchter entzückend.

Sydney und Will traten gegeneinander an. Sie wollten beide mit Duane in einem Team sein, aber er hatte sich für Sydney entschieden, was Will ihm übelnahm. Das hatte Duane wiedergutgemacht, indem er Will versprochen hatte, dass er nach dem Essen eine Runde mit Duanes Wagen drehen durfte.

Nachdem Bree den Geschenkpapiermüll in der Tonne versenkt hatte, wusch sie sich die Hände und half Mikki beim Tischdecken. Da sie ihre Freundin ziemlich gut kannte, war sie nicht sonderlich erstaunt über deren Weihnachtsteller, die weihnachtlich bestickten Servietten und die Salz-und-Pfeffer-Streuer im Weihnachtsmann- und Weihnachtsfrau-Look.

Am Vorabend hatte es ganz klassisch Truthahn gegeben. Heute war der Braten dran, Mikkis Prime Rib mit Yorkshire Pudding. Bree steuerte einen Obstkuchen bei. Ihr Backunterricht bei Oscar zahlte sich aus.

»Alles gut bei dir?«, wollte Mikki wissen.

»Ja, macht Spaß. Danke für die Einladung.«

Mikki stellte eine Sauciere auf den Tisch und baute sich dann vor ihr auf. »Du bist so weit. Ruf ihn an.«

Bree musste nicht fragen, wen Mikki meinte. »Es ist vier Monate her. Er ist drüber weg.«

»Warum sagst du das? Du bist auch nicht drüber weg. Du bist immer noch so verrückt nach ihm wie an dem Tag, als du seinen knackigen Hintern auf die Straße gesetzt hast.«

Bree grinste. »Schönes Bild.«

»Ja, finde ich auch. Also los, es ist Weihnachten. Du hast ein bisschen Freude verdient.«

»Er hat doch eh eine neue Freundin.«

Mikki riss den Mund auf. »Was?«, fragte sie schrill. »Seit wann? Davon weiß ich gar nichts. Ashley hat mir nur gesagt, dass er dauernd unterwegs und am Arbeiten ist. Und dass er niemanden hat. Also, woher willst du das wissen? Dieser Mistkerl!«

»Die Frauen liegen ihm zu Füßen. Glaub mir, es gibt bestimmt jemanden.«

»Ich verstehe. Du spekulierst nur, dass es jemanden gibt. Und wenn du dir einredest, dass er eine Freundin hat, musst du dir nicht eingestehen, dass du nach wie vor in ihn verliebt bist. Wie nennt man das? Ablenkungsmanöver oder verdammte Feigheit?«

»Jetzt hör doch mal auf damit. Fürs Fluchen bin immer noch ich zuständig.«

»Aha. Du leugnest also nicht, dass du ihn liebst.«

Bree seufzte. »Nein.«

Kimberley hatte ihr geholfen, die Wahrheit zu erkennen – oder sie sich einzugestehen. Sie hatte Harding geliebt. Das war der Grund dafür gewesen, dass sie sich so schlecht benommen hatte – sie hatte Angst davor gehabt, was er mit ihrem kleinen Herz anstellen würde.

»Aber du willst ihn nicht anrufen.«

»Was soll ich denn sagen?«, fragte Bree. »Hallo, ich bin's. Ich bin nicht mehr ganz so verkorkst. Wollen wir was zusammen machen? Ins Kino gehen?«

»Das wäre zumindest ein Anfang.«

»Er hat kein Interesse.«

»Das weißt du doch gar nicht. Vielleicht liebt er dich immer noch, vielleicht schläft er aber auch mit jeder Stewardess zwischen hier und Miami. Wir können ja mal Ashley fragen.« Mikki suchte nach ihrem Handy.

»Nein«, sagte Bree entschieden. »Wir werden Ashley nicht an Weihnachten nerven.«

Ihre Freundin feierte mit ihren Eltern, Dave und Harding und vermutlich Hardings neuer Partnerin bei Dave. Er kochte selbst. Witzigerweise hatten er und Ashley so lange ihre »Freundschaft ausgelotet«, dass ihr erstes Date gleich zu einem gemeinsamen Wochenende geworden war. Ashley hatte es am Montag kaum zur Arbeit geschafft. Und seitdem waren die beiden ein Paar.

Was Bree toll fand. Ashley hatte sich verliebt und wurde wiedergeliebt. »Ich decke den Tisch zu Ende«, sagte sie. »Guck du mal nach deinem Braten. Ich hatte eben den Eindruck, er könnte ein bisschen zu dunkel geworden sein.«

Mikki gab ein Kreischen von sich und eilte in die Küche. Bree hatte kurz ein schlechtes Gewissen wegen ihrer kleinen Flunkerei, aber sie hatte einfach keine Lust, weiter über Harding zu reden. Es machte sie traurig. Nur weil sie jetzt besser mit ihrem Schmerz umzugehen wusste, machte sie das nicht weniger traurig.

Zum Glück wurde Mikki vom Braten abgelenkt, und kurz darauf war auch das Volleyballspiel beendet. Alle kehrten ins Haus zurück, und damit war es eindeutig zu laut und zu munter für eine weitere Selbstprüfung.

Mikki machte sie zur Beauftragten für die Yorkshire Puddings. Dreißig Minuten und diverse graue Haare später ließ Bree die kleinen Backwerke in einen mit Servietten ausgelegten Brotkorb gleiten. Mikki, sie und Lorraine tischten gemeinsam auf. Als alle saßen, fassten sie sich an den Händen, und Chet sprach ein Tischgebet.

Das ist es, dachte Bree irgendwann, als Duane mit Perry und den Mädchen herumalberte und Rita und Lorraine sich über irgendetwas kaputtlachten. Das möchte ich auch haben. Familie, Freunde, Glück.

Ein Haus, Kinder, einen Hund. Und dich. Ich liebe dich.

Hardings Worte klangen in ihrem Kopf wider. Er hatte ihr seine Liebe gestanden. Er wollte für immer mit ihr zusammen sein, und das glaubte sie ihm auch. Und dennoch hatte sie ihm nicht genug vertrauen können, um sich darauf einzulassen.

Nein, sagte sie sich. Nein, ihn trifft keine Schuld. Sie war es, die nicht genug Mut aufgebracht, nicht genug Stärke gezeigt hatte. Weil sie nicht daran glaubte, dass sie es schaffen würde. Sie hatte es vorgezogen, die sichere Variante zu wählen. Die Variante, bei der sie nicht ihr Herz riskieren musste. Diese Erfahrung brauchte sie kein zweites Mal.

Ich kann stolz auf mich sein, dachte sie. Ich habe viel gelernt, und mir geht es besser. Aber war das genug? Oder wartete Harding tatsächlich immer noch auf sie?

Nach dem Essen verzogen sich alle nach nebenan ins Wohnzimmer, um »Ist das Leben nicht schön?« zu gucken, und Bree nahm Mikki an der Hand und zog sie kurz aus dem Zimmer. Dann umarmte sie sie.

»Danke für mein schönstes Weihnachten überhaupt«, sagte sie.

Mikki hielt sie ganz fest. »Ich bin so froh, dass du gekommen bist.« Sie machte sich los. »Ruf ihn an. Es gibt keine andere Frau, ich habe Ashley gefragt. Ruf ihn an.«

Die Worte hatten eine regelrecht lähmende Wirkung auf sie. Für einen Moment konnte sie nicht klar denken. »Du hast Ashley gefragt?«

»Ja, und sie hatte eine – wie sie sagt – nicht gerade sehr feinfühlige Unterhaltung mit ihrem Bruder. Du kamst darin nicht vor, okay. Aber sie hat ihm vorgeworfen, dass er auf der Stelle tritt und dass er sich zumindest jemanden suchen soll, mit dem er Sex haben kann. Er hat ihr geantwortet, dass er noch nicht so weit wäre. Dass er dich nach wie vor liebt.«

Bree spürte, wie ihr die Tränen kamen, und sie blinzelte.

»Ich hab Angst.«

»Natürlich hast du Angst. Liebe ist immer beängstigend, aber das Risiko ist es wert. Das weißt du. Hab Vertrauen in dich. Hab Vertrauen in Harding. Und wenn sich herausstellt, dass er ein Idiot ist, setzen wir Oscar auf ihn an.«

»Ich weiß nicht.«

Mikki drückte ihr die Schulter. »Doch, du weißt es.«

Bree umarmte sie noch einmal, dann ging sie. Sie fuhr nach Hause, wo sie rastlos durchs Wohnzimmer wanderte, das Telefon in der Hand.

Mikkis Worte hatten ihr zwar Hoffnung gemacht, aber sie hatte trotzdem große Angst. Sie dachte daran, wie sehr sie Lewis geliebt hatte und wie gemein er sie benutzt und dadurch zerstört hatte. Sie dachte an ihre Eltern, vor allem an ihre Mutter, und sie wusste, dass diese Wunden niemals verheilen würden. Und sie dachte daran, dass es im Leben keine Garantien gab und keine Versprechen, nur diesen einen Moment und das, was man daraus machte.

Ich dachte, wir könnten vielleicht später mal reden– wenn ihr ausgefeiert habt.

Sie schickte die Nachricht ab und starrte minutenlang auf ihr Handy, wie um eine Antwort heraufzubeschwören. Als nichts kam, schnappte sie sich ihre Jacke und verließ das Haus.

Überall funkelte die Weihnachtsbeleuchtung. Sie sah Weihnachtsbäume und neue Fahrräder vor den Häusern stehen. In der Ferne hörte sie Gelächter und Hundegebell. Eine Mutter rief ihre Kinder zum Kuchenessen ins Haus, Flieger steuerten in Richtung Flughafen und deren Blinken erhellte den nächtlichen Himmel. Da vibrierte ihr Handy.

Ich bin in einer halben Stunde da.

Bree ging weiter. Sie ging so lange um den Block, bis es Zeit war umzukehren. Dann wartete sie auf der Treppe vor ihrem Haus, bis sie seinen Wagen um die Ecke biegen sah. Drei gefühlte Ewigkeiten später bog Harding auf ihre Einfahrt ein und stellte den Motor ab. Er stieg aus und kam auf sie zu.

Wie gut er aussieht, dachte sie. Und ihr zweiter Gedanke war: Er hat bewiesen, dass er keiner von denen ist, die aufgeben.

Ganz egal, was das Leben für sie beide bereithielt, er würde an ihrer Seite sein. Er war furchtlos und würde sie niemals benutzen oder betrügen. Er war der beste Mann, den sie je kennengelernt hatte.

Sie stand auf, als er sich ihr näherte. »Du weißt, es fällt mir schwer, anderen Menschen zu vertrauen. Ich habe nie gelernt, was Familie bedeutet, und wenn ich Angst bekomme, renne ich weg. Ich bin gerade dabei zu lernen, das nicht zu tun, sondern mich mit dem Problem auseinanderzusetzen, doch die Chancen stehen gut, dass ich mich niemals wie ein normaler Mensch benehmen werde.« Sie rümpfte die Nase. »Ich sage normal, aber Kimberley sagt, meine Definition von normal ist vollkommen überzogen. Weil ich davon ausgehe, dass niemand sonst Probleme hat oder scheitern könnte oder sonst was.«

Sie schob die Hände hinten in ihre Hosentaschen. »Ich bin nicht wie du. Ich bin nicht mutig. Ich versuche, es zu sein, doch es fällt mir schwer. Und manchmal will ich einfach nur sagen, scheiß drauf, und abhauen. Was natürlich vollkommen daneben ist. Deswegen versuche ich, mich meiner Angst zu stellen. Aber ich werde sicher keine Beziehung mehr zu meinen Eltern aufbauen, und darüber müssen wir auch nicht wieder sprechen. Nicht alles, was zerbrochen ist, kann gekittet werden.«

Er sah sie mit einer Innigkeit an, vor der sie noch vor Kurzem Reißaus genommen hätte. Doch jetzt fühlte sie sich in seinem Blick geborgen und aufgefangen und glücklich.

»Ich wollte dir nie sagen, dass ich dich liebe«, flüsterte sie. »Aber ich liebe dich, Harding. Sehr. Und ich finde, das solltest du wissen.«

Er streckte die Arme nach ihr aus, und sie warf sich hinein. Ihre Lippen fand seine, und sie gab ihm alles, was sie hatte. Sein Mund fühlte sich so vertraut an und gut, und sie wusste, dass er all das war, wonach sie ihr Leben lang gesucht hatte. Auch wenn sie erst vor ihm davongerannt war.

»Für diese Erkenntnis hast du ja ziemlich lange gebraucht«, sagte er, lachte unsicher und sah ihr tief in die Augen.

»Ich lerne nicht besonders schnell. Ich hab ein bisschen Nachhilfe bekommen.«

»Und? Mit welchem Ergebnis?«

»Das musst du entscheiden.« Sie streichelte sein Gesicht. »Ich entschuldige mich für alles, was ich dir zugemutet habe. Es war keine Absicht.«

»Ich weiß. Du hast einfach Zeit gebraucht.«

»Und jetzt brauche ich dich.«

»Ja.« Er lehnte seine Stirn an ihre. »Du hast mich, Bree. Mit Herz und Seele.« Er lachte. »Deswegen hat Ashley mich also über mein Sexleben ausgehorcht.«

»Sie wollte wissen, ob du mich betrügst.«

»Hallo? Wir waren nicht zusammen.«

Sie sah ihn an. »Das stimmt. Und egal, was passiert sein mag, es ist in Ordnung. Ich will es gar nicht hören.«

»Nichts ist passiert. Ohne dich habe ich dazu keine Veranlassung gesehen.«

»Ich war auch mit niemandem im Bett«, sagte sie schnell. »Ich hatte zu viel damit zu tun, mich von meiner Therapeutin in die Mangel nehmen zu lassen. Und außerdem – du weißt schon. Dieses Verliebt-sein-Ding.«

Sie gingen ins Haus. Im Wohnzimmer sah sie Harding an und gestand ihm: »Ich weiß nicht, wie das geht. Eine richtige Beziehung. Ashley wohnt ja mittlerweile mehr oder weniger bei Dave, daher wäre es schön, wenn du zu mir ziehen würdest. Oder ist es zu früh, das zu sagen? Sollen wir erst eine Übergangsdatephase einplanen? Vielleicht kannst du mir helfen? Du kennst die Regeln doch bestimmt.«

Er küsste sie. »Liebe mich einfach, Bree. Das ist die einzige Regel.«

»Das krieg ich hin.«

»Dann müssen wir uns keine Gedanken machen.«

Blaubeer-Muffins rot-weiß

Zutaten für 18 Portionen

240 g Mehl
2 Teelöffel Backpulver
8 Teelöffel Butter, zimmerwarm
120 g Zucker
2 Eier
115 g Sour Cream
1 Teelöffel Vanille
*Jeweils 150 g frische Blaubeeren und Himbeeren**
und weiße Schokoladenstückchen

Den Backofen auf 180 °C (Ober- und Unterhitze) vorheizen. Die Mulden des Muffin-Blechs mit Papierförmchen auslegen.

Danach das Mehl mit dem Backpulver mischen und zur Seite stellen. Nun die zimmerwarme Butter und den Zucker mit einem Handrührgerät cremig rühren, dann nacheinander die Eier einrühren und gut schaumig schlagen. Sour Cream und Vanille einrühren. Anschließend vorsichtig die Mehlmischung unterrühren, alles zu einem zähflüssigen Teig verarbeiten und die Beeren und die Schokoladenstückchen unterheben.

Nun die vorbereiteten Muffin-Förmchen zu 2/3 mit dem Teig befüllen und für 18 bis 25 Minuten im vorgeheizten Backofen auf der mittleren Schiene backen. Um zu prüfen, ob die Muffins fertig gebacken sind, Stäbchenprobe machen.

*Das Rezept gelingt auch mit TK-Beeren. Diese unter fließendem Wasser auftauen und vor dem Unterheben auf Küchenkrepp trocknen.